潘懋元肖像油画（魏楚予画）

板凳敢坐十年冷
文章不写半句空
潘懋元自励

2006年题铭自励

潘懋元文集

卷七·昔年作品及其他

潘懋元◎著

广东高等教育出版社
Guangdong Higher Education Press
·广州·

图书在版编目 (CIP) 数据

潘懋元文集. 卷七，昔年作品及其他 / 潘懋元著. —2 版. —广州：广东高等教育出版社，2020. 6

ISBN 978 – 7 – 5361 – 6664 – 6

Ⅰ. ①潘…　Ⅱ. ①潘…　Ⅲ. ①潘懋元—文集　Ⅳ. ① C53

中国版本图书馆 CIP 数据核字（2019）第 296446 号

PANMAOYUAN WENJI JUANQI XINIAN ZUOPIN JI QITA

出版发行	广东高等教育出版社 地址：广州市天河区林和西横路 /510500 营销电话：（020）87554153 http://www.gdgjs.com.cn
印　　刷	佛山市浩文彩色印刷有限公司
开　　本	787 毫米 ×1 092 毫米　1/16
插　　页	2
印　　张	34.75
字　　数	550 千
版　　次	2010 年 9 月第 1 版　2020 年 6 月第 2 版
印　　次	2020 年 6 月第 2 次印刷
定　　价	138. 00 元（全套定价：1388. 00 元）

《潘懋元文集》编辑委员会

谨以本书庆贺潘懋元先生百岁华诞暨从教八十五周年

编辑说明

潘懋元，1920年出生于广东汕头，厦门大学文科资深教授。现任厦门大学教育研究院名誉院长，教育部人文社会科学重点研究基地厦门大学高等教育发展研究中心名誉主任；中国高等教育学会顾问、高等教育学专业委员会终身名誉理事长。兼任教育部教育发展研究中心、国家教育行政学院、南京大学、华中科技大学、华南师范大学、华中师范大学、广西大学、深圳大学等十多所研究机构和大学的客座或兼职教授。曾任厦门大学副校长、顾问、教务处处长、高等教育科学研究所所长、海外教育学院院长，国务院学位委员会教育学科评议组召集人，中国高等教育学会副会长，高等教育学专业委员会理事长，等等。

潘懋元先生是中国高等教育学科的奠基者和创始人。作为著名的教育理论家，潘懋元先生教育理论研究硕果累累，为创建我国高等教育学科，丰富和发展我国乃至世界高等教育理论体系做出了重要贡献。作为杰出的教师，他培养了大批高层次教育学人才，桃李满天下，为建设我国高等教育学科骨干教师队伍和研究队伍做出了重要贡献；作为一位优秀的教育活动家，他对我国若干重要教育改革决策提出了许多宝贵的意见和建议，为我国高等教育宏观决策科学化做出了重要贡献。

潘懋元先生从1935年15岁开始从事教育工作，在15岁之前就已经进行创作和发表。涉及范围从最初的文学创作，到后来从事教育史研究、教育学研究，开创高等教育学科以及长期从事高等教育研究等，时间跨度长达80多年，内容精彩，成果丰硕，卓有建树，其中尤以高等教育研究成果为最。

这套《潘懋元文集》收录了潘懋元先生的绝大多数成果，约550万字。根据潘懋元先生创作及研究成果的特点，我们进行了分类整理，一共有9卷11册。各卷名如下：

卷一·高等教育学讲座
卷二·理论研究（上、下）
卷三·问题研究（上、下）
卷四·历史与比较研究
卷五·序文
卷六·讲课录
卷七·昔年作品及其他
卷八·潘懋元教授纪事年表
卷九·潘懋元教育口述史

上述9卷基本上反映了潘懋元先生学术人生的全貌。其中，卷一是潘先生作为高等教育学科奠基人的奠基之作，1983年5月在人民教育出版社出版第一版，1985年、1992年分别出版第二版、第三版。2010年广东高等教育出版社出版《潘懋元文集》时，将此书收入作为卷一。本书虽然个别地方的表述与现在说法稍有出入，但为了尊重历史和潘先生奠基性的贡献，力求保持原貌。卷二至卷四集中反映了潘先生对教育特别是高等教育方方面面的研究成果，包括理论研究和问题研究。卷五是潘先生为学者们的教育研究专著所作的序言，话题宽泛。卷六是最新版讲课内容，是潘先生给2019级博士生讲授“高等教育学专题研究”课程内容的实录。卷七包括潘先生早年的学士学位论文和文学作品、散论等，最早的作品作于16岁。卷八包括各个时期个人生活、学术活动等内容的照片和教学、科研及学术活动纪事。卷九以教育口述史的形式，以时间为主线，以思想为专题，生动地反映了潘懋元先生的教育人生。该卷由北京师范大学出版社于2007年出版，这次收入文集时略有修订。

在对书稿进行编辑加工的过程中，我们对一些时间概念、专有名词、数据、注释等做了规范处理。为方便选择和阅读，每卷每册开头都编排了编辑说明、代序，末尾编排了潘先生的百岁感言和编者的后记，特此向读者说明。

编　者
2019年10月28日

代　　序

潘懋元：中国高等教育研究的奠基人①

［加拿大］许美德（Ruth Hayhoe）

潘懋元教授，1920 年出生于粤东沿海的汕头市，家境贫寒。在这样的家庭中，能获得基础教育就相当不容易了。但他对教育的热爱却使得他在 1941 年抗战时期考入当时迁于福建长汀的厦门大学，随后他的教育生涯就与厦门大学的历史结下了不解之缘。厦门大学位于福建省东南沿海的厦门（厦门旧称 Amoy，与台湾隔海相望），有着独特的发展历史。

在我涉足中国高等教育之初，了解到潘懋元教授很早就在该领域从事重要的工作。1988 年秋，我在南京大学召开的高等教育改革会议上首次聆听他的报告。第二年我移居北京，做加拿大驻中国大使馆的文化参赞。其间，我荣幸地接受了潘懋元教授的邀请访问厦门大学，了解到厦门大学在高等教育研究领域所做的工作。我为这滨海校园之美所打动，它的建筑风格成功地糅合了中西方的特点。

---

① 许美德．思想肖像：中国知名教育家的故事［M］．周勇，等译．北京：教育科学出版社，2008．许美德教授是国际著名的比较教育专家，多年来她对我国高等教育研究投入了大量的精力，成果丰硕。她对潘懋元教授的地位和贡献给予了高度的评价。本次出版《潘懋元文集》，我们征得许美德教授本人同意，将此文章作为文集的代序（少数地方根据现在的出版或文字规范稍有删改）。

更为重要的是，我获知了很多厦门大学高等教育科学研究所（以下简称“高教所”）的工作，它是潘懋元教授于1978年创办的，源头则要追溯到潘教授自20世纪50年代在厦门大学所做的工作。

1997年11月，我再次有机会访问厦门大学高教所，拜访潘懋元教授，并邀请他讲述自己的人生故事。此前我已定居香港，时任香港教育学院院长。本文的主要资料就来源于那一年的两次长谈。[①]我也有幸看见他每周六晚在自己家里为研究生们举办的学术沙龙，由此领略了他的教学风格。

潘懋元教授住的是一栋两层楼的房子，位于厦门大学校园内的一座小山上。二楼是宽敞的斯巴达式的书房，里面整齐地排放着书架，桌子和沙发点缀其间，还准备了许多客人来访坐的小凳子。当晚来了12名研究生，我能感受到他们对于沙龙的热情和期待。潘教授寥寥数语先起了个头，介绍了晚上所要讨论的主题。当晚的主题是一位研究生的论文涉及的论题，她在此之前曾写过一篇论文，与南京的一位著名学者提出的教育社会观进行商榷。这位研究生认为，南京学者的那篇文章的理论前提完全忽视了高等教育作为独特领域而发挥的功能。南京学者于是又发表了一篇文章与她反商榷，这位研究生正在准备她的再次应答。于是学生们围绕着这个问题给她提供各自的意见，他们分成两派，充当论辩中的不同角色。在热情生动的争论中，几个小时不知不觉过去了，学生们在争论之中探讨了高等教育方方面面的社会功能。潘教授不时插入几句简短的评论，以免出现跑题的现象，但辩论主要由学生自主进行。我入迷地观察着整晚的沙龙，亲眼见识到了潘教授的教学风格和对学生和蔼

① 对潘懋元教授的访谈时间是在1997年12月6日和8日。

可亲的态度，而这是此前在相对正式一点的场合中我所从未见过的他。

本文中我所描绘的潘懋元形象主要基于他的那次自述，还有自己所拜读的他在高等教育领域的部分研究成果。我从厦门大学开始讲起，自1939年直至现在，这是他为生、为师以及成为学校管理者和教授的地方。

1920—1949年在中国东南地区的成长

1920年，潘懋元出生于广东东部沿海毗邻福建厦门的汕头市。由于贫困，家里无法供他上学，所以他的早期教育是不正规和断断续续的，由兄长和父亲在家教他认字。8岁时，他被送到当地的小学插班读三年级。他记得所学课程的主要内容都是传统经典。启蒙教育的内容是《三字经》，接下来是儒家经书和古代历史书籍。虽然1919年爆发了五四运动，新文化运动提倡采用接近口语的白话文，但潘懋元接受的仍然是传统教育，学的是文言文，直到后来才接触现代汉语。

小学毕业后，由于家庭无力支持，少年潘懋元无法继续上学。他的父亲希望他留在家中帮助碾米做一些发糕来卖。非常幸运的是，小学校长杨雪立在阅读毕业试卷时发现了潘懋元的中文写作才能。得知他待在家中，不能继续上学，杨校长帮助其减免一半的学费，使他得以上初中学习。就读的那所中学是一所非常传统的中学，称为时中中学。在那里他主要学习了3年的中文。潘懋元的很多老师参加过封建时期的科举考试，有的甚至考中举人。后来，他感觉到传统经典的学习给他的一生奠定了一个很有价值的基础。他回顾说，最为重要的是他学会了如何做人。

潘懋元15岁时，知道家里不可能再资助他上学了。但他得到一个到小学当教师的机会，他满腔热情地投入到工作中，但很快发现，教小学生并不是想象中那么容易。他每上一堂课要备课数个小时。初次讲课，备好的课讲不到半小时便无话可说，站在讲台上，面对乱哄哄的课堂不知所措。不甘失败的他决定想办法到师范学校学习，学习如何当老师，同时也找一些教育书籍来读。

他首先找到的是浙江大学庄泽宣教授的《教育通论》，这成了他的启蒙书。潘懋元发现这本书理论复杂，学问深入，他读不太懂，这更加坚定了他要找机会去师范学校读书的决心。1936年，终于有机会到海滨中学高中师范科做旁听生，学习了教育心理学、小学教材教法和教育行政等几门课程。当时，他已能通过教夜校和赚稿费维持生活。在海滨中学学习期间，他写过几篇短篇小说和许多散文，有一些已发表。

1937—1939年，潘懋元在农村小学教书。那时正是日本侵华战争时期，战争使得民不聊生。潘懋元热爱教书，但他越来越多地投身于抗日的洪流中，参加抗日宣传活动，组织民众起来抗日。他加入了汕头地下党组织的青年抗敌同志会，揭发敌人的罪恶行径，鼓舞民众的抗日激情。1939年6月，日军侵占了汕头，在其后的几个月里，潘懋元不得不辞去热爱的教学工作，参加抗日军队，全身心地投入到抗日运动中。

出于多种缘故，1940年，潘懋元决定离开家乡。离家的一个原因就是去接受进一步的教育，以便能做一个称职的老师。那一年他19岁，战争的局势日渐恶化。他翻山越岭，艰苦跋涉，一个星期之后，终于来到福建长汀，厦门大学于1937年迁移至此。他参加了厦门大学的入学考试，虽然他的中文很优秀，但由于事先未做充分准备，英语和数学未合格，结果名落孙山。为了读师范，他考入一所中等师资养成所学习了一年。次年，他终于考入厦门大学教育系。

潘懋元回顾说，1941—1945 年在厦门大学的学习生活对他是很大的锻炼。当时在厦门大学担任教授的多是留美学者，其中教育系主任李培囿是杜威的学生，翻译了杜威的一些著作。另一名在教育系工作的知名学者陈景磐教授，于 20 世纪 30 年代在多伦多大学获得博士学位，其博士论文是关于孔子生活的背景和为师之道。[①] 通过这些年的学习，潘懋元成为杜威著作的敬慕者，并对陶行知把杜威的理论运用到中国教育实践特别欣赏。陶行知的教育实验在中国有很大的影响，虽然杜威 1921 年来华时仅在福建有过短暂访问（Keenan，1977），陶行知的实验工作也主要是在南京和上海，但他的思想在福建却备受推崇。[②]

为了糊口，在厦门大学读书期间，潘懋元先在一所小学担任兼职教师，接着又在一所中学做兼职教师。大学四年级时，他还担任了一所县立中学的教务主任，从而可以将自己所学的知识用于实际的教学当中。1945 年大学毕业后，潘懋元在江西省的两所中学任教一段时间。与此同时，厦门大学也迁回厦门市。1946 年，他收到厦门大学校长和教育系主任的邀请，要他担任厦门大学附属小学的校长，并在厦门大学教育系兼做助教。这期间，他发现陶行知的理论对他主持校长工作的帮助很大，虽然他很遗憾没有机会与陶行知会面。在这一点上，潘懋元与李秉德的认识是一致的，后者也认为陶行知的理论最符合中国教育的实际需要。

---

① CHEN J P. Confucius as a teacher: philosophy of Confucius with special reference to its educational implications [M]. Beijing: Foreign Languages Press, 1990.

② 刘海峰，庄明水．福建教育史［M］．福州：福建教育出版社，1996：422 - 438.

新方向与新事业：社会主义时期

对潘懋元来说，1949年的革命胜利意味着新教育生涯的开始。中华人民共和国成立后，他继续留在厦门大学当讲师。1951年秋季，他被派到中国人民大学进修研究生课程，学习教育。一年后，李秉德也在此学习。潘懋元发现，在众多学友中，一些是和他一样的研究生；另外还有一些年长的教授，他们在此学习马列主义的理论知识，目的是为了更好地胜任未来的教育领导岗位。在潘懋元学习的班上，有好几位学者后来都成了北京师范大学的知名教授，包括教育哲学家黄济、教育学家王策三和王天一、心理学家章志光。1952年初，因为院系调整，这项进修计划从中国人民大学转到了北京师范大学。

潘懋元对在中国人民大学的学习至今记忆犹新，他记得有4位苏联教授给他们上马列主义的课程，还有苏联教育理论，他甚至还记得4位教授的名字，但是，对所学的那点儿俄语则记得甚少。当时的教学是有翻译协助的。学习给他留下了深刻的印象，他当时感受到苏联的课程组织的方式和教学计划的制订都非常严谨，能够达到有效的控制。

在北京学习一年之后，1952年夏，潘懋元便被厦门大学校长王亚南召回，协助厦门大学的教学和课程改革。他被任命为教学改革办公室的负责人，负责指导大学的各专业制订新的教学计划。他曾经非常推崇杜威的教育思想和美国的其他教育理念，感觉富有活力而且极具灵活性，但在控制严格的民国时期（指1912年1月1日至1949年9月30日，下同），实践这些理念是十分困难的。两者相比，他感到苏联的教育计划能够较好地使学生获得系统的知识，打好扎实的基础。特别是在诸如工程和自然科学等领域，这些对于社会主义建设是十分重要的。

潘懋元感到，事实上苏联的高等教育模式根植于欧洲大陆模式，特别是法国模式，与英美模式区别很大。他觉得苏联模式和中国自己的知识传统相对应，强调知识基础厚，存在一种中心化、系统化的知识方法。潘懋元特意提到著名的北京大学校长蔡元培，认为他是民国时期最杰出的大学校长。蔡元培在自己的高等教育思想中融合了德国、法国、中国的理念，他采用德国学问之道，特别是在研究和教学上，这得益于他在柏林大学和莱比锡大学的经历。蔡元培极力效仿法国模式的高等教育体系，因为其管理结构十分理性，并按地理区域均匀分布。在教育哲学方面，蔡元培陶醉于中国传统的自学之路，特别是对书院情有独钟，学生可以自主掌握学习进程。蔡元培极力提倡将学校分为从事理论知识研究的综合性大学和担负为国民经济各部门训练高级人力资源的专门学院。潘懋元认为20世纪50年代早期的改革，出现了大量的专门学院，同时只保留了数量相对较少的综合性大学，是较符合当时国情的，适应了中国发展的需要。①

但对于20世纪50年代初的院系调整，将一些民国时期优秀的综合性大学的系科进行削减，形成像苏联模式那样的综合性大学，潘懋元持保留意见，他觉得这些是完全可以避免的。他对按高等教育区域进行院系调整发表了看法，以自己所从事的教育领域为例，他认为，中心区按地理分布强调更多的是政治因素而非教育因素，这就导致了反常现象的出现。在南部的中心区里，位于广州市的中

① 潘懋元．潘懋元论高等教育［M］．福州：福建教育出版社，2000：521－560.

山大学，其师范学院实力雄厚，1953 年与其他教育系合并组建了华南师范学院。然而，华南师范学院当时只是不受重视的省级院校，经费和师资都受到限制，以致影响教育学科的进一步发展。

总的来说，潘懋元认为受苏联模式影响的院系调整在当时是起了积极作用的，为中国 20 世纪 50 年代国民经济建设培养了一批人才。在 1956 年中国共产党第八次全国代表大会上，周恩来强调了要尊重知识分子。[①] 如果一直贯彻这一项政策的话，潘懋元相信中国也许能够同日本和东亚其他地区一样经济快速发展。

苏联模式的高等教育有很多薄弱环节，但他感到，完全能够用一种平衡、理性的方法来解决。问题之一是对学生在不同领域能力的认识和实践强调得不够，常常希望学生通过刻苦专注的学习来达到课程所规定的较高的学术标准，而不是将更多的注意力放在教和学过程的研究上。另一个问题是过于迷信翻译过来的苏联资料，其实并不是所有的材料都适合中国国情。

1954 年对潘懋元来说是十分重要的一年。他得知厦门大学教育系被并入福建师范学院，他很想前往，专心于教育史的研究和教学。然而，王亚南校长却舍不得他走，决定把他留在教务处，继续管理厦门大学的教学工作。他决心留下来，此举为一门新学科的诞生创造了条件，也由此改变了他日后的工作和生活的方向。

潘懋元感觉到在教育研究、学校教学和担任学校领导的生涯中，他所学的教育知识与高等教育领域的联系很少。大学层次的学生需要一个全新的教育理论，以及高等教育课程发展和教学制度。

① ZHOU E L. On the question of intellectuals [M] //BOWIE R R, FAIRBANK J K. Communist China 1955—1959: policy documents with analysis. Cambridge, Mass.: Harvard University Press, 1962: 128－144.

总体来说，高等教育是一个一直被教育理论者所忽视的知识和研究领域。到那时为止，不只是中国，苏联和西方国家也是这样。他曾为捷克一位教授在教育科学会议上所做的讲演所感，这个讲演认为教育理论仅仅关注普通学校，很少关注高等专业院校。潘懋元随后写了一篇题为《高等专业教育问题在教育学上的重要地位》的文章，发表在1957年厦门大学《学术论坛》上。同年，他与几位同事合作写出《高等学校教育学讲义》。这本书随即在中国的综合性大学和师范大学内广泛流传，作为课程改革和教学计划发展的资源。[①] 尽管这本书从未正式出版，但它却是中国高等教育研究领域内最早的学术书籍。

潘懋元着力将此发展为一个新的研究领域，并兴奋地发现，这能为高等教育系统、课程发展和教学计划的制订提供重要的学术基础。然而，1957年是一系列政治运动的开端，他所希望的研究和发展几乎是不可能的。因出身贫寒，他并未受到1957年“反右”运动的影响，但他悲伤地看到，厦门大学的一些老教授虽然做出了杰出的学术贡献却被打成右派，从学术研究工作中被隔离出来。随后的1958年“大跃进”，同样侵扰着潘懋元。当时大量的教材都是从苏联翻译过来的，他认为这样的教材更加应该中国化。他同时感觉到，建立中国传统中医学院意义重大，因为中国传统医学把人体看成一个整体，发展起了不同于西方医学的中医方法，它是一笔巨大的遗产，不应该丢失。

就总体而言，潘懋元认为1958年的教育革命是个误导。1958年前，他在厦门大学教务处，参与了当时所有的课程变革。他感到

① 忻福良．当代中国高等教育家［M］．上海：上海交通大学出版社，1995：199.

很多想法都未经过细致思考，不过是一种政治运动口号罢了，对教育缺乏真正的理解。在潘懋元看来，让学生代替教师编写教学大纲和教材，这样做显然超过了学生的能力范围，因为他们大多数并没有足够的学科知识来做这些工作。改革强调增加学生参加生产活动实践的机会，然而这大都是出于政治目的，并没有多少教育价值。总之，过多的政治活动以及体力劳动引起很大的混乱。他记得，学生真正听学术课程的时间，一年之中只有70天。潘懋元认为，所谓“开门办学”的思想在某些方面固然有一定的可取之处，但是它无法替代对科学知识的系统教学，而中国的发展又需要这些科学知识来培养各行各业的专门人才。

潘懋元对高等教育作为一个研究领域逐渐有了兴趣，同时对中国高等教育系统在更大范围内发生的变化也给予了密切关注。社会上的学习机会一下子增加了许多，大量的所谓的“红专大学”的开设，给很多个人背景条件稍差的青年人提供了学习机会，但是这些学校根本没有足够的资源用于真正开展高等教育工作，大多数在几年内就关闭了。如江西新建的许多共产主义劳动大学，没有合格的师资，根本无法生存。然而另外有些新成立的院校，比如福州大学，是省内唯一的一所工科院校，被认为对本省经济发展起着至关重要的作用，因此得到省政府支持。

1961年的“困难时期”过后，20世纪50年代初期的那种学术氛围开始恢复，学术质量受到特别的重视。潘懋元再次希望能有机会发展高等教育这一研究领域。然而，1966年开始的“文化大革命”又使他的希望落空了。

建立一门新学科

1977 年，邓小平复出。潘懋元准备开始他事业的一个全新阶段，他过去当过厦门大学的教务处处长，现在他致力于建立一门新学科——高等教育学，先是在厦门大学，再推广至全国。我们知道，在 20 世纪 50 年代中期他已经开始此项研究，并于 1957 年发表了一篇题为《高等专业教育问题在教育学上的重要地位》的论文。随后到来的政治运动和混乱年代让他更深刻地体会到研究这一领域理论的重要性，他认为这项研究将使人们对高等教育与社会、经济、政治、文化发展的关系有更深刻的理解。20 世纪 50 年代至 70 年代后期，高等教育发展中最严重的问题是缺少能给高等教育的政策制定提供理论支持的系统理论研究。随着邓小平时代的到来，全国积极响应邓小平提出的“教育要面向现代化，面向世界，面向未来”的号召，潘懋元最终找到了追求自己理想的舞台和时机。

1978 年，潘懋元在厦门大学建立了高等学校教育研究室，很快发展成为一个全国高等教育研究的中心。1983 年，高等教育学被教育部认定为教育学的二级学科，有资格建立硕士点和博士点。厦门大学高等教育科学研究所招收全国第一批高等教育专业的硕士和博士。到 1998 年庆祝高教所成立 20 周年时，已经有 20 个博士生和 75 个硕士生毕业于此[①]，他们已在全国各地的大学工作，为这一领域的进一步发展贡献着力量。高教所承担了高等教育各个领域的主要研究课题，举办了十多次全国和国际学术会议。

虽然北京大学、华中科技大学、华东师范大学等其他大学都有

① 刘海峰．厦门大学高等教育科学研究所建所二十周年工作报告［C］//建所二十周年纪念活动专集．1998：33－35.

高等教育学的研究及相应的研究生培养，但是厦门大学高教所于2000年9月被评为该领域全国唯一一所国家级研究中心，被评为文科重点研究基地，国家提供数量相当的发展基金。这是政府支持人文社会科学研究项目的一部分，其目的是要使一些研究中心能够达到世界同等水平，使其能积极开展国际研究交流活动。厦门大学能排除地理上的相对劣势获得国家的认可，是非比寻常的。当然，这与潘懋元先生用毕生的精力致力于建立高等教育学这门新学科所做的贡献是分不开的。同时也表明，尽管在1949年中华人民共和国成立后的30年，中国政策和社会环境有许多束缚，但一个忠诚的教育家还是能有所作为的。

1978年以后，潘懋元又把工作重心放在学术研究上，他在厦门大学进行教学和研究工作。每周六晚上，他在家里开沙龙，与研究生们聊学习、聊生活，是一个和蔼可亲的长者。然而，他还想推动这门学科在全国范围内发展，希望中国高等教育学作为一门学科能够对国际学术发展做出贡献。1979年，他和上海市高教局及其他7所大学的学者召开了第一次全国高等教育研究会议。1981年，他组织编写了第一部高等教育学著作《高等教育学》，并于1984年出版。[①] 这是1983年教育部确立这门学科后的第一本高等教育学著作。在随后的这些年里，潘懋元仍然是这一领域中富有远见的领导者，他启发新思想、新的研究方法，鼓励其他人做研究，写作和发表论文，他自己也在这一领域中发表了大量文章，出版了大量著作。

潘懋元工作的中心是想通过建立坚实的理论基础、清晰的概

---

① 潘懋元．潘懋元论高等教育［M］．福州：福建教育出版社，2000：96.

念，以及研究方法来确保这门新兴学科的发展。1983 年，中国高等教育学会成立时，潘懋元感到高等教育学被认为只是一个研究领域，而不是一门学科。于是，1992 年，他在厦门大学组织了一次学术会议，提出要把高等教育学作为一门学科来研究。次年，在上海召开的高等教育学会议上，成立了一个新的组织——高等教育学研究会，它把高等教育学作为一门学科来研究，挂靠在中国高等教育学会之下。此后，会议定期召开。潘懋元在一篇回顾该学会前三次会议进程的文章中，列出了这一新学会的目标、工作范围，并鼓励进行理论争鸣与探讨。

高等教育学研究会的主要任务是要为理解中国的高等教育建立一个系统性的理论基础。工作范围主要有以下 5 个领域：理论、历史、高等教育的当代实践、未来发展以及研究方法。[①] 潘懋元对一些理论的观点和看法，使得这些会议开得活跃而有趣，对中国高等教育给予了深刻的关注和洞察。其中一个关键的理论问题是高等教育的功能问题，对其与社会、经济与政治体制的关系展开讨论。与此相关的是高等教育的目的，国内的研究者普遍认同以下 3 点，即培养人才，发展知识，为社会服务。然而，第三个目的在近年来受到了强烈的质疑，主要是由于许多大学通过各种形式的咨询服务或与企业的直接关系进行着大量的“创收”活动。有人认为，这些活动将会使大学远离学术追求。由此，一些中国学者们建议，高等教育应有以下 6 个目的：教学、继承知识、传播知识、发展知识、社会批判、对社会实施监督。[②] 这将激起高校对社会的特殊使命；大学将与社会经济和政治力量建立互动关系，而不只是对社会的发展

① 潘懋元．潘懋元论高等教育［M］．福州：福建教育出版社，2000：86.

② 潘懋元．潘懋元论高等教育［M］．福州：福建教育出版社，2000：87.

做消极的应对。

另外一个生动的议题是潘懋元在第二篇论述该学科发展的文章中提到高等教育的个体功能和社会功能问题。一派学者认为，人是教育的主体，教育的基本功能在于促进人的自我发展，达到个性的全面发展；与此相对立的观点是，教育是一种社会活动，按社会发展的需要塑造人，教育的基本功能在于满足社会的需要，促进社会的发展。[①] 如此公开著文承认个体发展的重要性及对自我价值的追求是十分有意义的，它使我们思考新儒学教育观“为自我而学习”，以及儒家哲学中所说的个人价值发展的重要性。尽管在20世纪50年代初期计划经济体制下，个人选择的自由受到很大的限制，五六十年代的政治运动给很多人造成了巨大的伤痛，但中国传统教育的价值观仍然保留着它的生机和活力。

在对高等教育学作为一门学科做全面综合研究时，潘懋元看到了两个理论挑战：第一，必须界定高等教育与政治、社会、经济、文化系统的关系，探索这些系统与高等教育系统的相互关系；第二，对高等教育内部各系统之间的关系——如学术与职业、通才教育与专才教育、教学与科研的关系等进行研究。

在发展这门学科的过程中，潘懋元感到既具挑战性又令人兴奋的重要原因在于它的开拓性。与学术体系和学习过程有关的教育学理论有着一百多年的历史，而高等教育学不仅在中国而且在全世界都是一门比较新的学科。在中国，基础教育和学校教育的理论建构受到欧美西方思想和苏联的重大影响，这一点潘懋元在早年的教育研究中就已经意识到了。然而，高等教育学作为一门学科就不再如

① 潘懋元．潘懋元论高等教育［M］．福州：福建教育出版社，2000：101.

此。回顾在中国建立这一学科的这些年，潘懋元强烈地感到中国所做的独特贡献，同时又感到很骄傲，因为在中国发展起来的这些思想和观点不是别人的派生产物，而是稳稳地扎根于中国自己的知识社会和文化土壤，近几年才开始对国外高等教育的理论有所引进。

潘懋元鼓励他的同事们为世界高等教育研究的发展做贡献，并指出中国学者在发展这个领域承担重要角色的 4 个原因。其一，中国有着在亚洲历史上颇具影响的古老的学术文化。其二，中国是全世界最大的高等教育体系之一，其规模超过俄罗斯，接近美国。它不仅是一个非常庞大的系统，而且近年来随着社会主义市场经济的成功发展，它经历了快速而且巨大的变化，在这个过程中出现了许多有意义的问题，对高等教育提出了挑战。其三，中国有着一支庞大的高等教育研究队伍，从事这一领域研究的学者可能比其他任何国家都多。其四，中国高等教育发展成为一门学科，靠的是学者个人和地方院校的创造和努力，因此它更具灵活性和自主性。这与中国的其他大部分学科不同，它们多是由自上而下的行政决定建立起来的。中国的高等教育理论可以说是“本土理论”，因为这些理论来自对中国近年来正在进行的高等教育改革中出现的实践问题的研究。[①]

潘懋元非常重视中国的传统文化，他的一篇文章对中国传统文化的特点以及文化对中国现代化进程的贡献进行了比较深入的探讨。潘懋元指出，现代化不能等同于工业化或西方化，它影响社会各个方面发展的过程。不同的文化背景塑造不同的现代化。文化的传承和创新是高等教育的功能，它塑造发生在不同社会中的现代化

① 潘懋元．潘懋元论高等教育［M］．福州：福建教育出版社，2000：107－110.

的不同特征。潘懋元否定那种认为西方社会已经进入“后现代时期”并建立了一套后现代的标准。他建议要对现代化概念本身做全面的理解，必须首先考虑中国现代化发展的轨迹。他还认为这一论点同样适用于正在经历现代化进程的其他非西方国家。①

潘懋元对现代化进程的定义是把“文化价值”放在核心地位，他认为现代化应该是人类共同追求的一个价值，其终极目标是实现“人”的价值，包括个人、集体和社会价值。这个共同追求会导致产生整个人类共同文化遗产，这是一种吸收了不同文明的多样化的遗产。② 中国传统教育的许多因素对中国的快速发展做出过积极的贡献，也应该是这一共同文化遗产的重要组成部分。这些思想使我们联想到联合国致力于文化之间对话的观点：“把重点放在人类文化、精神层面，放在人类的相互依存和人类的多样性上。”

结语：集多种传统之大成

当被问到什么因素对他的教育事业影响最大时，潘懋元开玩笑地回答道：受益最大的是“文化大革命”中批判的三种意识形态“封”“资”“修”。他早年学习中国古典文学，从中获得了受益终身的良好道德基础，一生的教育经验使他感到儒学的确是适应任何时期的一种哲学。他在大学时代学习过美国的教育思想，特别是杜威的理论，他从中得到了对改善学校、获得生动的教学方法以及课程设置的很多有用的思想。20 世纪 50 年代，他曾广泛接触苏联的教育理论和模式，慢慢理解并重视苏联模式中全国统一的学术标准，结构严密的教材和教学工作中精细备课的价值。在思考影响了

① 潘懋元．潘懋元论高等教育［M］．福州：福建教育出版社，2000：229 – 241.

② 潘懋元．潘懋元论高等教育［M］．福州：福建教育出版社，2000：231.

他思想的两种国外传统时，他感到，基于欧洲理性主义的苏联教材和教育方法，比美国的更加适应中国的环境，因为中国有着集中知识模式的传统，也因为苏联模式更符合当时中国发展的现实需要。

1997 年，我曾两次有幸与潘教授进行深入交谈。当我问到他对中国高等教育未来的看法时，他说他感到当前面临最大的挑战就是要进行教学改革，必须要考虑学生的多样性，最大限度地发掘他们的才能。这反过来又强调了高等教育对优秀师资的迫切需要。总的来说，他对过去 15 年研究生教育所取得的进步感到高兴和满意。很多素质高的年轻人进入大学教师队伍，但他强调这些教师应该得到足够的支持。他感到高等教育改革应该把重点放在教学和研究的质量上，而不是放在管理结构的改革上，因为后者牵涉到政治改革的重大问题。

对于中国的高等教育体系，潘懋元觉得它将更适应未来世界发展的趋势，强调知识的广度和适应性，注重毕业生总体的德育和智育质量。他认为，终身学习是一种趋势，因为中国人会慢慢发现，为了跟上社会的快速发展，必须经常更新他们的知识。潘懋元相信，在中国快速走向高等教育大众化的时代，为了满足社会发展的需要，私立高校将会起到越来越重要的作用。

2000 年，在庆祝潘懋元教授八十寿辰时，他的同事和学生们在厦门大学举行了一系列特殊的庆祝活动。其中之一是收集出版了他有关高等教育学的最重要的理论著作。[①] 然而，这并不是一个退休告别会，潘懋元仍然是一个积极的学者、教师，继续活跃在进一步发展高等教育学的工作中。他在 2001 年出版的新著《多学科观点

① 潘懋元．潘懋元论高等教育［M］．福州：福建教育出版社，2000：727.

的高等教育研究》就是企图以新的方法论来推进高等教育学的理论建设。是什么使这位来自贫苦家庭的谦谦君子，保持着发展一门新学科的热忱和忠诚，50 年来从不言悔？潘教授谈到早年所受的中国传统教育时说的一番话也许能给我们答案。他可能从没掌握过一门外语，在数学和自然科学中也并没有很高的造诣，但在他早期所接受的教育中，首先学会了怎样做人，同时也学会了用汉语表达自己的思想，他把对文学的热爱转化成了从事教育工作的关键财富。最后，他学会了把从各处学来的有用知识融入他学生时代形成的知识框架中。

目录
CONTENTS

昔年作品（1949 年以前）

论文

杂文

诗歌

小说

教育杂论及其他（1950年以后）

教育杂论

其他

昔年作品

（1949年以前）

國立廈門大學畢業論文

導師 陳景磐先生

勞工教育的理論與實施

姓名 潘茂元

中華民國三十四年六月

·论　　文·

劳工教育的理论与实施[①]

第一章　绪　　论

第一节　劳工问题与劳工教育问题的发生

在现代社会中，生产力随着科学昌明，日益发展，生产关系却远远地落后。

因为生产力的发展，需要大量的劳动力，因此劳工人数日益增加。在许多国家中，已超过农、商各业的人口；又因为生产关系的落后，现代经济组织尚凝滞在资本主义社会的阶段中，劳动力被视为商品。劳工的被榨取日甚，痛苦亦日深。一个社会中如果大多数的人口是在痛苦中生活，实在是一件严重的事。因此，劳工问题成为今日社会问题中最关紧要的问题。

现代劳工所受的痛苦，已是尽人皆知的事。劳工出卖劳动力，虽然是以自由契约的形式出卖，而资本家操纵了一切生产手段，得以贱价购买劳动力，劳工日夜忙碌，过着牛马般的生活，却还不得一饱，这是何等残酷的事。尤其是我国工业比较幼稚，生产力比不上外国，资本家为图自身的利益，不得不加倍压榨劳工，因此我国劳工工作时间特别长而且工资特别低廉。先自工作时间说，工厂法中虽规定劳工每日实际工作时间以 8 小时为原则，但又谓如因地方情形或工作性质有必须延长工作时间者，得定至 10 小时甚至因天灾事变季节关系，

① 编者注：该文为潘懋元先生 1945 年于厦门大学教育系毕业时的学士学位论文。

还可增至 14 小时，伸缩性未免太大。而且工厂、工场，很少认真遵守。所以一般劳工差不多除掉睡眠饮食外，都在工作中。我们试看手艺工人，工作时间总在 12 小时以上，有时还要加做夜工。工厂工人，大多每日早上 6 时开工，下午 6 时放工，整整 12 个小时在工头监督下紧张地工作，再加上赴厂归家途中的消耗，也在十三四小时以上。根据民国二十一年立法院调查：男工每日工作 12 小时者，人数占 64.99%；女工 12 小时者，占 37.07%；11 小时者占 25.37%，合计占 62.44%。亦有工作 13 小时、14 小时或 16 小时者①。劳工只是一个人，以血肉之躯，如何能与机器一样操劳。所以我们见到工厂出来的工人，多是面黄眼肿，精神衰颓，毫无活力。再自工资说，我国劳工工资之低，为世界第一位。现时银圆币价格，起落无定，不能用表面的工资数量表现劳工实际所得的报酬，但战后生活与战前比较，艰苦程度，只是有增无减。所以我们尽可取战前统计数字来表示。张铁铮氏曾根据青岛社会局、上海社会局、南开大学经济学院以及其他机关学者共 69 起的劳工生活调查，统计战前劳工家庭的收入支出情形如下（见表 1）。

表 1

平均每年全家收入或支出	收入百分比	支出百分比
100 元以下	—	1.5%
100～200 元	22.4%	16.8%
200～300 元	25.9%	36.4%
300～400 元	25.9%	27.2%
400～500 元	19.0%	13.6%
500～600 元	6.8%	3.0%
600 元以上	—	1.5%

资料来源：张铁铮的《中国工人生活鸟瞰》。

由此可见，平均的收入支出，每年多在 300 元以下，而且常有入不敷出的情形。再就“生活费的支配，用于食料的比率越高，生活便越苦”这一定例来观察劳工的生活费支配如下（见表 2）。

① 盛文浩. 劳工问题与劳工教育［J］. 教育与民众，1934（10）.

表 2

项　　别	百分比
食料	57.5%
衣服	7.5%
房租	7.5%
灯火	10.0%
杂项	17.5%

资料来源：张铁铮的《中国工人生活鸟瞰》。

由此又可见劳工的消费，半数以上是用于食料上。要是加上都市劳工所不能少的房租、灯火，则占支出数额的3/4，而衣服费的支出甚少，尤其娱乐、教育等费，更绝无仅有。据张氏另一统计，不过各占 0.1%~0.3% 而已，可知劳工所得工资，最多只够维持吃饭，甚至成天忙碌，不得一饱。一个身体健康劳工不过几年，便疾病丛生，成为半残废者。天下可叹的事莫过于此。

其次，就劳工的精神生活方面说，因为物质生活苦，缺少娱乐休息，精神自然萎靡。而工厂中利用机械，分工精细，工作越来越单调呆板，劳工终日和无知的机械做伴，翻来覆去，不停地做着一种极简单的动作，其中既无一点趣味，对于辛勤所得的收获，又一无所知。只是长年累月，在生活压迫下勉强劳动。这种生活，实在是人类所最感痛苦的事。此外，失业的恐怖无时不威胁着劳工，使他们常在愁闷惶恐中，又受雇主、工头种种虐待，在许多工厂中，一切道德法律，都过问不到，劳工就只能在黑暗污浊的场所中和种种意外危险相碰，甚至受鞭打、锁禁、挨饿的刑罚。这些就是作为文明社会的原动力劳工的生活情形，言之心痛。

劳工身受这种种痛苦，往往只能安于命运，不知求其解放。即或有不甘低头受压迫，图改善生活的，也不知从何努力。因为绝大多数的劳工，都是不识不知的愚者。受压迫而不知压迫者是谁，受欺骗而不知如何被欺骗，更不知怎样调剂自己的生活，解除精神上的痛苦。假如劳工能受教育，有相当的知识，虽不能说一切痛苦便可完全解除，至少教育能指导他们如何争取自身的地位，提高自身的生活水平；更能使他们善于调剂精神生活，享受精神上的快乐。所以劳工教育虽也不能说就是解决劳工问题的唯一方法，但可以说是解决劳工问题的重要方法。

再自教育的本义说，教育即生活。没有教育，生活就无意义。凡人皆要生活，所以凡人均需受教育。现代国民教育机会均等的口号，便是由这种平等的意义引申而出。劳工是一个人，当然也有受教育的权利。但是劳工多来自贫苦家庭，自小就无受教育的机会，教育既是应该普遍均等，对于这种未受教育的劳工，自然应该给他们以教育。但劳工的生活背景与一般人不相同，要使他们受教育，是较困难的。如何解决这些困难，以普及他们的教育，就是劳工教育问题的发生，亦是本文的研究目的。

第二节　劳工教育的重要性

劳工教育是解决劳工问题的重要方法。在现代的生产关系中，劳工问题日趋严重，所以劳工教育的重要性，亦日见提高。劳工问题的得失，不但关系到劳工本身，而且影响整个社会的经济和国家的政治，所以劳工教育的重要性，亦就不只对于劳工本身有重大的作用，而且对于政治组织、生产事业亦有非常的影响。劳工是生产事业的原动力，劳工教育的重要性尤为不可忽视。现就劳工教育在劳工生活、政治组织和生产事业方面的重要性分别叙述。

一、在劳工生活上的重要性

首先，劳工生活无论在物质或精神上，都是非常悲惨的。物质生活的改善，固然要依靠许多方面的条件，不是教育所能收全效的。但在精神生活方面，则教育能奏较大的功效。因为劳工精神生活最痛苦之处，就在于成天和机器为偶，做呆板单调的动作，没有兴趣的刺激，没有创造的鼓励，只是为了生活被迫成一套机器。这样使得精神麻痹，身心都受害不浅。为了打破这种精神上的麻痹，一般工人在工作余暇，总是找寻酗酒、赌钱、嫖娼等的刺激。这种刺激一方面加深身心的受害，一方面又发生道德上的问题。劳工教育一方面引导劳工寻找正当的娱乐，以调剂他们的生活，使他们的生活、苦闷得到适当的发泄，而不致害及身心。如苏联最注重的劳工教育，寄托在劳工俱乐部上，以劳工俱乐部种种活动来吸引劳工，对抗小酒店的引诱（苏联没有娼馆和赌场）。劳工教育另一方面能给劳工以正当的道德观念，使他们对于不道德的行动自知并加以制止。

其次，劳工健康的保障，亦需要教育为助。资本家对于工厂矿山的卫生设施，总是很轻视。光线太强太弱、音响嘈杂、尘垢弥漫、高温高湿、空气含毒，是一般工厂设备的通病。所以平常劳工很易犯各种职业病，最常见的如各种化学性中毒、贫血、肺病、湿疹、神经衰弱等，这些职业病的预防固然需要依靠工厂设施的改善，但假如劳工有保健知识，多少可避免或减少毒害。同时假如劳工们明白疾病的原因与设备的关系，便能够随时监督厂方改良设备。

最后，在劳工安全方面，施行劳工教育乃是一种有效的保障。工厂劳工死亡率甚高，原因是意外的伤亡很多，尤其是在我国，工厂设备较差的情况下。中央工厂检查处统计民国二十三年各地工厂的灾害，共计 2 470 件，伤亡 5 011 人。其中以爆炸伤亡为最多，达 1 494 人；火灾次之，达 1 008 人。此外因轧伤、跌伤、触电、撞伤、压伤、击伤、灼伤、水灾、窒息等而死伤的亦不少。这些灾害的发生，固然由于设备的不良所致，但劳工缺乏安全知识，以致不知在何种情形下汽缸要爆炸或失火，在何种情形下会触电、轧伤因而引起生命危殆的，亦是原因之一。

此外，劳工一切日常习惯、治疗疾病常识、家庭生活安排等，都可以由劳工教育来实施，引导他们达到较圆满的生活境地。

二、在政治组织上的重要性

英美诸国，劳工阶级占全国人口的大多数，我国劳工人数虽然较少，但亦占一个相当重要的比例。据民国十九年工商部所报告，全国从事工业生产的劳工共 110 万余人，这个统计只取 12 个重要省市，所以还差相当数目未列入。据陈达民的估计，民国二十二年，全国劳工人数为 200 万人，约占全国人口的 5%。近年来工业继续发展，劳工人数当然有增无减。这部分国民多是年富力强，团结能力又较一般农、商阶级为强，所以在政治组织上无疑是重要支柱。反之，如果他们知识太差，文盲太多，更谈不到政治意识，岂不是政治组织上的一个重大损失。一个国家政治的开明，有赖于国民文化水准的提高与政治意识的蓬勃，所以从政治组织上说，需要劳工教育的施行，以使广大的劳工阶级能够有参政的能力做政治的支柱。

再从劳工运动说，要劳工运动能循正轨进行，获得圆满的结果，而不致引起政治上的纠纷，劳工教育是最重要的。因为没受过教育的劳工，受了压迫，要不是吞声忍气，就是激于一时气愤，肆意破坏，很难平心静气来检讨是非，追溯原因，探究有效方案。这种不循正轨的劳工运动，每致社会既受损失，劳工本身又得不到好处。所以要劳工运动有正常的发展，全赖劳工教育的推动和指示。缺少劳工教育，便不能有广大有效的运动。因此各国的劳工教育，都很重视劳工运动的课程，如劳工问题、劳工运动史、劳工立法等。当然，就课程内容而言，资产阶级所办的和劳工阶级自办的，各有不同，但他们之重视有关政治课程是同样的。我国劳工运动历史甚短，运动的发展也很迟滞，更急需加强劳工教育，以推进劳工运动。

再次，从劳资协调方面说，劳工知识如很缺乏，易轻举躁进，亦是很不利的。如果劳工能认清利害得失，就容易促进协调工作。如日本的协调会，设有劳务者讲习会，此会除劳工以外，企业主或管理者亦得参加，使劳资双方共聚一堂，互相开诚沟通意见，就是促进劳资协调的一例。

三、在生产事业上的重要性

劳工受过教育的，对于生产过程容易了解，技术亦容易熟练，从事生产工作，自然较为有利。要是受过专门训练的更能直接提高他们的生产技能，提高生产效率。俄国有人曾做劳工教育和生产效率相关的研究，以曾做过平均14.8年的33岁劳工为研究对象，并以他们的工作效率超过他们所得工资的结果表示如下（见表3）。

表3

受教育的年数	工资工作效率系数
不识字者	1.48
受过1年教育者	2.14
受过2年教育者	2.37
受过3年教育者	2.52
受过4年教育者	2.63
受过5年教育者	2.73
受过6年教育者	2.80
受过7年教育者	2.84

由此可见，受过教育的劳工，工作效率的提高是很迅速的。受过一年教育之后的工人，可以等于一个半不识字的工人所做的工。受过七年教育的，当较同年岁的不识字劳工每年多赚 141 卢布。现代机器日益发达，分工精细，专门知识和特殊训练日显重要。举潘文安氏在《中国工人的职业指导》中的一段话如下：“最近我和英国纺织专家白克（A. F. Banker）教授参观了许多纱厂，觉得工厂的好坏，出品的精粗，成本的高低和工人有关。譬如经过训练、经过指导的一个工人，可管钢丝车 22 座以上，听说日本丰田纱厂可以训练到一个人管 50 余座……”

许多生产工作，没有受过相当时间的技术训练，根本就不能入厂工作。许多工厂，更要加上自己的特殊训练，如福特汽车厂的工人，无论技能如何，入厂时都非经过训练不可。

劳工教育不但可以因增强劳工技能以提高生产效率，而且可以使劳工明了工作目的、服务道德而努力从事生产。因为一个人若工作有目的、有兴趣、有愿望，才有打破困难的勇气。这种心理上的作用，是不容忽视的。

第三节　本文研究的目的与方法

劳工教育在教育事业中，本来是一个很重要的部分。国民党“六全会”通过要案有《请督促政府注意劳工教育普遍实施案》，并确定劳工政策为今后四大政策之 ，这亦可见我国人上对丁劳工问题的重视。但是如何促进劳工教育之普遍实施，有赖于理论与实践的研究。但因为一来我国劳工人数在比例上较少，有组织的劳工更少；二来我国的劳工运动很不发达。所以不但举办劳工教育的极少，而且讨论劳工教育的文章亦不多见。偶有一二，亦甚粗浅，且不切实际。因为讨论者多是劳工问题的研究者，他们对于劳工问题，固然颇为熟悉，但对于教育原理和实施问题，则未免不内行。有的只在劳动问题的著作中，将劳工教育问题作为劳工福利事项之一，略为提及。如陈达的《中国劳动问题》和何德明的《中国劳动问题》等，寥寥千言，还摸不着问题边际。有的虽写成专册，却只是一种常识之见，对于教育理论，毫无基础。有似政客谈教育计划，只是作为粗陋的宣传材料，如陈振鹭的《劳工教育小册子》。教育家偶亦有讨论劳工问题的，但似乎很少顾及劳工实际上的特殊情境，抓不着他们的特殊需要，因而所谓劳工教育，和一般社会教育分不出什么异同。这种各有所偏的缺陷，原亦难怪。因为研究教育者只知教育理论，研究劳工者只知劳工问题；教育家对劳工问题无深入的研究，劳工研究者对教育的认识又很粗浅，自然不能糅合两者，写成兼顾并重、切实有用的文章。

作者在大学中以教育为主系，经济为副系，平时对于劳工问题颇感兴趣。因此试图利用所学教育知识，配合对于劳工问题的理解，写成劳工教育专篇。虽不敢希望有何特殊见解，但或者对于教育原理与劳工问题，能兼顾并重。不致偏于教育理论以至成为高调，或迁就劳工情形而违反教育精神。糅合两者，使劳工理论做劳工教育的指针，用教育理论指导劳工教育的计划。劳工理论与教育理论，能相互渗透。这就是本文写作的目的。

本文动手写作，至今为时约九个月。前七个月时间，大都用在搜集材料方面。因可资参考的书籍不多，不得不亲自在杂志报章中寻求。每有所得，无不亲自笔录，集成卡片 280 余张，并随时将心得录存，以为备忘用。在搜集材料过程中，又一面确定研究范围与拟大纲初稿。

关于研究范围之确定，颇非易事。一般讨论劳工教育文章，如不认真考究，似乎范围已甚清楚：所谓“劳工教育就是劳工的教育”，没什么含混。但若进一步研究，便知不是如此简单。英国的劳工教育可谓包括一切劳心、劳力的人士，丹麦的劳工教育实在大半指农人而言，我国过去所指的劳工教育，更是农工商各界混淆不清；劳工本身教育与其子女教育并列。要在这种纷杂并陈的教育事业中，排去非劳工成分，便非先有范围的确定不可。否则搜集材料必致事倍功半。作者最初确定的范围为：

（1）劳工教育所指的范围不包括劳心者。

（2）不包括农人、店员等。

（3）不包括劳工子女教育。

（4）专指以上三项以外的劳工阶级教育而言。

以后便根据这范围去选择材料。心有定向，选材比较省时省力。及至动笔写作时，对研究范围有更准确的方向。第三章第三节劳工教育的范围有较明确的说明。

材料收集至预定时期，第二步的工作便是草拟大纲。大纲是根据几个月来搜集材料时所发觉的应研究的项目，加以修改确定而成。

大纲拟成后第三步的工作为编辑材料。因材料搜集期间经数月之久，且随集随存，凌乱已甚，遗忘亦所难免。在编辑中，一面将材料卡片、参考书及备忘录中有关意见，编号登记于各章节中，以便研究时，按号索取材料，可免遗漏。但此后因大纲两度更改，所分配的材料，稍为凌乱，但大体还有眉目可索。

第四步的工作为分析研究。每写一节之前，将该节所有材料与意见集拾一处，详加分析比较，并一一归纳之。每节的组织大要亦于此时拟定。

第五步的工作为写作。以每节为一单位，于第四步工作完成后即行动笔。除临时因行文关系稍有变动或补充外，完全依照第四步工作的结果进行。

以上为本文写作的步骤。本文在材料与研究方法上缺点颇多，兹就作者所知检讨于下。

一、材料缺乏

有关劳工教育的理论文章甚少，实施报告亦不多，其中可以应用的材料，更感缺乏。其中最为缺乏的为下列几方面的材料。

（一）新近我国劳工教育实施情况

民国二十一年前后，我国的劳工教育，曾一度很蓬勃，故当时材料颇多。自民国二十三年，经济恐慌波及中国，工业大受摧残，劳工教育亦告消沉，材料便少。抗战以后，一方面因工业动荡，劳工教育的实施颇为人所忽略；一方面因印刷和交通困难，即偶有实施者，亦少形之于报告，或收集报告不易。因此本文所根据的本国实施材料，多为民国二十三年以前及抗战胜利以后的。

（二）各国劳工教育的理论

英国是劳工教育最发达的国家，劳工教育思潮亦以英为主干。但美国工业很发达，日本社会思想颇盛，苏联是已实现社会主义的国家，这些国家的劳工专家或教育家对于劳工教育问题，必有种种不同的看法，可为指针。但第二章第二节论述劳工教育观念的演变，只偏于英国的思想，是因其他国家材料不足之故。

（三）各国劳工教育实施详细情况

本文中关于各国劳工教育实施情形，是从各种不同性质的文章中抽取出来的。断章零片，不能整个了然。甚至各篇所记述，常有出入之处，整理更感不易。因此讨论各种劳工实际问题时，不能每个国家均详细引述。英国材料较充实，所以行政组织、经费、课程各方面，都能详述之。美国、日本、德国便无经费的记述，苏联的师资、课程，法国的行政组织、课程等，都付阙如。这是一件很遗憾的事。

（四）统计数字

许多理论都有赖于各种统计数字的研究、比较、证明，可惜这项材料最为缺乏。如我国的劳动者教育程度、劳工学校数字以及其他方面都缺乏新近与可靠的统计。《中国劳动年鉴》中的各项统计数字，又因书籍分散，急切间无法查用。

二、不能役用材料，反为材料所役用

理论是根据材料的研究分析而得，但理论才是文章的中心，材料不过为说明理论的工具，应该受作者所役用。凡理论上有所需的材料，便充分引用之。与理论关系不密切的材料，应该不惜舍弃。这样才能使内容充实而又精练。但因材料缺乏，不能任意得到，所以作者不得不依据材料，拟成大纲，并依各节所有材料，组织其内容。作者处处立于被动地位。又因作者整理选择材料，技术幼稚，当弃不弃，当留不留，遂形成内容材料缺乏，而又庞杂的矛盾现象。例如各节材料分配不平均：第二章第四节“劳工教育的分类”与第三章第三节课程都是至万字以上；而第二章第二节“劳工教育的定义”和第三节“劳工教育的范围”都不及三千字。

三、时间不够

自着手工作以来，虽有九个月，但前段时间全用于原始材料之收集，手抄卡片，所费工夫甚多。及至进行分析研究、写作、抄誊等工作，只有两个月。每日工作时间又只有三四个小时而已。因时间过于匆迫，便不能详细比较，反复思考，草率之处，在所难免。尤其最后将教学方法、学级编制、教学时间等，都牵强纳于留生问题中，于此可以概见。

第二章 劳工教育的理论

第一节 劳工教育观念的演进

一、人道主义劳工教育思想

W. Horabin 于《劳工阶级教育论》中说：“人道主义这一名词，它的含义是很广泛的，尤其是用来讨论教育发达的时候，包含种种心理态度。大抵生在幸福之家的人们，看见下层阶级的困苦的命运而有所不忍，于是希望支配阶级对于他们施以适当的教育，好使因下层阶级之不满而发生危险，得以和缓。这一种情感也就是人道主义的源泉。”

劳工教育的发端，大抵是出自人道主义的教育观念，为慈善家或教会所首倡。如英国的劳工教育是从 18 世纪末开始，那时首倡者如 Andison 教授、Birlecok 博士，他们殷勤地向各工厂职工演讲，或于星期日召集一班劳动者来听讲、认字，完全是出于一片慈善心肠，悲悯劳工们的无知，目的是要让他们亦能享受一点知识的润泽，因而把教育认作恩惠给予劳工。在这种观念下的劳工教育当然是只限制在某种范围内，正如有人在《劳工阶级教育论》中所说：“我的目的，不外教育到贫穷的人不至于不快的程度。”而且就是这有限的教育，亦常常受人抨击。如皇家学会的会长曾说：“这种计划在表面上固然是教育贫穷的劳工阶级，可是结果会损害他们的道德和幸福，那是很明显的。即是说，教育的结果，会使劳动者轻蔑他们生活上的命运，不安分于他们的事业，因为所谓劳动教育不是教劳动者顺从，而是造成他们党派的反抗行动，遂至他们侮蔑上流阶级。”由慈善家或教会办理的劳工教育既只认为一种慈善事业，自然不甚坚决，受了一些抨击，很容易便消沉了。

我国劳工教育的发端，亦有同样的情形。最先提倡劳工教育者有二：一为沪江大学的沪东公社，一为基督教青年会所办的劳工教育事业。两者都在民国五六年间开始办理，亦都以教会为背景而举办的慈善方式的事业。因此教育都侧重于宗教训练。他们办理的成绩，不能否认是我国劳工教育事业中成绩优越者。但正如秦柳方氏在《中国工人教育之展望》中所检讨：“因基督教青年会为教会中之一种组织，其最大目的，当然在传布耶稣基督主义。所办社会事业，或为传教之先声，或为装饰门面附带之事业。经费大半来自国外教会或私人补助，以及国内教徒或非教徒之捐助。每年不能有固定之收入与大量之来源，工作人员主持者，或为西人。此外，亦多为高贵的青年或小姐，染上流社会或西人习惯甚深，与工人生活，自多隔膜。其与工人表同情，亦出于慈善心、怜悯心，由是其一切设施，难以抓到工人之痛痒处，而能予以实际上较多之助益。”

总之，人道主义的劳工教育观念，是起于慈悲心肠，目的不外使劳工们能认字读书，安分守己做一个好教徒或良善的人而已。又因办理者的不坚决，所以他们的实施，总不会有什么彻底的功效。

二、实利主义的劳工教育思想

在资本主义社会中，劳工教育的意义又有另一种看法：资本家开办劳工教育的着眼点是在为自己的利益打算，以教育作为提高劳工生产效能与缓和阶级斗争的工具。一方面使劳工因受教育而增加他们对资本家的贡献，一方面以改良的方式敷衍劳工，或将劳工的不满引到另一个方向去发泄。在这实利主义的思想中，生产技术的训练，当然被认为是最重要的项目。宗教的思想和一切伦理道德的戒律，亦充分地被引用着。在英国自1836年谷物法令废止之后，资本家对待劳工，便存这样的策略。雇主们对于被雇人的斗争，决意解除武器而改为软化的方法。为着达到这目的，举行些微的待遇的改善和盛大的教育宣传。当时的劳工教育家Brinus，印发许多廉价的宣传小册子，以辩护正统派的经济学，为资产阶级宣传各种社会问题、教育问题和伦理问题等。他认为人类最高的理想，就在于造成自由平等的资本主义社会。而劳动者唯一的立身方法，是自己改善自己、勤勉节俭。至于劳动者的集会结社，是毫无益处的事。当时的学校教育，亦都是以资本主义的宣传品来教育劳工子女，使劳工子女一致驯服于资本主义之下。Brinus在所著的《百年来的教育》中说：“19世纪中叶的私立小学，是把资产阶级的经济学来教劳动者的孩子的。据当时的学校检查官的报告，教12岁的孩子的科目，大抵有经济原理，注重关于劳动雇用及报酬的材料，租税论、资本使用法、罢工对工资的影响。”在这种潮流之下，就连出身于工人阶级的劳动教育者Louelt，亦致力于实用知识的普及。以后因为劳工自便的教育日益发达，劳工才逐渐注意到劳工本身需要。但资本家握有了办理教育的经济权，又和人道主义的教育家互相结合，共同维持表面上的和谐协调。这种结合在另一方面又产生了大学扩充教育运动的以文化为重心的教育。因有这种种缘故，所以这类教育思想工作还占相当大的势力。

我国劳工教育亦大多在这种思想支配中。试看教育、实业两部会同公布的劳工教育实施办法大纲，便谓“劳工教育是为增进工人之知识技能及其工作效率，并谋工人生活之改进”。这显然是注重在知识技能的增进及生活的改良。潘公展于《检讨沪市工人教育》一文中对劳工教育的希望，更以增进劳资协调，与努力进行职业补习以增加生产技能为要项。至于许多资本家所举办的劳工教育，他们的目的何在，自是更不必说。例如上海市恒大纱厂对于办理劳工教育素称热心。其所举办的工人补习学校，简则中就说明是要“施以适当训练，养成良好之棉纱工人，将来为恒大纱厂服务”。厂主陈子馨自认是“为工厂的效率着想，募集来的工人效率不高，须加以训练，使成识字又懂规矩，并且技能高、头脑灵敏，做未来恒大纱厂的中坚”。又秦柳方氏的《中国工人教育之展望》对于无锡华新丝厂与丽新纺染厂添设女工宿舍施行识字教育的用意，有一段透彻的说明：“他们用选择的方法，到四乡或外县招取比较敏捷的女工，或多少已受过教育的女子，供给其住宿，用几个管理员，名为指导其生活，实则监视其思想与行动。于工余之暇，教识字听训话，表面上是很合于政府所颁布的工厂法上的规定，实际上他们的工资较低，在厂内寄宿，少与外界接触，全部的心力可供厂方利用，技术熟练后也不会发生跳厂等，为他厂拖去。而在管理员监视下的寄宿女工对于厂内的一切设施与待遇，也顶易服从，绝不会发生反抗等行动。所以资本家乐于举办的。”

在现实中，各人都有从自身的实利上打算的想法，而依靠的又是资本家办理的劳工教育，自然难望其有超过这种实利主义的思想范围以外的观念。

三、阶级自觉的劳工教育思想

随着劳工阶级解放运动的兴起，劳工教育亦渐渐为劳工自身所重视。劳工们逐渐明白慈善家和资产阶级所给他们的教育，并不是他们所需要的教育。如教会所设的学校，只叫他们读经、识字；绅士所办的学校，只叫他们安分守己做一个好劳工；资本家所办的学校，则是教他们机械工业应用的知识，以提高生产率。至于怎样提高他们的地位，解除他们的痛苦，很难找到实际有用的理论。因为他们要解除所属阶级所受的痛苦，所需要的教育乃是阶级意识的教育、生活的教育，所以在1824年英国政府撤销劳工集会结社的禁令之后，劳工及与劳工运动有关的人，都确信为了实现劳动阶级自身的目的，有由劳工自行办理教育的必要。

最先提倡劳工阶级自办教育的，当推伦敦机械工人学校创办者Hodyskin，他认为“工人与其接受主人的教育，倒不如没有接受。因为这种教育，实无异于施车底牛的训练”。因而他主张他所创办的学校，要真正为劳动而设，那么就应由劳动者统治，才能够自立。他的主张虽然因为时机未成熟，并没有成功，但他实在是一个先导者。尤其是他在所编的《劳动自卫》(*Labour Defended*)中，宣传劳工自觉教育的可能和必要，得到了劳工阶级的拥护，如：

> 以发展劳动阶级教育为目的而建设的学校，看来似乎是妄想者的妄为吧。然而社会的形成和统治的原理，如果人们因为不知道而置之不理，那是不行的。……现在各劳动者已自成一团，以对抗别的阶级了。关于支配阶级独占的统治原理的知识，也开始尽量吸收了。那末因为他们的利害关系和统制原理的复杂藤葛，万万不能制止他们的研究欲望。自然像地质学者的珍重的研究，植物学者的精细的分类，和他们是不相干的。可是在社会的一切阶级内，何以光是他们常常吃苦，这是他们不能研究的。
>
> 无论劳动的结果怎样，而劳动的酬报只是最低限度的生活费。这种社会经济的制度是没有理由使他们满意的。……劳动者有了知识，对于社会建设的基础，一定要从根本加以探索。……

此后继者很多，如同时代的Bobertson、Cobbett，其后的Morris Plebs、Cole、Miller等。Bobertson的思想和Hodyskin差不多，不必赘述。其余诸人的思想简述如下。

> Morris Plebs是19世纪后期复兴社会主义运动者，他主张劳工教育的实施非站在阶级斗争的基础上不可。温和的改良主义者的教育扩张运动，从劳工阶级本身看，是毫无用处的。他曾说过：“改造社

会所必要的教育，可以用作鼓舞被榨取阶级的工具。如果不以改造社会为目标，我们的教育只有产生暴君，产生卑怯而已。同时他对阶级自觉的教育的功能，有坚定的信心。他说在社会改造的进程中，教育是十分重要的工具。据我们的见解，社会主义教育没有不成立的理由。即使社会主义的教育要费若干混乱和苦恼才能得到，我们亦要努力使它实现。”

Morris Plebs 是一个劳动联盟而不是一个人名，为拉斯金（Laskin）劳动大学中一部分真正的劳动学生所组成。后来由这联盟做主干，组织了英国纯粹劳工自办的中央劳动大学。Morris Plebs 联盟对劳工教育的主张归纳之有下述几要点：

（1）反对人道主义的或以艺文为主的劳工教育，认为促进此种运动的人们的意志，无论怎样慈悲，结果总是有害于劳动者自身的教育运动。

（2）认为教育是有阶级性的，劳工教育是劳工阶级和上层阶级斗争的工具。如谓：“20 世纪产业史上种种事件进行的结果，到现在已明确地表现出劳动者是一个阶级了。劳动者是社会构成上之显著的要素，已被一般人承认了。劳动者明确地站在他们经济的活动之基础上的场合——成为独立的阶级——他们是最成功的。即是说，他们在政治的斗争，成为独立的要素而成功了。因为他们在政治上成为独立的团体而成功，反动派就想出种种之方法去阻碍劳动阶级的成功了。这在教育方面的相反斗争表现得最明了。……趋向独立运动的劳动者，承认教育运动上有独立派和扩张派，如像政治运动上之有急进派和温和派一样。……主张非党派的教育组织——即教育中立的运动，除掉成为劳动者的陷阱以外，没有什么可谓对劳动者的人间教育。对劳动者的大学开放，阶级的融和等口号，虽然喊得很响，不过是和劳动阶级的历史的使命不两立的观念之最后的遗物。”①

（3）因此劳工教育应由劳工阶级自行统制，不可为上层阶级所把持。如谓：“教育由上层阶级施舍出来是不行的。也不是由上层阶级授予下层阶级的东西。劳动阶级为着他们自身的救济而需要教育，为着发展他们自身之社会

①②③ 引自《劳工阶级教育论》一文。

的知识而需要教育，此种知识是从他们的生活维持存在的经济社会产生出来的。”②

但劳工运动者多半对于教育是门外汉，对劳工教育的价值缺少真正的认识，何种教育内容对劳工本身是有真正价值的，他们亦还不十分清楚。因此阶级自觉劳工教育的内容之改进总是很空洞。甚至一面主张劳工阶级要自办教育，而自办的教育内容仍是和资产阶级所办的或大学扩充教育的内容差不多。至20世纪初，方有Cole主张劳工不能在传统的教育制度中得到真正的劳工教育，内容须自行发展。Cole的主张可归纳为下述几点：

（1）资产阶级在教育制度上已有传统势力。如谓：“支配阶级的势力是存在于他们的目的，可以利用的教育制度。”③

（2）劳工不能在这种传统的教育制度中等待合于自身的教育。如谓：“在现代经济组织之下的少数者，正极力要支配我们的全社会组织。因此我们等待与支配阶级无关的教育出来是不可能的。”①

（3）劳工要得到合于本身需要的教育，须自行编制课程，培养师资。如谓：“如果要实现真正的劳工阶级教育，非另行编制许多教科书不可——最低限度亦要改造历史和经济学。……劳工阶级要赶快培养能够满足他们教育需要的教师，编制教科书。”②

Spencer Miller gr. 为现代劳工教育家，他的劳工本位教育论是更进一步了。他在世界成人教育会议上说过：“谈工人教育，一定要认识工人所处的地位是怎样的。我们要拿工人所处的地位做教育中心，我们要拿工人的已有经验做教育的出发点。以这些为根据然后定出工人教育往哪一个方向走。这样子一来，教育才能合乎他们的兴趣，才能应乎他们的需要，才能替他们解决问题。不是这样子，不能引起他们对于教育有不断要求的欲望，而且教育亦不能对他们有用处。”③

以上所述劳工阶级自觉教育观念的演进，我们可以看出最初只是为反对人道主义、实利主义以及大学扩充的艺文主义的劳工教育观念而起的一种反

---

① 引自《劳工阶级教育论》一文。

②③ 郑一华. 成人教育世界会议之经过［J］. 教育杂志，1931（8）.

抗思想。着眼点在劳工教育的办理权，须为劳工阶级本身。这种思想是比较表面的，只是劳工运动思想中之一环。后来才对阶级本位的教育内容有较为明晰的思想。

至于我国，因为劳工阶级人数较少，阶级意识并不很发达。所以阶级自觉的教育思想亦不很强。政府所办的劳工教育，自然偏于识字、技术、服务、合作方面；教育家所提倡的劳工教育，则多注意于纯粹教育方面，而少顾及劳工本身的特殊情形。但许多实际从事过劳工教育的人，如前面所述的茅仲英、秦柳方等氏，都是从他们的工作中体验出劳工教育应该由劳工阶级自办才对。又如余书麟氏在《发展劳动教育与抗战前途》中说："劳动教育即所谓全由劳动者、全为劳动者的教育设施的一种教育建设。盖使劳动者能从其教育上所享受的支配阶级之统治而获得解放，亦即脱离其旧学制的束缚而趋赴劳动者之全民教育为理想。"陶孟和氏的劳工教育观念为社会化劳工教育思想，亦颇有足述。他的理论要点归纳如下：

（1）劳工教育问题不是纯粹的教育本身问题，须以劳工的社会理论为基础。如谓："谈到工人教育，社会理论的认识，格外显得切要。我们首先要问工人的定义是什么，工人在社会占什么地位，并应该占什么地位，这些都是计划并确定工人教育的先决问题，不容漠视的。如果只以为对于不能做工的授以工作的技能，对于已经做工的增进他的技能，并授以公民常识，便是工人教育一切的一切，这见解未免太肤浅了，太简单了。要彻底地了解工人教育的性质及其职能，便不能不去追求他背后的社会理论。"①

（2）在资产阶级社会中，劳工教育应注重政治知识与政治能力的修养。在社会主义的社会中，劳工教育应注重工作能力的提高和文化的共享。如谓："假使以人人皆有工作为社会的原则，今日以人为的制度而构成的阶级当然不应谈存在，一切的人只有职业之别而无阶级之分。从此观点出发，进行劳工教育，则所谓工人教育，并不是上等社会阶级对于下等社会阶级的恩惠，怜悯他们的地位而举行的慈善事业，乃是全体人民对于传授或提高工作能力、分享文化产物的一种共同努力。"②

---

①② 陶孟和. 工人教育之哲学［J］. 教育与民众，1934（10）.

（3）劳工教育的意义，是全社会的。所以不只劳工应努力，其他职业人士亦应努力。如谓："办理劳工教育的人，不全是教者，受教育的农民、工人，也不全是受教者。受益是双方的。所以可以通力合作。……教育家不待言，科学家、工程师、医生、农工界的领袖，都应该是农工教育做的积极参与者。为促进农工教育，国民全体的总动员几乎是必要的。"

从这些观念的演进中，我们可以知道劳工教育的发生是始于慈善为怀的人道主义者。这种教育思想自然不能满足劳工的需要而且亦很不彻底。但人道主义有开创之功，却是不容抹杀的。其思想观念虽不合劳工本身的需要，但在工业落后的国家，还是一种相当重要的理论。劳工阶级自觉的教育观念，是配合着劳工阶级自觉运动而起的观念。能够配合劳工本身的需要，可以说是真正的劳工教育。虽然上述三种观念都占有相当的势力，但今后的劳工教育思想的潮流，无疑将趋向于这一方向。

第二节　劳工教育的定义

劳工教育由解决劳工问题而发生，由此可知劳工教育的意义当在于适应劳工的需要，解除或减少劳工的痛苦。但因为对劳工问题的看法各有不同，对教育功能的认识，亦各有不同。因此对于劳工教育的定义，意见亦甚分歧。有的认为劳工教育在给予劳工以国民应具有的基础常识和道德训练，使之成为一个完善的公民；有的认为劳工教育是提高劳工的产业技术和服务道德水平，使之成为一个干练的劳动者；有的则认为劳工教育在于发展劳工阶级的独立意识，加强其阶级解放的能力。这些分歧的意见，正代表着各个时代和各阶层人物不同的看法。现阐述如下：

劳工多是贫苦家庭出身，幼时未受教育，所以基础知识未具，或连字亦不认识。尤其在国民教育不普及的我国，劳工正如其他国民一样，不识字的人数在70%以上。所以，认为劳工教育与失学民众补习教育的意义是相同的，乃是最通俗的看法。但是劳工是和一般人不同的成年人，劳工在社会上有他们自己的团结愿望，有他们的特殊情形、需要、问题，他们的教育应和一般成人教育不同。所以基础教育严格来说实在不属于劳工教育范围之内，乃是国民教育或成人补习教育的范围。因为它不能指出劳工教育的特点，它只能说明失学劳工亦如其他失学成人一样需补受基础教育。

其次，或认为劳工之所以名为劳工，是因为他是工业生产的劳动者，他的教育特点亦应当在他的职业上。所以认为，劳工教育是在训练劳工所从事的工作技能和服务、道德能力，从而提高他的生产效率。这是一种很合逻辑的看法。但是如果我们问一问：劳工的生产效率提高了，是否就能解除劳工的痛苦，提高劳工的地位？但马上就发现生产效率的提高不但和劳动者的幸福无关，反而是加深了他们的痛苦。在手工业生产时代，从事手工业者的痛苦远不及今日工农劳动者之深；而在资本主义初期，劳工的生活又较产业“合理化运动”下的劳工生活为轻松。在现代工厂采取科学管理以提高生产量的情形下，劳工的工作强度大大地提高，几乎每一秒钟都在紧张的状态下工作，筋肉的疲劳与工作的单调更甚，这正是提高生产效率的结果。进一步，我们还可以在资本主义社会中，继续提高生产效率，从整个社会看是否必要。这的确亦很成问题。每一次生产效率的提高，就增加一批失业者。假如不是因为战争，生产过剩和失业过多，不正在继续威胁着各个国家么？所以在资本主义发展至相当高度的国家，生产效率的提高，不但无益于劳工本身，亦无益于整个社会。得到利益的实在只有个别的资本家。为了个别资本家的利益而鼓吹劳工教育，未免太不适宜。

劳工教育专家 Spencer Miller gr. 说：“谈劳工教育一定要认识劳工所处的地位是怎样，我们要拿劳工所处的地位，做教育的中心。”现代劳工教育家大多能认清这一点，即认为劳工教育最中心的意义是：应自劳工本身出发，以求如何减除劳工的痛苦，增加他们的福利。但就是在这共同的认识之下，亦有若干分歧的意见。现先将各种意见列后：

英国伯里（Beleg）：“劳动教育的第一条原理就是：使劳动者充实改造社会的必要的知识。”

英国劳动学校协议会：“劳动阶级虽然有特殊教育形势形式的必要，但他们的必要，并不限于这特殊的训练——所谓特殊的训练就是站在劳动阶级立场上的教育意味。”

美国赫琴（Hodgin）：“今日劳动者所需要的教育，已不只做一个识字的教徒，或一个安分的公民，乃至不只能在现代社会组织中增加生产或求得知识的娱乐；凡是要怎样组织和领导劳工团体，怎样取得和参加产业管理，都是劳工独立教育的必要。”

日本山四敏一氏：“劳动教育运动在广义上说就是劳动运动。”

美国亨逊（Hansome）：“劳动者教育目的在实现社会主义的新社会。故要使劳动者及其儿女认识社会真相，增长奋斗勇气及合作能力，以进于更社会化的人类。”

陈达氏：“工人教育是促进劳工运动的重要工作。工人受了适当教育之后，一方面有指导者，一方面有服从者，那才能替他们谋各自的幸福。”

马超俊氏：“劳工教育是促进劳动者自学的一种教育，是使劳动者从奴隶的地位而走到人的地位的一种教育，是指示劳动者怎样从事劳动运动的一种教育。”

茅仲英氏：“工人教育是给工人以力量来夺回被吞去的做人的权利，来从事社会改造运动，来从事民族自救斗争。”

秦柳方氏：“工人教育顶大的任务，确确实实在于唤醒他们的意识。他们认识自己的地位与力量，组成强有力的集团，为了他们的利益。”

上述这些意见，细加分析，便知从右端到左端，从稳健到激烈都有。这是因为他们的立场不同。但他们的着重点，总在认为劳工教育为解除劳工痛苦，增进劳工福利，提高劳工阶级地位。即使资产阶级意味很重的劳工运动学校协议会，亦认为阶级立场的特殊训练有其必要性。

上述三种劳工教育的意见，当然以最后一种观点较为恰当。不过依我国当前情形而论，劳工教育的意义，亦不应完全抹杀前两种意见。即不能完全不论劳工基础知识的普及与劳工技能的提高的必要。林颂河氏对于劳工教育的意见是较为圆满的。他说：

> 我们为养成民族意识，推行民主政治，提高国民的教育程度固然要提倡民众教育中最重要的工人教育。我们为增进生产能力和工作效率，也要灌输近代科学知识给产业界中坚的工人。就是我们也奖励民众运动，完成国民革命，乃至主张劳资斗争，主张无产阶级革命，工人教育亦是推行一切劳工运动的原动力，一切基本工作的基本。

所以我们可以总结一句话：劳工教育最中心的意义，在于唤醒他们的意识，使他们为解除自身痛苦和增进福利而努力。同时，在我国实施劳工教育，还有普及基础教育和提高生产技能的意义。

第三节 劳工教育的范围

劳工教育的对象当然是劳工，但劳工的范围如何？何种劳工最需要劳工教育？却有先讨论的必要。

劳工的范围，如果从最广义上说是：凡以劳务获得报酬以生活的人都称为劳工。即除了资本家、地主以外，都可称为劳工。但劳工问题中所指的劳工，范围并不如此广泛。大体是专指工农劳动者而言。因为在现代生产组织中，成为问题的是这批赤手空拳、靠出卖劳力来博取微薄工资以维持生存的劳动者，如场工、厂工、矿工、苦力等。至于自营的小手工业工人，他们的报酬于工资之外，多少还有利润可得，行动亦较自由；官吏、教师、自由职业者的地位较优越，虽然亦有生活问题，但不若工农劳动者的问题那样严重。所以国民政府《工会法》第三条这样规定："国家行政交通、军事、军事工业、国营产业、教育事业、公用事业、各机关职员与雇用员役，不得用本法组织同业工会。"虽然政府有其他考虑之处，但多少亦指出上列各业的从业人员，非属劳工。

李剑华氏于《劳动法论》中将被雇者分为劳工、使用人、官公吏和徒弟四种，谓除了徒弟、使用人、官公吏以外的雇者，就是劳工。并谓劳工的一般特征乃是从事于肉体的和实际的劳动为主。但这种区别又似太窄。因为假如将徒弟别于劳工，徒弟以学业为目的而被雇于人，从理论上说固然不同于劳工，但徒弟的实际地位和生活的痛苦，显然亦和劳工相同，所以劳工问题似应包括徒弟而言。即劳工问题中所指的劳工，是一切工农劳动者和徒弟。本文所指的劳工教育对象，亦以此为范围。

不过各国所谓劳工教育，所包括的范围，常较此为广。如英国劳工教育协会和大学所合办的启导学级（tutouial）的学生，以书记、教员、主妇等为最多，工程师、官吏、店员等亦不少，真正的劳工如厂工、矿工、苦力等反占少数。国际劳工局曾统计英美奥瑞澳德六国工人教育班的学生 14 144 人的职业分配，亦有此种情形（见表4）。

表4

职　业	人数/人	百分比/%
教师	2 113	14.9
公司服务人员	2 155	15.2
主妇	1 636	11.6
矿工	984	7.0
工程师、技师	981	6.9
公务人员	574	4.1
店主及助手	574	4.1
运输工人	556	3.9
布工	443	3.2
建筑工人	215	1.5
工匠	314	2.2
职业工人	286	2.1
经理与监督	151	1.1
警察、邮差	219	1.6
印刷工人	256	1.8
铁工	445	3.1
苦力	173	1.2
商业工人	131	0.9
皮件工人	134	0.9
绘图工人	123	0.9
工厂工人	111	0.8
铁匠	60	0.4

续上表

职　　业	人数/人	百分比/%
电气工人	63	0. 4
土地工人	18	0. 1
画师	3	—
粮食工人	107	0. 8
电话与电报工人	18	0. 1
青年运动服务人员	15	0. 1
学生	123	0. 2
纱织工人	323	2. 3
杂项	926	6. 8

这种名为劳工教育班而收容的学生很复杂，对真正的劳工之受教育是很不利的。因为非劳工的分子多了，必致影响劳工教育的性质，使其成为一般性质的甚至造就非劳工者的需要。如公司服务人员多，办理者每询他们的要求，开打字、商业常识等课程。我们知道这类课程对于真正的劳工是很少有用的。同时劳工的知识水平和社会地位，在现代社会情况之下较低，把他们放到一群非劳工群中，他们会产生一种卑劣感或不感兴趣而引退。在英国的机械工人学校就有这种情形。“机械工人学校的学生增加，成分复杂之后，律师事务所的书记先生们，无论在辩论方面或是在人数方面，都把从事于实际劳动的机械工人压倒。”① 所以我们要举办的劳工教育，应完全限于劳工而避免对象太复杂。

我国过去所举办的劳工教育，多包括劳工子弟教育，如民国十五年国民党中央执行委员会各省区代表联席会议的工人政纲有：“设立劳工补习学校及工人子弟学校，以增进工人普通知识及职业技能”，决议将工人子弟学校和补习学校并举，视作劳工教育。又如天津工人教育实施方案第二条，规定工人

① 引自《劳动阶级教育论》一文。

学校凡三种，为工人补习学校、童工学校和工人子女学校。各省市各工厂所办的劳工教育，劳工本身的教育亦往往比劳工子弟教育为少，在若干地方所谓劳工教育，简直就全是劳工子弟教育。如民国二十三年教育、实业两部在改进上海无锡劳工教育的意见中，便有谓“无锡上海两地各工厂所举办之劳工教育多数均办劳工子女学校，对于工人本身应受教育，反视为可有可无，听其自由”。但是，劳工子弟教育，严格说亦不属于劳工教育范围。因为劳工子弟长大了，不一定亦是工人。他们所应受的是国民基础教育和一般义务教育或小学、中学等的教育相同，不应列于劳工教育范围内。所以本文所讨论的范围，亦限于劳工本身的教育，而不涉及劳工子弟教育。

第四节　劳工教育的分类

劳工教育的分类方法颇多，如陈振鹭氏分为劳工学校、识字训练、公民训练、职业补习、工余文化活动、劳工教育馆等，是内容与形式并排的分类；教育、实业两部合颁的《劳工教育实施办法大纲》分为识字训练、公民训练及职业训练三项，则全由内容分类；天津市教育实施方案分为学校和识字处两种，则又完全自行分类；交通部《实施铁路职工教育计划纲要》分为学校教育和补助教育两大类，学校教育中又分职工高等学校、技术学校、公民学校、识字学校四种，及另设职工教育实施人员训练所，补助教育则分职工教育馆和游憩所两种。以上各种分类多是从设施上着眼，当然各有其理由，但可从理论上分之，则似都未臻完善。现特参照理论、实施，从对象、形式、程度、内容四方面加以区分如下：

对象——有工厂、矿山、交通、手工业等劳工教育。

形式——有劳工学校、劳工教育馆、劳工社会教育等。

程度——有基础教育、补习教育、高等教育、干部教育等。

内容——有识字、政治、技术、生活等教育。

此外，还有按办理者加以分类，分为政府、党团办理的，业主办理的，机关团体办理的和劳工阶级办理的四种。因其不属于劳工教育的内涵，故从略。现将各种分类叙述如下。

一、从对象分类

1. 工厂劳工教育

工厂劳工占劳工人数的大多数，是劳工阶级中的大队伍，所以劳工教育的实施当以他们为主要的对象。而且他们聚集在一处，工作生活较有规则，劳工教育的设施亦较容易。我国因为机器产业不发达，工厂劳工虽没有手工业劳工多，但他们身受的痛苦，却往往较手工业劳工更为深重，阶级意识亦比较勃发。

我国劳工的一般知识程度已很低，矿工知识程度则更低（见表 5）。如旧矿区，矿工未受教育者达 82%，读过一两年书以至能记账者为 12%，16% 为不明。① 又如四川北碚一地，矿工不识字者达 95%，其他工厂则约为 70%；② 四川葛江三峡实验煤矿区有 92 个童工，其中只有 5 人能读初小国语。③这种知识之低落，实在可怕。而矿工的教育一向亦很少人顾及，如北碚有矿场 4 所，只有两所自办识字班。过去开滦矿区矿工云集，却只有子弟学校而无矿工学校。今后我国发展重工业，采发矿产是最重要的工作，对于这些矿工，提高他们的知识水平是很重要的。

表 5

教育程度	工厂部/%	矿山部/%
不就学	4. 62	18. 55
寻常小学肄业	10. 17	21. 68
寻常小学毕业	58. 01	38. 00
高小肄业	5. 27	4. 41
高小毕业	17. 19	15. 89
中等学校程度	4. 43	1. 38
专科学校程度	0. 09	0. 02

资料来源：《教育杂志》23 卷 9 期《日本教育制度的缺陷与劳动者教育》。

① 《中国劳动》3 卷 5 期，北碚福利社通讯。

②③ 《中国劳动》5 卷 5 期，北碚福利社通讯。

2. 交通劳工教育

交通劳工教育的办理，在我国过去不算出色。铁道部远于民国九年，便设有铁路职工教育筹备处，调查京汉、京奉、京绥、津浦四路的工人教育程度，为培养劳工教育师资积极进行筹备工作。后来因政局不定，未有显著效果，至民国十二年五月交通部又成立职工教育委员会，颁布《实施铁路职工教育计划纲要》，饬令各路开办职工学校和民众教育馆，一时办理学校达17所。但因铁道劳工教育的办理困难特别多，所以不能如愿成功。邮电方面的劳工教育较为逊色，但因经费充足，比别的劳工教育，总体比较活跃。

交通劳工教育办理时所特具的困难，是他们的工作地点分散，工作时间无定，工作情形亦复杂。如铁道职工，只有机务处有固定的工作时间，车务处劳工散布全铁路沿线几百里或几千里长，要集中在一处读书，的确不易；随车往来的职工，几日换一班，忽在甲地，忽在乙地，办理他们的教育就更困难。邮电职工散处在小镇僻市，人数甚少，差不多无法着手。但交通机关大多经费较充裕，劳工原有知识程度亦较高，却又是办理交通劳工教育的易处。

3. 手工业劳工教育

我国劳工从量上说最多的还是要推手工业者，知识程度的低下和思想的守旧亦以他们为最甚。所以我国的劳工教育，应该对手工业劳工的设施最多才对，可是关于手工业劳工的教育，向来并未特予注意。政府对于各手工业行会应举办教育事宜，只空泛地在工会法中规定；江苏省曾制定推进劳工教育初步施行细则，规定初步施教的对象为手工业或机械工业技艺的工人；江西省为普遍训练各种从业人员，曾颁“推行百业教育办法”，算是较着重手工业劳工教育的设施。

为什么手工业劳工虽多而他们的教育最不受人注意呢？恐怕是因为手工业劳工缺少组织，各自经营自己的生活。我国劳工教育，多是政府饬令业主或工会举办的，手工业劳工多半无所谓业主，即加入工会的亦不多，所以无从饬办。而且他们较趋于自足与保守，不愿受教育，所以要手工业劳工教育的推行有效，唯有由政府举办并强迫施行或者才有效果。

此外，还有黄包车夫、苦力的劳工教育，亦是应该由政府计划举办的。

二、从形式上分类

1. 劳工学校

劳工学校是实施劳工教育的大本营，因为学校教育比较容易控制、容易收效，所以我国过去实施劳工教育，多半是以设校为目的。如《工厂法》第三十六条规定，厂主须办理劳工学校，否则要受处分。教育、实业两部合颁《劳工教育实施办法大纲》，规定各厂、公司、商店等雇用工人在 50 人以上者，应设劳工学校或劳工班；不满 50 人的，可与附近的厂场、公司、商店联合办理；200 人以上的，每增加 200 人应进增一班。办法于民国二十一年二月公布，限令六个月内必须设立，但因推行不力，到民国二十三年统计，晋皖赣桂闽粤浙豫鲁，青岛南京北平等 12 省市所办的劳工学校只有 118 校 211 班，分布于整个中国，是如何渺小的数目。

劳工学校的种类可以分为许多种：如《天津市工人教育实施方案》将学校教育分为工人补习学校、工人子女学校和童工学校，是就施教对象而分；铁道部实施铁路职工教育计划则将学校教育分为高等学校、技术学校、公民学校和识字学校，这是就教育内容而分。总之，劳工学校乃是一个总的形式，其中可以区分为各式各样的教育。

办理劳工学校问题甚多，最难以解决的就是地点和时间问题：地点设在工作场所则不安静，设于他处则难以集中劳工。时间的确定更加困难，工作疲劳是最大的障碍；工作时间无定的交通工人，轮班上工的厂工，劳工的无恒心，都是重大的困难。所以有人主张能像英国的启导学校一样，以讲学次数来计算，或主张用随时学校方式来办理，这种种困难和解决意见，后面详述。

有一点应该特别提出的，就是劳工学校应该独立设立，不能和普通学校合在一起办理，亦不能招收非劳工分子的学生。因为劳工所需要的教育和一般教育有种种不同之处，所以如果和普通学校合在一起，势难适应劳工特殊需要，如果劳工学校混入了非劳工分子，劳工将因相形见绌而引退；如果非劳工分子增至太多，劳工学校更将改变性质。所以办理劳工学校者，要认真只以劳工阶级为施教对象，不可贪图多收学生，违背劳工学校设立的目的。

2. 劳工教育馆

劳工教育馆是一种实施劳工教育的有效方式，它能够避免劳工学校或劳工班的种种困难，如教育活动时间无定，可以适应劳工的闲暇时间；教育活动较有兴趣，能够吸引劳工自动参加；随时抓到劳工所感到最需要的问题做活动话题，能够使教育深入地为劳工所接受。而且学校式教育不能包括劳工全部生活，劳工的娱乐、家庭、健康教育，都难充分发挥，而这些教育内容对劳工而言或许比识字教育要重要。同时劳工教育馆亦可兼办劳工班、研究会，来从事劳工识字教育、技术训练、科学研究等。因为有这种种优点，所以民国二十二年交通部的铁道职工教育计划实施了一年之后，就废去以职工学校为活动中心的办法，而代之以职工教育馆。欧美的劳工教育，亦多采取教育馆的方式举行。如流行于各国的群育公社（Society Settlement），日本的有邻园，苏联的有劳动者俱乐部等。其中以苏联的劳动者俱乐部办理得最为成功，它是以此种俱乐部作为劳动教育施教的中心，每个工厂都应设置。厂中劳工全体加入，唯参加活动则全叫自由。在活泼的设计和鼓励之下，劳工差不多全体热情地加入活动。科学、文学、技术等教育便在俱乐部的各种研究会中举行。参加研究会的劳工亦在80%以上。英国的启导学级，虽然是一种班级或教学，但亦非常自由。由若干次演讲和讨论合成一个课程，亦可说是教育方式的灵活运用。

我国政府亦知劳工教育馆的重要，所以劳工教育设计委员会曾决议在大城市中专设劳工教育馆，并通令各城市民众教育馆应以劳工为施教的主要对象。但因为教育馆的规模大，经费、人才都不容易解决，所以教育、实业两部的训令只说“关于原办法所称在大城市专设劳工教育馆一节，应由各省市教育行政机关视财力所及，酌量办理”。这样一纸决议，就只成空头支票。我国劳工教育馆的设施，除了过去无锡实验城市民众教育馆的劳工部、沪东公社等团体办理略有成绩外，可谓绝少。

劳工教育馆的组织和一般民众教育馆差不多，如交通部铁道职工教育馆的组织，分为总务系和教导系，教导系分设健康、讲演、科学、书报、组织、休闲、生计、家事共八组，组织组是劳工教育所特需的，其他各组都无特别处。事业则分健康教育、家事教育、生计教育、政治教育、科学教育、语文教育、休闲教育七项，大体也是差不多。不过于实施时要随时注意到劳工的特殊环境和特殊问题，以便设法适应他们的需要。

3. 劳工社会教育

劳工教育馆虽然对劳工教育的收效甚大，但碍于人才经费，难以普遍设立。我国的工厂规模多数小，更不易筹设。即城市中的工厂区亦不易建立。那么社会式的教育是很需要的。因为社会教育的实施可以不必具备什么形式，亦可以不必有什么严密的组织或机关来执行。一个巡回演讲团可以到处工作，一两个电影工作人员可以跑遍大城小镇，这种机动式的教育是最适合劳工分散的地区的。

劳工社会式的教育种类很多。如演讲会、展览会、图书室巡回书库、运动会、同乐会、音乐会、电影、戏剧、播音、壁报、拳馆、家庭访问、工作竞赛、卫生宣传、纪念周以至于职业指导、问字处、代笔处等。这些大多就是教育馆所要举行的教育工作，但没有教育馆的工厂或工厂区的社会教育机关都可以随时选择其中的几种举行。

我国劳工教育的实施，向来很看重社会式的方法，因为这是最适合于我国国情的实施法。民国十七年第一次全国工人教育会议的决议案，便有由市县教育主管机关聘请专员往各工厂巡回演讲及空闲时给予职工以正当娱乐如电影演剧等。《劳工教育实施办法大纲》第六条亦规定，劳工学校或劳工班除教授各课目外，应兼顾学生课外生活，举行工友访问演讲会、同乐会及展览会等。《天津市工人教育实施方案》对社会式的教育如书报阅览室、通信、演讲，都有详尽的条文规定。在实施方面尤多，最具特色的是民国十五年上海青年会在浦东建立的工人模范新村，试验工人教育。该村所办业务分为村务、校务、民众三项，村务方面是清洁、卫生、设备、花园、运动场等，民众工作则是提倡工人运动，举行各种比赛、放电影或幻灯等，成绩明显。

劳工的工作时间都很长，身心疲劳，使他们没有余力和兴趣接受硬性的教育，社会教育亦应该尽量采取有趣生动的方式，从游艺中施行生活教育。所以在各种方式中，电影教育是最好的一种。日本社会教育课认识到这一点，自大正十年起，每年向各方面募集关于劳动者教化的影画脚本，制成各种有益影片。这是社会教育中最有效的方式。

三、从程度上分类

1. 劳工基础教育

在美国为劳工所设立的各种学校，程度多在中等和高等之间。但在我国，政府法规所指的劳工教育，团体业主所办的劳工学校，绝大多数都是基础教育；美国的教育普及，每个国民大体都受过了基础教育。所以在工厂做工的劳工，已不再需要受基础教育了。可是我国国民基础教育不普及，文盲占大多数，劳工出身贫穷家庭，不识字的更多。如民国二十二年交通部统计平汉、津浦等13条铁路的劳工识字的情形，计不识字的占69%，识字的占31%。其中有24%只是读过一两年私塾而已，严格来说不能算是受过基础教育的，所以可说受过基础教育者不过7%而已。江苏无锡教育学院调查无锡工厂区劳工识字状况，计略识字及识字只占22%。铁道工人和无锡都市的工人，文盲尚如此多，内地情形可想而知。这种事实，正告示我们，在今日的中国劳工教育所最急需施行的还是基础教育。

所谓基础教育，当然不只是识字教育。因为识字教育只是基础教育的一部分，基础教育应包括一个劳工所应具有的国民知识和劳工知识。除了识字教育之外，还应兼顾浅易的公民训练、劳工运动和劳工知识等。所以只是开几个识字班或设一两所问字处，绝不能就算有了基础教育设施。社会式的电影教育、健康教育等，亦应尽量利用来补充基础教育的设施。

据前人的经验，基础教育的办理，往往比中级教育还困难。因为已经受过基础教育的劳工，较知自爱，有上进心，教起他们来亦较容易。所以一般劳工学校所招进来的学生，多半是已经识字或进过学校的；不识字的劳工而自愿入学的极少，入学后能继续读下去的更少。造成这种现象的原因，自然一方面亦是教师教学不能适应初学者的程度所致；另一方面因为不识字，读书兴趣便降低，亦是一个原因。为解决这些问题，一方面施教材料和方式要生动有趣；另一方面教师要注意辅导程度较差的学生，使他们不易起灰心而退出。民国三十年浙赣路扫除职工文盲三大目标，是很值得我们注意的：

（1）用生动活泼方法实施教学。

（2）以即知即传组织作教学制度。

（3）以自觉自治纪律作集体行动。

2. 劳工补习教育

劳工补习教育是指已经受过基础教育的劳工，为补充他们的基础教育之不足，并增加他们的社会常识和职业知识、技能所施的一种教育。所以劳工补习教育的内容，应包括下述三项：

（1）基础教育的补充。

（2）成人的社会常识。

（3）职业上所必需的知识技能。

日本的职工补习学校，学科分为普通科目和职业科目两种，普通科目有修身、公民、国语、算术、理科等，是用以补充基础教育和增加成人社会常识的；职业科目则视各种职业的需要而定，如纺织工场的职工，有纺织、机械、缫丝等科，机械器具工场职工有器画工作法、机械等科，化学工场职工有制药化学、力学化学、制造等科，矿场有测量机械、采矿等科。职工补习学校所招收的学生，亦以寻常小学（即义务的基础教育）毕业为原则，不过虽未读过寻常小学而已超过一定年龄的学生，亦尽量收容，并补充他们的基础教育。

我国劳工教育实施办法大纲关于劳工学校设科范围，亦有关于职业补习的科目，分为服务道德、农工商业常识和专门职业知识技能三类，但在实际上各种名为劳工补习学校者，严格来说都只是基础教育而已。潘公展氏在《沪市工人教育之过去与现状》中检讨沪市工人教育时曾说，教育科目内容，多半是国语、算术等初步识字教材，而无职业补习性质。这是因为我国劳工已受过基础教育的甚少，所以无法提高补习教育程度。《天津市工人教育实施方案》就能补救此种困难，将工人补习学校课程分为三期讲授：第一期偏重基础教育的补充，并略及社会常识。第二期偏重社会常识，并略及职业知识。第三期则注重劳工本身问题和职业知识技能。循序渐进，的确适合我国劳工受教情形。不过每期修业时间，只是一年，似嫌太短。但期限延长，则在劳工流动性很大的情形之下，要一个劳工数年如一日的自低至高，循序渐进，达到完成地步，却又恐是少有之事。所以仍应将基础教育和补习教育分开。如山东省《劳工教育施行细则》所规定各厂场、公司、商店工人不识字者，应尽先施以识字训练，已识字者，应按其程序及需要，分别施以公民训练和职业补习教育。这是较合理的办法。

劳工补习教育还有一种职能是很重要的，即劳工职业指导。因为职业指导，可以使劳工与他的职业适合，而职业适合，便能解决许多劳工问题，如果劳工补习学校能兼办职业介绍，使受过某种职业补习教育的劳工，便能得到适合他的工作，这样的补习教育，一定能办得更有成效。

3. 劳工高等教育

如果我们的教育主张是民主化的，我们便应承认劳工阶级有和一般民众同样享受高等教育的权利。劳工虽只是一个工作执行者，有相当的技能，便足够执行他们的工作。但是如果在他们相当的技能和实际的经验上，再给他们以深入研究的机会，他们的获益和贡献，可不是比一般为读书而读书的大学生的获益和贡献更多么？所以更进一步的劳工高等教育，是不可偏废的。

我国因为一般劳工知识程度太低，有资格受中等教育的就寥寥无几，属于高等性质的教育，自然更难兴办。而且一般人以守旧的观念，总认为劳力者治于人，劳工只要秉承工程师的指挥去做，无须研究。因此翻遍一切有关劳工教育记载的书，可以称为劳工高等教育的学校，只有两校：一为民国十六年创办于上海江湾的劳动大学，该校的任务为实施劳动教育和指导、协助、联络各劳动教育机关。校内设研究院、社会科学院、农学院等，专收劳动者入学。但不久因学生的阶级意识太浓厚和当时环境不相容，教育部初则饬令停收新生两年。至民国二十一年索性饬令停办，所以该校只有五年寿命和一届毕业生而已。一为上海工程界于民国二十六年创办的上海工程专科夜校，在美国麻省理工学院同学会协助之下，初具规模。至民国二十九年，已有学生百余人，工厂学徒或练习生占大半数，亦可视为劳工教育之一，但现在亦恐停办了。

其他各国的劳工教育，高等程度的研究教育是和补习教育、技术教育同样盛行的。如英国的启导学级，全国达600级，学生10 000万人①；美国有各种一年制、二年制的工人大学（Workers Folk College）；苏联有三年制的工业大学，专门培养劳动者高级技术干部。1933年有209 000余名学生②；德国的劳动大学，发达时达250所校③。以上每所大学，都各具地方特色。虽然这些劳工大学在理论的研究上或许不及一般大学那样高深。如英国的启导学级，非受国家补助的，程度便亚于一般大学，只有受国家补助的大学才须按标准办

① 陈表. 英国启导学级运动［J］. 教育杂志，1931（8）.
② 李鼎声. 苏联的成人教育［J］. 东方杂志，1934（6）.
③ 林仲达. 德国之劳动民众大学［J］. 教育杂志，1931（8）.

理。美国的工人大学，德国的劳动大学，学生入学资格都很宽，年限亦较短。只有苏联的工业大学，是干部教育的最高阶段，亦是国家教育系统中的正规，程度甚高，学生亦最多，所以苏联的劳工教育程度为世界之冠。

此外大学的扩张教育，亦是高等程度的劳工教育。它是一种劳动与教育携手的新思潮的产物。在英国，最为流行的启导学级就是各大学和劳动者教育协会所合办的；美国的大学扩充教育很盛，据美国内务部 1928 年的报告，国内办有扩充班的大学达 180 所，办有其他方式的扩充教育达 310 所，其中最著名的是加州大学扩充教育，学生达 29 500 人。全美国统计受大学扩充教育的人数有 25 万人[①]。大学教育和劳动者携手的利益，是劳动者能提出各种丰富的经验给学校做讨论、研究的材料，而学者可以贡献其专门的学识替劳动者解决问题，使劳动者学识增进、技能革新，这是最有价值的事。可惜我国大学管理森严，不肯开放。过去全国大学设有工人学校的，只有清华大学、河北工学院、齐鲁大学、上海医学院、沪江大学[②]，而所办的都只是初等教育而已。

4. 劳工干部教育

劳工干部在生产中处于枢纽的地位，介于企业管理者和劳工之间，一方面本着企业方针传达、指导、监督劳工的工作；一方面则站在劳工地位，负有保护、教养、团结劳工的责任，所以生产计划是否能得到劳工的理解而变成合作，全视劳工干部的努力程度，而劳工生活是否愉快，亦要视劳工干部的领导是否得法。所以干部教育，在产业上和劳工阶级的幸福上，都是很重要的。

苏联五年计划的成功，依赖于一大批有高度技术和政治觉悟的干部之奋斗，所以对干部教育非常严格。每个干部必须受一般的、政治的、技术的三种教育。培养干部的教育过程，如俄罗斯邦的人民教育委员会所规定，分为下列五个阶段：

第一阶段为初步课程：为新入校的各种劳动者而设，以培养职业技能、

---

① 郑一华. 美国大学教育之大众化［J］. 教育杂志，1931（8）.

② 杨翼心，杨宝恒. 中国大学扩充教育概况［J］. 教育与民众，1934（10）.

经济管理为目的，而授以新的生产方法。

第二阶段为程度较高的一般教育：注重一般的课程，授课时间为六个月至一年。

第三阶段为技术的劳动学校及劳动青年学校：以养成下级技术干部为主，授课时间约两年至三年。

第四阶段为工业学校：以培养中等的技术干部为主，授课时间自两年至三年。

第五阶段为工业大学：养成劳动者具备高级资格的技术干部，授课时间为三年。

1933 年全俄罗斯邦受中等技术干部教育的达 327 000 人，受高级技术干部教育的达 299 000 人，这便是五年计划之所以能迅速开展，顺利成功的主要原因。

日本的产业界，亦很注重劳工干部教育，称为职长教育，大多是由业主所举办的，因此训练内容亦偏重在技术和管理上。如制铁所所办的教习所，招收 23 岁以上 35 岁以下，有三年劳动经验的劳工。科目为普通机械、电气、化学、冶金等，训练期间为预科一年、本科两年，共三年。专卖局的职工教育特别科，招收工长、组长、指导工手、事务工手，科目有烟草制造法、盐制造法、机械制作法、印刷法、工场管理法等。

我国的劳工干部，俗称工头，虽然受教育程度一般尚较劳工们高些，但专门技能多不见高明。既不能协助企业管理者实施计划，又只知欺侮压迫劳工，更谈不到领导劳工运动的资格。干部教育亦少有人注意。工运人员的训练方面，上海市党部于民国二十三年曾举办工运人员训练所，其他亦甚少见到。在和苏联、日本比较之下，我们应采取什么办法呢？

四、从内容上分类

1. 识字教育

英国劳工入厂工作，都要以受过“3R”教育，即读、写、算为条件；美国劳工更不必说；苏联劳工亦在年少时都要受基础教育；丹麦的国民教育，普及于全国，所以他们的劳工教育不需要识字教育。但在我国，这种劳工生活应用上的基本能力的教育却是很急需的。因而过去的劳工教育，亦侧重于这方面，以致有人误以为全部劳工教育即识字教育，使劳工教育和失学民众补习教育无别，却又是错误了。

亦有人反对劳工须受识字教育，理由为：

（1）中国文字太难学，劳工的时间精力有限，难以维持长久的兴趣来学习生硬呆板的方块字。

（2）识了字不一定能读书，能读书亦一定就是受教育。反之，不读书亦可以用其他方式受教育。

（3）一般劳工对文字的需要不亟，他们比较需要的还是一种生活的常识。

不过文字是第二次语言，是大部分教育的工具，生活的必需品。要劳工成为现代的国民，文字教育是不能免的。问题的中心是怎样使劳工们能省时省力学得一套适用的文字，在文字改革未成功之前，当然还只能暂用汉字。那么如何教、如何学？便要加以研究。

同时所谓识字教育，亦不只限于文字，至少包括读、写、算三者，即所谓“3R”的教育。如《劳工教育实施办法大纲》所规定的识字、算术等亦包括于识字教育之中。

2. 政治教育

在民主国家中，每个国民都有参加政治活动的权利。所以每个国民都应该受政治教育。尤其是劳工更应接受政治教育。

孙中山在与约翰·白莱斯福特谈话中，就曾这样说过：

“余之目的，在使劳工被认为社会有资格之人。从前劳工在中国政治生活中，毫无努力，一般人视彼等为奴隶、不配预闻公共事，余则确信公共生活，若有劳工努力参与其间，其意味当较浓厚。”①

劳工参政的重要理由，由此可归纳为下述四点：

（1）在民主国家中，每个国民必须参政。劳工是国家构成的重要分子，所以劳工更需参政。国家政治活动的意味才更浓厚。

（2）劳工地位向来被人轻视，如果要使劳资双方平等，则劳方应和资方同样有参政权。

---

① 引自王健民的《宪法与劳工》一文。

（3）劳工须参加政治活动，才能保障其阶级利益，争取各种权利。

（4）要使劳工有爱国家、爱民族的意识，自然必使他们能够在政治活动中体会国家民族的可爱，尤其是在新中国成立时期，非有热爱国家民族的劳工共同努力不可。

要使劳工有参政能力，自然必先施行劳工政治教育。劳工政治教育的方向，似应顾及下述三方面：

（1）劳工运动的理论和实践。劳工必须能明了何者是他们合法的权利，如何循正轨去争取这些权利，而后劳工运动才不致为人所操纵，或奄奄不振。例如工作权利、工资优先、债权、国际劳工待遇平等权等，是应使劳工明白它的根源和限度，然后才能合理地获得。又如组织工会、享受劳工教育、劳动灾害赔偿请求权、女工保护、童工工作时间等，为我国法律已有规定的权利，亦要使各个劳工晓得如何依法取得。至于集会结社的力量，罢工、怠工的祸害，生产合作的必要，都要使劳工有估量的见识，才能使劳工运动的发展顺利，而又不致影响国家民族。所以劳工必须学习劳工运动论、劳工运动史、劳工法这类的课程。

（2）国家民族意识。劳工必须明了他们穷苦的原因何在，帝国主义侵略我国的毒计如何，以及全体国民应如何团结自救。劳工阶级更应该知如何努力从事生产，以对抗帝国主义的经济侵略。而在这抗战过程中，更应集中意志、集中力量来共同挽救危亡。所以劳工必须接受民族主义、帝国主义问题，抗战建国纲领等课程。

（3）运用政权能力。劳工必须晓得集会结社的步骤和手续，运用四权的方法，并养成自治的习惯，才能参加政治生活。现在地方自治在推行中，宪法即将公布，宪政即将开始，这种种能力的培养，尤属必要。所以劳工必须受地方自治理论与实施、宪政和宪法、民权初步、工会组织法等课程。

政治教育对于劳工如此重要，所以各国劳工教育内容，政治教育居首要部分。如英国启导学级的课程，有经济学、社会学、政治学、社会经济史、国际问题、劳工问题等；美国工人大学有美国劳工运动史、各国劳工运动概况、工会管理、工会组织、劳工法规与行政等课程；苏联劳工政治教育的严格，更是不用说了。但在我国，自清朝以后，因政府对劳工运动采取约束态度，所以劳工政治教育，尤其是劳工运动方面的教育，更讳于提及。据作者所知，只有上海江湾劳动大学有社会科学院之设，胶济铁路工会所办的工人补习学校的课程曾标榜取材须注意训练学员对于帝国主义的认识，及训练学员明了集会结社方式等。这种忌劳工谈政治、谈运动的态度，未免因噎废食了。

3. 技术教育

劳工的技术教育，随着机器的发达，日渐重要。自欧战以后，经济恐慌迭起，为补救这种恐慌而起的产业合理化运动，盛极一时。工厂中一举一动，都要根据科学的管理，这样劳工技术的训练，更加重要。在一个工厂中，如果所用的工人技术不熟练，必定难以与他厂竞争；一个工人如果没有熟练的技术，亦必定难以找到职业；受了生存竞争的支配，劳工、业主都不得不努力于技术教育。

劳工技术教育的意识，不但能训练劳工技术使之熟练，使劳工能成功地操纵机器、增加生产，而且还能收到随时改良工作方法、提高产品质量的功效。尤其是技术熟练，工作兴趣便易提高，劳工便乐于从事生产了。

就劳工方面说，他们在职业上，亦深感技术教育的必要。因为识字教育、政治教育、生活教育的重要性，他们或许易于忽略，但技术教育的重要性，则随时因工作的需要，激起他们的求知欲，使他们不敢忽略。于化琪在《我之实施职工教育经验谈》中曾统计他所实施的职工教育的学生所从事的工作，以技术工人为最多，占 64%，小工、帮工等都很少，抓住他们的需要来实施教育收效自必更大。

技术教育的实施，最好是和劳工的工作连接起来，打成一片，使劳工所学的就是所要用的，整个生活在于学习与工作的混合中，如美国的间时学校制度，便是主张工厂工作和学校教育互相密切连接，学理和实际工作合一的。

此外尚有一种学徒制度，目的亦是为技术的训练。学校制度是从前唯一的劳工教育形式，现在虽因童工的废止和国民教育的普及，已成为不重要的了，但各国尚有这种制度存在。如日本工厂不少设有收容徒弟办法，不过须经政府批准。在第一次世界大战的后半期，因生产事业发达，急需培养大批工人，这种制度曾一度很发达。意大利有专设二年制的学徒学校，内分金工、木工、铁工、壁上装饰四组。美国有学徒法草案，又有四州设有学徒委员会。我国亦有学徒制的规定，规定收容学徒的业师，需有教育能力和教育义务；而从事学习的学徒，需有行为和习业能力。未满13岁的男女，且不得收为学徒，这亦是一种补救失学儿童的办法。但是施行时应该有严密的监督才行，否则名为学徒，而实为小工、杂役，则和教育的宗旨大相径庭了。

4. 生活教育

在劳工教育事业始创时，不论外国或我国，多是以办理劳工识字学校或职业补习学校为中心事业，目的只在扫除文盲和增进劳工技艺，所教内容多以文字教育为主，使劳工能识字、写信、记账，以及技术熟练便够。这种教育固然很重要，但劳工所迫切要求的还在于生活的改善，工作的调剂，知识教育在劳工的实利上或许不及生活教育。而且教育即生活，教育是生活经验的改造，生活教育是劳工生活中所不可缺少的，尤其是我国劳工生活，不合理之处很多，更非给予生活教育加以改造不可。当然我们亦应明白，单是实施生活教育，不能完全改造生活，生活的改造，须待其他许多因素的促成。生活教育最多只是一种暂时的补救，在改造的意义上，还比不上政治教育的治本，但它确有治标的功效。所以现在我国劳工教育，是逐渐注意到生活方面了。

生活教育重要的有健康教育、休闲教育、家庭教育等，其中尤以休闲教育是最要紧的一项。因为休闲教育的功效，比较上不受物质条件的限制，所以赵启凤氏《实施劳工教育的经验谈》第一项便说："休闲教育是最需要的东西。"他认为误把民众教育认作识字教育的人，固然很多，同时误把工人教育运动认作工人识字运动的人亦复不少。但是经验告诉我们，识字并不是工人最需要的，他们最需要的是休闲。办理劳工教育者，忽视了这一点，所以仅有努力经营而毫无实效。因为大多数劳工，每日劳动时间极长，劳动剩余时间总是疲劳不堪。需要休闲，乃是生理上自然的要求。这种休闲教育，如走走棋、看看电影、听听音乐，所花费不多，而对精神身体的裨益都很大。所以苏联劳工教育的大本营，乃是劳工俱乐部。俱乐部中的活动，成为劳工日常生活的一部分，实际上甚至可代替家庭生活。这是抓住劳工的心理、迎合劳工的要求而设置的教育。英国启导学级的课程，占第一位的是文学，音乐与美术亦不少，共占全部课程之 31.3%。但在我国却是被人所忽略的。据陈表氏所作调查，各种劳工学校中的课程，以文字教育为最多，而以休闲教育为最少①。

至于健康教育和家庭教育，它的实效虽因物质条件的限制，较难达到，但亦不可不注意。我国过去的浦东劳工新村、上海康元印刷制造厂、无锡华新女工宿舍、丽新女工宿舍等，都是很注意生活教育的，但在全国看起来却不多见。

第三章　劳工教育的实施

第一节　行 政 组 织

行政组织是事业的骨骼。事业的发展有赖于健全的行政组织以主持和推动。劳工教育是一种新兴的教育事业，所以教育的行政组织，各国多未完善。本节拟就各国和我国现有的各种劳工教育行政组织，略加叙述，以探求我国今后办理劳工教育应具何种行政组织，方较完善。

英美诸国的教育政策素重自由，尤以劳工教育为甚。政府方面无严密的管理机关。英国的管理机关，照理应属于劳工部第七司，该司专司劳工的训练、救济事宜。但它的工作范围，注重在训练伤兵和妇人，或授给伤兵和妇人以职业技能。可见它的职能重在救济而不在教育。全国劳工教育事业，大部分委之劳动者教育协会（The Workers Educational Association）办理。该会的组织全国为分 18 个区会。区会之下又有乡村市的分会。会员有团体会员和个人会员两种。1933 年有团体会员 2 000 个，个人会员 22 843 人。该会的主要工作是和大学合办启导学级。这种学级遍布全国，深入各地。1933 年有 2 879 班，学生 58 745 人，可称英国劳工教育的大本营。至于各劳动大学，多属独立性质。如罗斯金大学（Ruskin College）、中央劳动大学（The Center Labour Collcgc）亦不属于劳工部。英国的教育行政是放任式的，教育部对丁全国学校，除受津贴者外，尚无权过问，何况劳工教育？所以劳工教育的自

① 陈表. 中国劳工成人教育实施考察［J］. 教育杂志，1931（8）.

由发展乃是当然的事。

美国政府亦无专办劳工教育的机关，但纽约州有美国劳工教育局（The Workers Education Bureau of American）为纽约州的工会会员和教师于1921年所创设。成立后和全国劳动总同盟取得密切联系。劳动总同盟有300万以上的会员。自1924年起，会员每人每年须缴交半分钱作该局教育费用。劳工教育局宗旨在成为美国劳工教育运动的中心机关，联络辅助各地的劳工教育班，并统一管理各种形形色色的劳工教育实验，业务工作有调查、研究、指导、图书供给、函授教学、刊物编辑等。所以劳工教育局实际不是一个行政组织，而是一个具有领导性的学术机关而已。

苏联的教育事业是统隶于各邦的人民教育委员会（Peoples Communisariat for Education）。以苏俄一邦为例，劳工教育由属于此会的成人教育部办理。但更重要的办理机关，并不是人民教育委员会而是工人联合会（Workers Union）的教育文化管理部（The Cultural Education Department）。该部于各地方工人联合会或各工厂中均设有文化委员会或文化小组，负责一切文化活动。如联络各工厂的技术学校或训练班，监督各地方或各工厂中的俱乐部的活动。至于铁道和水运的劳工教育，又属于交通人民委员会管理。教育和工业的联络，则由国家最高教育参议会（Superme Council of Education）指导。

德国的劳工教育是由中央劳工部第五司所办。该司的职掌为福利行政，但政府对劳工教育过去并无特殊地方。劳动民众大学在希氏登台以前甚盛，而这些大学都是私立的，只受政府的津贴而不受政府的干涉。希氏登台后，劳动民众大学衰落，国社党把劳工教育等同于一般的青年训练。

意大利劳工教育的促进机关是法西斯党所组织的国立休闲活动会。职权颇大，一切社会教育和社会幸福事宜实际上都归它管理。同时国家所颁的劳动法，规定各工团必须附设教育机关。

日本文部省于大正十一年添设社会教育课，至昭和四年扩充为社会教育局。该局设有劳动教育部，办理工场、矿山的劳动教育。各较大的府、县都设有社会教育课或相当的机关推行社会教育事宜。社会教育局每年直接在各地举办各种讲座，各府县社会教育课亦办有各种讲座。如东京社会教育课办有市民劳动学院，职工适才教育等。

比利时是一个小工业国，劳工运动很发达，劳工教育亦能和劳工运动取得密切联系。全国劳工教育是由劳工教育总会（Workers Education Center）及其区分会办理。劳工教育总会和区会由工党理事会、工联委员会、社会主义合作社、全国少年社会主义总会四个团体合组而成。中央总会常任工作人员只有秘书二人、书记二人和非常任的工作人员，组织甚为简单。但各地所设的区分会甚多，全国达 225 所。区分会的组织更为简单，大多只有一个职员，办理一切行政之事。总会和区分会间有很密切的工作联系，如劳工学校的师资、课程，统由教育总会统筹办理，指导各区分会进行。不过各区分会亦有工作的伸缩余地。

丹麦有全国劳动者教育本部，是由劳动院、劳工会和协同会三方面的代表所组成，创设于 1911 年。主旨在促进各种劳动教育团体的互相联络及劳动教育的发展，并帮助劳工阶级解放运动的工作。势力日有扩张。

以上略述英、美、苏、德、意、日、比、丹诸国的劳工教育行政组织情形，可见各国对劳工教育行政，政府很少专设机构司管理之责，这是因为各国除苏联外对于劳工教育，尚不十分重视，不把劳工教育视作教育系统中的教育。英美虽有劳工部福利司或劳工教育局，但并不是真正的劳工教育行政机关，劳工教育是由人民自由办理、自行组织管理的多。苏、意、比、丹诸国，亦有专司机构，而实际的负责者则为政党。在政党控制下的劳工教育，一般来说是较为完善的，因其将劳工教育认为政党的宣传和训练的工具。

至于国际的劳工教育组织，至今亦未确定。1913 年曾有人提议组织世界劳工教育会，并开会筹备，因逢欧战中止，战后国际劳工局成立，对于劳工的各种问题多有集会讨论，并咨送各会员国办理。劳工技术教育的研究，亦为其重要工作项目之一。但劳工局成立后所研究和决议的，多偏于消极的劳工保护事宜，极少积极的教育建议。此后国际上曾开过三次劳工教育联合会，参加者达 26 国，曾选出国际劳工教育委员，负责起草种种劳工教育机关规程。但正式的国际劳工教育机构，迄未成立。所以国际劳工教育事宜，亦没有一个切实的行政或研究机关。

我国劳工教育行政，过去是由教育、实业两部会办。两部于民国二十年合组劳工教育设计委员会，由教育、实业两部各派主管人员两人，并会聘专家一至三人，共同组成。该会的任务为：

（1）劳工教育之建议。

（2）规划、调查劳工教育状况及改进。

（3）拟订各项劳工教育章程及标准。

（4）筹拟各项劳工教育之推行提倡。

（5）教育、实业两部交议之劳工教育事项。

至于行政事宜，则由两部随时会办，如公布劳工教育实施法大纲。依照该大纲第十七条的规定：地方之劳工教育的指导、督促、考察之责，归于各县市的教育行政机关。当时曾一度办理甚力。山东省、湖北省、上海市，各草拟施行细则。两部曾就上海、天津、青岛、无锡、汉口五处设实验区，于民国二十三年派教育部社教司科长钟灵秀与实业部劳工司科长程放，赴各地指导劳工教育事宜。这样在行政系统上，中央为两部会办，地方归教育行政机关。系统分明，职责有属，似较任何国家为佳。但时过境迁，现在无疑是停顿了，名义上大约应是教育部的社会教育司管理，但实际上则宗教、团体、党政、工会各自为政，计划统辖难，自然不必说，即调查、统计亦无法进行。

当教育、实业两部积极会办劳工教育时，交通部对于交通劳工教育，亦分别筹办。颁布实施铁路职工教育计划纲要，并组织铁道职工教育委员会；邮电职工教育，亦经交通部职工事务委员会筹办，订有交通职工补习教育规程。所以交通职工教育的管理，自成一系统。

中国青年会的劳工教育事业，又自成一系统。民国九年，中国青年会第八届全国大会，议决劳工事业此后应特别注意。全国协会即组织劳工部设专任干事，办理劳工教育事项。至民国十三年，全国有上海、汉口等 15 市的青年会，先后设立劳工部。全国协会的工作，侧重在调查、计划并辅导各市分会，而市分会则努力从事实际的劳工教育工作。其组织和工作的表现，均不亚于政府方面。

本来劳工教育事业的办理机关，可以有政府机关、团体、业主、劳工自办四者，四者可谓各有利弊之处。由政府主办的似乎有自上而下的强制之病，不易得到业主和劳方的推诚合作，很难切实收效。由团体办理的，则多出于慈善心肠而非迫于需要，办理很难认真，而且多半带有其他目的，如宣传宗教、获取社会赞助等，在宗旨上与劳工教育的本义未必相合。业主方面，如自动办理的，则处处为资本家、厂方利益打算，反而成为欺压麻痹的教育，对于劳工，每每不但没有好处，反有害处；如被动办理的，则又敷衍塞责，或做点缀门面而已，一旦督促无人，便亦随时归于停顿。由劳工阶级本身自行办理，本来是最合理想的事，但如英、美、苏、比等国，劳工阶级已有强固的结合，劳工运动已相当发达了，才能办理得好。如英国的劳工教育协会、美国的劳工教育局、苏联的文化委员会、比利时的劳工教育总会、丹麦的劳动者教育本部，都是由工会或工党所组成或支持的。但在我国，劳工运动并不发达，不要说劳工的政治意识不够，就连加入工会的劳工亦不多，如果让工会主办或劳工自行组织，必定亦难望其有蓬勃的发展。尤其如我国一般教育已是落后，劳工教育更难得到社会人士的充分了解和赞助。如果没有完善的组织以司计划、管理、推动的专职，是很难求其普遍发展的。所以作者主张全国劳工教育事业，在劳工运动尚未十分发展的时候，应先由政府做中心，将劳工教育纳于整个教育系统之中。政府负有计划和管理之责，并有计划地发动业主、工会、机关、团体努力实施，上导下发，才能收效。

过去教育、实业两部合组的设计委员会，随时会办各种劳工教育事宜，本已有这种意思。可惜那种会办的组织不很健全，因为临时的事件，会办固无不可，经常的事业，若都以会办方式行之，便难免有互相推诿、互相掣肘的弊病。本人认为主办机关今后应统一归于一个部门：教育部主持全国教育事业，除军事教育别有系统外，其余任何教育都应归教育部统辖才对。劳工教育应视作正规教育之一。教育部又设有社会教育司，办理劳工教育是最合理的。如嫌社会教育司工作太繁，另设一劳工教育司亦可。不过设计机关，则不妨稍为扩大，以收集思广益之功。所以劳工教育设计委员会，可以聘请劳工司代表、劳工代表和专家，共同参加。但主持者仍应为教育部，位置亦应在教育部组织系统内。这样不独职责有归，而且权能专一，要指挥地方教育行政机关办理亦较容易。

第二节　经　　费

教育经费问题不外乎来源、保管、支配和监督四方面。劳工教育是现行学制系统外的教育，在实施上如何筹集经费，是最值得研究的事。因为一项新兴事业的前途如何，经费的宽困是决定事业成败的重要因素。而且财政权可以操纵全部事业的动向，尤其不可不注意。因此本节所讨论的，着重来源方面。至于保管、支配、监督等技术上的问题没有什么特别处。一般教育行政书籍所研究的，可资参考，所以备目而已。

按劳工经费的来源，可分政府津贴、业主负责、劳工自筹、机关团体拨出、学生收费和募捐六种。现在先引述各国和我国过去情形如下：

英国的启导学级经费，主要来源有二：一为学生收费，一为补助金。学生收费所得甚少，而且每年有逐渐减少，以减轻学生负担的趋势。补助金每级为30～49镑。1908年至1913年五年间，全国启导学级的补助金，共37 540镑。来源如下（见表6）。

表6

来　　源	金额/镑
大学补助金	17 440
教育部补助金	12 000
地方教育官厅补助金	6 100
消费组合	2 000
劳动组合大会	3 000
劳动教育协会	2 000
合计	42 540

资料来源：陈表作的《英国启导学级运动》。

罗斯金大学学生收费较多，各种学级的学费有如下的规定：

十二个月的讲座

全缴——2镑2先

分缴——先缴12先以后按月缴3先

六个月的讲座

全缴——1镑1先

分缴——先缴12先以后按月缴2先

三个月的讲座

全缴——10 先 6 便士

分缴——先缴 7 先以后按月缴 2 先[①]

比利时的劳工教育经费，在劳工教育总会方面，有大实业家沙伟先生所捐助的教育基金，每年利息 3 万法郎，另有工人教育同志社每年 2 万法郎的赠予。各区分会的经费来源，则有政府津贴、学生收费和劳工团体募捐三者。工人高等学校方面，其收入一半为工人教育同志社的基金利息；1/4 为学生交费；1/4 为中央与地方政府的津贴。至于全国工人教育同志社保管全国教育基金，这笔基金的来源，则是工党党员缴纳基金、工人联合委员会和合作社办事处所缴纳的基金、各种工人组织的补助和“五一”劳动节基金的 1/4，共四项。可见比利时的劳工教育经费，来自各种劳工阶级本身的缴纳基金和捐助者居多。

瑞典的劳工教育经费，不但由国家负责津贴，而且因为劳工入学须抛弃或减少原来职业的收入，因此膳宿等费都有问题，国家对于学生亦酌给资助。所以瑞典的劳工教育经费是全采国家津贴制度。一方面津贴劳工学生，一方面津贴劳工学校，可谓相当完善。但这期间，当然免不了有一种政策起作用。

此外，德国过去的民众大学，多是劳工阶级自立的，政府亦略给津贴。苏联的工人福利事业费用，是各工厂提出的。每一个工厂，必须提取工资总数的 12% 以办工人福利事业。英国的劳动学校协议会讲习班，都由劳动者自行筹费，不沾政府或业主一文钱。美国的大学扩充教育，则大半是大学教育经费的一部分，公司附设和私人捐办的亦不少。

至于我国过去劳工教育，大部分是机关团体和业主所办的。如沪江大学的沪东公社、中国青年会遍布各大城市的劳工部和沪东工人模范新村女青年会的女工教育、江苏省立教育学院的丽新路工人教育实验区，成绩都很好。业主举办的成绩如何，固然难说，但在数量上却居于多数：如上海市各较大的工厂、书局，多办有劳工教育班，青岛、天津各纱厂办理的亦不在少数。据民国二十三年，晋、皖等 12 省市的统计，全国劳工学校 128 校，其中有 63 校为业主所办，约占其他各方总和一半。至于劳工自办的，过去却甚少。过

① 引自金轩山荣的《欧美各国劳动者教育概观》一文。

去略具规模的，只有胶济铁路工会所办的工人补习学校，梧州、汉口、上海亦各有数处而已。政府方面虽曾有一度提倡，实际举办的却亦甚少。

因此我们可知，欧美各国的劳工教育经费多是由工会或人民团体负责，政府亦加以津贴；我国则以业主负责的居多，劳工阶级本身筹措和政府津贴的都很少。现在将各种来源的得失加以检讨如下。

一、政府办理

政府津贴办理教育，是政府的职责，劳工教育亦是政府应举办的教育事业之一，所以政府负责教育经费，是一件很合理的事。而且政府握有财政权，易于控制这种教育的设施，要统一标准，使劳工教育成为有系统、有计划的教育。要统筹支配，使偏僻穷陋的地方亦能实现这种计划，都有赖于政府的管理。因为除了政府以外，在我国不能找到一个如英国的劳动教育协会、比利时的劳工教育总会那样有普及全国各地区，兼施并顾的机关。而且我国教育政策，现在有集权和官办的趋势，所以劳工教育由政府筹划，当然亦甚适宜。但是我国政府财政，历年支绌，尤以在此内战之中，军费支出既如此浩大，凡建设事业，又莫不待钱兴办，要政府移大笔经费办理劳工教育，在劳工立场或教育立场看，固然很有迫切，而主国政者，在分别缓急的考虑之下，恐难满足这种要求。而且劳工教育贵在自下而上的办理，才能彻底，如果单靠政府的津贴、推动，而下层的施教者和受教者未有彻底的了解和需要，恐怕难以超过今日所谓失学民众补习教育的成绩。

二、业主办理

业主以劳工为获利的工具，劳工的剩余价值为他们所剥夺，由他们负责劳工的福利设施，自然是合理的。而且事实上能够出钱来办教育而不感困难的，亦是业主。理论与事实均如此，所以我国过去政府所定法规，多是责成业主办理。如民国十七年第一次全国教育会议，议决由大学院会同工商部规定，凡 14 人以上的工厂与商店，应有相当的补习学校，其经费由工厂厂主或商店股东负担。其后民国二十一年，教育、实业两部公布的《劳工教育实施办法大纲》第十三条亦规定为劳工学校或劳工班之经费，由原设立机关负担，其联合办理者，共同负责之。所谓原设立机关，稽之第四条的规定，即各工厂、公司、商店等。《工厂法》第三十条亦规定，工厂对于童工与学徒，应使受补习教育，并负担其费用之全部。可是稍微有劳工教育经验的人，都极力反对由业主负劳工教育经费之责，认为由业主出钱办理劳工教育，是一件危险的事。重要理由有：

（1）业主出钱办教育，必定要干涉教育内容，使教育只满足他们的意愿，而不适合于劳工阶级的需要，失去劳工教育的真正意义，成为 Hodyskin 所谓的“教牛拖车”的教育。

（2）业主无办理教育的诚意，必定敷衍塞责，或随便以停给经费做威胁，使劳工教育处处受牵制，不能顺利发展。如民国二十三年，英美烟草公司因所办劳工学校，所教课本中有打倒帝国主义等语，便停止供给费用，迫令停办。

（3）业主不肯白花钱办教育，必设法从其他方面榨取劳工工资做补偿。所以名义上虽是业主出钱办理，而实际上乃是羊毛出在羊身上，反而授业主以控制教育之权，实在是一件不智的事。

三、劳工阶级办理

劳工阶级自行筹措教育经费。这是办理劳工教育最彻底的办法。因为要使教育满足自身的要求，唯有自行出钱办理，不依赖他人，才能够避免外加的控制与摧残，达到真正的教育目标。所以差不多一切劳工教育家，都有这样的主张。上述各国，除了政府津贴外，亦多由劳工阶级的组织自行出钱办理的。但是我国劳工很贫困，所得微薄工资，往往不足维持生存所必需的消费，何能再负担教育费用？而且我国劳工阶级还没有良好的组织，加入工会的劳工并不很多。一般工会是否能负起这种办理教育的经济责任，亦颇成问题。我们只要见到我国工会所办的劳工教育，为数之少，便可知。现时的劳工教育，如要靠工会办理殊不容易。

四、机关团体办理

机关团体负责教育经费。从事社会福利工作的机关团体如青年会、慈善机构，以至学校兼办社教，如有充足的经费，利用其办理劳工教育，原无不可。而且过去我国经费较充裕的劳工教育，不能否认就是青年会沪东公社等；办理最热心的，亦是这些机关。但是我们如从他们办理劳工教育的动机上去看，便不能放心把这事业交付给他们，亦不应该把教育经费的责任放在他们身上。教会、青年会的经费何来？当是大家所共知的事。这笔经费的用途目的何在？亦不问可知。如果教育劳工们去揭破帝国主义的侵略面目，破除迷信，是不是他们所允许的？学校和工厂脱离关系，所办的教育，每只知趋于文字方面。要能适应劳工的需要，亦很困难。而且作为慈善性质看的劳工教育事业，总是不彻底的。全国劳工教育依托于一种热情之上，其办理亦必不能普遍完善。

五、学生交费

英、美、比、丹等国的劳工学校，多有由学生缴纳学费的事，虽然不是经费的全部，但亦可资相当的福利。尤其英、美收费相当重，劳工教育很依赖这笔收入。但这在劳工生活较为充裕的国家，还勉强可行，当然亦不是妥善办法；而在我国劳工太穷，过去一般劳工家庭支付子女和自身的教育费用，根据张铁铮氏在《中国工人生活鸟瞰》中的统计，不过0.10%~0.20%而已。劳工不但无力缴交学费，恐亦无力负担入学后的一切书籍文具费。而且一切公立学校，大体是不收学费的，劳工教育独要收费，亦无此理。

六、捐助

比利时劳工教育总会经费的主要来源，是依赖大实业家沙伟先生所捐助的基金利息。美国劳工教育团体郭波学社是由郭波氏捐赠的200万美金和他人捐赠的100万美金所支持。这种捐助既可避免政府负担或劳工负担太重，又不至于如业主出钱办理的那样要受种种束缚摧残，自然是很好的办法。但是我国一般人对于劳工教育的意义，未能完全了解和同情，又不能如建立国民教育基金那样，以地方公产充当，要捐得巨款，恐非容易之事。所以捐助款额，只能视作一种补助，而不能视作主要来源。

各种经费来源，都有其优点和困难之处。为截取优点而避去困难，我国劳工教育经费来源，似乎不能依靠单方面。茅仲英氏、余书麟氏都主张全部由政府在整个教育经费项下支拨，许多劳工教育运动家则主张由劳工自费办理，政府法令又全部推于业主身上，都是难以行得通的，或纵然行得通也是很不利的事。所以作者认为，经费来源不妨多开，俾能集合各方面财力，共同进行，但办理权却要有严密的控制。

先说政府的责任。全国各地工业情形不同，劳工生活亦不同，因而中央政府对于全国劳工教育，应有全盘的统筹。教育经费至少应拨出一部分作为劳工教育经费，用来津贴经费困难的地方或奖励办理有成绩者。地方教育经费项目中的社会教育经费，亦应拨出一部分作为各种劳工教育事业之用。其次是业主的责任。业主的钱在目前不得不尽量利用，只是要有条件地利用。即业主只依法供给定量的经费，办理权应绝对与业主分离，即业主绝不得干涉教育内容，不得随意停给教育经费。而且业主所供给的经费，最好只在全部经费半数之下，其余宁由其他方面设法筹措。如其他方面无法筹足，政府亦应给予津贴。因为唯有这样，才能避免受业主过度的威胁。同时业主供给的经费，在比例上还要使之逐渐减少，以达到将来能完全不依业主之助，由劳工阶级与政府来办。至于劳工自身，在目前虽然无力负担全部教育经费，但总以自己能负担一部分为最佳，并且要随时有财政上的准备，以防受外力压迫时，不至于停顿。此外机关团体经费供给，亦可利用，但要在和劳工阶级合作之下办理。否则宁可拒绝受教育，以免受他们的欺骗。热心者的捐助亦可作为一种补助的款额，而设法争取。学生收费则不可行，而且对学生应有津贴，津贴费还要列入经费支出预算中。

总之，劳工们应有一种警惕，晓得唯有依靠自己的力量，才能办理自己的教育，向自给的方向努力。

第三节　课　　程

一、各国劳工教育课程分析研究

世界各国的劳工教育，多在高等和中等之间。所以所开课程，亦都较为专门。兹先将重要国家的课程分述如下：

英国的启导学级有高等科、三年制、一年制、预备科四种。据统计，英国各种学级所开课程分类统计如下（见表 7）。

表 7 所列课程的范围颇广，从文学到自然科学，从经济学到宗教问题，从音乐艺术到演说、卫生，都应有尽有，因为启导学级的学生很复杂，兴趣和需要的分化亦很广，而其中文学课程最多，竟占 23.41%，经济学次之。人们于工作之余，最需要休闲教育的调剂，而经济知识，则是生活上所必需的知识。

表7

科　目	数目/门	百分比/%
文学	394	23.41
经济学	232	13.78
历史（社会经济工业）	159	9.44
演说学	62	3.68
言语	61	3.62
哲学	39	2.31
心理学	133	7.90
音乐与艺术	130	7.72
普通史	129	7.66
社会学	119	7.06
政治学	98	5.82
自然科学	64	3.80
卫生	17	1.01
国际问题	15	0.88
宗教	9	0.53
合作与社会主义	8	0.47
劳工问题	10	0.23
杂项		

兹再引纯粹劳工学生的罗斯金大学1932年和1933年所开课程作比较。该校课程分为主要科目、辅助科目、特别演讲三种。内容如下①：

第一学年　主要科目　经济学理论
社会运动及经济发展史
欧洲史
宪政史
心理学及政治学理论

① 引自《英国成人教育之原原本本》一文。

	辅助科目	英文文法及作文
		文学及艺术
		工业与政治问题
		演说学
		无线电播音
第二学年	主要科目	经济学
		政治学及政治组织
		经济史
		宪政史
	辅助科目	外国语
	特别演讲	工业法
		合作运动
		社会运动
		外国语
		簿记学

从上述课程表上看，最重要的科目是政治学、经济学、理论及其历史。与启导学级的课程略为不同。因为启导学级的对象较广，不全是劳工阶级。而劳动大学的对象，则全是劳工群众。所以与劳工运动有关的科目便特别多。

美国劳工大学的种类很多，课程亦很不一致。自纽约劳工教育局成立以后，对于各校的课程，加以研究、指导，因而较有进步。以勃鲁克屋劳动大学（The Brookwool Labour College）为例，该校为二年制的，所开课程有①：

第一年有读书法、英语、议会法、文化史、心理学和社会经济学等，第二年有美国劳工运动史、各国劳工运动概观、政治、工会管理、劳工法规与行政、英语和劳工运动问题等。

第一年的课程多注意于一般性的，第二年则注重在劳工运动方面。这种课程尚称合理。同时与英国的启导学级相当的函授学校，其课程就较趋于一般性。不过有关劳工的课程，亦属不少。兹引 1930 年至 1931 年美国各种函

① 美国人教育的原原本本［J］. 教育与民众，1934（3）.

授学校十种最普遍的课程如下（见表8）。

表8

科　　目	学级数
教育	615
英文	611
历史及政治科学	536
拉丁系语文	517
工程	480
商业	405
数学	349
物理	68
化学	42
天文	28

日本各劳动学校间课程有出入，但均偏重在社会科学方面。因为日本是一个社会科学研究较自然科学为盛的国家。关于劳工运动的课程亦很多。兹举出几个规模较大的学校所开的课程以示一斑。

日本劳动学校：

社会学概论　经济学　政治学　经济史　社会学　社会运动史　财政学　劳动组合论　劳动法制　进化论　经济政策　工场管理法　劳动运动论　特别讲义　法律学

中央劳动学院：

劳动问题总论　劳动组合论　日本劳动运动史　各国劳动运动史　国际论　各国无产政党发达史　最近外国社会运动　消费组合　资本家组合　劳动法制　农村问题　经济学　金融论　赁银论　工场管理法　财政学　社会主义　哲学　社会学　伦理学　法律　近世西洋史　外国地理　机械工学　簿记会计　辩论指导　论文演习

协调会劳动学院：

本科——物理学　英语　伦理学　劳动法规　宪法　社会学　经济学

劳动问题　社会政策

研究科——劳动组合论　政治思想史　经济思想史　劳动运动史　财政学

神户劳动学校：

本科——劳动问题总论　经济学　英国产业史　法学通论　各国劳动运动史　消费组合论　社会主义解说　社会学

随意科——初中英语　辩论指导　议事法研究

研究科——名著研究　时事问题研究

科外讲义——时事问题解说　劳动法规进化论　政治和政党研究问题　社会政策　无产者文学论　奴人问题　农村问题　新闻研究

东京劳动学校：

正科——劳动问题　社会学　日本社会史　经济学　政治学　公民学　公法大意　私法大意　劳动法则　哲学概论　哲学史要　文化史　外交问题

研究科——劳动运动史　社会思想史　唯物史观　剩余价值论　劳动语学

科外——消费组合论　社会事业论　劳动统计论　妇人问题　人口问题　农村问题　都市问题　犯罪问题　殖民政策　产业问题　宗教问题　雄辩术

综观上述各校课程，我们可注意到协调会劳动学院、神户劳动学校、东京劳动学校等，都有本科和研究科之分。研究科自然是较深一层的教育，而本科的程度亦已经是高等教育的程度了。其次，日本虽是一个专制国家，但在学术研究的立场上，还相当开放，不做过度的思想钳制。从各校的课程上，便可以见到。

德国劳动民众大学课程有位作家将之分为四种：

（1）人体及其保护。

（2）自然界的富源及人类对于自然界的控制。

（3）人类是一种社会的动物。

（4）人类之精神的财产。

这是一种理论的分类法。实际上各大学所开的课程，可将柏林劳动民众大学引以为例。该校是规模较大且无阶级性的学校。课程分为自然科学、哲学文学、社会科学三类。每类内容如下：

自然科学——包括化学、数学、动物、植物、天文学。

哲学文学——包括哲学、文学、美术、音乐等。

社会科学——包括市民学、产业史、社会学。

从这个课程表上我们很难看到与劳工有特殊关系的课程。在另一所被称为耶那（Yena）的劳动民众大学所开的课程，更出乎我们的意料。该校的课程分为十大类。各类课程大要如下：

(1) 民众大学预科。

a. 精神的训练：有宗教、文化、社会主义问题的研究。

b. 竞技、音乐、舞蹈等的社交团体组织。

(2) 直接关于家庭义务的学校。

a. 育儿。

b. 卫生。

c. 家庭装饰法。

(3) 传授职业的学级。

a. 金属工。

b. 眼镜制作工（作者按：耶那本地有大规模的眼镜制造所）。

c. 手工。

d. 雕刻工。

(4) 哲学。

a. 尼采的超人理想。

b. 自路德到歌德。

(5) 诗和德语。

(6) 艺术。

a. 音乐。

b. 制型及图画。

(7) 产业史和社会学。

(8) 自然科学和数学。

(9) 特殊科目。

（10）语学。

a. 英语。

b. 法语。

c. 西班牙语。

这种与现实生活有关的课程竟是很少。而文学、哲学、艺术方面的课程却居多。甚至哲学方面专研究尼采的超人理想和路德、歌德的思想。这固然因为耶那是一个历史性和哲学意味很浓的地方（歌德与席勒曾于此处研究学问）。但同时亦因为德国民性是喜欢追求精神理想的一种表现。譬如德国西部煤矿区的爱森（Eson）城，劳动民众大学的课程亦有如此的倾向。该校 1925 年第一学期开 45 种课程。其分配为（见表 9）：

表 9

科　　目	课程种类/种
哲学与心理学	14
艺术音乐与戏剧	14
数学科学技术	7
公民经济政治	4
德语与文学	3
地方性与民族研究	2
历史	1

表 9 属于精神理想追求的科目竟占 2/3 以上。

最后提起比利时工人高等学校的课程：该校的课程和全学程所需时数如下（见表 10）。

表 10

课　　程	课时数/节
法文或荷文	30
历史	30
普通地理和经济地理	30

续上表

课　　程	课时数/节
比国社会和经济史	10
工人阶级运动史	30
社会主义学说	18
工业组织	30
经济学	30
工联运动	18
合作运动	18
社会幸福和探险	11
社会立法	18
宪法和民法	18
行政法	10
心理学	20
卫生	20
簿记入门	15
美术史	18
政治问题	20
教育机关	8
社会幸福机关之改进研究	12
工人居住问题	6
统计学调查公事定程	12

注：同一课程常分为荷文、法文两种语言讲授（见《比利时工人教育》）。

据说这种课程的目的在于使学生明了工人运动的演进和各方面的问题，并给予各种普通之政治、经济、教育、文艺常识。这种观念是很正确的。

综观上述各国的劳工教育课程，我们可以得出下列几点结论。

（1）社会科学的课程远多于自然科学的课程。这表示劳工对于社会、政治、经济各方面的求知欲比职业技术还要高。

（2）除德国外，劳工运动、劳工问题一类的课程很多。日本各劳动学校这种课程几乎占半数，表示这是劳工所最亟须的知识。Hodyskin 氏在《劳动阶级教育论》中曾说过：一切劳动者教育的基础，第一是历史，尤其是劳动组合史、近世劳动运动史、近世资本主义——帝国主义发达史。其次是经济学、经济地理、心理学等。这种观点是很对的。

（3）英国启导学级和罗斯金大学课程之不同，与美国函授学校和劳工大学课程之不同，正可以说明劳工学校如果非劳工分子太多，劳工学校的本质将被改变。

二、我国劳工教育课程的分析研究

将我国过去所实施的劳工教育和欧美各国的劳工教育比较，虽然名称上都是劳工教育，内容却大不相同；将我国劳工教育的课程和各国劳工教育的课程相比较，相差更远。各国的劳工教育课程是指高等教育或专门的理论研究，而我国的劳工教育课程则绝大多数乃指基础教育而言。只有小部分是属于中等技术教育。所以前节分析各国劳工教育课程时，无法将我国课程合于一处讨论，故另立一段分析。

我国劳工教育课程，根据《劳工教育实施办法大纲》第五条规定而设置。

（1）关于识字训练者。三民主义千字课、常识、珠算或笔算、乐歌，此外得兼授历史、地理、自然及其他浅近读物。

（2）关于公民训练者。三民主义、地方自治浅说、本国大势和公民道德。以上所列科目得用演讲及浅近读物教授学生，并要在课外指导学生组织各种集会。

（3）关于职业补习者。服务道德、农工或商业常识、专门职业知识技能之科目（视各业工人之需设之）。

这个课程表是拟应用于全国各种劳工学校的。由此可见政府所有的观念，只是基础的和职业的而已。在识字训练和公民训练中，课程和民众学校规程所定的国语、算术、乐歌、体育四科相比较，实在看不出劳工教育的特点。职业补习教育所开的课程，则是服务道德而不是劳工生活或工作问题一类的课程。整个课程表中，对于劳工所需要的为各国劳工教育所颇为注意的劳工运动历史和理论，都暂付阙如。这种课程实在不是站在劳工的立场来看劳工教育，而是站在产业的立场来估量要劳工受什么训练。我们不妨将这个课程表和业主所办的恒大纱厂补习学校的课程比较，便可明白。该厂校的课程为公民训练、唱游、国语、常识（分服务常识与普通常识）、算术（分珠算与笔算）、劳作共六种。这种课程我们虽不敢说劳工不能由此得益，但劳工能否从此获得本身利益，能否得到本身问题的解决或帮助，却颇值得怀疑。

至于课程表中所列举的科目，亦有凌乱不相称的弊病。如识字训练一类，何以三民主义千字课将书名写出。课程表指定教科书，似尚未见到。常识一科，内容如何，亦颇令人费解。因课程表中无国语科，似乎国语科可包括于三民主义千字课和常识之中。但国语科所包括的写字、作文等，是否有法置于常识科中，颇值得讨论。而且一般小学课程所谓常识科，乃是指语文科目以外的历史、地理、自然各项科目的综合。此课程表中却又将历史、地理、自然及其他浅近读物另行开列。同时前两类各种课程，是采列举式，后一类三种课程，为服务道德、农工或商业常识和职业知识技能等科，则又采概括式，都是使人感到混淆不清的。总之，此作为全国标准的课程表，在立场上、技术上都颇成问题。

湖北省工人学校章程所开列的课程，虽亦有上述的缺点，但比较上却要周全得多。该章程第九条所规定的课程为：

（1）三民主义千字课。

（2）国语（分注音、读、作、写四项）。

（3）应用书信。

（4）工人常识。

（5）应用算术（兼授珠算）。

（6）乐歌。

这个课程表亦同样将三民主义千字课标出。但不知所指的常识是换为有确定内容的国语了。劳工所最需要的劳工运动和劳工问题的知识，虽没在课程表中见到，而工人常识一科，则很可能包括这方面的材料。应用书信和应用算术，对劳工实际生活很有帮助的。不过这个课程表仍是未能切合劳工教育的意义。

政府所开列的课程表往往还不如机关团体的课程表来得注重劳工运动和问题。如全国女青年会所组织的工民团，课程便有卫生、工厂法之实施、工会、各国工人状况、中日问题、失业问题、公民责任等课程。可是我们亦不要忘记青年会除了为社会服务之外，还带着他种用心，所以他们所定的课程，亦仅有可使我们怀疑的。如上海青年会的商店服务员训练班的课程，竟为青年修养、宗教认识、青年会运动、名人传记、上海商业概况、平民教育实施问题等。沪江大学学徒义务夜校的课程，则注重英文等科。

《劳工教育实施办法大纲》将劳工教育分为三类，是不相连贯的。《天津市工人教育实施方案》则将劳工教育分为三期，依程度递进，同时兼有分类之意。该方案第二部分工人补习学校第十六条有如下之规定。

第一期：三民主义、平民千字课、平民读本、注音符号、算术（简易四则）、珠算及日用簿记（简易四则）、常识、劳动问题（课外讨论）、工人读物（课外自学）。

第二期：三民主义、国民读本、珠算簿记、常识、绘图、算术、机械工艺、劳动问题、工人读物（课外自学）。

第三期：三民主义、国民读本、数学、常识、绘图、机械工艺、工会组织法、工厂法、合作社组织法、劳工问题、工人读物（课外自学）。

从程度上说，是依次递进的。而从课程的种类上说，则第一期偏重基础教育的补充，并略及社会常识。第二期偏重社会常识，并略及职业知识。第三期则注重劳工问题和职业知识。从课程的排列上和内容上，似都较教育、实业两部所颁的为优。不过这或许只能施于一地，要适于全国应用，恐亦很难。因为分为三期，凡三年年限，未免太长。非流动性很大的劳工所可以读完。

与天津工人学校课程分期编排相同，而各期的类别分得更清楚的，还是杭州市政府所定的《工人学校章程》，将全国课程分为三级。

第一级：党义、常识、算术、乐歌。

第二级：党义、国语、常识、算术、工艺、绘画。

第三级：党义、国语、工人常识、工会条理、工会组织法、工厂法、劳资争议处理法、合作社组织法、经济学大意、社会问题、劳工运动史。

第一级全是基础教育课程，第二级有工艺、绘画科，第三级则是有关劳工问题的课程。此种课程编制法，颇能兼顾分级和分类两方面，但规定每级半年，一年半修完。以劳工工作剩余时间，于一年半中学习得这样多。尤其是最后半年，分量这样重，无疑非一般劳工所能负担。不若女青年会所规定的女工课程，亦分初、高、特三级，而时间的长短不一律。

初级——专行识字教育，时间自四个月至六个月。

高级——常识、历史、地理、算术、尺牍、公民，时间一年。

特级——与劳工生活有关特殊科目如经济学、劳工运动等，时间无定。

此外，有些劳工学校将课程分为必修和选修两种。如上海总工会所办的劳工补习夜校的课程为：

（1）必修科：国语、笔算、公民、常识。

（2）选修科：英文、地理。

该夜校之所以定笔算为必修科而不及珠算，定地理为选修科而不及别的科目，恐怕是适应该处劳工的特殊情形之故。关于必修科和选修科的划分，邓飞黄氏曾拟就铁道职工补习学校的课程，颇具参考价值。该课程表分必修、选修两种，课程规定选修科目修习时间须为3/10～4/10。课程表如下：

（1）必修科：国文、数学、科学概要（包括公民、社会、党义、物理、化学、卫生、地理、历史等）、铁道概论。

（2）选修科：英文、电气、机械、绘图、其他。

此课程对于铁道职工所应受的教育的性质和分量都有相当考虑，很值得注意。

分析我国各种劳工教育课程，除少数学校外，可见到两个共同的倾向。

（1）倾向于基础教育，略涉及职业教育，而缺乏高级教育。

（2）倾向于识字教育，略涉及公民教育，而缺乏劳工运动的教育。

基础教育、识字教育，严格来说不属于劳工教育范围，所以我们过去所说的劳工教育，是指和劳工教育真正意义脱了节的教育。

三、劳工教育课程编制原则和教材采用方法

劳工教育是教育的一部分，而且可以说是属于社会教育范围内的。所以一般教育的课程编制原则，如需适合社会需要、时代潮流、教育宗旨、学生经验及具有最高价值等，以及社会教育的编制原则，如应依据三民主义教育实施方针的民众教育实施方针，以及三民主义教育实施原则的社会教育目标等的指示，自然都应该作为编制劳工教育课程所应遵循的原则。因一般课程编制或社会教育书中已有详论，故从略。此处所要讨论的课程编制原则，是编制劳工教育课程时所应特别注意的原则。兹拟定如下：

1. 根据劳工运动方针

日本山四敏一氏说：劳工教育在广义上说就是劳工运动。这话是很对的。教育乃是一种工具而非目的。劳工教育乃是劳工运动方式中的一种。前者包括于后者之中。所以劳工运动的目标，亦即劳工教育的目标。因而劳工运动所遵循的方针，便是劳工教育的方针。离开劳工运动方针而谈劳工教育，此种教育是无意义的。资本家所办的劳工教育，亦有和劳工运动脱节的毛病。这都是应予切实矫正的。

2. 适应劳工工作环境和职业需要

劳工种类甚多，工作环境亦甚复杂。尤其在我国小手工业和大工厂并存，内地和上海情形完全悬殊，一种课程，势难适应所有劳工的需要。因此编制课程，应多留伸缩余地，对于各种职业，除共同必修课程外，应尽量多开选修课程，以适应他们的需要。

3. 适应劳工生活的需要

劳工生活方式和常人不同。生活的痛苦亦深于他人。所以劳工教育应顾及他们特殊需要。譬如劳工工作忙碌，身心疲劳。他们需休闲便应多指导他们休闲方面的知识，给予他们休闲教育的设施。劳工对于工资和物价的关系，常感到不明了，便应多给他们计算工资，估量物价的各种经济常识。工厂中的卫生设施和保健知识，亦是他们生活上所需必要的知识。

4. 注重实际活动

劳工多半年幼失学，没有读书习惯。如果课堂教育太多，必引起他们的烦厌，故需要实际活动的调剂。在编制课程中，应顾及这类活动的科目。赵启凤氏于劳工教育经验谈中，曾谓国术和工人特别有缘。因为劳工在厂里活动，运用细筋肉的时候多，国术则是筋肉运动，可以消除疲劳。这是很值得注意的一件事。同时劳工所需要的知识，多在实用上，活动所得的知识，每比课堂上所得的知识，能满足他们的需要。

5. 注重实利价值

劳工学习的时间究竟有限。要花许多时间去学理论的、古典的材料，是较不值得的。而且静止的知识价值，不会引起他们的兴趣。他们需要动的，能即学即用，可以随时解决他们日常问题的。换言之，他们比较注重于实利的教育。有人以为每个农人或工人都是实利主义者，这或许是对的，因为环境迫使他们如此。在劳工的生活环境未能根本改变之前，适合于他们的实利要求是必要的。

至于教材的采用，不外两种方法。一为自行编制课本，一为适当选择课本。编制课本的步骤须经严密的分析，合理的归纳，方可厘定。这种步骤分述如下：

第一步是归纳全部劳工生活中有价值的活动为若干类。如江苏教育学院的丽新路劳工教育实验，将劳工有价值的活动分为健康、生计、家事、政治（包括劳工运动）、语言、文字、社会交际、休闲八类。

第二步是调查并分析劳工的实际生活。如江苏教育学院分为四个步骤进行：

（1）观察：包括观察工人的衣、食、住、职业、疾病、家庭、休闲生活、迷信、习惯、社交、工会、群体活动、自觉、对厂主及工头态度等项。

（2）访问：注重于工人实际生活的认识。

（3）调查：用抽样调查法，分店铺调查、工厂调查及生活严密调查等。

（4）统计和研究：将由上述三步骤所得的材料，加以综合研究，以得到工人实际生活形态充分精密的认识。

第三步就是根据统计研究结果，厘定各种具体的课程标准和特点、注意点。如胶济、平汉两铁路工会的工人补习学校教材标准为：

（1）对三民主义党工会的认识与信仰。

（2）对帝国主义的认识。

（3）明了集会结社的方式。

（4）普通功课的补习。

（5）技术训练。

这只是标准的大要，应该还要具体的说明和特殊的提示才好。

第四步是以此标准来决定达此标准的课程项目，项目不必分得太严密，尤其是在基础教育方面。太严密则受项目的限制反而不好。

最后一步乃根据以上各步骤的结果搜集材料，加以选择。组织写作以完成之。选择的原则，当依一般课程编制原则和上述劳工教育课程编制原则行之。至于课本的组织和写作的方法，各种教材研究的书籍，均有详载，可引为参考。

编制课本本来就不是容易的事，时间要长，才能从容进行工作。编制者的学识修养要很充足，才能胜任裕如。由于时间和人才的限制，所以编制课本很难有圆满的成功。不得不尽量采用现成的课本。但现有的劳工教育课本少如麟毛，难有选择余地。近年来不用说没有新的课本出现，以前所采用的课本亦只有下列数种：

《工业课本》（一册），计志中等编，商务印书馆出版。

《民众工人课本》（四册），李伯俊编，中华书局出版。

《工人实用会话》（一册），沪东公社出版。

《识字课本》（甲乙种各四册），秦柳方编，铁道部职工教育委员会出版。

《市民千字课》（四册），中华平民教育促进会出版。

《民众高级读本》（四册），江苏省立教育学院出版。

一般民众读物亦可酌量采用。如晏阳初、傅若愚的《平民千字课》，朱经农、陶行知的《平民千字课》，庄泽宣的《人人读》，沈百英的《人人通》，教育部出版的《三民主义千字课》和《民众学校课本》，福建省民众教育处的《福建民众课本》等。

至于职业教育和高等教育，可以酌量采用职业学校的课本和各种专书。

自编课本不容易，采用教本则可供选择的不多。现时唯一的办法，只有于可能范围内，尽量采用课本，将课本中不合用之处，加以删改。确无课本可采用的，则唯有自行小心编制。同时亦可以一面先采用课本，一面进行自编工作。使有充分时间和多方的比较，而教育部对于课本的编辑工作，尤其是急不容缓的事。

第四节　师　　资

劳工教育中的师资问题，是一个重要问题。因为教师是教学的执行者，劳工教育有其特殊的意义和方针，这种特殊意义的实现和方针的遵循，全赖教师在教学上的努力。所以对于师资的选择须严格，培养须认真。同时劳工教育的工作环境复杂，教育内容又很广泛，非有广博的知识能力，干练的人，不能负起这种责任。而劳工教育的经费，往往又很困难，教师待遇自然很低，以致形成了劳工教师的严重问题。

现在先略述各国劳工教育师资的大略情形：

英国启导学级的教师，大多由大学教授兼任，对于教师的选择颇为严格和民主化。规定须经过劳动教育协会和大学组合的联合会认可，并经学生代表的同意，才可以担任。当初期试验时，因为教师人才缺乏，待遇很低，所以这种严格的规定，实际上很难选出良好教师。后来了解劳工教育的人士逐渐增多，获得政府津贴的学校，待遇又很好，因此愿担任劳工教育工作的教师日多，才能精选出优良人才。同时因学生求知欲很强，对研究饶有兴趣。教师亦热心教授。启导学级的教学方式着重讨论，教师要有很丰富的学识，才能应付学生各种专门的质疑。不过教师既多出自大学教授，讨论自然难免偏于学理方面，不脱书生风味。所以有人以为教师的指导，仍是学者旧习，而不能适合劳工阶级的习气。所以罗斯金劳动大学和由无产阶级马克思主义者所成立的中央劳动大学，反对如启导学级一样聘请大学教授担任教学。认为只有确实地由劳动者自任教导，才能彻底地实现劳动者的教学。罗斯金大学的教师，尚有非劳动者成分，并另设讲习会培养适合于该校目的的教师，非劳动者亦可参加。中央劳动大学，则彻底地主张一切经营、管理、教学，均应全部由劳动者自行负担。

美国的劳工教育多半寄托在大学扩充教育中，而最盛行的尤其是函授方式。大学扩充班级和函授课程，当然都是利用各大学原有师资充任。私人的函授学校，师资亦没有什么限制。至于工人学校、民众高等学校等，多是采取短期讲学的方式。因而教师专任的亦很少。大多由各地聘请有学识声望的人物来作临时演讲和讨论。所以师资条件，没有什么限制。师资亦不致缺乏，但训导方面则未免全无。

比利时的劳工社会主义学校或高等学校的工作人员，分为教师与导师两种，多是工人组织中兼有重要职务，或对某种学科有专门研究的人。导师则负责指导、管理工作，但亦担任一部分课程。导师讲师均由全国劳工教育总会统筹支配。劳工教育总会组织有导师与讲师部，将各导师姓名和所教科目印成表，寄往各区委员会，由各区委员会选择聘请。不过各区委员会，如有适当人选不必总会聘请所介绍的导师讲师亦可以。比利时这种教与导分开，与师资统筹办理的办法，是很值得注意的。

德国劳动民众大学的教师没有什么资格限制，而是以经验和热心为条件。所以小学、中学、工业学校出身的人，都可以在大学中担任各科的指导教师。图书馆员、政府职员、专家、技术员，都可以到大学讲他们的特别方面的学问。他们有一句口号是："经验是一个伟大的教师。"

上述各国的教师，多是偏于高等教育方面。但在我国劳工教育偏于初等教育方面，所要求的师资与各国亦略有不同。各国师资情形，只可作为参考而已。现在再根据我国过去劳工教育师资情形和专家的意见，分为下列几方面讨论。

一、教师的条件

以我国的情形而论，要具什么条件才可以做一个劳工教育的教师，本来是一件颇不容易规定的事。因为要求太高，人才难得，太随便又恐劳工教育难以办得好。兹先引《劳工教育实施办法大纲》的规定。该办法大纲第十一条为：

> 校长或主任应就在原设立机关任职，或与原设立机关有关之热心教育，深谙该业情形，或具有关于该职业之专门学识者选任之。识字及公民训练教员，应就各地小学以上教职员，社会教育机关服务人员，中等学校毕业生，及其他确能胜任之人员选任之。职业补习教育教员，教授专门科目者，应就有专门知识或技术人员选任之。

该项条文的规定有几个要点可注意：

（1）校长或主任应与该职业有关熟谙该职业情形者。

（2）初等教育教师须具小学教员、社教工作人员或中学毕业生的资格。

（3）职业技术教师应具专门学识者。

但这只注意到教师教方面的条件，而没有注意到指导方面的条件。其实一个劳工教师，不仅在教学方面要有丰足的知识，尤应能指导学生各种生活上的问题。而对于劳工运动思想有充分的了解，尤为重要。但在国内对于劳工师资应具何种条件的拟议，还未见到。作者特根据各国和国内劳工教育专家或从事劳工素有经验者的意见，综合拟定一个劳工教师所应具的条件如下：

1. 思想和品格

（1）要具有正确的思想和信仰，能了解劳工运动的意义，明白各种劳工问题。因为这样才能指导劳工遵循正确的路线去发展劳工运动，争取他们的福利。

（2）要有从事劳工教育的信心，肯为劳工的福利而努力。

（3）要具有公正、同情、热心、忍耐等良好品性，才能和劳工相处。

2. 学识

（1）要有丰富的社会常识，能了解劳工的痛苦和需要。因为这样才能够给劳工以切实的指导和鼓励。

（2）要深谙所教学生所从事的职业部门的情形，并深谙这种职业工人的特殊问题，才能够使教学和环境配合起来。

（3）要受劳工教育的专业训练，具有劳工教育的理论和技术。

（4）担任一般科目的教师，要有相当的学识。不必很高的资格，但对所教的科目能应付自如。

（5）担任专门科目的教师，要受过该科的专门训练，并有实际经验者。

3. 其他

（1）要有健康的身体和饱满的精神。因为劳工教育是一件艰苦繁难的工作，非有健康的身心不可。

（2）要和工人熟悉。如大多数工人是同一籍贯，教师最好亦是他们的同乡。

二、师资的来源和选择

选择教师可以根据上述诸条件而定。但从什么地方找到适合的教师，却是实际上的难题。英、美各国的教师，多是大学教授兼职。这种教师是不很适应劳工需要的，但他们在从事高等教育的讲解研究方面，似乎还勉强说得通。至于我国劳工教育，既偏于初等教育方面，自须重生活的指导，似不宜以学校中的师资移来教育劳工。所以过去铁道职工教育只规定一律聘任中等以上学校毕业人员担任。湖北省工人学校章程规定凡合于省立初级小学教员资格者均可聘任，但这样并不合于劳工教育的特殊要求。因此亦有许多规定不以学历做资格标准，而以职业地位和智能做选择的条件。如江西省推行百业教育办法，规定百业补习班教师除由附设机关人员担任外，并得聘请能工巧匠担任教学及由该生产机关高级职业人员担任之。浙赣路扫除职工文盲办法规定，凡设有国民党区分部的，由区分部有知识的党员担任教学，其余由工会小组长担任。组长不能担任，则选组员之有能力者。组员无能力担任者，则调别组组员充任之。恒大纱厂工人补习学校的教师，则规定为一部分请厂外教育界人士担任，一部分由厂内工程师、人事科长等担任之，但由党政人员、职员等做劳工的教师，又恐他们未必都能懂得教育并有足够的学识。

综合劳工教师的来源，可有下列几种：

（1）学校教师或学生社会教育工作人员。

（2）本机关工厂的职员工程师。

（3）党政工作人员。

（4）有特殊技术的人才或专家。

（5）劳工群中之有能力者。

这几方面的师资，都各有所偏，很难得到完全合理的人选。但又不能不尽量利用。所以在此种情形下，最好效法比利时的训与导分工合作的办法。即将劳工师资分为两部分。学校教师、学生、特别技术人才等，多任教学方面的工作；而本机关工厂的职员或劳工群中有能力者，多任指导方面工作。同时在整个组织，必须有一人兼具各种良好条件，能统合两方面的师资，收合作之效。

三、教师的待遇

英国启导学级，教师的待遇每较一般大学为优，所以愿任启导学级教师的甚多。我国劳工教育不发达，经费无确定，待遇自难提得很高，而且很难全部聘请专任给俸的教师。《劳工教育实施办法大纲》第十二条对劳工教育师资待遇有如下的规定：

除专门科目教员外，校长或劳工班主任、教员之待遇，应由各原设立机关按照当地生活程度，参照一般民众学校或职业学校校长、教员之待遇标准，自行拟定。于取得当地县市教育行政机关同意后施行之。校长、主任、教员如由原设立机关职员兼任者，应为义务职。

这规定将劳工师资分为专任、兼任和义务三种。专任的待遇比照一般学校的标准堪称公允。兼任的无规定，大概亦应比照一般学校的兼课报酬规定，不过如属难聘的专才，留有高级聘请的伸缩余地。义务的当然无规定的必要，但胶济铁路职工补习学校则有补充的办法。为义务教师于学期结束，给予纪念物品。

至于各地实际上规定教师薪俸如何，在现时是无法以货币数量表示之。唯民国二十年湖北省工人补习学校章程第十三条对工人学校校长、教职员的薪俸等级有如下的规定（见表11）。

表11　湖北省工人补习学校校长、教职员薪俸等级

级　别	月　　俸				
	校　长	主　任	教　员	事务员	书记
1	110				
2	105				
3	100	95	90		
4	95	90	85		
5	90	85	80		
6	85	80	75	65	
7	80	75	70	60	55
8	75	70	65	55	50
9	70	65	60	50	45
10	65	60	55	45	40
11	60	55	50	40	35
12	55	50	45	35	30

资料来源：《第一次中国教育年鉴》，民国二十年十二月公布。

这种待遇若和一般小学校比，似还要优厚。试引同年北平市立小学校校长、教员薪俸表以比较便可知（见表 12）。

表 12　北平市立小学校校长、教员薪俸分级表

级　别	校　　长		教　　员	
	完全小学	初级小学	完全小学	初级小学
1	105	100	95	90
2	100	95	90	85
3	95	90	85	80
4	90	85	80	75
5	85	80	75	70
6	80	75	70	65
7	75	70	65	60
8	70	65	60	55
9	65	60	55	50
10	60	55	50	45
11	55	50	45	40
12	50	45	40	35
13	45	40	35	30
14	40	35	30	25

资料来源：《第一次中国教育年鉴》，民国二十二年七月公布。

教师的待遇在可能范围内，当然越优厚越好。但劳工教育经费，应该尽量节省，以免费用太多，须仰于资本家的给予，致授人以干涉控制的权柄。因此教师的报酬，亦要有所节制，并多聘热心人士当义务教师。如英国中央劳动学校是由劳动者自办的，所以他们的大部分事业，都是请笃志于劳工运动的人来充任。支薪虽亦有之，只是所支薪额比之公立学校要少得多。我国劳工教育，除一部分专门科目不得不以优厚薪俸聘请专才任教外，其余应该尽量从工会职员以及工人群中选出热心而有能力的人，义务担任而给予荣誉的褒奖。

四、师资的培养

实施劳工教育，亦须注重师资培养。理由：一为一般师资原已缺乏，劳工教育兴办需大兴师资，故须预为培养。二为劳工的教师须受特殊的训练，所以对于一般教师，或愿从事劳工教育的人士，都须加以特殊的训练。

我国向来师资很缺乏，所以过去办理劳工教育者对于师资的培养尚称留意。尤其是铁道职工教育方面，民国九年交通部设职工教育筹备处，就先开办职工讲习会，以造就教员人才。凡入讲习会者，须为师范学校或专门学校毕业生。讲习会分学校、演讲、图书、新闻四科，讲授科目有职工教育学大要、社会政策、职工卫生、新闻学、图书馆学、演讲学及教授实习等科，讲习员名额90个，定四星期毕业。可说是一种相当圆满的短期师资训练的组成。其后民国二十年铁道部所颁的《实施铁道职工教育计划纲要》中，亦规定须设立职工教育实施人员训练所，以养成职工教育师资，训练完毕后，派往各路办理职工教育事宜。训练期为3个月，人数为60人。可见铁道职工教育办理之先，都有训练师资的准备。

国民党中央政府过去亦曾拟就国立中央大学行政院扩充教育处添设劳工学院，以培养师资。民国十七年已预算15万元的建筑费，后来没有实现，有人曾建议于江苏省立教育学院中添设劳工教育系，亦没有实行，所以至今全国尚无一个培养劳工师资的场所。

作者认为劳工教育的兴办，既有待于充足和良好的师资，所以师资培养，是兴办劳工教育的先决条件。教育部自应负起这种责任，于国立社会教育学院设劳工教育系，全国各师范学院附设劳工师范学校一所以上，专培养各省劳工教育的重要人才，并应于各师范学校附办劳工师范科或短期训练班，收集一般人才，加以短期训练，或调训各工厂职员及劳工干部，使能就近训练，就近工作。训练内容，应分劳工理论、教育理论和基本学科三方面的学识。除学理探究外，尚应着重实际训练，最好能和工场、工厂，以及各种生产、交通机关发生联系，使准备为劳工教师者，得预先在劳工的环境中受锻炼，深切体会劳工的生活和工作的情况。

第五节　训　　导

一、劳工训导实施原则

劳工的道德教育，正如劳工的知识教育同样重要。所以劳工教育，不是只注重知识的灌输就够，同样需要有充分的德育工作，同时聚集许多劳工在一处，自然会发生种种管理上的问题，所以办理劳工教育亦应该讨论到训导的实施问题。

可是实施劳工的训导，却是一件不容易收效的事。因为劳工大多平时没有受过什么教育和训练，不知礼节、不易接受劝告、衣履不整齐、随地抛物、任意毁坏公物等不良的习性都很深。而他们又不和普通学生一样，有较长的时间在学校管理之下生活。他们白天上工厂劳动，只有晚间或晨午一些短短的时间来读书。教师亦很少有机会和他们接触。甚且他们认为受教育只是接受知识，不是来听训导、受管理的。总之，对于劳工的训导工作，是一件吃力而很难讨好的事。

但是指导和管理是实施劳工教育必不可少的事，虽然困难，亦应该设法克服。下面是作者根据训导原理和前人经验所拟定的一些原则。

（1）多用感情劝告，少用强迫管理。劳工多是成人，习性已固，阅历亦深。除了知识程度不及教师外，其他方面不见得比教师差，所以他们的自尊心必然很强，对于好坏的判断亦很固执。用直接的说服方法，未必能见效，用强制的方法来管理，更会引起相反的结果。如果看不清这一点，依一般学校的训育方法定下许多目标，强迫工人遵守，并且实行考核操行成绩，履行管理等等，恐要白费工夫。但是若用间接的暗示方法，以感情来感染他们，用诚恳的态度给予劝喻，效力或许更大些。下面是赵启凤氏的一段经验，可引以为例：

> 有一次我们办理的工友俱乐部发生了一起纠纷。原因是有一位工友不知是有意还是无意地把台球板拍破了。照部内的规章是要赔半价的。当时我们的管理员当面就责令他照章赔偿，哪知那工友以颜面有关，不肯认错，他说部里的东西是公有的，我也有份，叫谁赔偿？管理员即把公用物更须赔偿的道理讲给他听，但是那工友完

全不理。张学良盗卖海军医院，你也叫他赔偿？他提出这句话之后，东西固属不赔，反而和管理员大闹了一场，方才退出。又有一次，另有一个工友，忽然又把胡琴弄坏了。当有人来报告我们的时候，那工友早已盛怒满面，预备持强对待管理员的交涉。哪知这位管理员，自从得了那一次教训之后，此次却改换了方式了。他和颜悦色地走到那工友面前一看，笑说：原来是你呀！没有关系，照部章弄坏东西是要赔偿的，但这听凭你赔不赔，没有关系。随即把这事情暂时掩过去。另外把那工友近来的生活提出来攀谈。这样一来，那工友起初的怒气，不但完全消失了，并且心里反而感觉惭愧，未到两天他竟买了一把新胡琴送到俱乐部来了。那位管理员用了一种方法使工人受到感动，不愿受机械式的训育所束缚。于此可略见一斑了。

（2）多用积极的奖励，勿用消极的惩罚。根据上述事例，我们可以晓得对于劳工的犯规行为，若用惩罚手段，其结果将是最坏不过了。直接的惩罚不用说将引起争斗式退出的事；间接的办法亦很易引起他们的反感，因而减低教育效果。有许多工厂办理识字班，强迫劳工上课，否则以扣工资为威胁，或旷课太多，读书成绩不佳者，都予以某种处分。如浙赣路办理识字班的规程，规定因故缺席三次以上，或诵读欠熟，无心得者，均加以申斥。无故缺席三次以上，或考试成绩在40分以下者，予以记过处分。这种办法是劣等的办法。能够避免，还是以免用为佳。对于童工则因为他们社会习惯不良，或则羞耻心不很强，惩罚亦很难收效。所以都是以多用鼓励方法为佳。一般上可奖励的事项，有勤于出席，学业成绩优良，有特殊行为可表彰者等。而用以奖励的方法，有公开褒奖、奖品或奖状、奖金、加薪、升级等项。这各种方法的效用及其应注意之处，略述如下。

公开褒奖：在成人间行之有效。但褒奖的价值，全赖于褒奖者的人格和地位而定。一般来说，由厂主或董事加以褒奖，较教师的褒奖为隆重。所以重大的褒奖，应由厂主或董事隆重地宣布。但这褒奖切忌过滥，否则其价值便相对地降低。因为这种褒奖方式的价值，非实质的而是观念的。至于平时的口头褒奖则教师行之便可。

奖品或奖状：多用以褒奖勤于出席和成绩优良者。虽较公开褒奖具有永久性和较实在，但效力却不一定比公开褒奖强。而且褒奖者的身份和褒奖次数亦同样有关系于其价值。尤其以奖状的发给为然。因为奖状的价值亦完全是相对的。

奖金：这是一般办理劳工教育者常用的方法。因为劳工生活贫困，给予奖金，使他们能够得一笔意外的收入以购买他们平时所求而不得的东西，颇能刺激他们的努力。所以如恒大纱厂的奖金办法，有品行优良、体格健全，技能纯熟者，给二元或一元奖金，似较适当。用来奖励成绩优良者，则或许不如奖状或奖品适当。因为成绩优良者对于名誉奖励的观念必较强。浙赣路识字办法定为不缺席和考试成绩在 85 分以上，给予奖金 10 元。而考试成绩 75 分以上，给予奖状，显示重视奖金而轻视奖状，似不甚佳。因为奖金本身有绝对的价值，受奖者虽多，不致影响其价值之降低，故可用以较普通的奖励。奖状则须成绩极好者，才颁给之。又奖金数额应大些，否则每次奖金若只够买两包香烟，对他们的刺激便很有限。

加薪或升级对于劳工是一种最强有力的奖励。不过这种方法关系较大，不能随便给予，应该用奖励促进他们继续修得一定课程，毕业以后，使之待遇提高之意。

（3）多用团体制裁方法，少由教师出面干涉。劳工犯了过错，或他们间发生纠纷，有许多是出于一时错误或情感冲动所致，但有许多是带有生活利害关系，或积隙在其中。大凡含有这种原因的，多不喜外人过问，尤不喜为他们所敬畏的教师过问。因教师过问，将引起双方的不好意思，或为文饰自己过错，因而反把事件扩大。所以最好的办法，是从旁促进他们自己人的调解，利用团体制裁的方法，使纠纷消弭。由他们自己人调解自己伙伴间的纠纷，有种种优点。如他们相处时间久，生活关系较密切，有些事可以利用感情去劝解他们，对于纠纷事件的内幕认识较为透彻，处理起来可以无外人处理时所易犯的隔靴搔痒之弊，当事者因要顾全同伙间的情面，对于调解人的意见，大多委曲接受。团体制裁力量，较一两人的制裁为大。

（4）要和劳工保持密切关系，随时以身作则。上述原则，并不是说教师要和劳工离开，以保持自己的尊严。反之，教师要使他的教导能够深入有效，还应该和劳工保持密切关系。最好能和劳工混成一片，深知他们的习惯、生平，随时给他们中肯的指示，才会使他们感到教师之可爱、可敬。同时唯有教师与学生接近，才能随时以行为来影响劳工，收以身教者从之效。

教师要能够打进劳工群中，固然需要许多条件。而在中国人地方观念很浓厚的情形下，同乡是一个很重要的因素。一般人对于同乡总表示格外的亲切。如是外地人则总是消极地离开，语言的不同亦是一个难以接近的原因。赵启风氏办理职工学校，统计学生籍贯和校长、教员的籍贯，发现师生比例有很大的关系。这一统计很值得参考。兹引录如下：

……（统计表略）因为第一期的校长是山东人，教员大多是天津人，所以学生属于河北省籍的有42.9%，属山东省籍的有8.9%。

第二期校长换了江苏人，教员属江苏籍的也增多。因此学生方面属山东和河北两省籍的学生人数百分比渐渐降低、而江苏籍的学生乃由30.8%增至36.7%。当然教师的口音和学生是很有关系的。但从工人们自己组织团体而排斥他乡人的这一点看来，可以知道地方观念却是大部分的原因。①

二、留生问题

无论办理何种民众方式的学校，最感棘手的是留生问题。开学之初常见拥挤不堪。而不久便日渐稀少。到学期中已寥寥无几，影响教者和受教者情绪甚巨。因而教者草率结束，仅有的受教者更无趣而退。所以大多数民众方式的学校，都是有始无终。劳工学校，亦免不了有此种现象。所以留生问题如不解决，劳工学校式的教育总难办得妥善。

留生问题虽不全是训导的问题，但与训导有密切关系，故并于此节讨论。

先检讨留生困难的原因。这种困难原因有和一般民众学校相同的，亦有特殊的，合并叙述如下。

（1）劳工工作太繁重，身心疲劳。开学之初，虽鼓起热情来就学，但日子过久，疲劳加甚，渐渐认为这是拖累的额外工作，热情逐渐减退。又因家羁绊，不能按时来上课，因而索性退学。

① 赵启风．我之实施工人教育经验谈［J］．教育与民众，1934（10）．

（2）学生初来就学时，或许抱着很大希望，以为教师能够立刻满足他们许多生活需要上的知识。及入校后，所读教材不合他们的需要，感到失望。加以如果教师教法不良，引不起他们兴趣，便更容易使他们辍学。

（3）教育意义不明了。来校上学不过听同伴的鼓励来凑凑热闹。这种凑热闹的心情，自难持久。加以没有恒心是一般人共通的大病，虎头蛇尾在所难免。

（4）劳工学校招生，势难举行严格的考试。而一个工场中或一个区域内，各种劳工的知识程度参差不齐。目不识丁的固然很多，中学以上程度的当然亦有。有的读过私塾，国文程度很好，但算术、常识丝毫不懂。有的做过生意，笔算、珠算颇为精通。同时因职业的不同，有的需要专门技能的学习，有的只要文字教育。此外，尚有年龄性别各种不同点，使他们各有自己的需要，各有不同的程度。在此种复杂的情形下，如果把他们放在一起，势难适合他们个别的需要和程度，因而有些感到功课太难赶不上，有些因功课太易，认为无学习必要。需要不合，兴趣不同。老年人和青年人合不来，男女在一起或不方便。有这种种情形的学生，都是不能久留的。

（5）上课时间不适宜。散工之后工人疲劳，时间太长工人精神支持不来，冬冷、夏热、夜间蚊子太多。种种时间的不适宜，亦都是留生困难的缘故。

（6）劳工流动性太大。据估计，一般工厂每年流动率在 50% 以上。甲厂所办的教育班工人，跑到乙厂去自然要辍学。甲地所办的教育班工人，跑到乙地去亦非辍学不可。甚且从甲部门转到乙部门，工作时间和负荷改变，从日工转到夜工，工作时间改变亦是工人辍学的原因。

已经检讨了留生困难的原因，进而再探求解决的办法。解决留生问题的办法甚多，可分消极和积极两方面言之，分别叙述如下。

1. 消极方面的办法

（1）收集保证金。这是一般民众学校常用的办法。于报名时收集保证金，学期结束时返还。如半途退学或缺席超过多少时，则保证金于结束时扣发。学生因为受保证金的束缚，不得不继续来校上课。这种办法实在只有消极的强制作用，使学生处于被动地位，其教育效能如何，很可怀疑。而且民众亦很少因受保证金的束缚而来就学。因为保证金势难多收，多收便有限制贫穷者入学之嫌；少收则大多学生并不重视这笔保证金，认为不能收回亦无要紧。且有半途辍学而结业发保证金时却结队前来索取的。此种办法用于劳工学校，尤为不适宜，因为劳工是比一般民众较有组织的。尽可从其他方面限制他们，不必用这种对付一般民众的方法来对付他们。

（2）更严厉的办法为停薪解职。这种办法如得到业主的支持，自然可收很大效果。因为停薪解职的威胁，对于以工资为生的劳工，是与他们生存相关的事。如铁道部《实施职工教育计划纲要》规定，凡有不满45岁之职工，在实施职工教育两年期间不能毕业于职工识字学校者，加以撤职或降级处分。不过这外加的威胁越严厉，越易引起劳工的反感。而且如不从生活方面加以改善，为劳工设身处地着想，一味压迫劳工，使他们不得不拖着疲乏的身体勉强就学，亦很难收到实际效果。

（3）与以上述办法相反的办法，是毕业生奖励办法。如恒大纱厂工人补习学校所规定：学生毕业后由学校送入恒大纱厂工作，得提高工资，以示优待。但此法究其本质，亦是消极的。因为以奖励为手段，使学生求学，不总是劳工本身感兴趣，而自愿来学习的。不过这种方法总较上述两种方法为优。因为它是能与劳工努力方向相配合的。只是这办法不是容易行得通的，因为这要毕业生的确能在技术方面有较优的成就，业主感到有利，才肯提高他们毕业后的待遇。

2. *积极方面的办法*

（1）选择适宜时间。劳工有他们的正业，学习乃是副业。尤其是在资本主义制度下，劳工的学习不能得到业主的同情而给予方便。所以工作和学习在时间上的冲突，便越应调适合宜。根据《劳工教育实施办法大纲》的规定，教学须在工作时间以外。这便表示学习应该让步于工作，勿因学习而阻碍工作。学者则多认为须在工作时间内行之以免增加劳工时间上的负担。苏联在1922年的法令中，亦规定凡应受教育的成人，至受毕教育为止，每日的职务可因之缩短两小时的工作时间。政府的规定，如山东省《劳工教育施行细则》，规定工作时间不满10小时者，得于工作时间以外行之。工作时间在10小时以上者，应在工作时间内举行，而不得借口延长工作时间。最合理的事自然是在工作时间内举行。因为学习亦要付出许多精力，在工作时间以外再多付精力，无论如何，对劳工总是一件不利的事。将工作时间划出一部分来学习，于业主自然是一种损失。但并不是每个劳工都在教育中，只有一部分劳工要于一定期间内受教育，对于业主的损失并不很多。而劳工则因为学习较工作大体轻松些，必愿继续受教育。所以对于劳工教育的推行，裨益无穷。劳工可据此力争。但是话又得说回来，在业主统辖一切的社会下，不是急切间可能实现的。所以仍得在工作时间以外想办法。

劳工学习时间何时较适宜，应当看劳工的工作时间、工作性质及当地的生活习惯、灯火问题、教学场所等而定。下述几种时间，可供选择：

①晨班利用每晨上工以前精神较佳。如沪东公社所办劳工学校，每天 6 时 15 分至 7 时半上课。但劳工如做夜工，这时间便很不适宜。

②夜班是最通常的学习时间。因为做日工的工人这段时间是较空闲的，不过日间的工作如太疲劳，晚间精神便不很好，而且灯火问题是需要考虑的。

③午班有些做夜工的劳工，上午睡觉，中午读书，颇适宜。在太阳底下劳动的工人，中午的休息时间颇长，亦很可以利用。

④星期日班，于星期日上课，对工作忙碌、周内毫无空闲时间，而又肯用心向学的劳工，是很有益的。因为一方面星期日空闲，精神情绪都较佳；一方面可用正当的学习或娱乐来代替一般工人星期日的游荡。但每星期只上课一天，未免有一曝十寒之嫌，对于需继续不断学习的材料，似不相宜。而且根据前人的经验，星期日不放假，劳工上学的就很少。因为他们有许多社交娱乐的事要利用这放假的时间去做。不过自成单元的演讲、活动，有趣的教学方式，如电影、播音、戏剧等，利用星期日是很相宜的。

⑤半日班。半天工作，半天读书，是最好的方式。因为有半天工作的收入，如不是生活负担太重的可以维持。而工作时间短，且将学习划在经常的生活范围内，劳工或会如一般学生一样乐于来上学。但这种办法要和业主有了契定才能行得通。

⑥间日班或间周班。间日班是英国剑桥大学某教授所主张的，认为一天做工，一天读书，学生的生活得到调剂，兴趣亦必很浓。如果和业主有所契定，以两人合做一工，此法倒可行得通，而且很有效。间周班是美国合作学校所用的办法，在学习效能上不若间日班好，但在工作效能上，一个人若继

续一星期的工作，前后较易连贯，所以或者是业主较易接受的办法。

（2）活用编级方法。一般劳工学校，多将全校分成两三班或全班分成两三组，所教的课程全校或全班差不多。同班或全组之中，则程度一律。我们已知劳工有程度、职务、年龄、性别以至于社会经验上的各种差异，勉强放在一起，必然无好结果。势必将许多不合的淘汰，而只存下一些大体相同的。为补救这种弊病，须有周密的分班、分科教学，或活用各种分班、分科办法。兹将可用的办法引述如下，以资参考。

①多分班级。有些学校将全校或全班分成较多程度相连续的班级。如沪东公社所办的工人学校分为六级，用弹性升级办法。这样在程度上比较可能适应各种高低不同的劳工。但对于兴趣需要等，仍不能适应。

②分科制与选科制。分科制是就各个学生的各科程度高下，随班上课。如国文程度较佳可以在甲班上课，算术程度很差则到丙班上课。但各班所读课程和上课时间完全相同才行。同时有人愿意专读某科，或时间能力不能兼顾各科均可先选修某科，再修某科。如日本东京工业专科学校，于学年制外，兼施科目制。这种办法很能适应劳工复杂的程度和不同的需要。但恐非小规模的学校所能办到。

③辅导制度。一般的分班方法既难完全吻合学生的程度，唯有以辅导方式补其不足。对程度较差的学生，或有特殊兴趣需要者，加以课外的辅导。不过被辅导的学生，不能太多。太多则教师无力兼顾，亦必不能得到圆满结果。英国启导学级，规定每级最少 18 人，最多不得超过 35 人，以照顾到这种辅导效能。

还有，关于分班的标准，还应看实际的情形如何而定。有时要以年龄为标准，如民国十三年铁道职工教育委员会规定：职工须依年龄差异施教。凡年龄在 40 岁以上者，注重星期演讲；30 岁以上者，注重星期演讲及工余讲堂教育；20 岁以上者，注重补习式之职业教育。有时要以性别为标准，在社会思想守旧之处或社会风气不良之地，男女劳工在一起，常发生特殊问题，以致妨碍教育的进行，于是便应男女分班。有时要以职务为分班标准，如广东技工养成所，视劳工的工作部门不相同而分为土木、电器、化学三组。

无论应用何种标准及何种分班的办法，都是很难完全吻合每个劳工的情形。最彻底的办法，唯有进行个别教学或小组指导。在劳工就学人数不多的地方，这种办法是最好的。在人数较多之处，亦应尽量采用小组的辅导。

（3）选择合适教材。教材选择须适合劳工的职业需要、生活需要和学力程度以及应注重实利价值等。已如本章第三节所述。这样才能使劳工不会因为教材空洞无味、不切实用而轻视学习。

（4）活用教学法。课室教育是很容易使人生厌的。但课室教育乃为学校式教育的重要部分，暂时不能废去。那么只能以活用教学方法以弥补之。

现在各种新法教学，虽提倡者颇多，而大部分教师在课堂中所用的方法，仍是旧式的注入讲述。这种注入式，对于受高等教育的成人，虽尚可用，但对于受基础教育的成人，则和小学校一样，很难引起他们的兴趣。对于技术教学，尤不适宜。所以课室教学仍应尽量采用新法，而且应活用之。因为各种新法都各有其优缺点，劳工团体很复杂，教学情境又不一致，须视大多数学生的个性、年龄和所教学科而决定采用何种方法为较适宜。兹将各种重要的教学方法略述检讨于下。

①问答法。问答法决不能机械地应用于劳工教学上。许多对付小孩子口吻的问话，虽然在小学教学上很适宜，而应用在成年工人的教学上，必致失败。他们将因为怕羞、不屑、无趣味而置之不理或产生烦厌之情绪，所以教师不可多用问答法。即或用之，问话时须表现诚恳的态度。譬如将教师所不愿决定的意见征询大家的意见，而勿用考问的方式，并且应尽量暗示学生自动提出各种不必要的问题来讨论。

②讨论法。这是指由学生提出或教师安排好的问题，交由大家共同讨论。英国启导学级便以此法和演讲法为主要教学方法。启导学级每次上课，都是大约两小时。前一小时为教师演讲，后一小时便为公共讨论。甚或教师只讲十几分钟，便进行讨论。所以讨论方式在启导学级中往往比演讲使用得多。德国民众大学中亦多用共同讨论方式，在讨论中师生都很自由，无严格的伦理关系。讨论法如运用得好，是能够使学生产生一种责任心而踊跃参加的。不过，进行这种教学法要具备几个条件。

第一，教师有主持会场的领袖才干，能控制讨论的重心和进行的步骤，否则易陷于凌乱情况而无结果。

第二，发言机会要平均，否则不善发言的会因冷淡无趣而引退。

第三，讨论材料要根据学生已有经验、学识，即应用类化原则。最好教师对学生已有的学识、经验先有一番调查。

第四，要有事前的准备。将讨论大纲分配给学生，加强他们的责任心和兴趣。

③自学辅导法。英国启导学级除演讲和讨论法外，还有读书和写作两法，亦相当重视。规定每个学生都要加入读书班，教员指导他们阅读合于他们程度和与全周课程有关的书。写作是教员出题目给学生写作，常以讨论的材料为中心，并加个别指导或公开讨论订正之。此种方法还有一重要作用，即易于看出学生的努力情形和成就程度。

④实验法。劳工所受的教育，应用的居多，理论较少，这是必然之事。在应用的教育中，尤以应用技术为多。这种应用技术的教学，便要有种种实习和实验，以引起他们的兴趣，并使所学得的知识易于和实用连接。学校附设于工厂中，实习、实验自然非常方便。学生可以利用工厂为实习场所，或由工厂取得实习、实验的工具、教品等。非工厂办的劳工教育，如和工厂取得联络，这种方便亦很容易获得。

⑤直观法。书本枯燥无味，如能利用种种挂图实物等来施教，必容易使学生了解和产生兴趣。实物教学亦可从工厂中取得教具。成人观察实物比儿童功效还要大，因为他们较能作周密的注意，不只是见到有趣的部分而已。因此直观法在劳工教学上亦应占重要位置。

⑥设计法。劳工教育如能善用设计法，必比儿童的设计教学更能收效。因为劳工和社会环境接触很多，发生的问题也很多，他们所发生的问题，又必较儿童的问题合于实际。这种问题的解决，就是他们最重要的教育。设计法在德国的劳动民众大学略曾用过。其法由学生提出问题，然后教师根据所有的问题，分成几种课程，供给学生原理和更多的问题，指导他们研究与讨论。我国过去应用劳工设计教学法于劳工教育的，有江苏教育学院的丽新路工人学校和女青年会的工人团体教育。不过太复杂和琐碎的设计历程，在劳工教学上是应该避免的。

以上各种方法都可以应用，不必限定应用哪一种，要随时随地视实际情形灵活运用之。此外，课堂外的各种社会化、娱乐化的教学方式，如播音、电影、体育会、音乐会等，亦要尽量利用。再则教师的态度、举止、声调，亦是教学上值得注意的事。因为我们要晓得成年劳工对于暗示的感受性，亦是不亚于儿童的。

（5）应用训导方法。应用此法以使学生继续保持求学的恒心，亦是颇为有效的。教师应随时随地利用种种机会，向他们讲解劳工教育的意义、劳工受教育的重要性等，并劝他们求学要有恒心，中途辍学必毫无益处。应用训导方法要求其有效，必须先和学生建立浓厚的感情关系，并且最好是个别对待他们。如时常进行家庭访问，与他们进行深入的谈话，使他们能深切了解教育的好处，并受感情感染，不好意思辍学。

以上消极、积极两方面的各种办法，对于留生问题的解决都或多或少有些效用。但是最基本而有效的办法，还在于减轻他们的工作压力和改善他们的生活。因为劳工之不肯继续来校上课，多半不是不知教育的好处，而是无法享受教育。上述各种办法只能部分收效，却不能完全有效。譬如对于每天工作 16 小时以上的工人，任用什么办法，总找不出一个适宜的时间，找不出一种可继续引起他们兴趣的教学方式，能从他们睡眠、吃饭的时间中剥夺些时间来读书。虽然绝大多数劳工的工作时间不致那样长，但是工作的繁重，使他们疲劳到无法集中注意力，无法再抽出精力来应付学习。所以减少劳工的工作时间和分量是必要的。其次，改善生活，使他们能安心接受教育，亦很重要。不过改善生活不是件简单的事，亦非一般办理劳工教育者所能为之。补救的办法，只是给予学生以生活津贴。如瑞典的民众高等学校，对于学生生活费酌予资助，使他们因求学而减少收入及增加费用的负担，不致完全加在他们身上。我国过去恒大纱厂亦规定学费书籍用品费一概不收外，每月还给予津贴 2 元。在民国二十年左右，这样的津贴可算相当优厚的。瑞典的津贴是由国家负责的，恒大纱厂则由业主给予。我国政府很穷，要负担一大笔津贴，当然很难。有人建议从工厂税中抽出一部分来分别津贴经济特别困难的劳工学生，这是一种很好的意见。

第四章　结　　论

今后的中国，在政治经济上必有一番新的建设。经济方面，必须向工业之路迈进，工业的扩大和工业从业人员的增加，自然是意料中的事；政治方面，实施宪政之后，对于劳工的地位，应当有所提高，劳工运动亦必然获得适当的扶助。因此劳工教育问题亦必成重要的问题。

国民党“六中全会”将劳工政策列为四大政策之一。《劳工政策纲领》第十五条，明定今后须提高劳工政治认识，并扶助劳工参政，是说明应给劳工政治教育以提高劳工的政治地位。第十条为推进劳工补习教育及其他文化设施建设、童工及学徒应有受国民教育之机会及第十一条为实施劳工技术训练，对于劳工教育已有相当注意。同时第十五次大会决议案第十件又有请督促政府注意劳工教育之普遍实施，更表示实施劳工教育的决心。

不过我们试检讨：历年以来，国民党及国民政府对于劳工教育，并非没有注意，国民党历次代表大会，都有相似的决议案；工厂法、工会法都有相当的规定；过去教育、实业两部合组设计委员会，合颁劳工教育实施方案，更是具体地表示。但实际的收效可谓毫无。民国二十二三年前后，虽曾一度颇形蓬勃，亦只是昙花一现，便告消失，到现在劳工教育，可谓彻底的失败。何以失败，如不研究其最根本的原因，只做表面上的提倡和计划，则一切决议方案都是徒托空言而已。

劳工教育失败的基本原因，不尽是劳工教育实施上本身的问题，可谓是政治和经济环境使然。因为教育乃是一种社会的意义形态，换言之，即建筑于经济组织与政治制度之上的东西。所以在某种政治制度之下，便有某种教育；而在某种经济组织之下，必有某种教育。例如在独裁政治的国家之中，必无民本主义的教育；而在产业落后的国家，科学教育亦必不发达。一般教育如此，劳工教育更如此。我国工业不发达，劳工人数不多，所以劳动阶级意识不浓厚；在动乱时期中劳工自由未有充分保障，所以劳工运动不发达。这种种情形，才是劳工教育失败最基本的原因。尤有进者，我国社会尚停滞于半封建和半资本主义化之中，在这种社会中，要求超过种种阻碍而顺利施行劳工教育，自然是不可能的事。所以劳工教育的失败，是一件有其必然性的事。

但是这并不是说目前劳工教育只好束之高阁，等候时机到来才取出来。因为劳工教育和劳工运动的关系，是互为因果的。劳工教育不普及，劳工运动便很难发展；劳工运动不发达，劳工教育的施行便很困难。劳工运动和社会制度的关系又是互为因果的：劳工运动不发达，社会的政治经济各方面的进步便缓慢；社会沉滞于落后的状态中，劳工运动便很难发达。换言之，在某种社会制度之下，劳工运动的发达程度受到某种限制；可是劳工运动的发展，却能不断地刺激社会的进步。在某种劳工运动的情况之下，劳工教育的成就，亦是受到了某种限制；但劳工教育的实施，却又能充实劳工运动的力量。所以在目前的情形下，我们对于劳工教育的前途，不敢有过巨和过速的希望，但我们亦不以为无办法。我们要脚踏实地，寻求可行的办法，去逐步发展劳工教育，以推进劳工运动，从而推动社会的进步。社会的进步虽不是单一力量所能起决定作用的，是合千百种力量所造成的，但同时亦就说明每种力量都能发挥一分的作用。劳工是社会有组织的前进队伍，劳工教育是促进劳工向前运动的力量，所以这种力量对于社会进步的作用，亦必定是相当巨大的。

总之，我们不做过分的奢望，因为我们不能将劳工教育这件事孤立地来看；我们还要努力去实施劳工教育，因为我们认识了这其间的相互关系。根据这种立场，作者认为有几项希望是可能实现而且急需实现的，如下：

（1）确定正确的劳工教育目标和方针，这目标和方针就是劳工运动的目标和方针。

（2）劳工教育组织系统化，由教育部统筹一切，督促各地方各工会和各工厂实施劳工教育。

（3）劳工教育的监督权应归政府，而管理权应归工会，即归于劳工自办。

（4）劳工教育经费在政府方面应该确定，在工会方面应该宽筹，在工厂方面应依厂税的比例交纳一定的数目。

（5）设立研究机关随时建议各种劳工教育应改进事项。

至于详细的理论和实施要项，上述各章都已提及，不再赘述。

勿以苏联中学男女分校例中国[①]

中学男女分校合校问题，历来讨论者甚多。理由杂陈，利弊各据。其中较确定的有下列四大端：

一是为考虑男女生理差异，分校较为有利；二是为考虑社会分工需要，分校较为有利；三是作为社交公开手段，合校较为有利；四是为节省教育经费与师资，合校较为有利。

至于男女分校适应男女心理差异，能消弭男女间的训育问题；那么男女合校能提高学生的学习兴趣或获得良好习惯。这些理由都是较难确定的。

讨论具体问题，除陈述理由外，必须举出例证。尤其是像这类问题，双方理由半斤八两，例证更为重要。主张分校的，可以举德、意诸国为例，也可以举英、美、法诸国为例，因为英、美、法中学合校虽多，但在较大的城市，文化较发达的地方均有分校趋势，教会在中国所办的中学，尤有此种现象。但过去主张男女合校的，总以德、意为法西斯国家，英、美、法为资本主义国家，和我国所要走的道路不同。而社会主义国家的苏联自大革命后，是彻底实行男女合校制，可以作为男女合校的有力例证。及至 1943 年 7 月，苏联人民委员会通过决议案，规定在一切工农城市及各个共和国中心地点，七年制及十年制之中等学校实施男女分校。这一改革使主张男女合校者失去最有力的例证，打击甚大。笔者是一向坚决主张男女应合校的。当时获得此项消息，以至哑口无言，虽相信苏联之所以主张男女分校，必有其特殊背景，

① 原载《星光日报》，1947 年 5 月 25 日。署名潘茂元。

不同于帝俄时代或法西斯国家的动机。但战时文化交通阻滞，无法详知其原委，只守缄默。其后自各方面搜集苏联这一变革的根据及其实施情形的资料，加以分析，才恍然明白其中原委。当此教育部旧事重提，申令男女分校，且明示以苏联为例证之时，作者也愿就所知，对苏联男女分校改革的原因及内容加以分析。

在分析苏联男女分校的原因之前，应追述苏联先由男女分校至男女合校的经过。原来苏联于 1857 年帝俄时代就有高等预备学校，和普通的高等预备学校分开，此种学校数目极少，学生只限于少数的贵族女子。因为阶级思想的限制和人民生活的穷苦，虽有许多先进的教育家努力使男女教育机会均等，开展男女合校运动，使在没有女校的地方女子也能接受中等教育，但此种努力成功并不大，只有极少数中学因特殊关系而容纳几名女生，在这种情形下女子就学机会当然极受限制。及至大革命后，教育制度剧烈改变，在苏联各校中一律施行男女合校制度，并由于男女平等思想的深入人心，女子生活的解放，女子参加生产工作的激增，中学中的女生也增加。苏联当时实施男女合校制，自然是根据其社会主义的纲领，即在于达到男女平等，如伊凡诺夫所说：“男女同校制度的本身在为它辩护：第一，对全国半数人民之心智道德方面之提高，给予有力的刺激，并将男女平等的理论变为实际。次之，它提供了中等教育乃至高等教育中妇女享受教育的机会。最后，它完全根绝了那些认为妇女们在心理与社会方面都很卑下的落后理论，这些便是男女同校制度的政治方面和道德方面的价值，即从纯粹的为了生动活泼而构建男女同校制度，尽可能更进一步发展，使男女学生互相勉励勤学，一般来讲这是绝对正确的，在男女之间建立起来的持久的同志关系，会常常发展为强烈的友谊。男女同校制度非但没有降低同学们的道德水准，且反而进一步有实质上的提高。”又说：“我们采取男女合校的制度，不仅因为我们要实现男女两性的平等，同时因为从苏维埃政权的初年起男女合校教育是造成普及教育的有效方法，这也是消除男女在法律地位上差别的最好的方法。”

简而括之，苏联在当时施行男女合校制度是因为：一是使男女平等的理论转为实际，使半数人口的女子能够普遍受教育；二是建立男女间正当的友谊，以共同负担革命工作。

在当时，苏联的男女地位未平等，女子受教育者不普遍，男女社交不十分公开，实行男女合校制度是十分重要的。此外，大革命后苏联的财力困乏，男女合校可以节省经费，也当是一个重要的原因。

实行了20多年的男女合校制度，却于1943年被否定，改成男女分校。改革的原因，在当时教育人民委员会所发出的训令中有简单的解释："中学男女合校制度不允许男女体格的分歧，不能对男女学生为准备其未来工作实际活动和军事训练，作不同的训练，并且更不能规定学生所需要的训导标准。"这道训令只将男女合校大意道出，分析之为：

第一，因为男女在青春期心理发育的速度不同，要求不同的训导标准，如佩夫斯涅尔所说："女孩子的春情发动期，开始于11岁或12岁的时候，男孩子则开始于14岁或15岁的时候，这中间有三四年的差别，在这中间他们的发展并不是一致的，在11岁和15岁中间的女孩子们的心理上的特征与在同年直到18岁的男孩子们的心理上的特征，是并不相合的，那就是为什么十七八岁间的男女合校的教育发生这么多和这么大的困难。"又如伊凡诺夫所说："从12岁到15岁的男生总是比女生不守纪律，不大专心。这种现象往往使男女生的性格训练使用不大相同的方法成为必要，教员和学生建立友谊接触的方法也要两性有别。"

第二，因为男女体格方面，尤其是生理构造的差异，要求不同的工作活动和体格训练。如巴尔方纳瓦所说："无疑地，体操和军事训练问题也是重要的。我们都十分明了把同样的方法或者同样的体操和军事训练标准施用于同样的男孩子和女孩子，乃是一件不聪明的事。"伊凡诺夫也指出："关于男女青年之体格锻炼和军事训练，自然充分考虑男女双方体格发展之差异。"又说："男女分校教育之优于男女合校教育根本是因为它充分考虑男女身体发育的差别成为可能。"

此外，尚有另一个原因为苏联的教育家所未提出而实在却是分校的真正原因的，即社会生产的需要，要求男女接受稍为不同的生产训练以适应生产的分工。苏联的中学教育是和生产教育打成一片的，苏联为提高生产水准，需要更精细的分工，使不同的人去担承不同部门的工作。故在产业高度发展的地区，要求男女分开受不同训练以从事不同的生产活动。这于苏联实行男女分校以后，女校课程的变更可以看出。在许多女子学校中，高年级学生要修教育学和心理学，增加家政、手工和应用美术，参观幼儿园并实习照顾小孩子。这并不是要把女子赶回厨房去，而是大量的托儿所、小学、医院需要大量受过专门训练的女子。受过这种训练的女子，可以不必经过错误的尝试或重受训练而参加工作。同时，亚列克赛·尔伏夫也隐隐说过："目前大都市的十年制和七年制学校里实行的男女分校教育，是为了帮助学生们在知识方面的同化和准备将来的活动。"

分析苏联男女合校及分校的原因之后，我们要特别指出苏联的教育家一致认为从合校到分校，乃是一种必然的过程，而不是一种错误的矫正。他们重复地指出实行分校，并不是因为合校的失败。相反，合校制度已使教育达到较高的水准，而分校制度便在此种水准上走向更高级的水准。换言之，假如没有经过合校制度的过程，分校制度这一改革是无意义的。唯有在合校制度已经完成了特定的历史阶段，合校制度方能发挥其功能。伊凡诺夫说："在过去特定的历史时期，男女同校改革以前那些不健全的缺陷。现在男女同校制度，在苏联学校的进步进程中，已经顺利通过了这一阶段……男女同校制已经尽了它的历史作用，并使它可能解决更复杂与更广阔的教育问题。"

在特定的历史时期中，男女合校所尽的作用，就是前面所叙述的原因：在于使男女地位平等，使女子能普遍地受教育，使社交开放，建立男女间正当的友谊。苏联现在男女地位，在教育上、政治上、经济上的平等是不用多说了。这种平等当然以政治的成就最大，而男女合校教育也尽了它加速推动男女获得真正平等的作用。至于男女社交，也已成为很自然的事。男女在任何工作生活方式中都可以获得接触的机会。伊凡诺夫说："男女同学是代表着苏联向它的目的前进中已经通过的一个阶段。它积极地促进了从幼年时就开始灌输男女平等权利的原则；它在同志爱和精神与社会理想一致的健全基础上实现了两性间更友爱的关系。它鼓舞了苏联的女子，同时使她感到她的立足是稳固了。"亚列克赛·尔伏夫说得更明白："苏联的制度在生活的各部门里已经建立了真正的男女平等的制度。无论在合校里或分校里，学生们采取同样的课程表，使用同样的教科书。无论在男校里或女校里，都有男教员、女教员，都在享受着平等的权利，实行平等的义务……”在今天当男女两性的平等在苏联不再成为问题的时候，男女分校的制度决不会和由革命的手段所得来的真正的平等互相抵触的……显然的，男女分校教育是从两性在社会生活的各部门上完全平等这一种事实出发的。

这还不够明显么？苏联男女分校的价值，乃是建立于男女合校已完成的作用的基础上；要不是这样，在男女地位尚不平等，女子教育尚不普及之时，实行男女分校，则意义便完全两样。我们若从辩证的看法去看苏联男女合校的历史发展，便应该认识今日的分校制度不是帝俄时代的分校制度。假定帝俄时代的分校制度为肯定，革命后的合校制度为否定，则今日的分校制度便为否定之否定。否定之否定有两个意义：（一）它不是回复到原来的肯定，而是更进一步的发展。（二）否定阶段是否定之否定阶段所必经的历程。明乎此，便可见出苏联的分校制度，不是在任何时间或任何国度可以盲目地援引为例证的。

同时，苏联的男女分校制度直到今日也并未能普遍施行，事实上苏联政府并没有禁止男女合校制度的继续存在，到现在仍是男女合校的数目大于分校的数目。据亚列克赛・尔伏夫的估计，有90%的学生现在仍然在男女合校的中学中读书，实行分校的地区，仅在指定的工业区及大城市举办而已，其他地方则仍保留合校制度，在1944年下半年实行之后，仅有47所学校实行，到第二年也只增至159所学校，数量之微可见。分校制度之所以不能全部立即实施，可能是因为偏僻的乡村，师资经费只够负担一所中学，学生人数也不够分成两校，勉强分开，必不合算。同时，非工业区或非大都市的地方生产分工不很精细，对男女不同的生产教育不亟须，所以自然依旧保留男女合校的合法地位。

苏联男女分校的原因及内容大体已如上述。我分析的目的在于希望我国主张中学男女分校的人们，从时间与空间来比较苏联与我国的情形，看看是否可以将苏联1943年的改革案援引到我国来，即是说：我国男女地位是否如苏联般已经平等了？我国女子受教育的机会是否和男子相等？我国的男女社交是否已经很公开——除学校以外，任何地方男女都有自由接触的机会？要问我国的经费、师资是否足够负担大量的独立女子中学？我国多数地方是否有够办一所女子中学的学生数？我国的生产分工是否很精细而亟须男女以不同的生产教育？如果没有这些条件，我要以苏联的教育家亚列克赛·尔伏夫的话来揭穿援引苏联分校制度做例证的人们的用意：“在其他国家以及在革命以前的俄国，那些主张男女分校的方法只达到限制的目的。”

初小国常合教的理论与教法[①]

民国三十一年部分修正小学课程标准，规定初级小学国语、常识两科采取混合教学。民国三十二年，便编印混合教材的初级小学国语、常识课本以应世。初小国常混合教学遂成为定制。但初小国语常识，何以要混合教学？如何活用混合教法，以达到混合教学的目标？教育部事先并未广为说明。直至现在，行之四五年，能够了解目标所在，并善用教法，以达到此项目标的小学教师究属不多。虽然国常混合教学，尚是一种理论，此种理论的实际价值如何，有待于实验之结果以证明。但现在我们所用的课本是混合课本，教育部希望我们应用的是混合教法，对于混合教学的目标，我们便不能无所知；对于混合教法的运用，我们尤不能不加以体会，以期发挥较高的教学效能。

国语、常识混合教学的发端，源于生活教育的教育思想与大单元设计教学法的理论，前者认为教育即生活，教育应是生活中所需要的，而学习应自生活中进行；所以不但常识科的内容是生活的，国语科的内容也是生活的。后者提倡各科联络教材，使儿童的学习是整体的，而非分割的国语科、常识科、公民科、音乐科等。生活教育是一种理想，大单元设计教学法则因学校设备、师资素质以及传统教育观念的限制，不易实行。国常混合教学，其本意便在，选取一条较易走而还算重要的路径，以实现此两种理论。

至于何以只将国语、常识两科混合，自有其特殊的理由。因为初级小学的算术科、工作科、唱游科等，较有独立性，国语科与常识科则实际上是相

① 原载《星光日报》副刊《荧光》，1947年8月11日。署名潘茂元。

辅相成的国语教学着重于语言文字的陶冶。语言文字必须有丰富的内容才见其价值；常识教学着重于知识经验的吸收，要获取知识经验大都须借语言文字工具。换言之，知识经验之吸收，大都要靠语言文字，常识教材的传授，如能利用国语教学的效果，必较快捷；语言文字的内容，总不外乎常识，国语教材的内容，如能采用常识，可称一举两得。所以国立编译馆所编的国常混合课本，便标榜“以常识教材为经，以国语教材联合之”。目的即在使常识为内容，国语为形式，两者密切配合。

一种国语、常识混合教学在理论上的价值经过许多专家讨论，大体均认为无可非议。但是如何混合，在编制上须采取一定的方式。混合的方式大体有两种：一种是国语教材常识化，与常识教材文艺化，使两者熔为一炉，不分彼此；另一种是常识与国语仍旧保持科目的界限，但彼此间的教材互通声气，教学方法也互相照应。此两种方式的利弊，参加国常混合课本编辑的魏冰心先生曾有一段说明，颇为详尽。他认为，前者在理论上是最有价值的，因为以常识为内容，以国语为形式，两者各有各的教学目标，各有各的教学效果，而能水乳交融，消失各自的特性。但事实上则颇难做到，因为常识科范围很广，包括社会、自然两方面的知识，国语教材不容易与常识教材配合得天衣无缝。例如四季景物、气候变化、虫鱼鸟兽等自然科学方面的项目，固然毫无困难，可以实现国语教材的常识化，但如地方行政机关、中央政制、约法宪法等社会科学方面的项目，则颇费斟酌，不易使常识教材文艺化。与其不自然地勉强结合，各不讨好，不如互相分离，各立门户。所以此种方式，在目前还只是一种理想而已。后一种方式比较稳健，常识与国语各有独立的教材，彼此借鉴，发生密切关系，打破以前各自为政的弊病，教学法或分或合，不即不离，互相往来，沟通信息。这种折中办法，较易实行，虽然对于国语、常识混合的价值如何，需要讨论，但目前国语、常识混合课本，所采用的便是此种较稳健的方式。例如，“国立编译馆”所编课本第六册第二课的标题为“我国的矿产”，国语教材则为“开矿”。

匡汤！匡汤！匡汤！匡汤！
听——我们的声音多么响亮；看——我们的工作多么紧张！
我们有世界稀有的锑、钨、锰，

我们有蕴藏丰富的油井和煤矿。

努力啊！我们努力开矿，是为了建设国防。

匡汤！匡汤！匡汤！匡汤！

听——我们的声音多么响亮；看——我们的工作多么紧张！

我们发掘地下的宝藏，我们要建设人间的天堂。

努力呀！我们努力开矿，是为了国家富强。

常识教材则为“我国重要的矿产”。

我国重要的矿产
- 煤
- 石油
- 铁
- 铜
- 锡
- 金
- 锑
- 钨
- 锰

混合课本中，国语教材和过去一般教科书的国语教材大体相同，不过择其内容较充实的。而常识教材形式之改变，则引起我们的注意。过去一般常识教科书，形式与国语教科书相同，多为一种说明体的文字叙述。混合课本的常识教材，则规定以图书、表解为主，于必要时方得用说明文字，但也须力求简明扼要。此种改变，看下列举例可明：

青蛙的变化怎样（过去常识教科书）

青蛙的生长，变化很奇。春天，雌蛙产卵在池塘里、附着水草上，几星期以后，变成幼虫，名叫蝌蚪。蝌蚪用鳃呼吸，用尾游泳，生活和鱼一样。再过几时，又起变化：先生四肢，后缩去鳃，生出肺来，同时尾也渐渐缩掉，就变成一只小青蛙了。它以前住在水中吃水草，现在要到陆地来吃虫类了。

青蛙的舌头，生在下颏唇边，舌尖向内，翻出来的时候，捉虫很便利。它一生不知要吃去多少害虫，所以对于农业是很有益的。

青蛙（混合课本常识教材）

一、图：蛙的生长图（从蝌蚪到蛙）、蛙捉虫图

二、表：

蛙	
形态	全体扁圆形头窄，屁股宽，没有鳞，也没有毛，四肢发达，善跳跃，会游泳
生长	卵生，成长中有变化
对农事的关系	吃害虫

常识科教材此种“以图文表解为主”的重大改变，理由有二：

一是少用文字，便可减少文字的障碍以及学习语文所浪费的时间，使儿童有充足余力以从事观察、调查、研究、实习诸活动，获得常识科价值所在的“知识经验”。

二是简略的图文、表解，只是作为参考或提示教学的资料，并不是直接的教材。一般教员便不能以教国语的方法教常识。换言之，失去了文字形式的凭依，便迫使教员不得不着重实际活动方面的教学。

此种用意，殊堪嘉许，但行之至今，效果甚微。因为图文只是教材的一部分，不能代表全部教材；表解多但很简约，范围甚广。实际的说明、补充、领导活动，全靠教师的努力。常识丰富及教学认真的教师，较易胜任，但容易越出规定范围，不合儿童程度或偏于部分常识。这还是较好的情形。若常识狭窄、教法低劣或墨守旧法的教师，便无所适从，只拿一本教其“书”的传统方法，把表解或图文的说明文字，叫学生朗朗背诵，内容所指为何，一概不管。这种教法，其不合学习心理自毋庸言，与教育部规定初衷相去更远。然而事实上目前此种教法最为普遍。当儿童捧读“表解”活吞强记的时候，真令人啼笑皆非。还有偷懒的教师，即使明白常识教材编制原意，为惮于计划，辅导索性只教国语。因为反正国语教材可敷衍时间，不教常识也无妨，于是无形中国语、常识两科，便牺牲其一。

如此观之国语、常识混合教学问题，发生于国语科方面者少而发生于常

识科者多。如何解决此种问题而使混合教学能收到比较大的效果，在教育当局如教育部或编译馆等应即编定国常混合的教科书，逐课编制详细教案，说明教材内容，文体生字新词，规定教学时间，指示教学目的过程，开列补充教材、联合教材、参考资料等，给教师有所适从。据说此前教育部有编行一种“教学指导”之疑，而且也曾由国民教育司分编寄发一些“初小国常教案”，但迄今未有完备的教科书发行，国语常识混合教学之规定已达五年，教育部令用混合课本也达四年，依然让数千万小学教师各自摸索，殊属遗憾。但在教师方面，也应有相当认识与准备。

首先，教师应对常识科的教学目标应有深切的认识。常识科的教学目标，一言以蔽之，是欲使儿童在各方面活动中以获得明确而切实之知识。但因此科包含范围甚广，性质也异，所以教学方法要视内容而变化，并需要适合儿童心理，决不可千篇一律地用文字教学方式。教授常识科主要的方式有下列10种：

（1）注重认识的：在低年级有些教材只需注重认识，不必研究探讨。例如常用家具、农工用具，常吃的蔬菜、豆类、瓜类、果类等。

（2）注重观察的：在低年级，有些教材应利用实物标本，或模型，或图书等注重观察而不必分析内容的。例如家禽家畜的形态习性，房屋的种类、构造，学校附近的交通和建筑物等。

（3）注重演习的：有些教材需假设情境，注重使儿童演习纯熟，遇到实际环境需要时，可以应用的。例如避灾演习、消防演习、防空防毒演习、创伤的急救演习等。

（4）注重参加的：有些教材需利用本地社会举行的集会或运动等机会，注重引导儿童参加活动。例如参加纪念日的集会，参加育苗造林运动，参加卫生清洁运动，参加经济建设运动。

（5）注重调查的：有些教材需在当地社会的各机关各场所实际调查后，以求得结果的。例如本乡镇的户口，本乡镇的文化机关，本地的名胜古迹，本地的公共卫生事业等。

（6）注重搜集的：有些教材需在本地收集实物，以供观察研究的。例如邮票、本地的农产品、本地的工艺品、衣料的棉织品、丝织品、呢绒品的样本等。

（7）注重试验的：有些教材需注重实习，观察生长的历程，孵化的经过的。例如育雏鸡、种菜、栽麦等。

（8）注重实践的：有些教材需注重在日常生活中实行的。例如坐立的姿势，食、衣、住的清洁卫生，消化、呼吸、循环、排泄器官的保健等。

（9）注重研究的：在这高年级，有些教材注重分析研究，以求得结果。例如改进本地的风俗习惯、土地和人们的关系、人类经济生活的演进和政治生活的演进等。

（10）注重演讲的：在高年级，有些教材需注重演讲以明了内容的。例如我国的民族演进、民族伟人的故事，重要的事物发明，重要的工程建设，我国近百年的重要外交史实等。

总之，对于常识科的教学，需视各课的内容而活用各种教学法，以达到“获得明确而切实的知识”之目标，绝不是死读文字可以奏效的。

其次，教师对于国语、常识两种教材的交替教学与时间的分配，也需略有一种交替的步骤与分配的标准。关于时间分配，依小学课程标准之规定：初小一、二年级国语科每周 420 分钟，常识科每周 150 分钟；初小三、四年级国语科每周 450 分钟，常识科每周 180 分钟。若以每 30 分钟为节计算，则初小一、二年级之国语科与常识科比例为 14∶5。初小三、四年级因规定读书、作文、写字三项作业分开，读书科只有 210 分钟，读书科与常识科之比遂成为 9∶6。混合教材的教学时间，虽绝不可如此呆板割分，但大体需顾及此标准。关于每课交替教学方面，小学课程标准规定教学时应自常识入手。其顺序略为：

（1）常识：从儿童环境内的日常事物，获得知识，并可提示代表事物名称的重要文学。

（2）读书：读书教材的欣赏、诵读、理解体味、表演及应用。

（3）综合练习。

此外魏冰心先生曾有一个每课教学顺序的方案，值得略举其重要附此，以供参考。

初小一、二年级每课教学顺序：

第一节常识——注重获得概念，随机提示重要文字。

第二节国语——注重读书教材的概览，并了解内容的大要。

第三节国语——注重读书教材的阅读及字句用法组织探讨。

第四节常识——注重获得正确的知识，并为实习应用等的活动。

第五节国语——注重读书教材内容的整理、体味及想象表演等。

第六节国语——注重说话，作文教材的联合的发表练习。

第七节国语——注重作文，写字教材的联合的发表练习。

初小三、四年级每课教学顺序：

第一节常识——注重明了内容的大要，分别去做观察调查或搜集参考等活动。

第二节国语——注重读书教材内容大要的了解，并解释生字难词及艰深的语句。

第三节国语——注重读书教材内容的阅读或吟唱，并推敲文字的用法、句型的组织、篇章的结构等。

第四节常识——注重分析研究内容，整理要领、笔录要点及指导练习应用等。

第五节国语——注重读书教材内容的体味、想象及整理要项等。

第六节国语——注重读书教材内容的应用练习、表情吟诵及表演故事等。

每课教学顺序虽大致可依此方案，但各课有长短、繁简，难易不同，不能断定一、二年级为七节一课，三、四年级为六节一课。同时，各课之国语教材与常识教材的繁简之比较也各不相同，决不可断定为三与二或四与二之比。再则，一、四两节注重常识教材也可随时顾及国语教学，其他注重国语教材之各节，更应随时兼及常识教学。总之，教学方法，须视教材性质、儿童接受程度，以及环境设施，灵活运用。所以教师应处处留心，时时规划，国常混合教学的目标方能达到。

本文参考：

[1] 陆殿扬：《初级小学国语常识配合教学的原理》。

[2] 高觉敷：《国常合编问题》。

[3] 高兰惠：《初级小学国语常识教材的联络编制法》。

[4] 俞焕斗：《谈谈国常混合制下的教材教法问题》。

[5] 魏冰心：《初小国常统课本编辑与修订 · 初小国语配合教学问题三篇》。

[6] 祁致贤：《初级小学国语常识课课本编辑意义》。

[7] 徐斌：《初小国语常标准课本编辑经过》。

[8] 潘仁：《怎样使用初小国常课本》。

[9] 章英：《实验教学初小国常课本的检讨》。

[10] 彭荣淦：《两年来辅导实验教学的经过》。

[11] 李伯棠：《初小复式国语常识混合教学的技术指导》。

中国地理的特色[①]

有一次，我参观一位实习生试教初二年级地理，她所教的是西康一课。在这一课中，她重复地说西康的地势是“一道山，一道水，一道山又一道水……”说好多遍，而且自这“一道山又一道水”的前提引出西康的气候、交通、矿产等。我读过好几本地理教科书，对于西康的地理尚是模糊，做过这一次初中学生之后，不但印象清楚而深刻，而且对西康地理深感有趣。以后见到有关西康地理的文章，总喜欢批读。

教科书多是呆板枯燥的，尤其是地理教科书，那些无味的数字，无意义的地名，使学生望而生畏。地理教师只知叫学生硬装死记，记忆力稍佳的学生，勉强记住以应付考试。考试之后，忘记干净。退一步说，即使有一位学生，具有强烈的遗觉像，过目成诵，把书中每个数字、每个地名都记住了，又有什么用处呢？这难道就是地理教学的目的么？学习心理明明告诉我们，无意义的材料不容易记忆，这种材料，与其勉强记忆，不如放一本地图或表册在身旁，需要时翻开检查，既省力又准确。至于地理教学，应重在概述各地地势，以形成空间概念，进而有爱国土爱国家的观念，所以教学方法乃抓住特色，抓住特色则要有兴趣，易记忆，合实用，再自其特色推论其一般情形，虽不中，亦不远，总较比死记地名与数字那种挂一漏万的办法好得多。

一般教科书，因为囿于课程标准的规定，要面面周顾，只好面面敷衍，呆板枯燥，自是意中事。易宜曲所编的《中国地理的特色》[②]，因为并不标为

① 原载《星光日报》副刊《荧光》，1947 年第 11 期。署名潘茂元。

② 易宜曲．中国地理的特色［M］．桂林：天下书屋，1943．

教科书，所以不受此拘束，而实在这本书若作为初中甚至高级小学的教科书用，我相信比让学生读几本中国地理教科书获益更多。所以我特详细地加以介绍，本书的最大特点就在于抓住中国地理的特色以为教学的重点，重要者有下列各项方式：

一、各分一题用该省特色标题，使学生一目了然。如：江苏—— 一片平原，江西——钨省，西康——秘密的黄金和石油的世界，云南——好比一个杂货袋，河南——全国陆路交通中心，黑龙江——黄金与森林的世界，察哈尔——中国的“阿根廷”，蒙古——沙漠里有天然的电影。

诸如此类，各省皆有，既标出特色，便于记忆，又活泼有趣，引人非读不可，以至小题亦均如此，如“奇怪的地形——横断山脉，天然的土匪和医生”，“半年阴雨半年风”，“呼伦池并不是淡水湖”等等。

二、巧喻地形特色，使人易于想象。如喻江西的地形好比一个瘦长的人头，甘肃像一把哑铃，河北像一弯新月，黑龙江像拉长的弯弓，热河是一根竹子，而沽河是一丛灌木。教师如能教学生打开地图一查，果然如此，以后该省地形就深入脑中。

三、处处指出最大、最小、最高、最低、最多、最少。种种特色较次的，便不烦琐列出，因为记住几个“最”或“第一”是较容易的，至于较次的，多半可以利用地势气候等推知，不必强记。

本书第二个特点是能以最有趣味或奇特的警句做开始，以引出读者的好奇心或兴趣，进而做故事化的叙述或轻松绮丽的描写以维持读者的兴趣，如浙江省的开头是：

> 浙江省西湖的风景是著名世界的，可是当你打开浙江省地图来寻找西湖的时候，却往往找不到西湖的名字。

这是什么缘故呢？难道这一个这么著名的西湖还丢掉不绘上吗……然后将西湖的景物详加描写。又如写湖南的锡矿山：

> 锡矿山既是一个产锑的地方，为什么不叫做锑矿山呢？这一点很容易使人发生疑问，谈起来是一个好笑的故事……

写四川自贡井的产盐，特详于制盐的火井：

> 这里制盐的方法，不是像海边一样开辟盐田，用太阳光晒，而

是用一种煮盐的方法。但是煮盐又不要什么燃料，用的是一种稀奇的“火井”。这种“火井”是由人工凿成的，好比我们取水的吊井一样，但多数比吊井更深。他们在火井中装了一根竹筒，在上面做了许多开关，要用的时候，用火柴一点就可以得到不熄的光，不要用了，只要在上面一盖就好了……

此外，引用故事以加深学生对某一地方的印象之处甚多，如：

三峡中的长江，水位升降得很快。据说有一次一条船在一天傍晚泊在一个水很深的岸边宿营，第二天船上的人醒来，却发现船身搁在一个沙滩上……

有一次，一位视察专员到威宁去视察，因为那里天气很冷，想跑到一个人家里去烤火，谁知一进门，只见许多老少妇女都光着身子围火而坐。那位视察员大惊失色，立刻掉头而去。后来问当地人为什么这个样子，他们却回答说：“穷得没有钱买布呀！”

本书第三个特点是善于启发学生自地势气候推出各地地理之所以然。这样既可免去琐记各地情形的困难，又可养成推理的习惯。教科书所未举或举而不能尽记的情形，举一反三，便可知其大概。本书引导学生推理之处甚多，如：

地形的复杂影响，影响地理的条件最大，在本省（福建）能够验出它的原因：（一）气候的不同（略）；（二）粮食的不足（略）；（三）民性的特殊（略）；（四）言语的复杂（略）；（五）居民的迁移（略）……

自然对于四川的布置，可说是特别优待。西北一方，绵亘之高山，恰能使寒冷的西北风无法吹入，盆地向东倾斜可享受更多的阳光，所以四川虽处在贵州的背面，但是年年平均气温却反比贵州为高。川南一带，似乎热带性气候，所以甘蔗出产很丰富，闽广常见的榕树、荔枝，也出现了。成都平原雨量独多，“西蜀漏天”的谚语，就是东南吹来的温湿的气流被岷山、邛崃山所阻，骤而降雨的缘故。

本书第四个特点是能够充分利用学生的旧经验以引入新知识，并为复习旧知识之用。课文虽均甚简单，但此课与彼课相关照相比较之处甚多，如将湖北省的山河与江西省的比较（江西省在前，湖北省在后），将河南省的水道与云南省的比较（河南省在前，云南省在后）：

> 湖北省也四面环山（北有大别山，西有巫山，西南有武陵山，东南有九宫山）。与江西不同的地方有两点：（一）边境的山脉不是一连不断（江西却是连续不断）；（二）流入中央平原的主要河流，都是长江、汉水及洞庭湖水系，因此湖北对邻省的水上交通比江西便利得多……
>
> 河南省的主要河流，大都从西境向东北、东南、正南流着，好似有呈放射状的规则。不过与云南的河流呈放射状有一个截然不同的异点。云南是一个高原，山脉很高，河谷很深，而河南大都是平原，河流与河流之间，不但没什么高山，而且多数连分水岭都没有。譬如黄河与淮水诸支流之间，没有天然的山脉做分水岭，只有人造的堤防来代替分水岭……

本书第五个特点是能充分利用地理上有关的成语。成语所包含的意思，每甚深刻而生动，记住成语，便可想象到地理的实际情形如何如何。本书几乎每省都利用几个成语，例如：

> “蜀道之难难于上青天。”“朝辞白帝彩云间，千里江陵一日还。”“药不过漳树不灵。”“无徽不成埠。”“半年阴雨半年晴。”“地无三分平，人无一两银。”“天苍苍，野茫茫，风吹草低见牛羊。”

诸如此类，不一而足。

除上述所举五个特色之外，文字的浅显易懂，课文的简短（最长一课为四川省，全课 1 425 个字；最短一课为山西省，只有 201 个字，其余每课多在五六百字之间），材料排列的灵活，适合于高小或初中学生能力；文笔之轻松，也为其特色。如指江苏省说：“他们有盐又有鱼，所以做咸鱼是很容易的。”这种俏皮话，绝不是一般教科书所取用的。所以这本书如作为教科书用，我相信学生受益必更多，若碍于规定，不能采用，也不失为一本有用的学生参考或补充读本。

小学低年级应否学算术?[①]

一、从爬梯子的实验说起

有一个著名的实验，实验者是革赛尔和汤卜逊（Gesell and Thompson）。[②]他们用一对孪生子做实验，孪生子甲在初生后46个星期时，教以爬梯，天天教，天天爬，持续6个星期；孪生子乙则不给予训练，至第52个星期，甲停止爬梯，乙于第53个星期开始训练，只训练2个星期，便有甲6个星期训练的成绩。即是说乙拥有多6个星期的生长和2个星期的训练。这个实验的结果表示，儿童学习动作，须等候学习此种动作之能力已经成熟，否则浪费时间和精力。严格的训练，很难超过成熟而促其成功。

爬梯自然是属于肢体的活动，但思想的活动亦也如此。继革赛尔和汤卜逊的实验之后，有各种性质的此类实验，都证明在未成熟之前，自然的生长比人为的训练更为重要。因为现在所要讨论的是算术方面，所以我就直接引述关于算术方面的实验：

美国人施东（Stone）[③] 氏曾在密西根（Michigan）州立师范学院实验小学做过一个实验。这个实验从1902年开始，至1911年为止，历时十年之久。

---

① 原载《星光日报》，1947年10月6日。署名潘茂元。

② Gesell and Thompson. Hellen Learning and Growth of Identical Infant Twins. Cited from Davis Robert A Psychology of Learning，1935：37.

③ National Education Year Book 4.

在这十年中，该校一、二年级学生除学习计数与各种学校活动所需要的简单加减之外，至三年级时才开始形式算术的训练。至于市立小学，则在第一学年中，即正式学习算术。市立小学的四年级学生转学于实验小学时，其笔算方面的成绩，虽比较优良，到学期终了时，则受过三年半算术训练的学生与仅受一年半训练者比较，成绩并无什么差异。

诸如此类的实验甚多，都可证明低年级学习算术，对于将来算术程度，并无多大影响。所以近来美国有一种趋势，即主张将算术学习开始期，延迟至三年级。我国也早有人注意到此问题，去年 10 月教育部第八次颁发国民教育研究问题第四条，便是初小第一年应否教算术。原文如次："小学低年级教算术，一般教师颇感困难，因有主张算术一科可在第二、三学年开始教学者，但亦有主张非但不应移后教学，并应提高程度增加分量者。究竟初小第一学年应否教学算术：试详加检讨，并申述其理由，以供修订课程标准时之参考。"预料此一问题，将有一番研讨，而全国近 700 万的低年级的学生，受惠被误，影响殊大。在课程标准尚未修订之前，自应审慎从事。

二、低年级学生能学习算术吗

欲研究这一问题，首先应问初小一、二年级学生能否学习算术？这是最根本的关键，而也可以说是初小一、二年级可以教算术的前提。程法泌氏曾根据推孟（Terman）修订的比奈西蒙智力测验与萧孝荣氏的配置圆柱及按铃两个实验的报告，证明 6 岁的儿童对于学习算术所必需的几种基本能力，大多一一具备。为使读者易于明白，将课程法所举各例引述于后：①

（1）比较长短——比奈西蒙智力测验里，有一个比较长短的测验。就是在一张卡片上，画两根平行线，一根较长，一根较短，要儿童指出哪根较长。三次试验而两次答对的，才算通过。依据推孟的测验，3 岁儿童通过的 60%，4 岁儿童通过的 85%，5 岁儿童通过的 87%，6 岁儿童通过的 99%。可见一年级儿童差不多具有这种比较长短的能力。

① 程法泌．初小第一年应否教算术［J］．教育通讯，1947（11）．

（2）比较轻重——比奈西蒙智力测验里，又有一个比较轻重的测验。就是用两个外形相似的砝码，一个3克，一个15克，要儿童指出何者较重。三次测验中对两次的通过。依据推孟的测验，4岁儿童通过的50%，5岁儿童通过的70%，6岁儿童通过的91%，7岁儿童通过的96%。可见一年级的儿童大多数具有这种比较轻重的能力。

（3）计算实物——萧孝荣氏曾用配置圆柱的方法，测量儿童计算实物的能力。测验时，测试在一边旋转几根小圆柱，要儿童在另一边照数配置几根。主试最少放一根，最多放10根。儿童做对一次给予一分，所以最高的成绩是10分。我国幼儿园儿童321人的成绩如下：3岁儿童平均得4.10分，4岁儿童平均得5.96分，5岁儿童平均得7.91分，6岁儿童平均得9.13分。可见我国6岁的儿童大都能计算10以内的实物。

（4）计算声响——萧孝荣氏又用按铃测验的方法，测量儿童听音计算的能力。测验时，主试按铃发声，要儿童默记次数，然后依数复按一遍。如此10次，最少是一响，最多是10响。儿童按对一次给予一分，所以最高成绩也是10分。我国幼儿园儿童479人的成绩如下：3岁儿童平均得3.98分，4岁儿童平均得4.14分，5岁儿童平均得5.86分，6岁儿童平均得8.95分。可见我国6岁的儿童大都能计算9以下的声响。

三、实物计算和抽象符号的演算

这种种测验结果是很有价值的，因为都能表示6岁的儿童计算10以内的“实物”或比较两种“实物”的长短、轻重的能力。但是问题仍在“实物”与抽象的“数”或象征的“符号”不同，能计算实物，并不意味着能认识象征的符号所代表的意义，更不一定能由此符号作抽象的“数”的推理。其实用不着诸种实验，在儿童的日常生活中，我们已可见到儿童应用于实物的数的活动了。6岁的儿童大多对于家里有多少人，班里有多少同学，能计算得清清楚楚。他们也能够自己买糖果而计算得不会错误。一般地说，20以下的实物计算是毫无问题的，甚至于现在应用法币这种几千几百的数目，聪明一点的儿童也能计算无误。但是，你若问他们9和7比较哪一个数目大，则聪明的儿童也非有实物可能不能回答。若问他们 5 加 3 有多少，更非算手指甚至于算脚趾不可。这就是说，在他们的智力领域中，只能认识具体的实物。计算实物的数目，不过是利用他们记忆中那无意义的数字的排列来配对而已。例如，他们说这里有 20 根小圆柱，乃是一根又一根点过去，每点一根，口里念一个数字，点到最后一根，口里所念的数目恰是 20，于是这总数便是 20。如果换 20 根小圆柱，他又非从头点起不可。他们的智力还不够领悟 20 个人、20 支铅笔、20 张椅子的共同点。因为这共同点是舍去人、铅笔、椅子的实在体而抽取的共同概念。考夫卡（Koffka）说：[①] "儿童计数的方法，往往不能由此物而推至他物。我们可称之为'初步的计数'。我们的计数是对于任何物件都可应用而不变其义的，然而初步的计数，则随各分子或材料的自然关系，集会的方式和次序而变。" 或者有许多低年级教师要反对我的说法，因为在一年级中已有不少儿童能在纸上做加法减法。但是，他们做加法减法仍是一种机械的反应或指头而得。教师日日告诉他们，3 加 2 是 5，于是 3 加 2 等于 5 这个桑戴克（Thorndike）所谓刺激——反应联络（S-K Bond）便因练习作用而深印在儿童脑中。以后见到 3 加 2 便能立刻呈现 "5" 的数字于脑中，但大多数的儿童还是利用指头（实物）的计算而得。若离开指头，他们便可能茫然了。

四、现在低年级算术教些什么

明乎此，我们再来检讨现在低年级的算术学些什么。首先，民国三十年十一月颁布小学算术课程标准，规定第一学年教材，从大小、长短、轻重、厚薄、方圆的认识开始，这自然无所不可，因为远在入学之前，他们在日常生活中已有此种训练了。其次，是从 1 到 9 各数字的认识。如果把这 9 个数字像认识文字或注音符号那样让儿童认识，自无不可，若说叫儿童了解这 9 个数字的抽象意义，当不是大多数儿童所能了了。再次就是和数不过 9 的加法，这里面包含加法、加法的补法、叠加法等三种。这就使人疑惑了。既说加"法"，当然是注重在"法"，实物或图画不过用以帮助"法"的了解。查国

① 考夫卡．儿童心理学新论［M］．高觉敷，译．北京：商务印书馆，1934.

立编译馆校订的国定本算术课本第一册，虽然每一算题都附有图画可供参考，但无疑重在教儿童能运用数字和计算方式。多数儿童可以填写无误，而考究他们思想的历程，就绝不是有数的理解，而是由上述机械反应，或数实物而得，然后依式填写，如画葫芦然。这种填写，则不但于他们无意义，且困难甚多，使儿童惶惑无从。教补法不如教减法，减法尚是一种直接的推算，而补法是逆转的推算。在成人看来，当然道理至明，但儿童因智力限制，虽于领悟，“严格的训练很难超过成熟而促其成功”，我相信教补法的困难，低年级（尤其是一年级）的教师必有同感。我曾问过好几位低年级的教师关于儿童学习补法的情形，他们认为儿童最疑惑之处有：“为什么这个加法和上面的加法不同?”“为什么要少了一只蝴蝶?”最常犯的错误是把被加数与和数相加填到空格中；或者简直束手无策，或者填一个错误的数字。他们用以教补法的方法，多半无法讲解，因为儿童不能领悟，而是要他们作机械的记忆。如被加数是2，和是4，要儿童便记加数是2，在数目较少时，自然不为无效，但如此训练，对于儿童有什么用处，不但加深今日的惶惑，而且贻害将来的理解。再次，有9以内各数的减法，1到9各数字的写法，10的认识，和数为10的加法，10减各基数的减法，11到19各数字的认识等等。这些教材，如是只顾实物，只重生活中的实用，则依前述比奈西蒙测验及萧孝荣测验等，我们可以断言一年级儿童大多数均能学习，若是要他们在数字上翻筋斗，要他们依样画补数，则虽不敢说完全劳而无功，至少是像爬梯子一样事倍功未半，或且尚有遗害。至于第二学年的教材，如进位的加法、退位的减法等等，更完全是应用符号与算术式的功夫，儿童之难领悟，更是不用说了。

五、我的看法

如果于实际生活中，应用实物进行随机教学，目的不在他们能否填写算术方式，而在他们能否计算实物无误，则上述困难当不成问题。六七岁儿童在日常生活中，20以下计算绝无困难，5只鸡加6只鸡是11只鸡大概不会错误。甚至课程标准所定自第四册才开始的尺寸的认识，法币的认识，升斗的认识，如果环境适当，他们也早就学懂了。若为记录起见而教他们认识数字，也无不可，不过这数字不是用来做抽象的推理而是用作具体的实物的代表符号。由此养成儿童数的观念，似更可靠。我国镇江实小，曾举行过一次“低年级算术系统教学与机会教学的比较实验”①。它以一年级的儿童为对象，采用等组法，实验 12 周。分组时，根据儿童的智力及已有的算术能力。实验时，系统教学组遵照算术之系统进行，机会教学组则注意学习机会，并由教师做有目的之诱导，于适当机会中学习同于系统教学组所用的材料。结果，机会教学组平均进步数为 2.5%，系统教学组仅有 0.8%，机会教学组优胜 1.7%，实验系数 0.625%。这实验的结果，证明初小一年级不施形式算术训练，少受形式的束缚；利用机会，提高学生的兴趣，其效果是更有利的。

综上所述，我对于“低年级应否学算术”这问题的看法是：低年级儿童能够认识实物的“数”，但甚难领悟抽象的“数”，更难以利用抽象的符号做计算的推理。而在他们日常生活中，有计算的需要，也有计算的机会。所以低年级的算术不必分科用形式教学，可以于读书科或其他活动中用机会教学，如此，既合乎儿童发展原则，又合乎生活教育原理。符号的演算，可以自智力发展达到能领悟抽象数时的三年级开始。本此意见，我所主持的厦门大学附属小学初小一年级取消算术科，而并于国语科中称统合活动。在这一学年中，只求养成儿童实物的计算能力与认识简单的基数符号而已。

六、两点补充和两点声明

补充一：取消低年级算术科，只存国常科，这一科或径称为国语科或可改称为知识科，所有国语、常识、算术都在这一科中教学，这样低年级课程一元化，既可减少分科以后重复的毛病，且合乎学习的原则，因为儿童的心灵是整体的，学习应当也是整体的，分科学习，乃是学习到了相当程度以后的事。

补充二：低级课程所用教科书，只需读本一册，从普及教育的经济上打算，也很有利。因为贫穷儿童，两本课本的负担总不若一本课本节省。若课

① 江苏省《小学教师》（半月刊）第 2 卷第 11 期。

本由教育机关发给，积少成多，也节省一笔巨大的资金。

声明一：前面所讨论的儿童学习算术能力的发展，大体是假定一年级的学生为6周岁，二年级的为7周岁，但在我国内地，一、二年级学生年龄每远超此数，自然他们的算术能力也不可一概而论。在随机教学过程中，可以斟酌对象而给予较高深的算术教学。

声明二：随机教学之抱着课本教书是较为困难，尤以需要灵活的头脑以从事各科活动的设计。在师资缺乏的今日，确是最大的难题，我主张教育部应颁发一种详细的教学指引，让能力较差的教师有所适从。

编后话：这一期出版的时间，本来应在九月间，可是因为物价飞涨，印刷费激增，原来的印刷所也不肯承印，遭遇了许多困难，所以迁延到现在才能够和读者相见，这是觉得非常对不起读者的地方，需要在此声明一下。

这一期登载的文章虽少，可是都颇有价值，都给我们发掘出一些新的进步的教育理论和方法，现在我们要将作者介绍一下：王秀南先生，现任暨南大学教授，是教育界的著名之士。潘懋元先生是厦门大学实验小学校长，曾为本刊第一期写过文章。庄崧狱先生是厦门市厦西一小校长，对于测验统计有深入的研究。林友梅先生和陈欣雪先生同是鼓浪屿第一中心学校的教员，对小学教育都很有经验。

本刊在七月初原拟出一假期作业专号，因时间急促，不能在暑假前出版，遂致缓出，现在我们决定在下一期实现这个愿望，出一“假期作业特辑”，希望教育界先进及一班教育人员给我们有力的帮助！

一年来中国教育的回顾①

教育建筑在历史的客观条件之上，而且反映时代的进程。在动乱的年代中，不会有安定的教育，在非常的局势下，焉能期望教育正常发展？知一年来的中国政局如何，财政如何，民生如何，便可知一年来的中国教育可能如何。本文拟根据数量，先概括一年来各种教育大要，并分析各种特殊现象。全文未严分条款，所以将纲要先行提述如次：从量方面看高等教育—量的扩展是否可能—经费的限制—学生失学问题—公费制度与助学运动—胡适之先生的十年计划—中等教育的数量—修订中学课程标准—男女分校—初等教育的数量—国民教育质量均差—识字运动的成绩—学潮的分析—结论。

从量方面来看一年来的中国教育，可以说，无论高等、中等、初等和师范职业各种教育的学校数、班级数、学生数都有增加。甚至识字运动，也有一定的成绩，教育经费的数字或百分比也有所增加，在动乱的年头，中国教育的数量并不萧条，反而“繁荣”，这现象当然值得我们在后面进一步深究的。

先自高等教育的数量说起，胜利时，全国专科以上院校共 141 所，学生 80 646人②；1947 年底乃增至 182 所院校，学生达 95 441 人③。今年④，院校仍

① 原载《星光日报》，1948 年 1 月 6 日。署名潘茂元。

② 欧元怀. 抗战十年来的中国大学教育［J］. 中华教育界，1947（1）.

③ 陈东原. 一九三七年以来之中国教育［J］. 教育通讯，1947（9）.

④ 编者注：本篇出现的“今年、本年”均指 1948 年。

续增，总数达197所院校（私立湘辉学院尚未计入）[①]。学生数根据朱部长的报告为十一二万人[②]。兹将民国二十五年（抗战前）、民国三十四年（胜利时）、民国三十五年、民国三十六年高等教育院校数作一比较如下（见表1）。

表1

（单位：所）

年份	大学				独立学院				专科学校				共计			
	国立	省立	私立	共计	国立	省立	私立	共计	国立	省立	私立	共计	国立	省立	私立	共计
民国二十五年	13	9	20	42	5	9	22	36	8	11	11	30	26	29	53	108
民国三十四年	22	—	16	38	17	17	22	56	17	19	16	52	56	31	54	141
民国三十五年	31	—	22	53	21	16	25	62	18	29	20	67	70	45	67	182
民国三十六年	31	—	22	53	25	17	25	67	20	37	20	77	76	54	67	197

从表1我们可看到高等教育在量方面扩充的迅速。抗战胜利后一年间便增加达41所院校。本年来，有许多院校系在收复区重编改办，此一年间增加的15所院校几乎全是新办者，同时不止院校增加15所，已有院校增院增系科，为数较大。兹将一年来教育部命令或核准全国各院校增置院系科者列下计[③]：

北京大学三院十四系　浙江大学一院（医学分系）　山东大学一系二科　厦门大学一系　中央大学二科　中山大学三科　武汉大学二科　兰州大学二科

① 《教育通讯》第2卷第11期《全国公私立专科以上学校一览表及本年各期教育部公报》。

② 引自朱家骅的《对第四届国民参政会第三次大会报告一年来教育施政工作》一文。

③ 本年各期教育部公报。

安徽大学一院二系　贵州大学一系　台湾大学四系七科　北洋大学一院三系　南开大学一院二系　湖南大学一系　大夏大学一系　中国大学二系　中法大学三系　广州大学一院　云南大学一组　东北中正大学一组　四川教育学院一系二科　社教学院一系　河北工学院一系　南通学院一科　南宁师范学院二系　广东工专二科　江西专科一科　北平艺专一科

一共增置 8 院 40 系 25 科 2 组，而减少者只有安徽省立安徽学院，一年结束三系。至于学生数，战前的 25 年原只有 41 922 人，一年来连青年军复员，沦陷区学生加入，已达 120 000 人。庞大的数字，正如朱部长所引以为豪："较战前学校增加 80% 以上，学生则几及三倍。"①

若单从量的统计上言则这种高等教育的扩展是需要的，而且可以说，这样的扩展尚嫌太缓慢，美国人口只有中国的 1/4，而大学院校达 1 200 所。要建设中国，所需的干部人才绝不止此数，要成为一个文明的国家，此人才的比例尚嫌太少。但若自此时的中国现况而言，量的剧增颇须考虑。首先，我们要问：中国目前有否大量扩充高等教育的先决条件。所谓先决条件包括：师资、设备、经费。其次，我们要问：如此大量培养，是不是有可以容纳的"市场"。

先讨论第一问：关于师资方面，大学师资之不足，程度之低落，是不容讳言，教育当局有见及此，所以一方面在国内多增研究所，战前全国各校设置研究院或研究所者，计 12 间学校，45 个学部，民国三十三年已达 25 间学校，86 个学部②。本年五月教育部（废止大学研究院暂行组织规程）就在利用各大学较优的科系的师资设备，化整为零，多方面培养大学师资。除将原有各研究院各学部改为研究所外，年增设研究所也颇不少。如上海医学院增设病理研究所，浙江大学增设物理、化学、教育 3 个研究所，中央大学增设社会、法医 2 个研究所，沈阳医学院增设 5 个研究所，重庆大学增设 2 个研究所，这样全国研究所已达百数，每年可以增养出来的人才，为数当不少。国外留学生的资送，可谓尽最大努力。民国三十五年所考取的公费生 148 名，

① 引自朱家骅的《对第四届国民参政会第三次大会报告一年来教育施政工作》一文。

② 陈东原. 一九三七年以来之中国教育［J］. 教育通讯，1947（9）.

已全部出国，自费生 1 216 名，也以黑市外汇 1/8 的官价送出了大半。其实出国留学生，包括“豪门狗，公子王孙出国远游”（见 5 月 15 日南京第二次自费留学生同学会宣言）者数量当十倍于此。据统计，“三十五年七八月份赴美攻读者已达 4 300 人。据教育部主管人士表示：三十五年全年由教育部正式派赴美国讲学、考察研究者，总数不到 400 人”①。但不论如何，出国留学，尤其是赴美攻读的必甚多。而且“多”不是自今日始，乃是在昔已然。全国 197 所院校，需要多少留过学，进过研究院或学有专长的师资？是不是中国目前人才无法供应给 197 所院校的需要？是不是今日在外国或研究院攻读的学者将来能充分被用作高等教育师资？实在很难说。师资缺乏的症结，不在于中国专才的缺乏，而在于教授待遇之太差。一年来大学教授因有断炊之虞而辞职、罢教或愤慨陈词的，已是素见之事。教育部虽来一个教授年功加俸办法，把月薪的最高额自 600 元提至 800 元，但一种精神的奖励竟挡不住生活的需要。此外，在国外研究完成的不肯回来，宁可在外国大学做助教不愿意回来当教授。稍有各条件的也纷纷跑出国外，本年 1 月至 9 月底，到一个国家研究或讲学的，便达 214 人。② 一方面是师资不足，一方面是好的人才外流。现在的人才不能利用，尚未培养成功的人才是否便把握得住呢？

设备方面，昔日所有毁损过半。接收、索回、赔偿而能够用的，究竟不多。新的图书仪器机件，过半要靠美国运来。美汇现在用处甚多，分配作教育设备此种“不急之务”能有多少呢？教育部本年度预算中作为专科以上学校扩充设备之用的美汇总数就只有 30 万美元。说句笑话，全国 197 所院校，平均起来每一单位不足 2 000 美元，够什么用？联总所赠 400 万美元图书及仪器，指定分给收复区的工、农、医三方面，全年已仅到一部分，但忽然移去 150 万美元作为购买棉花之用。联合国文教组织年来算是送了中国一点图书、刊物，其间较值得提及的是 45 部大英百科全书。此外教会学校多少也得到一些美金，但多是用以维持学校经费而少有余款可以扩充设备。所以，没有分到的“美式配备”的高等教育遂相形见绌了。

---

① 《中华教育界》第 1 卷第 1 期《教育动态》。

② 《教育通讯》第 4 卷第 2 期《教育与文化》。

再说经费方面，本年因全国总预算教育经费的百分比太少，曾为学潮的一因。究竟教育文化费有多少呢？有人说3%，有人说3.6%；本年5月25日，朱部长应参政会的质询，说是4.079%，计3 821.808 0万元，并说较去年的2.06%是增加了许多。本年的军费支出，远较1948年为多，教育文化部门百分比也竟能高于去年，而且高了一倍；此事令人费解。当然我们不敢不相信官方的数字，但是此中的巧妙处仍在追加预算的比例如何。6月初国务会认为应学潮所提增加教育经费之要求，特通过拨特别教育经费25亿元，近又闻增拨扩充改良费600亿元。但国家其他部门的特别追加多少呢？明眼人不必多争辩：在漫天烽火之中，教育文化部门要获得较充裕的经费以扩展事业，是不可能的。

再讨论第二问：增加人才的培养，这些人是否才能为国家利用。在计划教育之下，每个人才的培养，必定是为适应某种需要才不致浪费。今日中国高等教育，每增一校一院一系当然不是毫无目的，可是问题仍在等到人才培养出来之后，时过境迁，还要学生自己钻出路。因此不但成为国家的浪费，抑且成为个人的痛苦。在国家需才孔亟的时期，大学毕业生失业竟成为严重问题。下列两则通讯照录如次：

> 本学期各地公立大学相继放假后，据教育部方面统计，应届毕业生连独立学院在内当在15 000人以上。此批学生，除一小部分工科或电机科毕业生因需才孔亟而能谋得相当职业外，其大部分毕业生，如文理法商各院毕业生若非有相当之私人关系实难谋得一枝之栖；尤以文法两科，据切实统计，能毕业即得业者，百不得一。此种现象已引起各地严重之社会问题。
>
> 日前平津两地，曾有毕业学生200余，联名向教育部呼吁，文内有称：“单以平市一隅讲，女性毕业生全部被机关拒用，北平师院毕业生能就任教职者，不足1/10；北大毕业生451人，清华269人，皆2/3以上无业可谋。此种现象，如不及早筹谋决策，甚将引起一部分严重之社会不宁。”此种情形，国立大学如此，私校当更不堪设想。①

① 《中华教育界》第1卷第9期《教育动态》。

为解决失业问题，行政院于本年1月颁有“解决大中学生毕业后失业问题办法”，等因奉此，无俾于实际。远的不说，本地厦门大学，每年毕业生由教育部或其他政府机关安排职业的不及5%，绝大多数都要依靠私人设法。因此，政府当局一方面是感到某科某系人才不足，须增科增系以培养，一方面却愁于学生毕业后的失业问题。此种矛盾，何日能获解决？

学生数量增加，不但毕业后的失业问题可能越来越严重，而目前在校学生之生活，政府也因所负数目过巨，无法负担，急求卸轻。原来民国三十六年七月以前，全国国立中等以上学生暨省私立专科以上学校学生暨省私立专科以上学校学生多数得到贷金或公费的待遇。民国三十二年所颁定的“非常时期国立中等以上学校及省私立专科以上学校规定公费生办法”中所定公费名额甚宽。少数学级为45%，多数达70%以上以至100%。民国三十五年百分比稍加减低，而本年开始全国公费名额，便达192 600名。预算中的公费支出为5 238 480万元，占教育文化部的预算总额13.7%强。[①] 该笔花费政府已感可惜，再经五月间学潮有争增加副食费之事，遂索性于民国三十六年度开学时改订公费办法，并颁布奖学金办法。这两种办法的要点如下：

一、师范生、保育生、青年军复学生、边疆学生、革命及抗战功勋子女、就学荣誉军人等一律仍给予公费。

二、民国三十五年度以前核给贷金或公费有案者，一律仍续给公费。但修业期间学业成绩有一项不及格者即停给。

三、民国三十六年度新生享有奖学金，但名额不得超过考取新生20%。

四、私立专科以上学校学生不给公费或奖学金。

这些要点，总体来说，这是尽量减少公费名额，使学业成绩中等或修业稍不留意的，便不能享有公费。是以本年9月开学，贫穷学生，被淘汰的颇为不少，虽经暨大、浙大等校呼吁增加公费名额，终归无效。公费名额增加既无望，私校收费又昂贵异常。上海私立大学决定民国三十六年度上学期学费标准约为140万元，而事实上什费、准备金远过此数，每一私校学生，入学时都须缴交四五百万元，再加膳费零用，便非千万莫办。因此学期将开始

① 引自朱家骅的《最近工作述要》一文，安骥的《演革之创立及公费度》一文。

时，青年失学情势颇为严重。“抢救失学”呼声，响彻各地；平、沪各地，就重提由来已久的助学金委员会之设。上海各校代表开会决定组织上海市学生自助助学总会，发动大规模助学运动；北平大中学校十余所，于 8 月 8 日组织助学委员会以北大为首在会址所在地北大贴着标语：“贫穷像一条河，我们的伙伴被隔在河的那边，好心肠的朋友们，把他们渡济过来!”运动方式有普售助学章、义卖、演剧、音乐、体育表演，以至于组织擦皮鞋队、洗衣队。接着各地纷纷响应，有关人士亦协力提倡，遂蔚成与学潮相媲美的大事。厦门亦于国庆前后举行。以自助方式来解决求学费用，本来是很有意义的事。十年前的上海“孤岛”，社会混乱，家庭离散，失学青年呼救无门。有心人士，便曾推行助学运动，救助青年学生急需而收宏效。但今年蓬蓬勃勃的助学运动，结果却并未替多少失学青年解决若干急难。中华教育界论坛且指出“助学运动的存在，也可以说是对于现阶段‘中国教育’的讽刺”。而主张“政府应从调整预算，广设学校或津贴私立学校，无条件培植青年这一方向努力。因为教育人民是国家应尽的义务，也是青年应享的权利”①。一般认为此次助学运动，之所以不能持久及收宏效，约有下述观点：

一、助学运动方式多为募集款项，而非自力生产故不能持久。

二、社会贫穷，一般人士无余力可助，少数富豪又不肯慷慨倾囊，所以所得有限。

三、贫穷失学青年过众，粥少僧多，所得补助，无济于事，所以助学运动不但不能解决学生生活问题，连缴交学费也不能解决。

现在助学运动意兴已阑而学期又将交替，若干徘徊于失学线上的青年，正待救济。

高等教育数量的增加，困难既多，浪费亦甚，所以国内反对之声甚多。国民参政会第四届第三次大会决议文对于高等教育便有如下意见：“近数年来，全国专科以上学校急剧增加，数近二百，然设备不充，师资不足，量丰而质薄，为识者所太息，此后如何使质与量俱进，实为教育部所应时刻注意之问题。”如何使质与量俱进，并无下文。倒是胡适先生提出了具体意见，主

① 《中华教育界》第 1 卷第 9 期。

张十年内国家不再添设大学或独立学院，应尽全力培养五至十所优良大学（前五年五所，后五年五所），发展其研究工作，使之成为第一流的学术中心。据说如此可以集中人才，集中设备，提高素质，争取学术的独立。这一计划发展之后，即引起教育学术界的重视，议论纷纷，但不幸大多数感兴趣的是哪五所大学将幸运地首被发展，邹鲁先生且因名单中没有列中山大学而大发牢骚，似乎这计划即将执行一样。自理论言，胡适先生的计划自有其特殊见解，集中人才设备以提高素质当然可望较为有效。可是这计划的缺点仍在于忽视现实环境，未考虑到在目前的中国，财政如此困难，要空话五所大学特别发展，事实仍是不可能的。10 月 12 日《大公报》“星期论文”引李济深氏的话：“一师兵每月的开支便是 120 000 万元，而办一座大学每月的预算却只有 3 000 多万元。养一师兵的费用可以维持 39 座大学。”这话经过反复辩论之后，已证明其不虚。那么，在这兵不能少养的今日，即使宪法已经实行，15% 的预算额暂时恐仍无法实现。胡适的计划是以“宪法生效”为前提，前提若未确立，计划便仍不免落空。平心而论，高等教育，并非量影响质，而是质与量均有待改进。

其次，要提到一年来中等教育的情形。仍从量方面先说起。抗战以前，全国中等学校为 1 896 所，学生 389 948 人。胜利前已增至 3 745 所学校，学生 1 163 113 人①。学校数已增加一倍，学生数增加两倍。复员第一年，新设及恢复中等学校数更达 1 430 所。列表如下（见表 2）。

表 2

（单位：所）

省市	公立中学		私立中学		合计	备　注
	恢复	新设	恢复	新设		
江苏	61		75		136	未分恢复与新设
浙江	2	3	18	12	35	恢复之中学未分公私立
安徽	5	29		21	55	
江西	20	3	3	1	27	

① 《教育通讯》第 2 卷第 9 期《1937 年以来全国各级学校数及学生数一览表》。

续上表

省市	公立中学		私立中学		合计	备　注
	恢复	新设	恢复	新设		
湖北		9	32	31	72	
湖南	3	4	1	26	34	
四川		22			22	
康西	……	……	……	……	……	
河北	32		16		48	未分恢复与新设
山东	12	10	3	13	38	未分公私立
山西	5				5	
河南	44	30	134	19	227	
陕西	1	7	2	3	13	
甘肃		1			1	
青海	……	……	……	……	……	
台湾	93	58	13	2	166	
福建	1	6	5	13	25	
广东	26	46			72	
广西	119	10	50	6	185	是民国三十四年及民国三十五年两年
贵州	2	7	1	4	14	数字
云南	4				4	
热河	16	2	2		20	
绥远	3		1	4	8	
宁夏		1			1	
新疆						尚未据报
辽宁	40	10	1	6	57	
合江		1			1	尚未完成接收工作
嫩江	17	2	1		20	
辽北					20	未分公私立
安东	20					未分公私立

续上表

省市	公立中学		私立中学		合计	备　注
	恢复	新设	恢复	新设		
松江	3	1			4	是与松北各省市联立者
黑龙江		1			1	
吉林	20	5	3	1	29	
兴安		1			1	
南京	5	4	14	7	30	
上海	3	9	4	5	21	
重庆		1		8	9	外私立中学迁入市区者
北平	6	4			10	四校
天津		3	15	12	30	
青岛	3	1	4	5	13	
总计	566	291	409	199	1 454	校（详）

截至民国三十五年底，全国中等学校已达 5 175 所。本年新增数量若干，尚无全国性的统计数字可见。但自各省市复员报告中看，数量当也不少。较战前增加两倍，应是绰绰有余。由此我们可以断言，中等教育量的增加，是较高等教育为尤甚。高等教育数量增加之后所发生的困难，同样存在于中等教育中。国立中等学校，为数不多，省库自恢复三级财政之后，支绌殊甚，无力与某省立中学。县市中学则更多是因陋就简，师资很成问题，设备大半除桌椅之外，不知教育仪器为何物。私立中学新办者极多，私人不能办师范学校，只有普通中学与职业学校两种。在国民经济疲惫实业不振的今日，有多少人能倾囊捐资兴学？有多少实业家因需要人才而办学？闽粤一带，尚有少数新办中学是华侨热心兴设，其他地方，则大半仍是迎合潮流，投机取巧，高收学费，称为“学店”。学店的目的在于营利，自然谈不到设备、师资。这种学校，不但降低学生水平，而且降低教育地位，是战后中等教育最大的污点！

这一年关于中等教育方面，有两件事应值得叙述。一则是关于修订中学课程标准之事，一则是关于男女分校的“命令”。中学课程数年来时有改变。大体上的要点有：一是减轻学生负担；二是分组教学以适应需要；三是课外活动，军事课程劳作等科的加重或减轻；四是国语的存废。课程的订定本来有待于教育方针与制度的决定，反映着方针与制度的不定，中学课程时时在摇摆之中。本年中学课程标准，又准备大事修订。据原则确定如此：

一、教学科目方面：初中计有体育、国文、外国语、数学、博物、生理及卫生、理化、历史、地理、公民、实用技艺、音乐 12 种；高中计有体育、国文、外国语、数学、生物、化学、物理、历史、地理、公民、实用技艺、看护（女生）、音乐 13 种。其中变更是初中减少童子军、图书，高中减少军训、矿物、图书；初中理化合一，高初中均将劳作改为实用技艺。

二、教学时数方面：初中一、二、三学年为 25、27、29 小时；高中一、二、三学年为 26、25、23 小时，均较现行 31 小时为少。但各增加辅导 4～6 小时，初高中第三学年得设实习科目 4 小时。

三、教材内容方面：（一）数学科初中算术删去“四则教材”，高中删去“大代数”及“解析几何”；（二）理化科以混合数学为原则；（三）国文科删减艰深之国语教材四常用，技术科教材以日常生活应用技术为中心，如电灯、汽灯及钟表、收音机或各项农具家具之修整或制作等知识技能训练，期其能解决现代国民日常生活应用技术上之困难。

这些改革原则，果能付诸实行是远较以前九次修订都来得彻底而有益于中学生。据云现已有分科审订中，不久当可公布。不过公布之后，是否能有效实施，却就难说。各校为要提高学生程度，每随意增加所谓主要科的国、英、数，至于副科的音乐、体育等，则每有名无实。新置的实用技艺科，原意极佳，但在轻视劳作以及缺乏技艺师资的情形之下，会不会流为空头科目，还有待观察。此外，有新课程，必须有新教材，至于合用的教材现在中学中所用的课本，抗战前出版的仍改不少，较新版的课本又竞相将教材增繁，文字艰涩，以自诩其程度高。所以我们除急盼新课程标准从速颁行之外，还亟盼从速发行与新课程标准相符的教科书及教科仪器图表。如此，课程改革才算彻底。庞杂而无常的师范学校课程，尤盼急加改革。

中学男女分校合校的老调，今年又因教育部的命令而重弹。教育部于教育复员期间，通令全国于教育复员时各省区中等学校应实行男女分校。各校已有女生者，应合并办理女子中学。通令中并举出苏联为例。于是事实上已实行了近30年的男女分校制度又成问题。老调重弹，各方面讨论文章甚多。理论上男女分校合校，当然各有利弊。世界文明各国，均有朝向分校的趋势，也是事实。苏联1943年7月决议在一切工业城市及各个共和国中心地点，七年制及十年制中等学校实施男女分校，是一种更进一步的措施，也为大家所共认。但问题是在于中国目前的情境，是否可与1943年的苏联比，抑或还应先效法1921年苏联的措施。人家从合校进到分校，乃是已经通过某一特定的过程而做更进一步的发展，我们是否可以好高骛远，躐等前行。英国教育家萨生拉氏曾谓："男女同学是否可行，应以社会情况为转移，因国家因地方可有不同，而此种社会情况对于教育组织之影响最大。"笔者亦曾设问如下："我国主张中学男女分校的人们，从时间与空间来比较苏联与我国的情形，看看是否可以将苏联1943年的改革案援引到我国来。即是说：我国男女地位是否如苏联般已经平等了？我国女子受教育的机会是否和男子相等？我国的男女社交是否已经很公开——除学校以外，任何地方男女都有自由接近的机会？要问我国的经费、师资是否足够负担大量的独立女子中学？我国多数地方是否有够办一所女子中学的学生数？我国的生产分工是否很精细而亟须男女以不同的生产教育？"如果没有这些条件，则男女分校是别有用意的。①

目前中国中学男女分校，不但是理论上的反对者多，事实上也无法实行。所以教育部近又通令，全国暂缓施行了。

再次，应该谈到初等教育。此处初等教育包括国民学校教育与识字教育两者。先自国民教育之数量方面说。根据教育部本年六月份所发表的统计，全国初等教育学校数为27万所，学级数为68万级，平均每校二级半左右，在学儿童2 183万人，平均每校80人左右，每级32人左右；教职员78万人，平均每校不足3人，每级不足117人；全年经费数为219亿元，平均每校约8万元，每个在学儿童1 000元。列表如下（见表3）。②

① 本报四月份"星期论文"拙作：《勿以苏联中学男女分校例中国》。
② 《中华教育界》1卷8期论坛。

表 3

<table>
<tr><td rowspan="9">校级数</td><td colspan="2">中心国民学校</td><td>32 015 所</td><td>193 963 级</td></tr>
<tr><td colspan="2">国民学校</td><td>214 658 所</td><td>406 833 级</td></tr>
<tr><td colspan="2">小学</td><td>22 236 所</td><td>76 613 级</td></tr>
<tr><td colspan="2">幼儿园</td><td>1 028 所</td><td>2 889 级</td></tr>
<tr><td colspan="2">国立</td><td>38 所</td><td>249 级</td></tr>
<tr><td colspan="2">省立</td><td>575 所</td><td>4 449 级</td></tr>
<tr><td colspan="2">县立</td><td>254 037 所</td><td>616 708 级</td></tr>
<tr><td colspan="2">私立</td><td>15 287 所</td><td>58 892 级</td></tr>
<tr><td colspan="2">共计</td><td>539 874 所</td><td>1 360 845 级</td></tr>
<tr><td colspan="2" rowspan="2">在学儿童数</td><td>男</td><td>16 248 556 人</td><td rowspan="2">共 21 831 901 人</td></tr>
<tr><td>女</td><td>5 583 345 人</td></tr>
<tr><td colspan="2" rowspan="2">毕业儿童数</td><td>男</td><td>3 567 421 人</td><td rowspan="2">共 4 688 606 人</td></tr>
<tr><td>女</td><td>1 121 185 人</td></tr>
<tr><td colspan="3">教职员数</td><td>785 224 人</td><td></td></tr>
<tr><td colspan="3">全年经费数</td><td>21 863 334 281 元</td><td></td></tr>
</table>

由表 3 可看出国民教育在数字上已表现非常贫乏艰绌。每校全年预算额只有 8 万元，每级只有 117 名教职员。每个学生政府供给的教育费只有 1 000 元。这是如何不公道的事。而且在国民教育实施第一次五年计划已满期，第二次五年计划已开展了一年半的今日[①]，国民教育的官方报告数字，并未见有可观的发展。兹将民国三十年（第一次五年计划开始实施）、民国三十三年、民国三十四年（第一次五年计划满期）以及本年（第二次五年计划已施行一年半）的统计列表比较如下（见表 4）。[②]

① 国民政府为实施国民教育，订立两次五年计划，第一次自民国二十九年至民国三十四年，第二次自民国三十五年至民国三十九年。

② 陈东原. 一九三七年以来之中国教育［J］. 教育通讯，1947（9）.

表 4

年　份	学校数/所	学生数/人	教职员数/人	备　　注
民国三十年	220 213	13 245 837	490 053	民国三十年、民国三十三年和民国三十四年统计系根据后方 24 省市
民国三十三年	273 443	15 602 230	705 757	
民国三十四年	254 377	17 221 814	655 511	
民国三十六年	209 937	21 831 998	785 224	

由表 4 可见本年国民教育的学校数，虽较民国三十四年略多 6% 而反较民国三十三年少 1%（而且民国三十三年、民国三十四年只根据后方 24 省市），较之第一个五年计划刚推行时亦不过多 22%。其他学生数、教员数虽均略有增加，但比较高等教育那种“较战前学校增加 80% 以上，学生则几及三倍，几乎中学学校数增加近两倍，学生数增加两倍以上”，真是相形见绌。据基本教育会议中国筹备会所提报告，全国约有学龄儿童 6 700 万人，除已在校者约 2 100 万人外，至少尚有 4 500 万人应设立学以容之。但一倍以上的学龄儿童被摒于义务教育之外，实令人唏嘘！

以上只是自官方公布的数字看近来国民教育情形。若自实质上言，则更不能乐观。国民学校教师待遇之差，每况愈下；因此师资之不足，并不因连年多量培养师范生而稍充裕。地方政府视为非急之务而移作其他粮役等开支。内地国民学校，借学生，报虚册，固不必说；各大城市国民教育，也一落千丈。这是有目共见之事，不必多赘。全国首都的南京，教育素称最发达。据官方的视察报告，情形乃亦如此：

> 南京共有学龄儿童 133 673 人，在市立小学儿童 57 000 人，在私校儿童 9 900 人，失学儿童 66 773 人。小学共计有 117 所，共 1 023班。教职员共有 1 650 人，合格者 1 224 人，师资 70% 为师范毕业生。此次系就全市城乡各区抽空 40 余校，学生程度较之战前平均普遍降低两学年，纪律与守秩序之精神，亦较战前为差。至于健康儿童不及总数 10%，患沙眼者 90% 以上，营养不良者 20%~30%，患伤风者 60%。教员生活太苦，无法从事进修，教学精神亦为减退。如今最感觉缺乏者为教授书与参考书，并希望将国语常识分开讲授。

战时教材不适用于平时者，城市小学适用之教材，不适用于乡村小学者，彼等均希望另行编订。小学设备甚差，约有 1 万学生桌凳不全，甚多教室玻璃窗尚未装配，以致学生常患伤风。厕所尤宜改善。

南京如此，官方之报告如此，其他穷乡僻壤，实际情形如何？更是不堪设想。第四届国民参政会指出："……因县市财政收支系统之改变，国民学校经费遂令乡保自筹。当此农村经济濒于崩溃之际，深恐具有 50 年历史之初级教育骤遭摧残陷全国儿童于失学之境地……"这实在是我国教育之一大危机。远东区基本教育会至今年 9 月特在中国首都举行，曾轰动我国在朝诸君及大批教育家忙于报告计划。现在基本教育会议已圆满完结，中国的基本教育能用此获得多少的改进呢？经费无着，时局不安，一切方法，实验成果，能够付诸实施吗？

初等教育的识字教育，本来是最重要的，而也为国民政府定都南京以后一件努力的教育工作。然而经过 19 年的努力，中国文盲，还是居世界文盲比例前列。兹将陈友松氏所编各国文盲百分比比较表列下（见表 5）。[①]

表 5

文盲在 20% 以下之国家			文盲百分比较高之国家		
国别	年份	比例/%	国别	年份	比例/%
1. 奥地利	1930	10.4	1. 印度	1931	84.0
2. 比利时	1930	11.0	2. 埃及	1927	85.7
3. 英国	1931	4.4	3. 土耳其	1927 1934	91.3 55.1
4. 法国	1931	11.6	4. 墨西哥	1930	59.3
5. 德国	1933	0.9	5. 意大利	1921 1935	26.3 19.0
6. 爱尔兰	1926	7.5	6. 巴西	1920	67.0
7. 荷兰	1931	3.7	7. 葡萄牙	1920 1930	65.0 31.9

① 陈友松. 各国基本教育鸟瞰［J］. 中华教育界，1947（8）.

续上表

文盲在20%以下之国家			文盲百分比较高之国家		
国别	年份	比例/%	国别	年份	比例/%
8. 瑞士	1931	0.3	8. 西班牙	1930 1935	44.0 31.1
9. 美国	1920	4.3	9. 希腊	1928 1935	43.0 32.0
10. 加拿大	1931	3.79	10. 波兰	1921 1923	32.0 21.0
11. 澳大利亚	1931	1.1	11. 保加利亚	1930	53.1
12. 捷克	1921	男 6.1 女 7.1	12. 匈牙利	1930	22.0
13. 芬兰	1920	男 1.1 女 6.8	13. 罗马尼亚	1930	54.4
14. 日本	1927	0.7	14. 菲律宾	1930	47.4
15. 爱沙尼亚	1920	3.0	15. 南非	1931	52.5
16. 苏联	1935 1937	30.0 13.0	16. 中国	1947	40.0

按表5所列，中国文盲为40%，官方统计数字及今年基本教育会议中国筹备会所提出报告则为1.326 7亿人，估计占全国人口总数30%。此种统计数字，是否可靠，确属可疑，过去所谓扫除文盲工作报告多系将开识字班班数及报名人数列册呈报，至于这些文盲，是否曾确实来受教？是否留生没有困难？所施教的对象有无重复？均置之不论，识字教育，留生最难。能留至毕业而确实成绩达到标准者，百无五人。所以这种官方公布数字，恐与事实相去甚远。例如南京市警察局户口精确统计：南京5月份人口105.9万人，文盲约30万人，达30%以上。南京为文物荟萃之区，外省人至南京任职者，少有文盲，城市居民，文盲比例当亦较少；而全市比例尚在30%以上。全国比例焉能在30%左右。只此一端，便可证中国文盲实际数量，并不能为统计数字所掩却。

远东基本教育会议，鉴于中国推行识字运动之困难，有两项建议，颇值得留意。其一为改革中国文字，应用注音符号或罗马字拼音为工具。不过整理中国文学，提议者由来已久，总因传统观念太深，未易实行。今后如要识字运动有效，工具之改变必须具有决心才行。其次是认为文盲多系社会劳动生产阶级，他们所需要的是生产技能与公民常识，文字教育应居次要。今后普及教育应改变观念，不亟须于识字读书，而应利用电影播音、演讲、戏剧等方式教育民众以实际知识。因此一年来加强电化教育的呼吁甚高，经费负担，器材设备，又是难以解决的问题。一年来教育部向美国订购来收音机1 000架，以600 架分配于各省市教育机关，以400 架分发各直属机关。以中国之大，千架收音机何济于事。而且这千架是否全部用之于民众教育，亦很难说，至于电影放映机，全年不过购进百架，数目尤过少。事事仰给于人，自己却又贫穷无力举办，有什么办法。以前曾应用的民众教育馆、民众茶园、流动巡回教学等方式，一年来也毫无所闻。在财政支绌之秋，去年江西省就将全省 7 个省立民众教育馆截了 6 个，因为这些都非“当务之急”。

本文原定对一年来师范教育职业教育、边疆及华侨教育、文化学术动态，均有所叙列。并对贯穿 36 年之学潮加以分析，唯因时间短促，付版期迫，除后者拟另行撰文之外，前数者均从略，但自前文所述。可以归纳出一年来中国教育的重要趋势如下：

一、高等教育、中等教育在量上均有相当扩增，唯初等教育则不见增进。识字教育、社会教育且反见萎缩。

二、因经费之不足，教师待遇之不佳，无论何等教育素质均较战前为差，较战时亦不见提高。

三、改革呼吁朝野均闻。但受国家客观条件限制，任何改革计划，均徒空言。

四、因政局不安，经费不足，学生情绪普遍不满。因此，学潮层出，整个教育界动荡不安。

教育的对象是人，教育的场所是社会，教育的客观基本条件是经济。要求教育的进步，必要看社会环境、经济条件以及主观认识如何。居今日之中国而言教育，最好勿存过大奢望。

（写完于民国三十六年十二月三十日晚）

中国历代学生公费考[①]

我国公费制度，据云源于战时贷金制度，为世界各国所绝无。民国二十七年所颁发之贷金暂时办法，民国三十二年、民国三十四年两次公布之公费办法及去年所定制奖学金办法，实际只可视为一种“救济金”。因其目的只在作暂时性的救济，而非我国历朝隆厚待士人之至意。故其待遇之菲薄，享有者之不普遍，比较我国过去真正之公费制度，大有愧色。

我国公费制度，与大学制度并始，自有大学生，便有公费。三代学校制度，系后人所臆造或传会，不足为据。史可置信之大学制度，始于西汉武帝之博士弟子制。博士（教师）薪俸为六百石，弟子公费若干，虽无由查考，但据《后汉书・左雄传》云：“阳嘉元年，增弟子员数，有志操者，加其俸。”则弟子有俸禄可知。

唐时学生公费，可见之于韩愈上疏及《唐书选举志》。韩愈请复国子监生徒疏，即有“其厨粮度支，先给二百七十四人，今请准新补人数，量加支给”之语。《唐书选举志》则：“开元五年，始命乡贡明经、进士见讫，国子监谒先师，学官开讲问义，有司为具食。”学生原系由国家供养。

宋太学曾行三舍法，三舍学生均有公费。《宋史选举志》云：“赐钱五千绳，以养生徒。”入国子监读书的学生，有一类为“举监生”，举监生是举人会试不第，择优为副榜，保送至国子监读书的。此种举监生可署教官衔，在学校读书所领的也为教官俸。此则可谓一种特优的公费。

① 原载《大公报》（上海版），1948 年 7 月 6 日。署名潘懋元。

大学生公费最优厚的当推明代，据《明史选举志》所载，其时公费生待遇有七种：①膳费——厚给廪食；②服装费——岁时赐布帛文绮制衣巾鞋；③零用金——正旦元宵诸令节，具赏节钱；④养家费——孝慈皇后积粮监中，置红仓二十余舍，养诸生之妻子；⑤婚事津贴（限于实习生）——历事生未娶者，赐钱婚聘，及女衣二制，月米二石；⑥省亲旅费——诸生在京岁久，父母存或父母亡而大父母伯叔父母存，皆遗归省，人赐衣一制，钞五锭为道里费；⑦从人费（限于边远学生及外国留学生）——云南、四川皆有土官生，日本、琉球、暹罗诸国，亦皆有官生入监读书，辄加厚赏，并给其从人。

至于清代大学生待遇，较明代差，但大体亦沿明代旧例：凡膳宿文具均由政府供给。清末新学堂，如同文馆、湖南时务学堂，也都仍有公费。同文馆学生除膳食、书籍、纸笔由馆供给外，每月加给公费银十两；湖南新务学堂公费每月湘平银三两；京师大学堂每月公费自四两至二十两。若以当时米价每银一两四斗而论，十两便有米四石，收入不亚于今日之教授。

公费制度，不止存于中央的大学，各府州县的中等学校也莫不有公费名额。明清秀才入泮，优者可以补廪，称“廪膳生”。所谓“廪”，便是饷。其实地方学校之公费，宋时便十分重视。崇宁间，朝廷大事兴学，对于地方学校办理不力者严惩不贷。而考核地方办学成绩最重视的便是学生公费。陆游云：“崇宁间，初兴学校，州郡建学，聚学粮，日不暇。士人入辟雍者皆给券，一日不可缓，缓则谓之害学政，议罚不少贷。”（《老学庵笔记·卷二》）在朝廷重视之下，各地学校学生，人数甚多，待遇亦厚，如“杭州府学……有十斋……月书季考，供膳亦厚，学廪下数千，出纳由学正领之”，“仁和钱塘二县县学在县左，建庙学养士，仁和学友四斋，钱塘日供饮膳，月修课考，悉如州县”。（均见吴自牧《梦粱录》）

元代时期，对于地方学校学生公费同样重视。元代对府州县学生定有赡学养士法：“生员给民佃官田，人六十亩，岁支粟三十石。”后尚书省曾请罢府州学生廪给，真宗未许。元时江南各省地方官，因财政支绌，有养学田以资弥补的，为世祖所闻，诏将旧有学田，发还学校以养士。后又诏江南州县学田，不得与政府。除春秋祭祀之用外，均供给师生之廪膳及地方贫士。

明初因战争初息，财力有限，对于州府县学公费学生名额，便开始有限制：规定府学40人，州学30人，县学20人；州廪食米每人6斗。其后因求学者日众，有所谓增广名额与附学名额，则无公费。清代规定大体相同，廪膳生业是府学40人，州学30人，县学20人，卫学10人，廪食则每人每年只银6两而已。

不但公立的大学及府州县中等学校有公费，连私立学校也有公费。书院是我国的私立大学或中学。宋时书院初兴，完全是师徒自动集结讲学之处，自无供给学生膳食之例。只有茅山书院“授生徒，兼饮食之”。或者因当时主持者侯遣，个人财力足以胜任供给弟子膳食之故。及至明代，书院之有公费，已是普遍之事。以白鹿洞为例：白鹿洞每月给洞生每名银三钱，后改为月考纸笔费及赏钱。又遇科举年份，上京应考学生，可得路费银70余两。如此不但有膳宿纸笔，且有应试旅费。及至清代，则书院渐次官办，学生公费，亦成定制。顺治十一年上论各省于省会之地，以一书院为楷模，各赐币金1 000两，以资倡导。论中云：“将来士子群聚读书，须预为筹画，资其膏火；以垂永久。其不足者，在存公银内支用。”（《清通考·卷七十》）。可是当时书院，不但有公费，而且须有一笔相当于今日私立学校开办基金存于公库，以备学生生活之需。当时各书院有的增置田亩收租（如浙江敷文书院）；有的存款公库备用（如江苏钟文书院）；有的存于典肆生意（如江西豫章书院）；有的指拨地方捐税（如四川绵江书院指拨盐井捐作为师生膏火）。至于公费待遇，以贵州贵山书院最为优渥，正课生27名，月给银一两二钱，米三斗；附课生33名，月给银九钱，米三斗。逢科场之年，正附课各增30名。如此，较之府州县学的廪膳生优厚得多。

当国家处于内乱中，战费支出浩大，自然也有贪禄短视之朝臣，力主废止学生公费，南宋便曾有此事。南宋偏都临安之后，朝臣仍多营私苟活，不修学政。十年之后（绍兴八年），才有叶琳者，上书请立太学。奏请中有几句痛心话：

> ……若起太学，计官吏生徒，姑养五百人，不过费陛下以观察使之月俸。愿谋之大臣，咨之宿学，亟复盛典，以昌文治。（《文献通考·卷四十二》）

一所太学，官吏生徒五百人，所费不过一观察使之月俸，其理由正与养兵一师，可办大学几校，同样令我们唏嘘叹息。可是南宋朝臣，并不为所动，仍是以“军贪未暇，国家削弱，姑从缓议”搁置。幸好康王随非贤王，尚不失为中兴之君。所以四年后，便修临安府学为太学。而且即在国家财政困难之中，对于学生公费，仍甚优厚。据吴自牧《梦粱录》云：“朝家所给学廪，动以万计。日供饮食，为礼甚丰。”高宗且曾叹曰：“朕不惜百万之财以养士。”

当国家财政困难万分之时，国家为兴办学校而拆宫殿，捐薪俸，借债以建筑校舍，供养学生，史上也不乏例。唐自天宝中安禄山反后，兵戈连年，国学学生公费不能按时拨发，学生尽散，校舍为军队借驻，损毁过甚。永泰二年，贤明的代宗在经费无着之时，尚拨四万贯钱以修造国子学祠堂讲堂六馆院及教员庙宇。钱不敷，拆曲江亭瓦木助之。校舍落成，学生膳食仍无着，于是又以五分利息借债 15 000 贯，以供教员薪水及学生公费。继之，又课青苗头 100 文为经费。广德二年曾有如此之诏：“古者设太学教胄子，虽年谷不登，兵戈或动，而俎豆之事不废，顷年戎车废驾诸生辍讲，宜追学生在馆习业，度支给厨米。”（《唐书选举志》）何等重视士子学业？又何等重视学生公费？及元和十三年，学校经费又甚困难，国子监祭酒郑余庆，提倡文官捐俸兴学，各捐月俸 1%。元和十四年又请准凡文官在一品以下，九品以上，月薪每贯抽十文以兴学。咸通年间，刘允章又奏请群臣捐“光学钱”，宰相捐 5 万，节度使捐 4 万，刺史捐 1 万。大顺元年，昭宗也曾诏诸道观察使及文官于薪俸中抽助“修学钱”。凡此种种史事，都足使千年之后的大学生深受感动。

综上所述，可见我国学生有公费，自古已然。不但大学为然，府、州、县的中等学校也然，私立学校也然。所以然者，尤其不得不然的缘故，就是国家两千年一贯的养士政策。目光远大的君主，都知“得士者昌，失士者亡”的道理，所以不惜拆屋贷钱，以收容读书人。正因如此，所以我国虽是一个封建古国，读书人尚不致局限于地主贵族阶级。及民国以来，学校制度仿自各资本主义国家，读书等于投资，非有雄厚资本者莫办。一点起码的“救济金”，尚煞费呼号奔走。我们所鄙弃的封建制度下，读书人虽清苦，尚不致膏火不继，至于今日却是欲度寒士生活而不可得。

困难重重的国民教育经费问题[①]

“钱”窒息了中国的教育，尤其是国民教育。今日做校长的，只是口口叫穷，天天为钱钻营。的确，我们举目就可以看到很多学校校舍颓败，门窗破碎，孩子们在寒风凛冽中受苦。不但做父母的看了心痛，教师何尝不心中难过。可是怎么办呢？没有钱。6 岁至 12 岁的儿童，依国家规定要受义务教育，不来上学也要强迫父母送来。事实上不必强迫，父母送来了，学校却无法收容。校长成为蔑视教育、违反国法的罪人，为什么？没有钱。教师待遇不好，要让大众吃得饱，撑得起腰，对工作才有兴趣，效率才高。但是待遇要提高么，没有钱。厦门市立国民学校 7 月份每班经费是 50 万元，50 万元折合当时美金现价不及 5 分钱。如果说，美国的小学办得比较好些，好与坏的原因大部分应归于那 1∶2 667 的经费差距（美国中小学每班 30 人平均每年经费约 1 600美元）。厦门情形当然还算好的，其他地方糟的更多，有学生而无教师者有之，有招牌而无学校者有之，为什么？没有钱。“钱”窒息了中国的国民教育。

① 原载《星光日报》，1948 年 9 月 19 日。署名潘懋元。

一、国民教育经费预算的困难

1．中央教育经费预算的困难

提起教育预算，马上可以联想到《宪法》第一百六十四条："教育科学文化之经费，在中央不得少于其预算总额 15%，在省部不得少于其预算总额 25%，在市县不得少于其预算总额 35%。"至于各国的情形，则英国占 12%，日本占 11%，丹麦、瑞士占 10%，苏联占 19%，加拿大占 20%，荷兰占 21.3%。再看中国情形（见表 1）：

表 1　历年中央教育经费与军费占国家总预算百分比之比较

年　份	教育经费/%	军费/%
民国十六年	1.50	92.00
民国十八年	2.60	45.50
民国二十年	2.08	37.80
民国二十二年	2.39	50.14
民国二十九年	0.12	
民国三十五年	4.27	

资料来源：《教育通讯》第 2 卷第 1 期，第 3 页。

今年①上半年全国普通预算 260 000 亿元，教育经费为 28 000 亿元，达普通预算总额 13.8%，此比例似乎颇接近宪法规定。下半年的普通预算 2 230 000 亿元，教育部主管约占 497 000 亿元，竟达 15.38%，已超过宪法规定。但是国家预算有两部，普通预算没有包括戡乱、军费在内。若将特别预算合起来计算，未免有损宪法之神圣。再则，该项经费预算，名之为"教育""科学""文化"经费，包括一切新闻文化事业在内，过去的青年经费亦由此支付，直接用于教育事业者只占 2/3 而已，现在则又包括了学生公费、扩充改良费、救济费等。依规定，教职员薪酬应达经费预算 70%，而去年经费，据朱部长

① 编者注：本篇出现的"今年""本年"均指的是 1948 年。

报告，薪水与公费只达53.1%。其余的做什么呢？张文昌先生说："中央教育经费今年有增加，但军费有特别预算，建筑费与学生公费也应有特别预算，而不应在经费中抽出。事实便等于大减。"

2. 地方教育经费预算的困难

中央经费预算情形既如此，再让我们来看看地方教育经费实际情形如何，民国三十六年十二月教育部所发表的湖南等省县教育文化经费统计数字可以答复我们的问题（见表2）。

表2

省别	民国二十五年县教育文化经费/元	占总预算百分比/%	民国三十五年县教育文化经费/元	占总预算百分比/%	民国三十五年较民国二十五年减低百分比/%	数目增加倍数	民国三十五年折合民国二十五年实际额（五千分之一记）/元	折合数抵民国二十五年百分比/%
湖南	3 923 892	29.79	80 377 357	12.80	16.99	20	16 075	0.40
甘肃	1 553 189	27.36	65 006 595	16.76	15.60	41	13 001	0.83
江西	2 122 825	25.55	75 512 816	5.15	20.40	25	15 102	0.71
浙江	3 853 108	22.34	1 007 945 600	5.37	17.97	661	22 589	5.23
福建	2 153 649	28.16	14 099 910	12.82	25.34	65	28 199	1.30
山东	2 382 870	17.62	698 127 500	17.23	0.40	293	139 625	5.81
江苏	10 069 333	33.10	9 550 274 400	27.59	5.51	948	1 510 154	8.71

资料来源：民国三十六年十二月三日《大公报》。

从表2我们可以看到：

（1）战后县教育经费远低于战前，最低的是湖南省，竟只有0.4%，最高的江苏省也不及宪法35%的规定。

（2）经费实际的减低达到令人难以置信的程度，湖南、甘肃、江西三省实际只有万余元，以此寥寥之数来办理一省之中各级教育，简直是荒谬绝伦之事。

（3）战后教育经费，湖南、江西、甘肃三省不及战前 1%；江苏好些，也只有 8.71%，如果说战前地方教育因经费不足而办得不好，则战后各地教育机关应该关门。

一年来各地统计数字尚未见到，情形如何，不得而知。但币值狂跌，困绌情形有增无减。而且有两种情形，是县级行政机关推诿承担教育之责。其一是县财政实行统收统支以后，教育经费丧失独立性，削减教育经费，移作别用者有之。据教育部所指责，有些省份竟命令各县不列国民教育经费预算。其二是乡镇保公费不列县预算，县也就趁此将国民学校的经费削除。近日教育部通令各省教育厅转令各县拟制预算，须依宪法规定，教育经费不得少于 35%。但命令由部而厅而县，其效力如何可以想见！

在政府方面，无论中央或地方，教育预算之提高，事实上是万难办到的事。在中央，军费支出，刻不容缓，更不容减；在地方，军队差额之供应，治安之维持，也比办教育来得更急。教育是强国之基，教育是国家大计，这套理论在位者并不是不懂。但一县的教育办得不好，县长未必受影响，税交不足，丁征不足，地方出了乱子，却是县长去留的关键。这种制度导致人们无法抬头向远处想。

依据政府供给教育经费，以目前情形而论，不但无法提高，且将随着整个国家财政之困难而日益困难。政府无法顾及教育，国民只好自己想办法，让我们再来讨论国民教育经费自筹的问题。

二、乡镇保自筹国民教育经费问题

保国民学校经费自行筹集，乡镇中心国民学校薪金由县开支，办公费及设备补充等费则由所在地自筹。这是国民教育实施纲领所定的原则。时当民国二十九年，国民教育普及运动正大规模展开。政府考虑到财力有限，便把希望寄托到老百姓身上，让民众自力负担大部分的经费。并为老百姓订了一套详细的基金筹集办法：如何筹集？如何保管？如何运用以生利？蔚为大观，娓娓动听。各省也纷纷制订推行计划，或者派员至各地督促推行。时至今日，除了各地原有教育款项经过整理，换了名目之外，所增者计有若干，殊乏可靠材料，可表示推行成绩。但在另一件事上，可以看出并不乐观。民国三十年公布的《国民学校法》，规定国民学校及中心国民学校经费统一由主管教育行政机关统筹支给了，连开办费、设备费亦要由主管教育行政机关筹给，不过亦得由乡镇保自筹而已。这样，把原是民众负担大半的责任转令县政府负担大半甚至于全部责任。及至今年5月公布的《地方国民教育经费整理及增筹办法》更干脆地确定："国民学校及中心国民学校依法应隶县政府，其经费列入县预算，统筹支给，并由县政府依照宪法规定，参酌地方实际情形，逐渐递增，以资充实。"县政府所负责任是完全的，由此可知乡镇保自筹经费必不太令人满意，所以才于无可奈何之下逼地方政府挑起担子来。然而地方政府又何曾挑得动呢？

乡镇保自筹经费之规定，在理论上原就说不通：人民尽纳税义务，政府运用财政，无论直接间接，都应为人民谋福利。教育事业是人民直接的福利事业之一，义务教育尤其是国家应负的义务，人民应得的权利（或以义务教育释为人民应尽之义务，则人民既负纳税之义务，当不能令其自筹经费然后再受教育之义务）。人民已依法纳税，政府便应依法办理对人民负责之事，人民亦有权要求满足他们法定的权利，焉得将此种政府应负的责任割裂一部分叫人民自己去负责？依法理说，人民是可以拒绝这种额外的责任的。所以本年公布的《地方国民教育经费整理及增筹办法》既不敢再责令人民负任何国教经费责任，且一再规定："以人民自愿认捐为原则"，"以前所有之一切摊派及学校征收之各费均一律禁止"。这是理所当然，因为"法律与宪法抵触者无效"。

不过，民众懂得法理、愤而不平究属少数。国民教育自筹经费所无成绩者，还是由于种种事实上的困难所致。这些困难归纳之约有下述三端：

（1）农村破产，壮丁逃亡，田园荒废，捐税繁重。种种事实用不着举例。谁都晓得，地主远离农村，捐不到他们身上，老百姓辗转饥饿线上，用枪杆也不见得能榨出多少油水，何况筹募教育经费，究竟不便动用枪杆。湖南省民国二十六年筹募统计，有田11 699亩，围地1 870亿亩，屋72栋。稻谷则只有6 178担，先进2 000余万元，荒田废地破屋不妨交给学校去管理，稻谷、现金则留待应付别方面的摊派。这张"财产目录"可以告诉我们这点实情。

（2）地有饶瘠，人有贫富，责令各地自办国民教育，丰饶的地方，尚可勉强应付；贫瘠地方、边疆地方、穷乡僻壤的政府把教育送上门，民众是否肯接受？能接受？困难尚多，叫他们自己出钱，无异于叫他们不必受教育，委之民众自己负担这种个人主义时代的自由竞争方式，用之于经济生活。今日皆知为大病，用之于教育，尤其是所谓义务教育，未免失常。

（3）依乡镇保筹集资金办法，或各省建立国教基金推进计划之规定，如何筹，要拟具详细计划呈县市，甚至是省核准方可行。如何运用，亦是如此。每学期要列册呈报，册子要由全体管委员和全体保长（中心国民学校）或全体甲长（国民学校）盖印，提交乡镇民大会或保民大会审核通过，还要按级呈报与公布。步骤固然分明，手续固然圆满，但是老百姓习惯尚未养得如此完善。乡下土财主，有时打动他的心，要他捐一点钱，尚不困难，要他当校董，当保管委员，当保甲长而来弄出一大套拟计划，开大会，办报销，跑衙门，那么他们宁可办私立小学而不愿办国民学校。同时，人民对政府信心不足，把田产捐献出来，虽说仍是自己组织保管委员会保管，究竟已归了公，不同于私有“代用国民学校”，在名义上已不很好听，所以时至今日，私立小学仍甚多，且多数经费较国民学校充足。

总之，国民教育经费自筹，有其理论上与事实上之种种困难存在。

三、国民教育经费分配问题

钱的问题主要有二：一为穷，二为不均。国民教育经费分配之不均，亦甚值得注意。

（1）分配于国民教育者太少。国民教育是义务的、强迫的，受国民教育的人数远比受中等或高等教育者为多，经费比例必较多，如美国占 57.2%，苏联第一个五年计划占 60%，英国占 71.2%，我国自民国二十八年至民国三十三年，用于国民教育者不过 28%~30% 而已。今年上半年 28 000 亿元教育经费，国民教育 8 000 亿元，也不过 28.6% 而已。

再就每个学生所耗费国家教育经费而言，1931 年国联教育考察团报告书中曾述及“中国每学生每年所占之教育经费，在小学初级为 0.25 元，高小为

17元，初中为60元，大学则为600元至800元。是以国家金钱用于一小学生及一大学生之差数，在欧洲各国尚未超过1∶8或1∶10，在中国则达1∶200”。战后情形亦如此。以民国三十四年为例，小学每生费用1 024元，实值4角4分；中等学校19 266元，实值8元4角；专科以上学校为79 684元，实值35元。中等学校比小学多20倍，大学比小学多90倍。以美国来比，1938—1942年每生费用，小学73.72美元，初中89.64美元，高中101.99美元，大学444美元，小学与中学比，相差不多，与大学相比也不过1∶6，绝不是1∶90。①

（2）分配于民众教育者太少。国民教育不同于小学，包括相当于小学的学龄儿童义务教育和失学民众补习教育的部分。这两部分原应相提并重的，而且失学民众人数比较应入学的儿童多一倍。依照有关规定，国民教育部的学生，除免纳学费外，书籍亦由政府供给，所以国民教育部的经费，至少应与义务教育部相等才对。可是国民教育经费预算中，并无义务教育、民众教育之划分。办理者避重就轻，因循小学的老路子。所谓国民教育，仍然就是小学教育。应该用于国民教育方面的经费，便无形削除了。

（3）分配于穷僻地区及乡村者太少。城市富裕区域，教育比较发达，私人办学者亦较多，照理可以少津贴。边远地区、穷僻乡村财力有限，照理应该多补助。这在前面讲到地方自筹教育经费时已谈及。可是事实每相反。近水楼台，国都省城，大地富乡，因交通，因人事，每每于分酬上占便宜，于领款时尤占便宜。本年上半年中央8 000亿元基本教育补助费，规定有15%作为增援边远及贫困等特殊状况省市之补助，可谓顾及平等的补助原则。但愿各省各县之教育经费分配，亦能顾及此一原则。

（4）分配于设备扩充改良实验者太少。依照国民学校及中心国民学校规定，教职员俸金只占经费约60%而已，其他30%为设备费、实验费、办公费，教师福利另占5%，预备费亦占5%。但在今日国民学校中，可以放胆说一句，95%以上是应付教职员俸金。此本目前一般情势逼使不得不然。但由此亦可见国民教育难以向合理方面发展。

---

① 陈友松．战后中国教育经费问题［J］．教育杂志，1947（4）．

四、几种消减困难的意见

解决教育经费问题，是每次政治会议、政党党纲、教育会议以及每本教育行政之类教科书所不能免的一章。而其解决的意见，都是老废话或老空话。下面所铺叙的意见，虽为枝节之见而因其较新，故聊备一格。

（1）征收教育税。这本来是老办法。战前地方教育经费来源，多有指定一种或多种税收的。如田赋附加、屠宰捐、牙税、卷烟税、契纸捐、箔类特捐、盐厘等，不过不名之为教育税而已。其后县财政收入之一部分，不再为教育经费之特殊用途。去年联合国教科文组织，于中国开远东区基本教育会议，鉴于远东各国教育经费之困绌，曾建议“各国为基本教育得合理地征收教育税，其细节由各国自行决定。教育税率与国民经济能力应加以研究”。在我国将战前各地所指定的捐税重新划出，加以调整，名之为教育税，或较再增一新税更佳。

（2）救济特捐拨作地方教育经费。时至今日，所谓救济特捐者，已成云密雨稀之事。能捐多少？谁也无把握。但数目总甚微。以之掷于“大事”上，无异杯水车薪。用于教育，尚不无少补。而且性质既已定为救济，用于救济失学儿童及民众，是颇合理的。

（3）美援物资，应拨一部分为扩充改良地方教育之用。因为美援除一部分特制用于军事者之外，余均应分配于建设性事业。教育为永久的建设事业，依理亦可沾光。

（4）提高国民教育经费在教育经费总额中的百分比。且其提高部分应尽量用于扩充改良之补助。如本年上半年 8 000 亿元的国教补助费中，教育部留款 1 860 余亿元代各省市订购基本教育方面之儿童读物、教师参考书、师资训练参考及仪器等，配发各校，实惠较多。希望此后数量能更提高，购发能更普遍。

上述几点意见，不过是作者铺陈他人所发表者。这些意见，是不是新空话、新废话，也很难说。例如美援虽重在建设，而目的何在？人皆知之。取作迂缓的教育经费，恐失本意。征收教育税，羊毛出在羊身上，岂不与地方自筹经费差不多？不过这些意见，因其尚有枝节可取，所以顺笔一提而已。

除了一些枝节的意见之外，今日对于困难重重之国民教育经费问题，若自其本身找解决办法，我认为无根本有效办法。为什么？中央拨款么，中央应付军事不暇；地方生产么，没有这种容许从容生产的社会机构；募捐么，为数太少；加税么，负担不了。整个社会是穷的，教育何独能自裕。依照前面所述湖南等省地方财政情形而论，湖南省民国三十五年全部地方经费充作教育经费，实值只有战前教育经费的68%而已，教育经费拼命提高到百分之百，也不能超此极限。正如骑在牛车上，梦想一小时走三百里，那是不可能的事，要走三百里，只有换坐飞机之一法。既骑在牛身上，充其量只能多加几鞭，希望每小时多赶一里半里而已。

教育！教育！[①]

——一年来中国教育的回顾

国内教育，除了学潮与学生流亡情形之外，实在“乏善可述”。作者手头，虽有不少有关高、中、国教等教育经费资料，但一方面既因国土之残缺不全而致资料也残缺不全，一方面则各种措施，不外与去年大体相同，若勉强言之，可提出下列数点。

一、教育经费预算，表面上已超过宪法规定，即中央预算已占 15.38%，实际上则较之以往尤低，因为国家预算有两部普通预算不及特别预算的 1/3，1/3 中的 15% 究竟有多少呢？地方预算：则低得难以令人置信，湖南、江西、甘肃三省不及战前 1% 的实值；江苏好些，也只是战前 8.71% 的实值。如果说战前地方教育因经费不足而办得不好，则战后各地教育机关应该关门。

二、高等教育方面，院校略有增加，现达 207 所院校，本年[②]时期的毕业生数也不少，达 25 098 名，因为战区扩大，东北、华北部去不得，乡下也不安宁，读过大学的人多不愿去，因此找职业就更为困难。联动总部曾要征用专科以上学校毕业生 1 935 人，可是应征者却寥寥。

三、中等教育方面，一年来失学者愈益众多，原因是收费多半太高。平心而论，学校收费较之战前，并不见高，而是国民经济的普遍低落，因而造成学校收费相对的过高，加以币值混乱，愈增加就读与办学者双方的困难。

① 原载《星光日报》，1949 年 1 月 5 日。署名潘懋元。

② 编者注：本篇中的“本年”指的是 1948 年。

上海市曾有学校统一收费及筹发统一的奖学金之举，用意至善。可是任何良好的办法，敌不住事实的困难，各校为应付变动不定的币制与物价的狂乱情势，乃有预收所谓“留额金”的，不能预先一个月如数缴交留额金，便只为中途辍学，10 月、11 月间，各地中学为应付狂涨特价，亦临时增收学费，引起许多麻烦，造成许多学生辍学。这样说来真是一件浪费而残忍的事。一位中学负责人叹息说：“学校何曾愿意中途加收学费，那也是不得已的事，只怪金圆券骗了我们。”这也是确实的事。当今，乘机从中牟利者也有之。例如年初有人替昆明私立中学算账，每班学生所收学费，存放利息每月只要一半的利息便够支付薪金、办公费等，每月可赚半数利息不计，还有学期终了整笔母金不动。但是，这种情形，除了九个大地方之外，究属不多。

四、初等教育方面，无论质与量均有低落的趋势。去年全国性统计数字尚未发表，以前年论，则全国有各类小学 290 617 所，儿童 2 381. 370 5 万人，均较前一年度为少。据基本教育会议中国筹备会所提报告，学龄儿童全国约为 6 700 万人，除已在校者约 2 300 万人之外，至少尚有 4 300 万学童，约为已入学者之两倍，被摒弃于教育圈外。近年来政府颇注意高等教育之发展，而忽略初等教育的充实，倒悬金字塔，殊欠合理。近闻教育部又有将中心国民学校及国民学校改为学之拟议，可见教育部之举措，已宣告完全失败。一年来唯一差强人意之措施还算是上半年中央拨出了 8 000 亿元的地方基本教育补助费，除一部分径拨各省市之外，存一部分代购图书仪器设备分发，平均每一中心学校可得一套儿童用书，每一县市可得两套教师参考用书，每一师范学校可得一套师资训练参考书，这倒算是一点实惠。

国内的教育如此，国外的教育又如何？本年四五月间暹罗政府之摧残华侨学校，逮捕或驱逐华侨教师，乃是对所有华侨教育以至整个国家威望的一种致命打击。暹罗教育部首先用“民立学校条例”来限制华侨学校的设置，后又特订“限制华侨学校新章则”，5 月间更断然下一道“取缔非法华校”的命令，按这一道命令则全暹 490 所华校都是非法的。这命令对于华校限制得最苛刻而不合理的约有如下几点：第一，凡在暹罗境内的学龄儿童都应强迫接受暹文教育，华校不得收容，如要收容，应先请示教育部给予办理强迫班证。第二，华校课程除每周可上五时半的华文之外，其余各科均应用暹文教学。第三，华籍教师必须接受暹文考试，否则不准执教。第四，华校除少数特殊节日之外，不得悬挂中国国旗，每日应悬挂暹罗国旗。总之，如果简单说来，则是暹罗政府不准华侨读华文，进一步说则是强迫华侨子弟接受暹罗化的教育，这事虽经各校反对内外呼吁，终究无效。中国驻暹大使，几经考虑，才送去一纸抗议书，却被暹罗政府拒绝，于是不能听从这种苛刻条件的华校 100 余所被封闭，百余华侨教师亦被剥夺资格。华侨不愿子弟受异国教育的，只好遣回国内就读，或聘请“游击教师”，组织“地下学校”，十分令人悲痛同情。暹罗是战败国，我国是所谓四强或五强之一，为战败国所鄙视压制，在今日这种情境，原不算一回事。不信，请看战败国的日本之摧残韩国侨民教育，亦正如暹罗之摧残我国侨民教育。特录通讯一则，以资比较：

> ……四月中旬，侨居日本朝鲜人，为朝鲜学校用朝鲜语授课将被日本当局封闭事，请愿游行“突然发生被杀被捕的惨案，朝鲜人其后所提要求甚软弱，但尚不为日方所接受：（一）服从日本教育法；（二）请日本当局亦推诚考虑朝鲜人的教育问题，顾及朝鲜学校特殊性，允许以朝鲜语授课，并读朝鲜课本；（三）请暂缓封闭学校。结果不允，惨案发生后神户一地捕去 2 300 多名朝鲜人，各校尚须遵从法令申请日政府立案”。(《中华教育界》二卷六期）谁叫朝鲜南北分裂呢。

一年来的教育可以告慰者少，而令人伤痛者多。教育的场所是社会，教育的基本条件是经济。今日的社会环境如此，经济条件如此，教育，教育，尚复何言。

·杂　　文·

百日祭文[①]

维中华民国二十五年一月廿三日，三弟隽之谨以至诚之心致祭于先兄载和之灵而哭曰：呜呼！物坚易折，花香早凋，兄以英才，遂遭天妒。不及回鲤之年，遽应修文之召。壮志未偿，抱恨而终。伤矣惜矣！追思昔日，自幼共处，质疑问难，有所之自。弟之蹇劣，赖以扶持，方冀荆树永茂，大被同眠，孰知兄竟薄命如斯耶！兄之病也，其积甚渐，其势则凶。堂上双亲，知其然也，急为延医市药，问卜求神。然而医乏术而药欠效，神无灵而卜不明，终不能挽此滔滔之数。呜呼哀哉！兄之病始于二月也，其初乍重乍轻，缠绵至六月乃少痊。兄以病体而居市廛，不堪车马之喧嚣。榕城地较清静，欲为休养之计，孰料徙榕未久而病剧变，才匝月乃撒手人间，踽踽自去。呜呼！一棺附体，百身莫赎，天涯海角，欲睹无期。十余年手足亲情，遽投流水；廿一载音容丰度，瞬作昙花。兄之嘱咐，弟悉铭镌在心，未敢稍忘。兄以《潮音字彙》嘱弟续编，然而字彙稿本注释过简，恐难应用，弟已毁而另编。九泉有知，当能谅之。兄之诗文等稿，弟亦搜集藏存，俟刊于世，然后方不负所托也。临诀之顷，兄言魂如有灵，当来托梦。我每盼梦晤而终不可得，即或成梦亦混浑不清，扑朔不可复志。呜呼！兄之灵其尝入弟梦耶？抑弟心情变态之所致耶？阿母亦常梦你而终无一言以相向。兄在九泉，其有知耶？其无知耶？嗟乎！自兹一别，渺渺茫茫，哭不见形，呼不闻应，虽有千言万语，岂能达于兄之灵耶？呜呼哀哉！呜呼哀哉！

---

① 写于1936年。署名潘隽之。

走马看花写潮汕[1]

——汕揭普纪行

“在家千日好，出门朝朝难。”这句话在中国是至理。一跨出门，谁都会骂交通当局。抗战期间坐“黄鱼车”的经验令人不堪回首，今日坐“黄鱼船”的苦处也有过之而无不及。

从厦门到汕头，是两个本国口岸。除了招商局的轮船外，就没有其他的船可正式收客，为了本国利益，禁止好轮收客；为了搭客安全，禁止小货轮收客。表面上是很对的，但招商局的轮船每月有几呢？客人的需要是其次，赚钱的算盘非打不可。厦门与汕头之间，客人究竟不多，而且短程票卖不起价钱。半个月肯敷衍一次就算天大的好事。记者为了赶时间，没福气等候正式的交通船，只好做黄鱼坐载重不上 30 吨的小货轮，在东海的边缘来去。

行走厦门与汕头的小货轮有七八条，多是战前的旧轮略加修理的。舒适是谈不到，安全也成问题。2 月 28 日夜，风平浪静之夜，鹭江的水面像镜一样波纹不兴。可是记者所坐的浩生轮出海口时颠簸得叫人发晕。假如稍有风浪，真是不堪设想的事。有一个朋友就因为坐这样的小轮，13 个钟头的水路走了 5 天，绝粮 3 天，几乎连命都掉了。

货轮当然以载货为主，对于搭客的安全与舒适的设备不好原无足怪。但滥收客人，应该有所限制。记者搭浩生轮时，小舱中已挤了 30 多人，后来者只好露天睡在凸形的货舱板上。青天做被，大海做床，月娘之笑吻着游客的

① 原载《星光日报》，1936 年 4 月 14 日。署名隽之。

脸，倒是蛮诗意的。只是，假如有一阵大雨或是一个大浪，不知如何处理。回厦门时搭的是国安轮，因为抢得早，租到一个一尺半宽的睡铺，睡铺正高架于客舱上可以俯瞰全舱。这是人的生活么：舱宽一丈二尺，长一丈五尺，在这两方丈中，还安置一个灶。搭客36人，连行李堆在一起，坐的位子已经找不到，哪谈得上晚上睡觉。等到船开时，坐的人支持不住，只好在行李上横倒斜放，互相枕藉。有些人张开口无处呕吐，只好吐在别人身上或头上。舱里没有窗子，空气闭塞，臭味难闻，每个人都被熏昏了，也管不得身上肮脏，吐出来的脏东西就这样一片糊涂。睡在灶旁的人，已经滚到灶门口，满头火灰，这还算是顶舒适的位子。起初，小孩子尖锐的哭声，大人们低沉的哼声，混成一片，到船颠得更厉害时，除了呕吐声外，就只有一片死寂。第二天起来时，看到每个人的脸上都盖上一层死灰色。这夜的折磨是多么可怕呀！

货舱是空的

汕头是一个商业较繁盛的商埠，所以战后市面的繁荣较快恢复。在市区行走，已没有战后的感觉。小公园前的行人，成天成晚都像迎神赛会一样热闹。但是崎碌一带，却还堞圮毁，破碎不堪。乌桥一带已成废墟。

汕头有许多批发商行，战前占全国3%以上的贸易额就握在他们手中。战后他们认为有更多的发财机会，而且资本的数字不断在扩张之中。但是仔细到招商路、海平路、海关前走一走，你曾惊奇于以前装满了货的货舱现在却结了蜘蛛网。因为各商行的货物，只要在自己的行中辟一间小小的房子，就够容纳全部了，没有人愿意缴交高价的寄舱费存到舱中，因为这个缘故，招商局正在考虑出卖他的舱房。

这种处盈实损的情形，使有远见的商人深受不安。但投机的商人却仍拼命往牛角尖钻，暹罗还未自由入口，炒米商人趁这机会大炒特炒。记者离开汕头那几天，米价正由10万元、11万元、12万元扶摇直升。

据官方报告，汕头人口21万人，较战前少六七万人。不过因为征兵正在认真地展开，户口册是否完全正确颇有问题。娱乐场所有电影院大光明、胜利、中央三家，规模都较厦门的稍大。潮剧院有大观园一家，还有中山公园附设的大同游戏场，开演时有潮剧、电影、幻术、南下戏等四五台，但天气还未够适于露天的时候。

别具风味

在市政府前原德国领事馆址中，日本人加筑一座神社，别具外国风味。重建后，神社改作高参议会之址。而日本人从汕头石炮台搬来的两尊旧炮，作为战利品放在神社前扬威，到现在仍原样安置，不知道是不是当作再战利品看待。

汕头的路政是值得称赞的。短短的一年，全部马路差不多都恢复旧观。行走在平坦的柏油路上，比行走在厦门那崎岖破碎的路面上痛快得多。不过，汕头市政府的收入，我想是较厦门市政府强一点。最近的营业税，市政府和商会正在讨价还价之中，市政府索值 21 亿元，商会答应 14 亿元，就说 14 亿元吧，这一笔数目就颇可观了。

揭阳的罂花世界

揭阳的城墙在战时就被彻底拆光了。当时尚未失陷，据说拆城是为便于将来反攻，这件事作何解释，到现在仍令人费解。不过拆城已是事实，拆后的城砖出卖了并没有作铺马路之用也是事实，所以到今日那以城基筑成的环城马路仍是一片泥泞，虽说比乡下的田基宽上十倍，但路况还是田基那样。

3 月中，揭阳发生了一件轰动一时的割烟贪污案。县长委员，是一位年近“知命”的老人，平时在教育界和领事馆做过一些事，也喜欢舞文弄墨。好人坏人原很难断定，省政府丘秘书长是他的门生则是事实，他肯出来当县长，则是一件极简单的事。上任才四个月，正逢秋收征实和春初割烟两个重要时期，不知道老先生是有恃无恐抑或是待人不周，竟致罗主席巡东江时被地方士绅所组织的揭阳各界割烟清查团拦轿告状，把县长受各乡贿赂数字一五一十逐条公布，还挑了几十张烟花田的照片以说明县门虚报割烟。一时闹得天翻地覆，黎县长不得不被撤职，被武装保护出境。警察局局长倒了霉，撤职之外还要严办。县长一席由工区专署秘书张美淦暂代，割烟工作正在积极开展，但烟花早过收获期了。

种罂花，个个发大财

建新厦，娶新妾，不愧胜利民！

其实揭阳附近各县没有不种罂的，不过揭阳是钱坑乡种得最普遍就是了。就揭阳钱坑乡来说，实在令外省人不敢置信，钱坑林姓种烟，可冠全坑；李姓，烟四大约数手亩，先后三次（即快、中、后）。早烟自去年各收后，完全种好，快的年底正月可收，中烟正月超二月可收，缓烟还走结蕊花呢，每户多的种十亩田左右，每晨可收烟菜五六斤，余的一二亩多少不同，总之每户一天之收入十余万元至五百余万元，结果多的总收入可达六七千万元。钱坑乡可分四地区来说，种烟最多的是顶乡（即浙畔等村），其次是东门、芦谦埔，再次即西门，今奉割烟的已有三次了，前两次都是贿赂钱的，钱坑两次费了3 000余万元。这样黎县长给罗主席撤职了，这次是张美淦县长来割的，一次割清，先割的就吃亏，有的卖了谷，买了粗，将烟培植得发绿可望，还未收一文钱，就被割去，当然苦痛。在种烟期间，最有趣的，是每晚田野一盏盏的烟灯，明的、暗的、近的、远的，令人目眩。还有若晚上的烟割后，夜间被人偷收去，每早走到田里，都是哭父哭母。每天各条路上，都有排拿被席、无精打采回来的（因他们一夜到田里去割收烟，并在田里露宿）。钱坑有烟可收了，猪肉3 斤卖到5 000 元，每天猪肉都不够卖；衣服，大都很漂亮；新屋也接二连三地建起来；有的也娶了小老婆，其实怎么也说不尽。

平心而论，揭阳北部山中诸乡，哪一年不种烟，哪一年割得掉，割烟谈价容易，谁愿干这种吃力不讨好的工作？所以受贿虚报，原是理所当然，也成为大家所默契的事。既是例行公事，原不必大惊小怪，只怪罗本太恃强傲人，只知对上逞强，不知对下敷衍，在此“民主”时代，自然站不住脚。

普宁交通难

普宁城是潮属各县中县城最小的一个。说它小，房子可不小。普宁给人的印象是城小房子大，大房子占去半个城。这些连绵的大厦都是前清方提台的祖屋。而直到现在普宁城还是方家的天下。

普宁城没有水路交通，只靠一条公路，战时公路被破坏了，这小城市就更加闭塞。不过战时情形特殊，人们不得往偏僻地方，现在胜利了，普宁的公路仍是一丘一丘的田土，普宁城就更荒凉了。

这条省道，桥梁颇不少，政府无力修复，已包给华侨林连登专利 30 年，条件是由林某修葺所有桥梁，政府则命令各乡派工修路。林某已准备开工，但潮阳有部分人申请保留路权，因为那一部分桥梁较少，不需要林某出资，于是这件事就搁浅。行人只能依靠脚踏车来维持交通。

战时在交通困难的情形下，训练出比车夫们惊人的本领。而在这一带却训练出脚踏车夫惊人的本领。因为公路破坏了，客人和货物来往，只能靠脚踏车运载。乡下的小路，行人来往已是困难，这批脚踏车夫却能载着行李和人娴熟地在那些小路上驰骋。记者从普宁到流沙，从西社回大县，就是搭这种车子。小路通常宽二尺，但很多只有一尺宽，高低不平，脚踏车便在这样的小路上东拐西弯，和行人擦身而过。被载在车上的，随时捏着一把汗，怕跌到田里或路旁的茅坑中。但是，据说脚踏车失事几乎是不会有的事。在流沙时，记者正和朋友们散步于残破的公路上，公路中有一道宽约二丈的深沟，上面架一块宽八寸的木板。一辆脚踏车正从远处驰过。我们总以为他会在沟前停住，不料车子却改速度，从我们身旁擦过。正是说时迟、那时快，车子已经从木板上滚过去，我们相视伸出舌头来。

公路总会有一天要修复，生活于公路上的脚踏车夫不下 5 000 人，他们正愁着要失业了。

师荒问题严重

在潮属，一向待遇最差的中学教员，近来竟走起红运，待遇普遍提高至一般公务人员之上，尤其是乡间的中学，以米或粟计算。每学期一般上有七八石米和六七十万元，折合起来达 200 万元，较多的也许达 300 万元。其中差异当然也甚大，诸如汕头市中的教员待遇便较差，市中教员每月收入尚不及 20 万元。造成这种现象，自然因为教师荒，大家争揽教员，不得不加重学生的负担来提高教员的待遇，所以学生每学期所支的敬师米达一石以上的，师范学校则扣除政府发给师范生的公粮来敬师。

提高待遇本来是解决师荒的一个基本办法，但是在语言的条件限制之下，结果是你争我夺，并不能向外寻找较多的教员。因为潮属各中学的教学，全用方言，尤其是乡间学校，用国语读书学生听不懂，所以无法利用外地教员。潮属既无大学，到外地读大学的未必有回家乡来，回家乡来的更未必肯教书。于是本地人才外流，外地人才无法吸收，师荒问题毫无办法解决。近来创办潮州大学的呼声甚高，这也许是一个彻底的办法。

滥竽充竹

因为合格的师资难寻，中学教员十之八九是不合格的。能有大学肄业一两年已经是了不起的人物，高中毕业生教高中占半数以上。因此，学生水平之低落，自然难怪。另外一个原因，则是私立学校之滥招学生。在汕头，私立学校收生是毫无限制。只要交敬师米便可收容，多多益善。学生为了高攀，学校为了增加收入，蹲着读书的学生数不胜数。汕头学生数最多的几个中学，都是私立的。而办私立中学被公认为一门“最赚钱的生意”。一个办学的朋友曾侃侃地谈他的生意经：“多收学生，少聘教员，学生的敬师米和学费在开学前一次缴交。这笔钱拿去放息，每月的利息够发教育的薪金和做办公费且有余。到学期末，这笔钱不是原封不动么。”

敬告检查者[①]

汝所欲检之字。汝会审其部首。计其画数。在某部某说中，或某画之前后数画中细之乎？

汝所欲检之字。或本不在此部（如巡在辶部，不在巛部）。汝会审其部首。在他部中求之乎？

汝所欲检之字。恐点书有误。致求之不得。汝会细加考核乎？

汝所检得之字。其注音之字。或偶尔汝所未识。汝会检此所注之字以求之乎？

汝所检得之字。其注音之字。或不止一读音。

汝所检得之字。其注音中。有：㊀㊁㊂（上）“下”等符号及两字并合者。汝会考知其意乎？

有不明了者。请汝于序列中细求之！

① 原载《潮汕检音字表》（改订本），1936 年。署名潘隽之。

我们的“野火”[①]

我们的郊原，满布了纵横凌乱的枯枝，野草，荆棘；它，挡住了旅人的征途；它，阻碍了战士的前进；它，傲然地，包围在我们的前头。

沸腾的热血在我们胸里烧！我们，我们，能忍耐么，这样的压欺！

开始了，我们乘着风，点起火，勇敢地，前进，风送着火，火趁着风；烧，烧，烧！滚着凌乱的黑烟，激起冲天的烈焰；看！我们的“野火”，烧平了纵横的郊原。

渺垠的道路，青绿的田园；将在我们的眼前展开来，我们歌唱着，

是谁，阻碍了我们的进路，障碍重重？

是谁，阻碍了我们的进路，障碍重重？

大家莫叹行路难；

叹息，无用！

叹息，无用！

我们，

我们要，点起浩浩烈烈的火把，

对准了它烧！

烧！烧！烧！

看木倒草颓，狼慌狐窜！

烧平了郊原，

① 原载《岭东民国日报》（汕头）副刊（《燎原》创刊号）。民国二十五年（1936）。

重新来开垦。
挺起了心胸，团结不要松！

（民国二十五年十一月写于燎原文艺社）

国立厦门大学附属小学校歌[①]

① 约写于1946年。

复 刊 词[①]

在失调的社会中，理论与事实常不一致，尤以教育界为甚。一向，中国的教育理论披上美国式的大衣，直到今日所走的还是欧陆派的途径。理论告诉我们，教育应该以儿童为中心，适应儿童生活的需要，今日对儿童的教育，还是为应付成人的成见而设置；理论告诉我们，教育应该顺应儿童的天性，让儿童在自由活动中成长，而 90% 的教师是难以容忍一个好问、好动的儿童的；理论告诉我们，课程编排应该依据儿童心理原则，但曾作为全国统一课本的国定本教科书就是一堆以逻辑方法砌成的死文字……这类例子太多了。

因此，聪明的教育工作者为了“适应”现况，他们撇开理论，轻视理论，认为理论是空洞、桎梏的。从事教育工作，最可靠的乃是经验与权变。这种想头是在为自己的行事打算，看似颇有道理，但却表明教育工作者向传统势力低头。

我们坚信理论是实践的指导。没有理论的实践，即使在某特定的阶段能够圆滑地应付过去，但这种实践缺少远见，是浅薄的；没有方针，是不会前进的；没有标准，教育的效果更无从估量了。我们坚信，唯有逐渐向理论接近的实践才是可贵的。

当然，这里所指的理论，应该有一个解释，假定是在一个真空环境，一个未来可能有的环境或另一个国度的环境而空想的理论，那么，这种理论不会给予我们多少帮助。我们所重视的理论是由事实出发的，它一方面具有高

① 原载《星光日报》教育学会 1947 年编《荧光》复刊创刊号。署名编者。

超的理想，一方面顾及时间与空间的条件，实实在在可以指导此时的教育工作。

教育学会于1944年一度在长汀《中南日报》副刊发行了八期《荧光》，现在又重新问世，特撰此复刊词。

题　扉[①]

我于 10 岁时开始写作，每发表一稿，必珍重剪存，集贴成帙。至 20 岁离家时已颇有可观。当时印拟题存稿为 20 年前。盖知离家为我生活之大变，今后志趣必不同于昔日。然卒未果。今世返梓，重整旧稿，已遗佚泰半。如民国二十二年发表于《汕头市民日报》之第一篇作品《戏剧的宣传性》于我一生，当为至有意义者，今亦不获复见，所幸存者尚多，对卷怀旧，儿时心情，一一涌现脑际。

我执笔最勤为 15 岁至 19 岁间，此期作品杂乱无章，模仿多于创见，自无中心思想之可言，此中所存者不遇发表稿件之半。而获发表者又不遇写作稿件之三四，盖笔墨幼稚，十之六七为编者所弃也。离家后，困于学业，忙于工作，言慎笔艰，恒年不著一字，较之 20 年前不及远矣，今并存之，以为 17 年来习作生活之大较。

民国三十六年六月十三日
潘隽之于厦门大学

① 写于 1947 年。

朗诵诗与用韵问题[①]

提起了朗诵诗，大家便会联想到“音韵”。虽然没有人固执地主张过朗诵诗必定要如旧体诗那样严谨地押韵，更不会有人认为音韵是朗诵诗的唯一或最主要的条件，但写者、读者，都不自觉地受着音韵的统驭。许多标着朗诵诗字样的诗其与非朗诵诗最大的分别就在于加上了韵脚。一般人读完一首诗直感地判断这首诗可以朗诵与否，其最大根据也常常是音韵响亮与否。元宵兴高兰朗诵集一类的诗曾经为人热烈朗诵，倒不是因其句子明白清楚易使听者了解，而是因为其韵脚响亮，如：

元宵节是美丽的，
请看看天空再看看地，
地上的红灯，
辉映着天空的亮月子。
……
圆圆月，
照着残破的国土，
照着千万双眼中的兴奋，
也照着千万条眉间的愁苦。
有多少条街巷，
多少盏灯在欢笑中吐红；

① 原载《星光日报》，1947 年 7 月 21 日。署名隽之。

又有多少条街巷，
多少门缝，只塞满阴冷。
今宵，此处，
月白，灯红。
我知道多少流亡人，
这时想起了乡井的温馨。
……
北国的顺民，挣断了奴隶的铁绳，
崇高的泰岳，在旭日中，显露出头峥嵘。

又如高兰的《我们的天堂》

诗人哪！
寒山寺的晚钟，
没有了声响；
游客啦！
虎丘的夜月，
它多么凄凉！
丘王墓，
苏小坟，
英雄的忠骨，
美女的柔肠，
曾在那里埋葬！

这些，不单是炼词很美，用韵也很严，诵起来固然锵然有金石声，但要让听的，尤其是水准不高者一般听众了解其中意义，则颇不容易。

朗诵诗之所以会无形受音韵的统驭，自有其必然的（或说是传统的）原因存在：因为朗诵诗之所以与“写在纸上的诗”不同，乃在于不是利用视官的感受（通过诵诗者的表情姿态，使听众加强感受，只是一种辅助的作用），而是利用听者的感受；分行，高低格，炼字等，在朗诵诗中，都相对地失去作用，而代以顿挫抑扬以及隐晦的字音，音韵能增加声调的美感，所以就被认为朗诵诗的要件。于是写者、读者，都直觉地感到有用韵的必要。其次，如钟敬文所说："诵诗是诗的还原，又是诗的跃进"，所谓"诗的还原"，意思是说诗的发源是起于品头的传诗，如三百首的"风"或今日的山歌，其后被谱上了诗，又其后"写上了纸"，逐渐成为纸上的东西而失去了"诵的价值"。现在朗诵诗，不但要还原把诗作成可诵的艺术品，且还原成为大众能懂的艺术品，大众能懂的艺术品如山歌之类是有韵的，所以朗诵诗必须有韵，方能达到"还原"的任务。这样，音韵之用，在理念上也有了根据。

《莺飞人间》的技巧[①]

抗战期间，中国的电影在技巧上甚至题材上，都显得退步了。但中电二厂的《莺飞人间》却异军突起，给人以新鲜的印象。

最令人注目的是剪辑的功夫，在这里任何一个场面都是完整而紧凑的，没有拖泥带水的情形。这种技巧正如在处理一篇小说的题材一样重要。不过有些观众水准不高，不能跟着场面“跳跃”，是值得注意的一件事。

歌曲是作为本片的宣传材料，有人认为这片中的歌曲多而不精，这是事实。但本片主题在于将音乐送给大众，大众化，是更重要的事。所以本片在这方面并没有错，因为片中歌词都极浅白易懂。但另有一矛盾现象，则即华丽的舞景，处处可见出演者是在苦心孤诣地模仿好莱坞的大腿舞与华丽的布景，从本片的主题来看，是否是必要的？

本片最使人不舒服而也是最大的缺点，是那笨拙的“说教”。“主题”或者“宣传性”应该通过艺术的形象化来表现才有价值，若由作者直接说出来，价值要降低了。这是处理一切艺术作品的共同原则，可惜却被忽略了。

① 原载《星光日报》，1947 年 7 月 28 日。署名隽。

闲[①]

什么时候最闲呢？小病。我生了一颗没有生命危险、而又不能够工作的疮。我席地躺在院子里，过着一种空无所有的闲生活。我望天，看蚂蚁，注视着孩子脸上冷漠的表情。

天是蓝的，无限使我想用眼睛探究它的深处，当然那是不可能的事。我只能用想象探究它的深处。可是连想象也无法达到。小的时候，我曾经想象这深邃的天到了某一个限度，有神仙用一堵无限大的墙把它隔断起来，然而墙以外又是什么呢？不管是空无所有或是神仙的世界，总归还是无限深地延展着。于是我的想象失败了。直到现在我仍然无法想象那无限深的延展，不管是向左，向右，向上，向下，最后是什么。或许，我的想象的缺点就在“最后”两个字，人类要以贫乏的逻辑去度量地球以外的存在是徒然的。

当我低下头来看沿着席边奔跑的蚂蚁，它们是那么样的执着，而且争先恐后地合作着，我用 D. D. T 的喷射筒在它们的队伍中喷射了一下，雾点落到地下，它们慌乱了，挣扎着，然后被一阵风把那轻浮的尸体扫到一个角落里。这些雾点是从什么地方来？我为什么要弄恶作剧？这些事情蚂蚁是无法了解的，正如我不能了解天的情状一样。人类贫乏的逻辑除了人类以外就不能应用了。

孩子的啼声引我跑到孩子旁边去，他不哭了，只用没有表情的眼睛汴视着我。我逗他笑，他不笑；我吓他哭，他不哭；我在他脸前装作种种的表情，

① 原载《星光日报》，1948 年 8 月 22 日。署名隽之。

他总是报我以一种冷漠的表情。“以牙还牙，以眼还眼”，无论如何，他是不屑一顾的。成人为一些“理所当然”的事，争执着，但对孩子来说是毫无意义的。同样，孩子做出自然的反应或动作，成人也认为毫无意义；成人要以狭窄的思想所定出来的贫乏的逻辑去度量孩子们空白的或许是无限丰富的想象，更是徒劳的。

朋友，我希望你有一场小病，躺下来望天，看蚂蚁，注视孩子的脸，你会惊奇于你的生活与想象的贫乏，体会到超乎你的逻辑的体验。

天下父母心[①]

看过本片的，多把它认为是一部激发人类爱心的伦理片，其实作者意愿，恐怕不止于此而已。英文原名直译为“开于淤泥的花朵”，片中亦屡次指出成功的名人不少是出身于孤儿。由此可见，更重要的是在驳斥阶级御用的遗传学说的谬误，指出环境与教育对儿童的重要性。所谓“独孤臣孽子，其操心也危，其忧患也深，故达”，确系有理。行为主义学家瓦逊的名言也值得我们深味，他说：“我非常相信，历代为骗子、为凶手、为窃贼、为娼妓的人们所生的婴孩，只要是身体强健，没有缺点，我们都可以将其养成为善良的人。……有好多好多的儿女们，是为不规矩的父母所生的，因为他们所处的环境，不能使他们长成为别的样子，只好长成为不规矩的人们。”有许多高贵的人们，把可爱的蓓蕾残酷地摧残了，却根据表面的统计数字来证明他们是贱胚，多卑鄙的企图。

本片一个最大的优点，是在于能把握住人性的发展。爱娜海礼尼之所以富有广博的母爱并非生性如此，也是在环境的磨炼中逐渐成功的，所以她曾拒绝医生要她收养孩子，她为了私爱汤尼而打算离开这个嗷嗷待哺的婴儿。“人总是一个人”，作者并没有把爱娜海礼尼一开始就写成一个无瑕的伟人，这是生理的。

---

① 原载《星光日报》，1947 年 8 月 15 日。署名隽之。

圣女之歌[①]

被影院宣传已久的名片《圣女之歌》在厦门放映，看过此片上集，我心中颇觉怀疑，如果说此片之所以得奖是由于它的历史价值——宗教上的。那么被视为荒诞有害的《千里送京娘》不是有更高的民俗历史价值吗？就说是为了表现 19 世纪中期那种落后的迷信心理和教堂的无能，也不该把它用严肃的态度放在 20 世纪的民众之前以至有意无意地做迷信的宣传，我真奇怪国产的神怪片被禁，而洋货的神怪片却被推崇备至。

或者我这样批评有人会认为浅薄，那么从艺术的立场来估计它吧！虽然下集未看到，上集却十分使我失望，那冗长而无味的对话，那笨拙的化装——尤其是假眼泪和假胡子把正角装成丑角。除了开幕时第一个镜头，所有的布景都是那种粗恶。

片子常常断，也是一件憾事。

① 原载《星光日报》，1947 年 9 月 5 日。署名隽。

春之梦[①]

耶稣可以传百世而仍为亿万人所热烈崇拜，其中一个重要原因，就是他的门徒们能抓住他被钉在十字架的不幸，作为“舍己为人”、自我牺牲精神的宣扬，以引起人类感情的共鸣。许多慷慨牺牲、可歌可泣的英雄豪杰们，尽管他们的牺牲是出于不得已或囿于好名，但人们之所以景仰他们，却在于认为他们是舍己为人的。一个人愿意牺牲自己去成全他人，把“他人的”看得比“自己的”更贵重，虽出于好名，已是难得，若牺牲之后，连“名”的代价也没有，这种精神更不是常人所能做到的，自然感人也就更深。《春之梦》之所以能赢得无数观众的感动，就在于它深深地把握住蕴藏于人类间的这种共同情感。当丁太太为维护她丈夫前妻的女儿的青春与她丈夫的健康，不惜蒙羞让人永远唾弃，怎不使人流下几滴无可奈何的同情泪呢？

不过，以上所述，只是剧情的次点，却不是本剧的主题。说起本剧主题，却有点凌乱，可以说是“婚姻与门第”，也可以说是“青春之易逝”，或者说是发扬前述那种“舍己为人”的精神也无所不可，好在整个剧情的进行安排得很适当，很紧凑。至于看后的感想，见仁见智，横竖也都可以。微有缺点之处，却是利用“偶然性”之处太多，因此颇觉不自然。还有丁太太可以跳进王少伯的房子救丁小姐，而丁小姐却不能跳出来逃走，也是令人不解的。是否非如此便不能引出下面一段故事呢？我倒认为不见得。

久违了的老牌影后胡蝶，在演剧的技巧上确仍高人一筹，不是许多后进

① 原载《星光日报》，1947 年 10 月 14 日。署名隽。

所能修得到的。只是，太胖了，扮少女时不能引起观众的“青春美感”；扮少妇时又不能与“太太也胖了许多”的身份相切合。我觉得胡氏重作贵妇，颇难安排。她过去的身价限制她不便于当配角，当主角嘛则很少有剧本需要这种发福的胖女人。陈娟娟扮少女是再好不过的。这位老牌童星，如肯继续为影坛献身，应该尚有 15 年红日子过吧。

假如我能够知道明天的事[①]

《迷魂艳遇》是叙述一个新闻记者从一个鬼魂那里，能看到明天的报纸，由此得到消息灵通的虚名，但也由此发生许多不幸，诸如政府要把他关十年，他的爱人不得不跳河，后来自己的性命差点被歹徒枪杀。最后，鬼魂对他说："知道明天的事，对于你无益，不但无益，而且是自找苦恼。"想想，假如我能够知道未来的事，知道我哪一天要死，我还能够享受目前的快乐么？片中的故事是虚幻的，故事的教训却是实在的，不但知未来的事如此，知他人的事也是如此，你知得越多，你就越苦恼。"不痴不聋，不作阿翁阿姑"，话虽消极些，但也的确减少了不必要的烦恼。

这是一部好片，演员的技巧运用得很好，全片尽在极度紧张的气氛中，说话紧张，跑步紧张，思想也紧张。这种紧张而逼真的演技，和一般影片慢吞吞的动作、咬文嚼字的说话，形成鲜明的对比。我希望国产片能多学这种技巧。

① 原载《星光日报》，1947年11月4日。署名隽。

黄色的倾向[①]

——关于丁流的《莫大少爷》

丁流的作品，据说颇受一般小市民的欢迎，这种欢迎的心理，说起来很简单，正如上海的黄色新闻纸销路每较大报为佳一样。试将近日在《星光日报》连刊三天的小说《莫大少爷》为例，便可证明此言不虚。

《莫大少爷》写一个善于吹牛的无赖汉，首先，开场便是一大段荒谬的色情挑拨来引起读者的注意，叙述一个曾祖父和曾孙媳妇通奸的故事，故意使用猥亵的字眼，以满足一些读者的色欲。其次是一个并不出色的恋爱故事，此故事可以引起读者读下去的欲望，但却减损了作者所应强调的莫大少爷的吹牛本领。最后，自然免不了有一个拥抱之类的场面。这一切，我仔细研究，觉得并不是衬托莫大少爷这种人物的必要条件，而是作者故意牵强以迎合读者的低级趣味。

即使退一步说，作者认为莫大少爷这种人物，总挂着一些色情的故事，为表现莫大少爷这种人物的性格而必须顾及这一方面，也大可不必那样忠实地把那些话百分之百地写出来。写小说是不能把真人真事原原本本“记”下的，而是应该选择材料。选择什么材料呢？选择足以代表许多事物的材料，这就是所谓“形象化”，由部分暗示全体，尤其是这种色情的话，应该暗示出之。如果说连男女之间情爱的动作也必须细描出来，那未免太“忠实”、太低俗了。

说起形象化，关于作者叙述莫大少爷的恋爱故事所用那样多的笔墨，我

① 原载《星光日报》，1947年11月5日。署名隽。

深感实在是浪费，那一大段公式化的恋爱故事，大可由作者以几句话带过就算了。

其实，作者的社会经验很丰富，想象力也甚强。如果好好地循正路走，可以写得更好。但若太想取巧，必致成为黄色作品，只博人一嘘笑，没有价值可言。

侨师话剧演出述评[①]

国立第一侨民师范学校，此次为庆祝校庆，演出独幕话剧七部，在厦门市沉寂的话剧界中，实是一种可贵的收获。这七个剧本，选材都很好。演出的技术方面，灯光、化妆、布景等需要较专门的技术，虽然难以令人满意，而演员的努力，大体上可说已达到他们所能达到的水平了。作为一般民众演出，可说相当成功。可惜该校位于曾厝垵乡间，外界未能来参观，民众也只限于当地少数乡民，因此少有知者。记者特此略为介绍，希望能作为一颗投掷死水中的石头。

演出剧本，计有《茶宴》《一袋米》《盼望》《不是戏》《夜半歌声》《屏风后》《石库门里》七部。兹逐幕略为述评如次：

一、《茶宴》

这是一个教育意味很浓厚的剧本，其间插入一个令人黯然的恋爱故事。故事大要是写上海某大学校长何，因学校经济困难，势难维持。在无可奈何中只得召集四十余年服务教育中所培养的一批学生，开一茶会，商议进行募款。

这天到会学生，有大通银行经理王耀林、副经理张有刚。这二人原奉有银行董事长之密令为侦查五个月前卷巨款潜逃之前任经理林怡中而来。怡中

① 原载《星光日报》，1947 年 11 月 14 日。署名忆琴。

也是该校毕业生，思想进步，关心农民艰辛，前因办理农贷收不回贷款故被迫卷逃。此次因亟欲一会旧日情人陈漪芳小姐并向母校汇捐而冒险来参加茶会。同时另一毕业生遍汇机器厂董事长钱浩然为慕当年陈小姐风姿，也借茶会之机会应约而来，但陈小姐早已嫁给另一毕业生孙祖莱，并同在校中任教。钱浩然为陈小姐之故，殷勤献了100万元捐款，林怡中则尽自己所有能力，为母校解决全部经济困难，捐上1 500万元。王耀林和张有刚，则一毛不拔，并以电话通知董事长约警来捕林怡中。林遂当场被捕。执行逮捕的探长李仁源也为该校毕业生。

何校长亲见自己毕业生中，从恶者得势，向善者遭殃，大受刺激。一番训词，使李探长受感动，设法释放林怡中而反以囤积居奇罪名逮捕王、张二人回警局。林怡中是有为青年，陈漪芳则落花有主，二人不得不黯然别离。

本剧主题在表现老教育家辛苦工作四十余年，虽然波折很多，困难重重，所培养的学生，为非作歹的甚多，但有为者终究不少，教育工作者终能获得他应得的慰藉。李探长之被感动，则作为剧情枢纽，以此扭转全剧趋势，加强观众对教育力量的认识及对老教育家之崇敬。师范学校选演此种剧本，是极恰当不过，不但可以教育民众，而且可以教育自己。

演员的技术，不在矫揉造作，过于庞大，而在恰如其分。每个演员若能体会角色的性格地位，安“分”地表现，则全剧人物，自能平衡地、和谐地发展。若一两个角色，过于欲表现自己以致太露锋芒，反而失去重心。这剧中的演员技巧正可作此种理论的明证。台下观众，同声称赞饰何校长的技巧最好，所谓好，实在就只是他能够安于一个稳重的老校长的“分”。其次饰陈漪芳、孙祖莱一对夫妇的也颇得体，因为陈的质朴、孙的忠恳都恰如其分地表现出来了。至于饰钱浩然、王耀林两角，则吃力而不见讨好，因为他们太过做作，令人有看“戏”之感。

布景颇雅致，只有一个缺点，就是台面太小，人物太多。圆桌占去1/3以上的位置，两把靠背椅遮住钱浩然的全身，观众看不清演员的活动，是很不好的。

二、《一袋米》

这个剧本很紧张，悲惨通俗。在农村演出，确是一柄剜心的刀，一把燎原的火，一个钟头的演出中赚了不知多少的叹息与泪水。

故事是写江南某地发生旱灾的农村，老农民李树发一家三口，辗转于饥饿线上，媳妇借不到米，孙子吃观音土快胀死了。人们逃荒，他不愿死在外边。人们组织麻雀会去向囤商索米，他不愿做出非本分的事，体现出一个爱乡土而善良的老农民的品格。他只想地主会可怜他们，官府会救济他们，但这不是一个讲人性、讲良心的年代了。单丁孙子长根死亡的恐惧逼得他无可奈何，再度往地主家中借米。途中昏倒，一个行人扶他起来，他却横起心杀死那行人，夺取他所带的一袋米。回到家中，适逢区公所的职员蒋三爷来收献给王营长的摊捐，李树发无钱可捐，蒋三爷欲抢米抵款；媳妇与孙子号天哭地和他争夺。袋子破了，原来是一袋观音土。“他是跟我们一样的人呀!”善良的老农民在极度的良心谴责中自杀了。

剧作者的舞台经验是无可置疑的，每一句对话都不浪费，每一个场面都那样紧张，处处强烈地打动观众的内心。荒年里农民的穷苦是穷苦到连一滴水都得不到，地主的自私是自私到毫无良心，劣吏的狠毒是狠毒到失去人性，向良民摊捐献媚后杀戮村民的王营长，吃观音土是天意，处处是强烈的讽刺，剧本本身是百分之百的成功的。

角色中最重要而也最难演的是老农民李树发：以一个有善良的心、简单的头脑、虔诚的迷信、为了爱和生存而做出杀人的勾当，其心灵的紊乱、矛盾可想而知。要表现此种心理非有过人的体会不可。大体说，饰此角的演员是最成功的，只是化妆太差，红颜胖颈嫩腿，看不出是饥苦中的 60 来岁的老人。饰长根的化妆较好，只是没把握住这个角色的地位，一两次啼哭带笑尤为遗憾。饰长根嫂的则化妆既不像一个 30 多岁的寡妇，动作姿态尤不像在饥苦中的难民。这该是走惯捷步的学生所最容易忽略的事，布景道具还简单清楚，但疏忽处甚多。如门不像农家的门，壁不像农家的壁，草鞋、木桶太新，顺宝头衣服太好，都不配剧情。

三、《盼望》

《盼望》为曾经轰动一时的独幕剧，剧作者的大胆，剧情的突出，使本剧令人异常触目惊心。剧情是写一年以前，北方某一乡村，因为曾被共军解放，中央军开往围剿，因恐实力不足，将未遣回的日本降军编为志愿军，将收编的伪军编为先遣军，进攻该村。但共军已经先开走，剩下该地的自卫队。这批自卫队在抗日时曾给日军带来很多麻烦，于是日军与伪军遂捏造情报，指这批自卫队即共军。这种借日军、伪军武力剿自卫队的惨象，用张保长所说的话："太残忍了！"

在这惨象中，穿插着一个更悲惨的故事。张保长的儿子于抗战发生后，即投军参战，在中央军中升任班长，保长的孙子，也就是张班长的独子，却在自卫队中当队长。离别八年，父亲认不得儿子，儿子也认不得父亲，儿子一枪打不中父亲，父亲却一枪伤了儿子的臂膀。后来儿子因伤口滴血，被伪军的魏参谋发现，儿子不愿连累他人，从人群中挺身而出，便在日酋命令之下，由父亲就地枪决。等到张保长知道"盼望"了许久归来的儿子杀害孙子，当张班长知道自己亲手杀的就是日夜所渴望见到的独子，当妹妹晓得八年盼望如今回来的父亲竟是杀哥哥的刽子手。这极尽人伦悲惨的打击叫人如何吃得消？最可怜的是张班长认他是儿子，女儿不认他是父亲。为了服从这军人的天职，张班长饮弹自杀。

故事是现实的，剧中人的遭遇是许多无辜的民众亲身经历过的。张保长、张小福每句沉痛的话，正打痛每颗沉痛的心。剧作者于写本剧时认为本剧的演出有效期只一年，可是现在一年过去了，它仍是有效的。

剧作本身是如此动人，台词又是生动有力，所以演出的成功较易把握。每个角色也都演得颇好。饰班长的身材魁伟，正像一个刚直的军人，只是在发现自己打死自己的儿子时，他的表情就不够深刻了。在这个高潮的场面下，饰妹妹小凤的应该悲号惨叫，以造成悲惨气氛，可是饰张小凤的演员不够卖劲，所以降低了高潮的紧张情绪。饰老头子的张保长沉着处颇够沉着，紧张处感情的分量也未免太轻淡了。至于饰魏参谋与日酋两角都还好，只是日酋的脸部化妆太奇怪了。前台布置，不够服帖后台，效果联络欠灵，都是应该改进之处。

四、《不是戏》

喜剧难演，宣传性的喜剧尤其难演。我没有看过一个如此巧妙的宣传剧本，更想不到演员演出一个宣传剧能如此成功。这个剧本是用于庆祝中英、中美订立新约，教育民众理解订立新约的意义与重要性。戏中叙述在学校读书的阿英、阿卓，要使他们那顽固的爸爸认识中英、中美新约的意义和重要性，进而改变他一向自私自利、囤积居奇的行为。他们所用的方法很巧妙，招几位朋友化装为美国人、英国人、日本人，把他们的父亲捆住辱骂，叫他们的父亲感到自身的耻辱，因而觉悟到中国过去为不平等条约所束缚的耻辱。这样的剧情幼稚而简单，但妙在剧作者安排许多适当的噱头，谑而不虐，使剧情清楚明白而不太简单枯燥。更妙的是每个演员都配合得很好，使全剧生动有趣。饰郑先生的像一个商人，饰贾氏的像一个妻子与母亲，饰郑英、郑卓的举动活泼、表情直率。总而言之，就是恰如其分。在这剧中，完全没有装腔作势的滥调。假如说有可以非议的地方，则是阿卓伪装警察长时，并没有依照剧作者的指示，变更他的嗓子，像苍老的声音，让他爸爸不能辨识，所以此处使观众觉得父亲听不出儿子的声音是不可能的。

五、《夜半歌声》（凯歌）

这剧本是续田汉《夜半歌声》的故事，从意义上说，作者的美意是可感的。若自艺术上谈，则显然是像《荡寇志》《续红楼梦》那样的狐尾。无论从自编剧的技巧上说，还是从自纯艺术的意味上说，这剧本都很糟。剧情大略是叙述夜半歌声中的宋丹萍，跳海并没有死，仍活在那戏院的楼上两个年头，仍是每夜唱歌作祟那一套。而他的李小姐已与孙小鸥恋爱结合，改变了他以往懦弱的性格而成为一个坚强的工作者。李小姐爱孙小鸥，但仍怀念宋丹萍。宋丹萍既已被人误为已死，事情不就圆满了吗？可是偏偏孙小鸥、李小姐他们这一个旅行剧团又来此戏院夜宿。这次宋丹萍可不要脸地把面目撕去，叫李小姐应该爱上他，他仍带领着这群戏剧工作者到别的地方去工作。至于宋、孙、李这个三角恋爱的局面却没有下文。

这样一个剧情除了抄袭田汉《夜半歌声》所造成的恐怖气氛之外，并无可取之处。作者要拖一个光明的尾巴，堆砌许多空洞的口号。再则，剧中还穿插许多与悲壮剧情气氛不协调的谈情说爱、风花雪月的场面。

剧本平淡冗长，没能利用时机，使场面起变化，有的演员尽装着高亢的喉声，呼号哀叫；有的演员尽压着沉重的嗓子，煞有介事；有的演员说起话来只让人听得半截；有的演员像在课堂中答老师问话，轮到她的戏就站起来作答，答完就退后休息；更有的演员太作聪明，当演员又兼职提词。于是台上的呼叫，台下的谈话，或者是等演员“丙”一出台，哄然大笑以取乐。算起饰李晓霞的女角是一位较好的天才演员，她的表情较好，造作较少，只是她的身材面貌在此处饰李晓霞并不适宜，李晓霞应是一个饱经辛酸的女性，而饰者却是一个艳丽的少女，化妆并没有为她改变得较好些。饰宋丹萍的是一位较引人注目的演员。假如他演的是“京戏”，我想也该是一个好演员吧。

前台布景，因为台面太小，较原定场面差得多。但仍可以看出颇费苦心，较以前几幕都佳。舞台效果，除了一些较不像之外，其他都甚成功。

六、《屏风后》

以喜剧的笔调写话剧，欧阳予倩的《屏风后》是值得称赞的，开幕时是一间旅馆房间，房门中最重要的当然是放在正中的一面围屏。布置者特地加上两幅横匾，一幅写“女人第一”，一幅写“人格第二”，一开场就强调了不少的诙谐气氛。在房里打扑克、玩女人的是一群维持会的会员，他们所玩的女人是一对母女，忆情和明玉。会员中叫康无垢的，是会长康扶持的儿子，和明玉有暧昧关系，大家正在调侃他们，适逢满口仁义道德的康会长回来，大家急忙把扑克藏起，把忆情和明玉推到屏风后。挂在壁上的女衣被康会长发现，硬要搜索屏风后的女人。忆情被迫得从屏风后走出来，指着康会长骂“害我的就是他”。原来所谓以社会风化为己任的康会长，正是从前诱奸又遗弃忆情的“丧尽天良的人”，明玉正是康会长的弃女，而康无垢正是忆情的生儿。屏风从人与人间拆开，康会长仁义道德的假面具被撕开，康无垢胞兄妹成奸就只好自杀。剧本的主题正与曹禺的《雷雨》相同。不过一以沉郁的悲剧的方式出现，一以轻轻流畅的喜剧表达，自效果言，当然此剧远不若曹禺的《雷雨》。不过一是大戏，一是小剧，当然不能相提并论。而作者借老赵说出的话，是多么深刻：“不要看这屏风小，几千年的道德，全靠这屏风，你要去掉这屏风，你就是破坏道德；你要维持道德，你就应首先维持这屏风。”真的，社会上所谓道德，原就是在屏风遮掩之后，康会长不晓得此中道理，才致弄出如此“不道德”的结果来。

这里我应特别介绍饰赵某的演员：动作的老练，说话的诙谐，使他成为剧中的主要人物，并使本剧生色不少，这是一位演反角大有希望的演员，可惜其他演员技巧都太幼稚，所以配合不来，几乎成为他一个人的独角戏。

七、《石库门里》

《石库门里》叙述一个无赖汉刘克群假冒电影公司的导演，到处骗取想进电影公司当演员的年轻妇女的钱，他住房子不给房钱，还偷了别人的东西卖掉。在该剧中，刘很可能被群众认为是一个坏人，坏到极点的坏人。但作者运用配角来亲自衬托刘的坏并不如一般人所设想的坏人就是坏人，更借着教员沈先生的话来说明刘之所以成为坏人，乃是社会逼出来的。一个人的作恶，往往不是个人道德的问题，而是社会制度的问题，不过剧本因为太重视趣味，刘的心理又没有充分表露的机会，我敢果断说：“绝大多数的观众是看不懂这主题的。”

演员中最成功的我认为是饰刘的，并不是说他演得生动，能够吸引观众注意，而是说他能够把握住刘“并不是坏人”的性格，这是一个成功的演员最基本的修养，而也是最困难的修养。因为大多数的演员为了表现自己常常忽略了他在此剧中的地位与任务，所以我特别提出饰刘的演员而加以推荐。希望戏剧工作者以后多注意这种修养。其他角色也很好，如房东太太的泼辣，罗小姐内弟的活泼天真，沈先生的朴实，都配合本剧和谐的发展。

因为不能花费太多笔墨，对于每幕剧一一评论，我只能做一个简略的介绍并将个人所感到的杂感记述。此外，有几处应改进的地方，也一并在此提一下。我认为这次演出最失败的是化妆，除了几个例外，大多数的角色，不但化妆得与剧中人的年龄、社会地位不合，而且红的画得太红，黑的画得太黑，本来化妆者不是依照角色的年龄和社会地位加以涂涂抹抹就算了事，而且应该像演员一样去揣摩角色的性格，所化的妆才能逼真。

其次因为台子小，布景多，只能因陋就简。因为工作人员太少，换景所花的时间常比演出的时间更多，后台也太嘈杂，提示者点一盏亮的灯光放在布幕后面，人影就投在布幕上，使台面大受扰乱。这些虽然只是小节，但若欲求较高的效果，这是应考虑周到的。

侨民师范学校这次演出，成绩是不可否认的，只是因为演员分散，好的角色不集中，工作人员也分散，各自为政，效率降低。虽说这次是一次试演，以后将挑出较好的角色，做有组织的公演，预想必有更大的成就。

忠义之家[①]

《忠义之家》，如果在两年前公映，相信是很令人感动的，但是时至今日，所给观众的印象，却是淡漠的。并不是观众对胜利的热情这么容易降低，而是现实生活折磨民众，使民众对抗战八年的艰苦所得的胜利之果带来的兴奋冲减了。

就剧本本身说，因为宣传性太明显，势必使教条式的对话太多。而这些教条式的对话，又是在八年抗战以至一年胜利之后所说的，因而这些教条已引不起什么新鲜的刺激了。

也曾有一两个镜头能引起观众一点黯然的旧创，如敌人对上海民众的逞凶，使曾在沦陷区生活过的观众想起过去在沦陷区的生活。这些旧创却又勾起新痛。

演员刘琼、秦怡，演出自然是很成功的，尤其是刘琼说话的语调、秦怡的风度为国内其他男女明星所不及的。

① 原载《星光日报》，1947 年 11 月 17 日。署名业。

萧教授的想头[①]

——评《遥远的爱》

茅盾的小说《创造》《遥远的爱》进一步强化了男女之间的冲突问题。茅盾的《创造》，只写女的冲破了男的束缚，而继续前进，不能跟着同样前进的男主角就只好跌进幻灭的悲哀中而被抛弃。至于男的不能与女的俱进的主因和女的前进思想的具体表现都不够。在《遥远的爱》中，这些问题更得到了明确的解答。

萧教授为什么要改造余珍，假如只是粗浅地认为萧教授爱余的姿色，或者认为他由于失恋而另求一个靠得住的对象，那就错了。萧教授那种改造余珍的热情，开始为追求她的时候，一种美丽的理想产生，以为爱上她，和她结婚，也是一种自然的发展。这里没有什么潜伏的邪念。有的，则是他的改造方式不对，那是他的认识问题。我再重复说一句，萧教授改造余珍的动机，不是自私的。自私心的发生，乃是在他爱上余珍之后，把她看成了占有物才产生的。这种占有心逐渐强化，自私心便再度抬头而压倒他原来纯正的动机，以至于他那个美丽的理想被扭歪了。

所以我们若要批评萧教授，我们不该一开头就指责他是一个自私的人。我们要从他的思想变化中去分析了解他，即从“动态”的历程去批评他。

造成萧教授这种思想变化的基本原因与条件，我认为是这样的：萧教授是在资本主义制度下成长起来的知识分子，他对于妇女问题的认识比封建制

① 原载《星光日报》，1947 年 12 月 2 日。署名隽。

度的观念进步得多，譬如他认为女工也是人，应该平等。但怎样使女的与男的平等呢？他的思想已被局限于他所处的那个制度所有的观念范围。因而他要她和人家握手，要她穿漂亮的衣服，要她过舒适的物质生活；但同时也要她认字，要她有反抗男人的思想。这是矛盾的，是资本主义制度的个人主义进步性与落后性的矛盾所派生出来的。他生活在这个强调“占有”的社会中，一切都打上“占有”的烙印，余珍如不能那样毫无条件地被占有，她虽爱他，也爱工作，虽爱家庭，也爱国家。萧教授不能体会这些不同的爱的统一，而只强调他的占有欲，夸大了爱的损失。由是而不满、而嫉妒，违反了他最初的理想。“在资本主义的个人主义思想被进步的思想所打击时，他会向后退与封建思想混合起来。”这可说明萧教授这种开倒车的思想有其必然的缘故。当资本主义刚发生的时候，资本主义的个人主义思想是进步的，它因此攻破封建主义的束缚而解放了以个人为中心的思想，但到社会主义要发展集体主义的时候，资本主义的敌人不是封建主义思想而是社会主义思想，于是它会把被打倒了的敌人扶起来壮大自己的声势。资本主义思想发展与没落的过程中，影响了萧教授短短的半生。

以上基本原因，使他的思想起急剧的变化。妻子在家里，养孩子，操持家务，主持厨房里一切事务，丈夫过上比较舒适的生活。为了这种舒适，丈夫逐渐忘记了妻子也应共同享受这种舒适的生活。萧教授在这种现实条件下，逐渐解除了他原来就不坚决的思想武装，而日益自私与落伍了。冰心在《关于女人》的序文中曾说：“在家庭生活中，男子总是比较自私，不负责任，偷懒的。”我相信，在这个社会中，冰心的话大体是对的。因为美丽而不实在的理想时常被现实的利害粉碎了。

因此，劝告女子们，假如你是要彻底争取你的平等，建立你独立的人格，你要尽力依靠自己，对于男人的依赖只能在某个限度之内，越过了这个限度男人将不是你的助力，而是你的阻力了。

现在让我回过头来谈《遥远的爱》这个电影本身。以男女利害冲突为中心思想的故事本来是很常见的主题。在五四以后，颇多小说写学生青年如何培养家长的作风，有的是因为女的爱慕更高的虚荣，有的则是男的自己落伍。最近十月号的《文艺春秋》中有臧克家一篇《睡在棺材里的人》，所写的主题也是有关于此。但能像《遥远的爱》给人如此明确具体的解答却很难得。主题虽平凡，却非常成功。

《遥远的爱》还有一个副题，乃是抗战意义问题。萧教授不但在妇女问题上成为错误者，而且在抗战问题上也成为错误者。为什么要加上这个副题呢?我想是因为这是一部抗战时期的作品。所以需要反映特定的时期背景。这种副题不好处理，但编者却处理得很巧妙，让主题与副题两条兴味线很巧妙地交错着。这种成功是值得赞扬的。

一年来学潮的回顾①

民国三十六年岁末，我曾应星光日报社之约，写《一年来中国教育的问题》一文。原拟将学潮经过殿后，因赶写不及，匆匆中断，本文便为补充前作而写。

“教育建筑于历史的客观条件上，而也反映时代的进程。”一年来中国政局动荡不安，经济破败，干戈扰扰。当然，教育界也不能够平静无潮。教职员世故较深，偶因待遇菲薄不得不呼吁陈辞之外，只要两碗饭吃得饱，就多忍气吞声，明哲保身；唯有青年学生，血气方刚，他们看得远也要求得高。世事不平，他们无比愤慨；世事不宁，他们焉能安心向学。所以起伏交替的学潮，横贯整个民国三十六年。学潮不但成为民国三十六年的教育界大事，且也成为民国三十六年的中国大事，也是中国历史文化上的大事。

让我们回顾这一年的学潮大概：

前年圣诞节晚上的“沈崇事件”引起的抗议美军暴行罢课游行，正值去年年初，所以可作为去年学潮的首波。盟军友军，在独立自主的中国土地上胡作非为，原已数不清，但双方当局，总以亲善态度为前提，解释为个别军人的不法行为。至“沈崇事件”发生，美军当局的偏袒态度，明白表明无视中国人的尊严，于是北平各校学生首先抗议，于 12 月 30 日罢课游行。接着上海、杭州、广州以及其他城市学生闻讯响应，形成 1 月初的罢课游行风潮。表面虽无重大结果，甚至连沈崇案的主犯后来仍无罪释放。但由此，普遍重新唤起学生的民族意识与不满情绪，及后来组成的全国学生联会却成为以后

① 原载《星光日报》，1948 年 1 月 21 日。署名潘懋元。

学潮继起沓来的伏笔。当局到“六二”前后却搜捕抗暴分子。学生于“沈崇案件”被翻案时，并未再起反响，又显示学生不够坚持的弱点。

抗暴风潮到3月便大体平息，只点缀着一些学校个别问题的小风波，如成都华西大学、河南大学与报社的冲突，武汉大学、安徽学院、杭州国立青年中学等因校内行政问题引起的抗校运动。较为引人注意的倒是教师的待遇问题引起联合呼吁。不过这些呼吁只是发发电报，写写文章而已。因而三四月间，学潮平静。这时期表面上虽较平静，但不安的情绪正遍及全国各地。四五月间，遂成为两途发展。其一是中学方面的反会考运动以及中大、金大等的反对总考事件。反会考运动集中于上海，争得最剧烈。学生组织反对会考者联合会，前后参加反会考呼吁的不下50所学校，有13所学校代表到教育部请愿。会考本是一个老问题，反对者不只是学生，教育专家也反对，反对多于赞同，如果强制执行，在本来就不安的环境中，可能引起较大的纠纷。幸好当局及早取消这一考试，运动才很快地平息。反总考事件也因总考停止举行而不成事件。所以这一途径其来势虽较猛而消失得也快，到现在大家几乎忘却了。另一路径则为个别小风波的越来越多，越来越紧，成为去年最大规模、最具普遍性的政治学潮的成因。这些小风波的重要者有：

一、反对改制或要求改制。反对改制的有交通大学，反对停办航海、轮机两科；上海医学院中法药专、浙江药四专、英士大学药学系、军医学校药科等组成的全国药科学生联合会反对将药科修业年限改为五年制（收初中毕业生）降低药科程度；上海108所市立民众学校反对市参议会将实验民众学校改为实验国民学校；四川省立教育学院反对裁减农化、农艺两系以及湖南大学反对改名为岳麓大学。要求改制的还有，如本省师范专科学校要求改为四年制学院；北平师范学院要求复称师范大学；北平铁道学院要求复称交通大学分校；以及后来的江苏教育学院及广东文理学院、广东法商学院改为大学；大夏大学及东南医学院改为国立等等。

二、要求改革校政。其中最强烈而影响最大的首推英士大学，在短短一年间，英大已四易校长，为杜作周、何炳松、杨公达、周尚任。周不孚众望，后来虽易汤吉禾，但英大的易长运动已成为全国普遍学潮的强烈导火线。此外易长学潮尚有国立中正大学、东方语专、辽宁师专等校。校长其他方面纠纷及要求改善管理的有大同大学、沪江大学、武汉大学、上海法学院等。

三、学生自治机构纠纷。有暨南大学的普选问题，复旦大学要求改选自治会负责人等。

四、要求迁校。英士大学请求迁校杭州或南京，湖北师范学院请求迁校武昌等。

五、要求取消绩点制。沪江、之江两大学的特殊问题。

六、与校外军警发生冲突。同济大学占驻学校军队争车殴打学生；岭南大学的校车被师管区官兵击毁；上海成德小学的校舍被军人强占，以及由上海法学院五四运动而引起的各校抗议。

以上数类，所发生的风潮次数虽不算少，而所以只能称为小风波，乃因这些事件都是个别的、分散的。迁校问题不会牵涉到京沪诸大学，易长之争，自治会之纠纷，更是个别事件。其他学校，最多只是表同情而已。但风波虽小，虽属个别，而小事化大事，纷至沓来，其中总有其共同原因。这共同原因就不是“小”的了。一朝触发其共同原因，引起了共同的要求，学潮就如猛浪突至，一发不可收拾。这共同要求首先在 5 月 13 日由中央大学的请求增副食费引起，全体学生罢课要求增副食费为 10 万元，并发动先将 5 月份副食费全部提高，以补充营养，称“吃光运动”。

16 日两个教会学校金陵大学及协和大学继中央大学举行反饥饿游行，并喊出反内战口号，具有政治性的共同要求。于是 18 日北平有清华、北大、北洋诸校的反内战、反饥饿罢课宣传并酿成血案，19 日华北各大学均罢课，组织“五一八”血案后援会。同日，上海方面即改“吃光运动”为“抢救教育危机运动”，提出增经费、反内战要求，与杭州代表赴京请愿，沪市各校大规模欢送并游行。20 日南京各校学生 6 000 余人，赴参政会请愿，于珠江路口与军警冲突演成“五二〇惨案”。学潮遂达顶点。5 月 20 日前后的半个月，游行、罢课、请愿遍及各地，不但沿海大城市如此，内地中等城市也如此，不但大学如此，若干中学校也然。有人认为是五四以后最大规模的学潮，“九一八”后的请愿抗战，抗战前的“十二・十二”，尚不及此次的普遍。学潮澎湃激荡，至“六二”的总罢课大游行停止，乃渐低落。可是这种低落并非问题已获解决，学生情绪已获得宣泄。相反地，因为政府捕去大批学生，以及许多刺激学生的行为，如“六一”的武汉大学惨案，更增加学生的反感。只是为保护自身安全与被捕同学安全起见，学潮似乎是趋于平静，并由积极的反内战而转为反逮捕，如当时盛行的控诉纪念会。

6月下半月以后，一方面各地学校提前放暑假，一方面当局防范也加强；因而学潮总算逐渐平息。即或有学潮，也是一些更小的事件，在此不必一一提述。直到10月底浙江大学发生了三起自杀案，11月初又激起“人权运动”的浪花。这次浪花所及的范围，也不亚于五月学潮，而方式是较为深沉的，没有游行，所以少有冲突，但无言的罢课与沉痛的追悼方式或许给青年学生更深刻的印象。当局所采取态度是，从解释入手，而不禁止学生行动，虽然解释并无效果，但尚不致引起更大的反感。

12月，只有中央大学反对修改自治会章则的罢课风潮，较引国内注目。但这风潮一直只扰攘于校内而已。教育部对自治会规则之修正公布，并未引起其他学校之反响。

最后，作者执笔时，另一重大事件正在发生，即香港政府强拆九龙城居民住宅而引起广州市民反抗事件，广州市十一专科以上学校校长发表宣言，承认学生有参加抗议游行之事，武汉大学、金陵大学均决定罢课，这又是一个重大的刺激。如处置不当，可能又掀起另一浪潮。希望政府及早考虑，领导学生一致对外，免致自身的纠纷而贻笑他人。

以上是粗叙一年来学潮大概。作者于写本文之前，曾翻阅民国三十年京沪数种报纸及杂志多种，详究每次学潮之叙述及评论，脑中虽填满悲痛、愤慨、惋惜之辞，但事后追思，觉得学潮之发生，有其必然原因，而且来龙分明，当局似无须过于错愕。若说有忌惮，忌惮的不应是学潮本身而应是造成学潮的那些原因。至于政府常有不智的措施，也大多是由于事前欠周密之考虑，临事无一致之指挥以致意见错杂，自相矛盾，负言责者，与其不判内情，笼统地指责，不如探其原委，指其弊害，提供较为具体而且在现况下较为有效的方法。再则，个别学潮，虽有不幸事件，若自整个学潮而言，开明的政治家，正可鉴为明镜，庆其获得安全管理，因为学潮究竟是一种有秩序的呼吁或抗议，而非暴力的革命。从文化立场、历史观点看，则或许是幸事。正如五四，我们是以庆祝的而不是以哀悼的态度来纪念它。

吃　不　消[1]

要人多病，病给要人不少方便，挡驾、下野，都可以以病为辞。但病亦须略经选择，肺病足以致命，脑充血尤其危险，都不是玩的。胃病则既不露于形色，而且意含双关，既表示“吃不消”，却还可以勉强他去吞艰辛呢。

① 原载《星光日报》，1948 年 3 月 29 日。署名业。

让儿童救济儿童[①]

——写在发起儿童救济金运动之前

在战争的灾难中，受害最烈的是儿童。儿童未能独立，不能自卫。在流徙中，他们最易遭受疾病、风霜的侵害而损失健康；在贫穷中，他们得不到应得的营养而影响正常的发育。父母死亡，生活失恃，更加深了他们的痛苦。所以，在战时或战后最需救济的是儿童。别的国家，战时对于儿童的抢救工作是很被重视的，大人所得不到的鸡蛋儿童可以分到，大人所乘不上的舟车儿童有优先权。战后，对于受过难的儿童也多有较完善的补救方法。在我国，战时大人所受的折磨，同样降临到儿童的头上。在难民所里，只有小孩少分救济金、少得救济米的规定，而很少听到有特为孩子们准备的衣食。战后（其实仍是战时）除了都市的小学生可得救济所发的奶水之外，最近联合国儿童救济金委员会，所拨给中国难童救济金 350 万美元，可说是第二次较具规模的救济工作了。但是，这些都是人家的救济工作。难道我们只等待人家的救济而不管自救吗？人家的救济，我们固可接受。而更重要的还是自己救济自己。——中国人救济中国人，儿童救济儿童。儿童的力量虽小，我们却应鼓励他们有远大的志向。中国的儿童不但要做到救济自己，而且还要救济别国的儿童。这次中华儿童教育社拟于 4 月 4 日儿童节日发动的劝募儿童救济金运动，便深具此种意义。分开来说，这运动有下述几层意义。

一、让儿童认识救济的意义，培养他们的同情心。从教育的效率上说：

① 原载《星光日报》，1948 年 3 月 31 日。署名潘懋元。

一百万的解说，一百条的训练条文，一百次的背诵“助人为快乐之本”，远不及一次让儿童把自己的糖果钱投到一个木箱中，去救济别人来得有效。能够鼓励儿童自动地捐献 1 万元作救济金，其意义就是使他感到救济他人比吃 1 万元的糖果更为快乐，这不是显然的成功吗？

二、让儿童加入世界互助活动，培养天下一家的观念。捐献所得款项虽然将来事实上是拨归作中国儿童救济之用，而在名义上，则是作为国际性的救济之用。所以当儿童捐献这 1 万元时，不但可以告诉他们是为了救济本国儿童，而且是为了救济欧洲的、大洋洲的、亚洲的……苦难儿童。使他们知道世界上任何儿童有苦难都应该加以救济，更使他们相信，自己能够加以救济。过去，只是等候人家的救济，现在，让他们感觉到自己也有能力救济别人，以增加他们的自信心。

每一个儿童捐献 1 万元，大多数的在学儿童是不会感到很困难的，而且微小的捐献却使双方面得到利益——救济者与被救济者。说确实一点，拿出钱来的儿童，他所获得的利益比较上是更大的。因为助人的快乐，同情心的培养，天下一家的观念，这些不是 1 万元所能买到的。

希望师长们和家长们，抓住这一现实的教育机会，给予学生们、子弟们一次实在的教育。

《荧光》教育副刊复刊一年[①]

《荧光》发刊于1944年，假长汀《中南日报》出版八期便告停顿，去年5月5日，又假本市《星光日报》复刊，到现在恰是一周年。一个刊物出版了一周年，自然算不了一回事。但在世界变动不居，集稿条件困难的情况之下，亦颇足引为敝帚之珍。

《荧光》是由厦大教育学会主编，教育学会每学期改选干事一次，所以编辑也会变动，《中南日报》新版八期，是陈奕尚、沈瑶珍二君合编的。新版现出至26期，编辑已三易。复刊之初编辑为赖淮君，其后接编为曾六雍君，现任编辑则为郑永贤君。负责人虽数易，而意见甚为一致，作风也前后一贯。这是可贵之一。

一般报纸杂志，例有稿费，稿费虽不能跟着字数跑，而一编万言文章，百数十万元的稿酬总是有的。《荧光》征稿，却分文不给。索稿时实际上便不无困难。而这一年中，刊出文章84篇，28万字，每篇文章，均保持相当水准，绝无拉凑之嫌。除一次因统计表格无法制版，略迟两天外，也未脱过期。这是可贵之二。

《荧光》是假《星光日报》出版的，《星光日报》稿件挤拥，版幅有限。每两周要抗日救国让《荧光》让出第四版整版篇幅，于报社不无为难之处。一年来《星光日报》版式数更，其他借刊，也相继靠停，而对于《荧光》，却始终优予完整，并予各种方便。此种隆情厚意，我们深引为荣，而这是可

① 原载《星光日报》，1948年5月12日。署名潘懋元。

贵之三。

自珍与满足，并非同一事。满足则不求改进；自珍却因重视这点小小收获，必更奋发筹划如何能获得较大成就。因此 5 月 2 日，教育学会出版时特召开一次编辑会议检讨一年来工作成就与缺点，并详定改进办法。

成就方面，用不着多说。因为一个刊物，在社会上发行，它或多或少，总能尽一些教育宣传的作用。《荧光》所刊文章，能保持相当水准，而《星光日报》的发行又遍及各地，则其教育宣传作用，能有相当发挥。不过我们觉得所发挥得还很不够，因为一年来所刊文章，专门性的研究多而现实性的评论少；长篇大论多而短闻报道少；研究论文虽自有其不可否认的价值，而自本刊所及的读者方面来说，则短小精悍的评论与具体的教育实施报告，是同样需要的。因为《荧光》读者，多是中小学教师及注意教育问题的家长，如何引起他们的兴趣，供给他们所需要的资料，使这个刊物更能发挥它的效能，是我们所应虚心请求之事。一年来 84 篇文章，针对现实问题的不过 28 篇，教育实施报告只有 9 篇；其余 47 篇，大体可以说是原理原则的探讨。这种偏枯，今后当力谋矫正。不过矫枉过正，以手段妨害目的，却也不是我们所愿意的。

编辑排版，难是小节，我们也要细心顾到。一年来所集文稿，因篇幅较长，每期篇数自然较少，84 篇，继稿 9 次，共计 93 题，平均每期不过三题半强。最少的三期只有三题而已，排在一张四开纸上，粗看则呆板，细阅则费力；继稿也是极应避免的事，因为两周后继登一条尾巴，在读者脑中，便不易与前文联串。

针对这些缺点，编辑会议都有改进办法，编者郑君将另文专述，不复重累，我自 1944 年《荧光》发刊，经去年复刊，值至如今都是一个帮手。刊物将万寿无疆，我却不能一直帮下去，希望《荧光》在不断改进中发挥教育的效能。

可能的崇高[①]

近二三十年来，读书人除了做官的以外，普遍有一种卑劣感，就是读书人的地位一天不如一天。这种感觉表现于教师为最甚，所以有“师道贬值”的悲鸣，有“尊师重道”的呼吁，但是如果详究师道所贬的是什么值？教师所希望社会尊重的是哪种形式，则一句话：“复古而已！”

师道于古是不是较今为高？我应指出：自古以来，无论中外，教师真正的地位，无有像现时的教师一样“可能的崇高”的。欧洲古代的教师是教仆，听主人之命以教育、捧拍小主人。中国秦汉以前的教育制度有后人附会的成分而不可全信的。所谓“师与君父并列”，那个“师”并不是今日之教师，而是“以吏为师”的“上司”。秦汉以后，不为帝王豢养、不逐富贵腥味，真正为文化努力，重视其职守者有几？第一个喊出师道贬值的韩退之先生就是最会夤缘钻营而又最不安于国子祭酒那种教师之位的人。若提到前朝的教师地位，那就更不成话，在府学县学当“教官”的，是托人代考得了秀才，怕以后岁考露出马脚；或者是为着贪赚田学；或秀才们的贿赂，因而以钱捐得来的。这种师道谈得上什么价值？至于今日的教师，以自己的劳力，换取一份生活代价，不为名（无入仕之途）、不为利（只有起码的生活），用不着谄笑钻营，用不着歌颂恶势力，认清自己既有积极的任务，又可不必做出卑鄙无耻的举动，为什么要羡慕古代那种当奴才的师道而忽视自己“可能的崇高”的地位呢？

---

① 原载《星光日报》，1949 年 1 月 24 日。署名隽之。

羡慕古代名尊而实卑的师道，拆穿来说，乃是一种士大夫优越感的错误心理之遗毒。一方面，口口声声喊着平等；另一方面，却下意识地觉得自己应该高人一等。百业士为先，若把士与农工等量齐观，心中总似有万分委屈。于是不奋发以追求自己那种“可能的崇高”的地位，而尽伤感于那挂在学府之下美丽而“高人一等”的樊笼之失去。美丽的樊笼既已失去而不复能为士大夫的凭借，振翅奋飞又缺乏勇气，躺在泥地里哀呼师道贬值有何用！

教师们生下来与推车挑大粪的同样是人，把长袍脱下来也和推车挑大粪的是一样的人，应该真真实实承认自己是一个众人的人，不让人家骑在自己头上，也不要设想自己要站得比别人高。最崇高、最可贵的事是用自己的劳力换取自己的生活，最可耻、最可恶的人是依靠别人看轻侪辈，认清我们今日“可能的崇高”的机会，向真正的崇高前进！

哀《国魂》[①]

在敌伪的统治下，吴祖光的舞台剧《文天祥》于沦陷区演出颇为卖座。因为当时人心充满民族被侵凌的愤慨而无可发泄，所以假借文天祥孤臣孽子的情境，来道出心中的悲痛；假借贾似道等无耻昭外的人之受打击，来发泄心中的抑郁。因此，尽管《文天祥》一剧在意识上有很多问题，观众因强调其民族情结，对于那种消极的态度（但求一死，实则无济于事），封建的意识（不是为人民的痛苦，乃是斤斤于赵家的法统），也就不予深究。可惜永华公司的老板们不能明白此种缘故，以为这是不可交臂失之的生意眼，于是在抗战已告结束，时代已向前跨上一步的社会所要求的主题已转了方向的今日，仍抱着过时货搬上银幕并妄称之为“国魂”。这是意识上莫大的错误。关于这方面的错误，上海、香港各地报纸均已有严正的指责，《星光日报》前天刊出何之君的《评国魂》，也说得甚详，不再多述。现在我只将这片夸耀的技巧方面，略加分析。

首先要提的是编导的技巧，不是一个史实。史实总较编造的故事呆板些，尤其是评论文天祥这一类的史实，记载的资料很多，创作者应该抓住一个重心去选择史料，有的强调，有的割弃，才能够使主题突出，并使故事生动。如果贪多务得，一味呆板地铺叙，那是历史书而不是文艺作品（即便历史书也不能无所轻重取舍）。本片的作者就犯此毛病。堆集所有资料，似乎不是两个钟头所演得完，于是就只好东裁西剪，该详的不能详，可删的不知删，平

① 原载《星光日报》，1949 年 3 月 20 日。署名隽。

铺直叙，看不出高低起伏。布局松散，连吴祖光自己也不得不承认，导演的手法尤其呆板，镜头的运用很少变化。同样两军交兵、驰骋相接的场面，竟重复至三次以上，几乎毫无不同之处。

演员方面，罗致40位红星，该是登峰造极了。殊不知演员最重要的是抓住各个人物的生命，而人物的生命则须依靠全片的意识。全片的意识既那样暗晦，演员也无从真正把握住其生命而发挥之。虽有一群红星，各自模拟一个与自己性格习惯并不相近的人物，无所用其长。其结果模拟得较肖者则无生命，次之者简直是笨手笨足，如一盘炒什烩，酸甜苦辣，杂乱无章。这里无法一个一个引来品评，只批主角刘琼所饰的文天祥吧：刘琼的演技并不差，但正如《大公报》上李宗瀛所评："刘琼的演技却被故事和导演限制了。文天祥的性格始终没有刻画清楚，让人有莫名其妙之感，无法让人知道这电影到底想表现的是什么人：是成竹在胸的谋国忠臣？还是哈姆雷特式的悲剧人物？还是书呆子？"

对话与动作，一方面剧作者太拘泥于书上文绉绉的文句，一方面是受京剧的影响，所以处处表现在"做戏"。说话不像对话而像在咬文嚼字地读文章，动作呆板得好笑。

布景，据说是"巨景六十五幅"。不错，不少深邃的宫殿，广漠的战场，细腻如画。但也仅仅是"如画"而已，比较松花江上那种自然、粗犷、富有活力的真景，在我看来，却万万不及。

尤其有趣的是，全片有许多疏忽得可笑的地方。据李宗瀛所列出的有：（1）无线电杆出现在宋朝，应该是个奇迹。（2）吕文焕和他的士卒被围6年，而服装整洁鲜明。（3）关文天祥的土牢何以门禁如此松懈，是在兵部衙门还是在北平郊外？（4）文天祥临刑时，他的儿子竟全副盔甲而来，千万法场元兵是否都瞎了眼没有看见？（5）袁笑云唱歌，苗太守说话，嘴巴的动作和声音不一致。（6）贾似道在皇帝殿前不跪不坐，摇来摆去像在演剧，不像对皇帝禀告。（7）聪明的文天祥，既假意与翁应龙饮酒作乐，为什么说起话来却像上司对下属那样板紧脸皮……诸如此类，不胜枚举。而本市影院映出时屡屡断片，也是一件大煞风景的事。

再看，编导者还有自以为得意的一笔：他怕观众不会领会这个忠臣的故事意义，于是一而再，再而三，三次另加上一段编导者的独白，大意是介绍文天祥如何“忠勇”，“应该”叫我们如何感动，我们又“应该”如何效法他。这究竟是一部影片还是一件艺术作品呢？抑或是一篇宣传文章？如果说是一件艺术品，则这不三不四的说教，破坏了整部片子的统一性；如果说是一篇宣传文章，则它不该骗了观众的钱。或者以为《小城之春》等影片，也有许多插下去的话，但那是作为片中人的心声而发出，所以并不像此片破坏艺术起码的统一性条件。从前有些儿童读物，喜欢在故事末了加几句道德教条，以提醒儿童领会故事的主题，后来被人认为笨拙，现在的儿童读物已不再如此，想不到一件堂堂的“艺术品”却摭拾人家所弃掉的玩意。

一件艺术作品，并不是用百万港币堆起来就可以表示它的价值。英季宇的批评是对的：“制片人与导演没有分寸，以为钱丢在水坑里，也能发生作用；似乎掀起几缕水纹，也能获得观众的掌声。未能在内容的深刻上见短长，在艺术的造诣上争上下，这是《国魂》最失败、贫乏与浅陋的地方。”

大众化的彻底办法①

——新文字与“听”的文学

“大众化”这个要求之提出并不是新鲜事，在十余年来的文学史上，有过大众文学通俗化、土语化、口语化，或方言文学、民间形式、文章下乡等，方法虽各有所偏，目的却是相同的：如何把文学送还大众。可是，这并不是方法的问题，而是社会的问题。社会还未准许工农享有文化的权利，也未准许从事大众化运动的工作者走上可以走得通的路，所以尽管要求喊得顶响，许多工作者也的的确确抱着满腔热情去努力，而他们的呼声出于几个同好之间，他们努力的成就只是摆在书架上让中学生以上的知识分子去欣赏。换言之，在资产阶级的社会中，一切是资产阶级性的；工农不识字，看不懂通俗的作品；社会组织把作家和工农分开，无法写合于工农意识的作品。就是十余年来大众化运动之所以失败的根本原因，也就是五四以来文学的解放只在知识分子当中翻筋斗的原因。

不过，十余年来的大众化运动，也并非毫无功绩，至少它在理论上做了启蒙的作用，使后人于实践上得到许多方便，因而等到社会组织一经改变，工农从被统治的重压之下解放出来，能够自由地过生活时，文化也意味着从资产阶级手中还于大众手中，大众化便能够迅速地发展，因为热心者的工作及工农们自发的创造不再受到人为的阻挡了，现在北方大众文学的蓬勃便是最好的例了。

客观情势的推移，是最主要的决定因素。但人的努力也是不容忽视的条

① 原载《星光日报》，1949 年 2 月 28 日。署名潘隽之。

件。大众化的努力方向，有内容与形式两方面。内容上，倾向民众学者或鼓励民众自己创作：如大连的艺术工作者到工厂去，某报的工人副刊由工人去编，都是努力的方向。至于形式的问题，有所谓旧瓶装新酒问题，有所谓土语或简体字，都不无道理，但都不是彻底的办法。因为不管是什么形式，都要假借方块字写出来，方块字只有一部分的人认识，但无论如何通俗，总是只有少数人能够享有。所以归根到底，大众化形式上的根本问题乃是文字问题。如果用方块字，则无法彻底解决这个问题。甚且方块字的字体有限，许多地方方言，只有改用拼音文字。教会传教有一种罗马字，老太婆能应用自如，目前很流行的拉丁化新文字，任何地方的方言，只要略为改变几个字母，便都可拼。学起来之容易，未学者是不易置信的。我在中学时曾学过，发音、拼音与文法，一共只两个钟头，而且学过了就不会忘记，到现在写日记还常用这种文字写。我曾用此教没有学过英文的小学生（四年级至六年级），每周教他们一小时，半个学期便会读书（写比读容易）。直到现在他们仍能用来和我通信。正因为它具有如此的效用，所以过去为统治阶段所惧怕而禁止。等到人民世纪到来时它必走在前头，发挥它的效用。也唯有到了大多数人掌握了文字，大众化才能彻底地实现。

用新文字来作大众化的工具，这是一个好的办法。当这一办法未能达到之前，在方块字的应用上加些功夫，使得较为通俗些，也不无益处。但要注意的是，应该把通俗化的方向注重在“听觉”方面。就是说，表面上所写的虽然仍是方块字，但所写的这些方块字必须再经人念或讲出来，然后被不识字的工农大众“听”进去才有效。“看”的文学与“听”的文学在写作时有很大的不同，我们现在所看的、所写的都是“看”的文学，北方的方言文字，到了南方就只能摆在书架上，让知识分子去欣赏。如果你把他的作品送给略识字的人看，他可能仍看不懂。如果你耐心地读（用方言也好）给不识字的人听，或像说书者说给他听，他还是不懂的。所以，听的文学有很多特殊性，必须下功夫改编才成。

文学最初是以“听”的形式存在于民间的，后来，才以“看”的形式搬上了士大夫的书架。今日要把文学送还大众，当然要重视“听”的形式，并发展大众所能“看”的形式，使“听”与“看”并存于大众之中。

白话文的扬弃问题[①]

白话文并不是根据哪一个地方的语言所确定的。这种文字，虽然比较文言文易懂些，但它也只是知识分子书本上的东西，而不是民众口头上的东西。在大众化的要求下，白话文的扬弃已成为迫切的课题。大众化的新文字，应该是带拼音的通俗的白话文。不过在没有适当的全国性的新文字代替它之前，它现有的文字还是有生命力的。到了全国性的新文字形成之后，繁复的文字有可能和拉丁文字或希伯来文字一样被送进博物院。

这种繁复的文字，我们本来可以弃之不顾。不过，文化是不可能飞跃的，所以对于白话文我们还有批判地利用的必要，尚有其必要，应使它更接近于口语。总之，对于白话文，我们应该抛弃其缺点，而尽量采用生动的口头语。这样，各地的方言文学才能获得蓬勃发展，然后慢慢由多元的发展进入统一，而形成一种崭新的通俗的白话文。

---

① 原载《星光日报》之《大众文学问题·（二）大众化的实践诸问题·（乙）用什么方式来写·A 白话文的扬弃问题》，1949 年 3 月 3 日。署名隽。

关于新文字问题[1]

客：在《星光日报》上拜读了你的大作《大众化两个彻底的办法》，知道有一种拉丁化新文字，极容易学，也很实用。不认字的人不用学多久，就可以买书、看书、写信。这样，连普及教育的问题不也可以解决了吗？

主：可不是吗？新文字就是普及教育的最好利器。教育普及了，文学大众化自然较为容易。

客：可是，我很怀疑，如你大作中所说，新文字的创始已经很久，也曾流行过。它的效用又很大，为什么直到现在还是很少人知道，不能发挥它的作用？它既是普及教育的利器，政府天天在倡议普及教育，从来不想试用它。可见，这种文字本身有问题。

主：问题并不在新文字本身，而是社会方面的。

客：概括来看，新文字在政治的统一方面是无疑的，但是在人民生活上，我却总觉得会受相当的限制。一种方言既可以有一种文字，那么，广州人有广州的新文字，闽南人有闽南的新文字，客家人有客家的新文字……各种文字，都只能通行于懂得这种语言的人群之中。懂得这种文字的人，也只能阅读同语言的人所写的书报。这不是把各人的接受知识与表达情意的范围缩小，使生活感到很不方便么？

主：不错，语言和文字用于传达情意，扩大人的生活、交往的范围。就文字而言，因为具有流传久远的特性。所以，文字比之语言，更能扩大生活

① 原载《星光日报》，1949 年 3 月 14—16 日。署名潘隽之。

交流的范围。这样，文字方被人看重。那么，能够把生活交流的范围扩得越大，当然越好。学得一种全国通行的文字，自然比仅学一种只能通行于一个地方的新文字更好。所以，应当诉之于各地的拉丁化新文字。更重要的一点，请认清楚：目前的拉丁化新文字运动并不是要把认识方块字的人拉到文言的小范围中，而是要让完全不识字的人扩大其生活圈，并让他们获得追求知识的工具。

客：如你所说，新文字在理论上是没有什么困难了。但是，在推行上是不是有困难呢？新文字是一种拼音文字，我们中国现在不是也有拼音的文字么？国语注音符号和国语罗马字都是拼音文字，推行结果，都行不通。那么，这种拼音的新文字会不会同样也不能行得通呢？

主：国语注音符号和国语罗马字之所以行不通，并不是因为它们是拼音文字的缘故。它们行不通的原因如下。

第一，它们乃是一种辅助符号而非独立文字，目的只为辅助方块字，注出准确的读音，而无独立应用的打算。所以，它们在许多场合都是以辅助姿态出现的，学习的人也以辅助目的去学习它，因而离开了方块字，它便没有被独立应用过。

第二，它们的推广范围，只在认识字的人中间。人家既然认识了方块字，对于这种功用并不显著的符号便无兴趣去运用它们。因此它始终只是一种点缀品而已。

第三，它们都是标准国音拼的。所谓标准国音，只是一种以人为的方式制定的，事实上没有一个地方的方言是属于标准国音的（一般上设定北平语是标准国音的依据，但北平语的土语便有异于标准国音）。因此，也就是说，没有一个地方的人能够很容易地拼写国语注音符号或国语罗马字。

第四，国语罗马字因为太顾及语言学的原理，因此，弄得变化太多，很难学习，更难熟悉。国语注音符号也远不及新文字的容易。至于新文字，就没有这种困难。它完全是一种独立的文字，可以流行于不识方块字的群众中，成为他们自己的文字。它完全根据方言发音而拼，任何人都不怕拼不准，至于易学易熟，更用不着说了。所以，国语注音符号与国语罗马字不能通行的原因，在新文字上是不存在的。

客：是的。这种新文字说起来真是一点困难都没有，推行起来，一定非常容易了。

主：推行起来，的确是很容易。不过说它一点困难都没有，那也不见得。困难是真的：如新文字为了要把拼写简单化，使它极容易，所以废去了四声而希望由词的连写解决四声不分的困难，但词的连写是否可以代替标声而无疑，多少还有问题；又如因各地方言的元音不同，同一字母，在甲方言中作甲音，在乙方言中作乙音，这种分歧是否会影响到标准拉丁化的新文字的发展……不过，这些困难都是枝节的，可以设法改善的。一种文字刚创制，缺点当然免不了，要是过于重视一些小缺点，过于夸大这些小困难，因而让三千多万同胞永远做文盲，正是因噎废食，太不应该。所以，我们应从大处着眼，并设法克服它的缺点……唉，不过有一个困难。

客：什么困难？

主：成见！成见认为，方块字可以保存作古董，当艺术品欣赏，是中国两千年的老法宝。新文字却是横行的洋货……诸如这一类成见，如何打破，的确是一个困难。所以，我们学习新文字固然很容易，要学习新文字的理论，巩固理论，就要多下功夫。

教师任用方式之商榷[1]

教师之于公务员，在今日的社会地位上，虽不见得较高，但尊师重道的观念，尚存于教师意识中，为教师保持一丝自尊心。且我国自古聘请教师，送关约，致束脩，有习惯可循，所以教师之任用，一向为聘任方式，与公务员不同。教师之任用不同于公务员，表面上似乎特示优礼，非“吏”可比。因为任用方式出之“礼”聘，原寓有一种恭敬尊重之意，聘者与被聘者，尽管身份悬殊，而地位上乃站于对等地位，无尊卑上下之别，更非长官与属僚之关系。但此种优礼，事实却未必对教师有利。所以任用方式，于公务员已有定制，而于教师则问题尚多。举本市近事而言：私立小学校长教员，会因任用教师手续而于教育当局争持，一方面是有法令可据，一方面却以习惯与事实之困难为由。孰是孰非，如何判别；法令习惯，理论事实，如何权衡，颇值得探讨一番。

我国各级学校教师之任用，大抵为聘任，如中学法第九条规定“中学教员由校长聘任之”。事实上除了广西、湖北等省有较特殊的任用方式外，全国各地都是由校长聘用。但国民学校教师，则法令规定与各地情形，颇有出入。教育任用规程中是规定校长由主管教育行政机关委任，教师由校长聘任；但教员登记办法则规定教师均应向主管教育机构登记，且有统筹支配之意。此外，师范毕业生由教育厅分派各地服务，则完全为委派的。所以现在国民学校教师之任用，至少有下列三种方式。

① 原载《江声报》，1948 年 10 月 10 日。

第一种，完全由校长遴聘，报请主管教育机关核准。

第二种，教员向主管教育行政机关登记，校长于登记待聘教师中遴定聘用。

第三种，主管教育行政机关直接委派——多用于师范毕业生，唯有台湾省现时试行完全的委派制。

聘任方式，可谓我国教育行政上的一大特点，因为欧美各国对于教师之任用，一般通过一定的考试后，由行政机关或教育行政机关委任，一经任用为教师，便视如公务员，他们没有不屑于与“吏”为偶的心理，职业生活亦得与公务员同样受保障。其委派机关，中学教师与小学教师略有不同，如法国公立小学教员，由大学区视察员推荐，府尹（prebest）任命；高等小学教员由教育部长任命；中学教授一律由教育部长任命。德国普鲁士小学教员任用，由郡（Regierungen）政府主持；中学教员任用，由省教育理事会（Provinzialshul Kollegien）主持，皆承教育部命令办理。英国公立小学教员由郡或郡邑参事会（Council）所属教育委员会（Aducation Committee）委任；中学教师亦多由地方教育行政机关任命，并利用津贴制度，以控制各校之聘用教师，务求合规定资格者方得被任用。意大利中学教师由教育部任用，此后非有大故经教育部许可，不能自由更动；小学教师虽由地方教育行政机关任用，而教员名单仍需呈送教育部核准，经核准后，地方教育行政机关便不能随意更调。美国中小学教员由教育局长推荐，经教育董事会通过，再交局长委任，在偏僻地方，亦有由教育局长直接委任者。苏联则不论教师或其他教育行政人员，均由中央委员会任命，但全邦学术参议会可随时调任之，至于教师权利保障，则由教育同业协会行之；须经教育行政当局及协会代表人数各半所组成之特种委员会一致议决，方得免除教师职务或惩罚教师。

遍观各国，对于教师任用，可谓全系视同公务员加以委派。美国先前曾由各地教育董事会聘任，其后流弊丛生，乃改现行方式。英国亦努力通过津贴制度以控制各校不得自行聘任未经审核合格的教师。各国均如此，难怪当年（1931）国联教育考察团到中国考察教育，对于我国教师由校长聘任之制，大为骇怪，而建议：“国立高级学校（即指大学及专门学院）之校长及教授，应根据一特种大学委员会之推荐（将来根据大学团体之推荐）由教育部长任命；中等学校之校长及教员，应由省教育委员委任；初级学校之校长及教员，应由县督学委任。”（见《国联教育考察团著中国教育之改进》第 52 页）罗廷光先生讥之曰：“昧于我国习惯，未见其当。”［见罗著《教育行政》（上卷）第 220 页］盖因循于习惯，一般人多以聘任方式为向来沿用之方式，因而当然可行。本省教育厅曾做教师人事管理制度研究，收集 20 位专家、13 位校长、29 位中学教师的意见，其中有一项为比较聘任方式与委派方式之优劣，结果赞成委派方式者 14 人（多系教育专家）而已。此正表示与国联教育考察团意见相反。

国联教育考察团之建议，虽有昧于我国之嫌；但一味囿于聘任的美名，以为非如此无以表示高于“吏”者，亦大可不必。其实聘任与委派各有利弊。欲辨两者孰较适用应先明其一般之优缺点。聘任方式之优点，有下述数者。

第一，校长可因学校之特殊需要，遴聘适当人才。因为各校均有其特殊情形，了解学校特殊情形最深者，莫如校长，例如规模较小之学校，不能专用会计或文书等职员，须觅一擅长于此者以兼任；乡村学校，宗族纠纷，常缠入校内，须有一洞知内情能排难解纷之教师为校长辅助；为帮助乡民，更需要一能拟红白帖式、写匾额楹联之教师；此外人事上、性情上，其中曲折微妙之处，每不易为高居在上之主管机关所洞察。行聘任方式，校长便可根据实情以觅取人才。

第二，教师由校长聘来，校长用人负较大责任。教师亦因与校长有直接或间接关系，及慑于校长握有进退之权，故较听从校长之支配。即校长之推动工作及听取教师意见，亦可通过私人感情而较方便。总之，双方情感较易融洽而取得合作。

第三，校长负一校全责，对于学校有其计划与理想，故必予以支配校政之全权，使其对于事业之成败负完全之责任而无所推诿或受牵制。

第四，穷乡僻壤，罗置师资不易，校长因职责所在，自不得不多方寻求。有时校长为使学校办理成绩优异，自亦乐于多方罗置人才，使人尽其用。在师荒情形下，总比等候教师自行到教育行政机关登记听候委派为佳。

委派方式亦有其优点，述如后：

第一，在每一地域单位内，全体教师可由教育行政机关统筹支配，不致有此盈彼亏之现象，目前全国师资缺乏之苦，且有大批内地教师涌至本市来求职者，校长苦于应付。至于内地，则越偏僻地区，师资越缺乏，甚至一校之中，无一合格教师，学生功课，空白以待教师亦所在可见。以本省情形而论，大体厦门、福州、晋江、龙溪、莆田诸地易聘教师，明溪、甯阳、莆城诸地难聘教师；私立、省立中学易聘教师，县立中学难聘教师。此种盈亏现象，全系自由竞聘之故，经济上的自由竞争已被人斥为不合理而易以统制经济、计划经济，教育上须作有计划之统制，乃理所当然。

第二，提高师资素质，统一师资标准。此当为教育行政之重要工作，如何提高，如何统一；方法固然甚多，但最有效者为当局揽有用人之权，审查教师，须合某种标准，方能入选，若聘用教师之权操于校长，则阳奉阴违者有之。徇私滥用，不合格教师滥守高位，优良教师却不得其门而入，虽有呈报核准等方法以矫正之，但究不若由主管机关直接委派之易合于标准。

第三，教师职位，每随校长更换而动摇。因此教师乃有夤缘结党之嫌。校长有权可以进退教师，滥用私人，形成割据，易于以学校为营私舞弊地盘。一切社会不良恶习，容易侵入学校中。

第四，校长最重要之任务，本应在于辅导教学，策进校务，但事实上现在校长所忙碌之事除了筹钱和用人之外，已无暇他顾，校政兴革固不待言，日常校务处理，亦草率了事。如果争夺教师，洽聘解聘等人事上的困难，不必校长打理，则当可用较多时间精力于校政上，对于学校裨益更多。

以上所述，为两者之优点，至于缺点方面，大体相反，不必赘言。两者既然各具优缺点，而且一为我国现时所沿用，一为世界各国所通用。两者之价值，尚须加以比较研究。我认为两者之比较，在理论上说，委派方式较优于聘任方式，因教育事业为国家立国基础之所托，国家对于一国之教育宗旨与方针有其既定方向，而服务教育事业者亦应有共同之理想，此共同之理想即指向国家之教育宗旨，教育从业人员亦应有崇高之德性与行为，体认本身工作乃在于服务，非其他职业之可比，不应有结党营私、把持校政种种不良现象。理想相同，任务相同，权不应争，利无可夺，则各人均系整个组织之一员，所求者只是此组织之能充分发挥其效能而已。如此便能以诚互见，以公相处，不管由自己聘来或主管机关派来，均能合作无间。而且校长与教师之合作，每取决于相处后之感情，而非相处前所易料到。聘任教师，虽由校长延揽，其中大多数亦系由友朋甚至长官介绍，一言为定，甚至无一面之识，此种关系，岂比主管机关委派来者为佳？今日各校教师，多系校长聘来，并不见得双方感情融洽，因立场不同、利害相左，轻则毁谤争持，甚至闹风潮者，比比可见。所以合作要点，并不在乎事前之关系与感情，而在于公平坦白。抑有进者，社会之进步，国家之文明，乃至混乱走向调理，自各自为政走向有计划有步骤之设施。教师由国家委派，则教师之地位可以确定，师资之数量可以统筹，教师之资格借以划一，教师之生活获得保障。凡此种种，皆是文明国家、进步社会所应有之事，而聘任方式却无法完全达到。所以对于教师任用问题之彻底解决，应有深远之眼光，从最高理想着眼，而不应仅仅抱住聘任之美名，以为聘任则表示尊重，事实上今日教师地位，已因种种实际之不利情事，而降于公务员之下，是则受国家之委派，为国家服务，有何不尊贵？不过话又说回来，在此时此地的事实上，骤行委派制，却有斟酌余地。台湾省现时已试行委派制，该省情形特殊，行之或者较易一般而论，在政治未上轨道、教育专业道德修养不够之情形下，委派方式，恐甚易引起少数不肖教师，向主管教育机关夤缘，占据佳职惰于工作，傲慢不顺。若考核不周，必致努力教学之优良教师无所保障，夤缘取巧者反占上风，甚至特权阶级极易挤进校中，因为一般人想头，总以为中小学教师不必具备什么本领，科长太太、舅子外甥，谁不可当？谁不得进？校长无权可争，亦无责可负，于是一切政治未上轨道时之政界败坏风气，可以毫无阻碍地带进学校。是则“弄巧成拙”！此种事实之可忧虑处，实在忽略不得。

委派方式，合乎理想；聘任方式，尚为事实所需。究应如何抉择？我的意见，认为较妥当办法，为教师之物色，仍应由校长负责。同时，主管教育行政机关亦应大量登记合格教师。校长物色教师之方法，除沿用介绍之一途外，应尽量自教育行政机关之登记籍中物色。遴定教师，然后向主管机关推荐，经主管机关核准，即予委派，并由校长副署。一经委派，非有大故，校长不得请求撤换，主管机关亦不得任意撤换。即使有不得已情事，亦应做局部调动而已。如此，校长有推荐之责，而无迳聘之权，主管机构有委派之权，但非经校长之推荐，不得迳委，以防所委不合学校之需要。此与美国各地之教育董事会负推荐之责、教育局长有委派之权者正相似，可以收分权之利而减少两者之弊。

·诗　　歌·

感　　怀[1]

伤心往事兀寻思，
越是聪明越是痴。
揽镜乍惊容色瘦，
读书每替古人悲。
风云壮志消磨尽，
诗酒豪情异曩时。
日与药炉长作伴，
灯红酒绿数青丝。

① 原载《汕头小日报》，1936 年。署名潘隽之。

自　　戒[①]

幸是寒家子，
万般总可为。
掀天愿有志，
投笔尚无时。
年逐流光逝，
心随俗世嬉。
岂甘终暴弃，
老大徒伤悲。

① 原载《汕头小日报》，1936 年。署名潘隽之。

瞄准了我们底枪尖！[1]

瞄准了我们底枪尖，
对正着我们底敌人！
流干了最后的一滴血，
为着我们底民族的生存。

战神揭开了和平的招帘，
狼虎啮去了古国的外衣；
凶残的猛兽践踏着我们的同胞，
冲天的炮火戳破我们的美梦！
再不能期待着“公理”的评判，
再不能盼望着“和平”的来临；
“公理”是枪炮口的俘虏，
“和平”是铁和血的结晶！
只有用我们：
沸腾的热血和不屈的精神！
才争得到解放，
争得到最后的成功！

① 原载《星华日报》副刊《流星》，1936 年。署名隽。

不能踌躇了，
敌人的长枪已经搠着我们的眉尖！
不用合力呼着天，
天不会答复我们。
快握紧我们的刺刀，
准备着。
对正我们的敌人冲！

这已是我们生死的关头，
再不是争权夺利的时候；
要睁开我们的眼睛，
认清了我们的敌人！
要团结我们的兄弟，
瞄准了我们底枪尖。

战神的漏网者[①]

已是晚上，
濛濛的细雨在沉静的空气里飘。
小河的浮萍攒聚在一个角落，
静静地，地面上敷了惨寂的灰色。
从潮州来的末班快车驶进了汕头，
车厢里走出来一大群——五十多个!! 无家可归的流浪者。
菜黄色布满在每一个不壮健的脸孔，
低下去的眼珠，突出来的颧骨；
无论是老的，年青的或者是幼小的，
干瘪的嘴角都刻着皱纹，蹙紧着眉头。
呆板，枯滞，拘谨，失去了一个“人”的脸面。

谁说他们没有家，
家乡在十六门底大子炮之下毁灭去了，
三年前，还快乐地生活着，
谁料得，太平的美梦，
跟着军阀的斗争便轻轻地像肥皂泡般被戳破了。

① 原载《星华日报》副刊《流星》，1936 年。署名隽。

战神的漏网者不得不向安全的地方逃亡，
这样，美丽的故乡便成为记忆中的往迹了。
血腥在溪流中四溢，
炸弹的余片掺杂着牲畜的骨髓和百姓的血肉填满在每一道深浅的战壕，
火药的气息随着冷峭的晚风在飘！

饥饿逼迫着他们东西奔波，
在每一个乡村每一个城市都曾经有过流浪者的足迹。
然而那一处农村不正像家乡一样的遭殃，
每一个城市又把流浪者远远地摒弃。
于是，
永远地，没有家啦，没有驻足的地方！

时间在人们的头发上，额角上
凶残地践踏过去。
三次的征雁在秋风高紧时从塞北飞回了！
不看见江边的岁月都白了头么？

三年。
短短而又长长的三个年头。
幸福已经远远地离开他们，
生活的铁鞭紧紧地追随着他们；
两百多个漏网者只剩下四分之一。
病死者和饿死者已永远得到了安息，
存在的便这样继续着漂流。
什么时候我们再回到故乡去呢？
永远没有听到回答。

——微雨之夜

像一颗炸弹[①]

像一颗炸弹，
当爆发在这个古老的北平城的时候。
唤醒了沉沉的睡梦者，
轰跑了卖国求荣的汉奸。

像一颗炸弹，
当爆发在这死寂的中国的时候。
划开了时代的鸿沟，
掀动了太平洋上的波涛。

像一颗炸弹，
炸开在宽广的原野；
弹药的威力已消尽，
剩下来片片的碎弹。

像一颗炸弹，
我们需要更多的炸弹！
投下来——
为着全世界弱小者的解放作先锋！

① 原载《海滨校刊》五四专号，1937 年。署名潘连培。

・小　　说・

变色的地图[①]

在学校里，我跟老陈两个人顶合得来，但是我跟老陈也最喜欢闹别扭，不过这是不要紧的，你别替我们担心，我们闹别扭一点也不会损蚀我们半丝的友谊——虽然当我们闹着的时候，总是把对手恨到切骨，如果两人之中谁手里有一支勃朗宁的话，那么我或者老陈早就完蛋了。

我已经说过，我们两个人的感情是顶好的，顶好的原因我也不太明白，总之，大概是两个人的性格都差不多（或者差一小点），学问也像摆在天平架上都半斤八两；所以每一个同学都绝对承认我们俩是天生的一对莫逆之交！然而有一件事，就是太喜欢闹别扭，而且往往闹得过火，简直像两个“水火不相容”的仇人一样。

大家既已经知道我们顶合得来的缘故，那么再让我来说明我们最喜欢闹别扭的缘故吧！原来老陈是一个顶没有“国”的思想的人，他好像根本就不认得什么叫做“国”以及一个国家的分子和“国”中间那种密切的关系。虽然他所知道的极多，但在这一点上他却始终是那样糊涂。直到现在我还觉得非常奇怪。怎么在这20世纪的时代竟会有这么一个怪青年而且是有着知识的：你要说他思想腐旧，但他的新知识多着呢；你要说他懵懂，但他的头脑是极清醒的；你要说他是懦弱，但他的个性比我还刚强；你要说他故意，但

① 原载《大众日报》，1937年。署名忆琴。

他那认真的态度却又不像是明知故为的。我简直找不出一个适当的词来形容他那奇特的脾气。最后我终于给他作了一个解释：就是受了封建的保守思想毒害过深，而一时无力自拔——因为他的祖父、曾祖、高祖，以及前代的祖先都是天字第一号的“顺民”，照遗传学说，老陈那种脾气的生成是不足为奇的。

但也许有人要责备我为什么不劝他改掉那坏脾气？其实我何尝没有这种冀望，然而我每一次的试验都失败了！只要人家跟他说国家的事，他便着了魔般地掩起耳朵来便走，甚至当着人家面前说了许多没理性的话，这多么令人难受；尤其是碰着我这个最关心国家大事而又是血气方刚的青年人，你想，我能忍受这样的侮辱吗？所以我们便常常闹着很厉害的别扭。

譬如，有一次我和几个朋友为排演爱国剧本而要开一次会议的时候，他看见我匆匆戴了帽子走出宿舍，他就拉着我诘问要到哪里去，我当然把实情向他说明。你猜，他竟这样幽默地问：“你的物理学准是预备好了？”我很愕然，不明白他的意思，到后来还是他自己补充了一句：“要不然你为什么要去做那多余的事情？”

“为什么爱国是多余的事？”我当然气愤地问。

“什么国？明天的物理测验当心些！”

“岂有此理！为着读书就连国都不要，我问你，读书做什么？”

“那么我也要问你，爱了国之后明天的物理学是不是就可以有把握了。”

“……”我气得说不出一句话来。我想：他真是一头没理性的牛！

“我劝你，还是各人自扫门前雪，莫管……”天呀！他竟摆起认真的脸孔在教训我啦。

“可是，国是自己有份的，不是别人的呀！”我分辩着说。

“我根本就不喜欢听这些话！”他大声嚷起来。

“哼，冷血动物！”我气得脸都青了，戴了帽子走出宿舍。

但是，当我回来的时候，他却老早站在宿舍门口，大概是在等我，接着拍着我的臂膀开心地说：“天气这么冷，怎么只穿这件薄薄的衬衣，连羊毛衫也不穿上；你真是孩子气，受着寒可不是好玩的。刚才我替你担心了老半天。”接着，他便把我推到室里来，把他自己那件大袄加在我身上。

你想，这叫我怎样去纠正他那奇特的脾气呢?

然而，因为我继续不断地努力着向他进攻，我终于得到了最后的成功，我觉得真愉快。

事情是这样的:

礼拜六的晚上，我从朋友那里带来了“十二・九”那天的消息和几张记载着那天的事情的报纸回来，我兴奋得忘记了老陈的脾性，就把这件事情很痛切地报告给他听，并且把那几张报纸给他看；可是一转眼，他老人家却不慌不忙地把那几张报纸拿去擦桌子上的墨污，你想，我那时应该如何气愤呀！那晚我气得睡不着，卧在床上听他那甜畅的鼾声，我不住用拳头在被窝上击着，牙齿磨得叽叽地叫。最后，我终于从床上跳起来，趁着朦胧的月色，我悄悄地把他那张已经绘完而将要交的“中华民国全图”铺开在桌子上，用毛笔在墨罐里蘸饱了浓黑的墨水，在那秋海棠叶形的右上角涂抹了一大片，接着又把毛笔洗淡点，在那黑色的下面继续涂抹着；然后，把地图仍旧叠好放在原来的地方，悄悄地爬上床睡觉。这事情做得很快捷，老陈仍旧像猪一样打着鼾。

第二天，我被老陈的悲呼声吵醒，我匿在被窝里暗笑。接着，老陈却掀开被窝把我从床里拖起来。他发慌地摇着我的肩头。

“这是你弄的把戏，你，你这顽皮的孩子呀!”

“什么事情大清早大呼小叫?”我揉着眼睛问。

“你为什么把我这张地图涂毁了? 我……我半个月的工夫，汝……”

“我当是什么，原来是这点小事情。”我懒懒伸了一下腰肢。

“小事? 汝涂它做什么?”

“墨是我涂的，不过，我当然有我涂墨的理由。”

“什么理由? 什么理由?”他简直失去了理性。

“那些已经不是我们的领土，你画它做什么?”我用拳头在桌子上碰了一下，摆在桌子上的东西都跳起来。

“……”他张开口怔了一怔。

“你还在做梦，梦着中国还有 1 150 万平方公里的完整的土地吗?”

“……”

“你花了半个月工夫画成的一张地图给涂坏了你就发起慌来？但是那张由我们的祖先花了几千年的工夫所绘成的版图不也正是给人涂上了黑色吗？你倒若无其事的，我问你，你的血是不是冷凝了？”

他始终没有回答我半句，青着脸孔倚在床角，到后来也许流起眼泪来。可是我并不知道，因为我说完了话之后便匆匆走出了宿舍。

此后呢？老陈不再跟我闹别扭了，而半个月后，他竟出席了二十三次爱国会。

沈阳城外（一）[①]

（沈阳十一日电）：中国志士多人，十日夜在沈阳秘密举行国庆纪念，被伪满侦悉，全体被捕下狱，内有女子数人。

天，沉沉地，像要压到了人们的眉尖。

风，簌簌地，卷起枯枝上的残叶，在天空中回旋。

红心子的旗，依旧在朔风中招展着。人们在心里计算：看不到那鲜明的国旗已经是多年了，一年，两年，三年……于是，灰色的心就更加沉重起来；尤其是在这叠着两个"十"字的日子。

太阳感到自己的威力不足，却又拖着疲倦归去了。

在曲折的山中，在夜雾里，一间低矮的草屋葬埋在落叶中。

屋里悬着一盏光线不十分充足的煤气灯，一张长方桌子放在中间，零落地坐着五个穿灰布工服的年轻的男子，都默默地在望着屋板上供着底我们的荣耀的国旗和孙中山先生底遗像。

周围是死寂地，但嗒嗒的钟摆声是不肯停止过一刻，而呼呼的猛风也不住地呼吼着。

门被震撼着，继而，是轻轻的敲门声："啄啄啄，啄啄啄啄啄……"

一个男子站了起来，走近门边：

"双十吗?"

"九一八!"

---

① 原载《大众日报》，1937 年。署名隽之。

沈阳城外（二）[①]

门“咿呀”的一声，在灯光下一个圆脸孔的青年男子出现了，也是穿着灰布的工人衣服。

“来了吗?”

“来了……多早呀?”

“还有半点多钟咧!”

新来的青年走近桌旁，向每个人点了点头，便拉一把椅子坐下来。

黑色的窗帘饱胀着的风，时时又从帘隙漏了进来，使屋里的人都感到寒怵。

隔了将近五六分钟，门板又“啄啄啄，啄啄啄啄啄……”响起来。先前那个男子便走近门旁。

“双十吗?”

“九一八!”

门开了，三个穿蓝布旗袍的女子和两个穿黑棉袍的男子走进来。

“怎么一齐来?”

“在猎狗的嗅觉外我们遇到的。”年纪较轻的两个女子说。

“那也有点不妥，以后留心些!”

“在猎狗的嗅觉外有什么关系?”

“不是这样说，你们要知道这几天的猎狗来得格外灵敏，虽然在他们的嗅

① 原载《大众日报》，1937 年。署名隽之。

觉外，但人多了，也难保不会被窥伺的。”

进来的人都默然，各自走到桌子旁边拉把椅子坐下。

时间在人们的心头很快地溜过去。

不久之后，这狭小的屋子里已经挤满了人。

时钟响了：“当，当，当……”共十下。

坐在桌子里边的一个瘦长脸孔的男子站起来：

“现在开会的时间已经到了，不过还有几位同志未到，而其中赵敏生和马十五两位同志是带着重要的工作记录要到会报告的，所以不能不多等一会，大概总不会落空的！”

于是屋子里的人又都悄悄地围坐在长方桌子底两旁。有的在沉思，有的用手指在桌子上慢慢地划着，但大部分还是用上牙咬住下唇，呆望着中山先生的遗像。

过了四十分钟左右。

不时有一两声轻轻地不知是问，还是答：“还未来？（！）”

最后，那个瘦长脸孔的男子站起来发话：

“现在时间已经超过了不少，我们已不能再等了；会，就先开吧！如果不是中途发生阻挡的话，无论如何，赵、马两位同志是会来的。”

那个穿蓝布旗袍的年轻女子站到发话的那个男子旁边，唱着：“肃立！”

于是人们都肃然地站了起来。

突然，门响起来：“嘭嘭嘭，嘭嘭嘭嘭嘭……”

先前那个专司管门的男子急速从桌旁退下来：

“双十吗？”

“九一八！”带喘的沉重底声。

一个灰黑色的东西在微弱的灯光下出现，要竭着目力才辨出这是一个肥而短小的男子，穿着很臃肿的一身棉袍。

“马同志！怎么迟到了？”

进来的那个人立刻扯下头上的棉帽，挥了半个圈子，喘息地压着浓浊的嗓子嚷：

“快跑啊！大家！猎狗快来了……”

“什么!”

“什么!”

“怎么?”

大家都愕然地扭转头来，睁大了眼睛瞪着进来的那个男子。

“赵同志被捕了!”

“呀!”从无数的口中迸出来这个失去音调的声音。

“而且……糟糕的！赵同志的报告文件和这里的会址都被搜去了！……”

“怎么!”

“怎么得!”

“……”

“所以，大家……快跑！快！猎狗已跟在后面……来了!”

门外，“拍！拍！拍!”震天的声音，在空谷中响起巨大的回响。

黑色的窗帘被扯碎了，数不清几十条白色的光芒射进这黯淡的屋子里，耀得人们的眼睛张不开。在白色的电光后面，五六条黑色的手枪按在窗棂上，枪口还喷着淡淡的烟。

“王八羔子！要命的举起手来!”

窗外的人狰狞着恶毒的面目在吼。

屋子里的人寂静起来，大家紧踏着地，手交叉在胸前默然地用上牙咬住下唇，忍住气瞪着窗外的人的脸孔。

事情很快便解决了：两条枪夹着一个青年人，向灯影迷糊的沈阳城进发。

六十三个[①]

离开了蓼花村的炮楼，陈湘驾着一架脚踏车，在笔直的公路疾驰着。嗤嗤的子弹声已经完全听不见了，只有沉重的野战炮还有节奏地响动着；一片黑暗在他眼前展开，天空和田野混成了一片，辨不清一切的东西。他完全失去了意识，烫热的碎弹片紧紧地嵌在他的左股上，左脸庞也感到辣辣的毒热，左手的手掌大概已经打穿了洞；热的血沥淋淋地滴在大腿上，滴到灰沙地上；苦痛使他每条神经都麻木起来，他不住用上牙咬紧了下唇，整个身体抽搐得伏到车上，但是两只腿却仍旧拼命在脚踏板上交替地抽动。车迅速地前进，车头那盏细微的红灯禁不起迎面吹来的风在闪闪地抖动，但却很勇敢地冲破了黑暗，像流星般溜过去，在黑色的空中划成了一道很美丽的红线。按着车头，陈湘的左手痛得痉挛，而右手也很厉害地颤抖；他不敢望前面和两旁，包围在他四周的都是一团漆黝黝的黑色，他睁着狼样的眼睛，注视着红灯前面那块宽不到半丈的光度和在继续向后退的公路。

他下意识地想起刚跨上脚踏车的一会，从连长手里接过来一张纸条的时候，敌人的机关枪已经逼到蓼花村外那条萧家滕了。整个炮楼完全在野炮和枪弹的包围中，连长像一头受伤的水牛，冒着一头汗在墙角上暴跳着，不住地用驳壳枪柄敲着自己的脑袋，等到陈湘坚决地承认一定能够冲出炮楼外，他是如何恳切地握紧着他的手，用调和而匆促的语调说：

“敌人把我们包围起来了！我真蠢——这一次意料外的袭击，我们这一连

① 原载《大众日报》，1937 年。署名隽之。

弟兄，快要被敌人歼灭了！”

“湘！现在重大的使命完全落在你身上，你必须赶快去……你知道吗？——立刻冲过敌人的枪尖，要小心……在二十分钟内，就得到叶家村大营，把这信息交给营部。我们……便得救了……要是……”

连长的眼睛迸着热火，提高了喉咙叫起来：

“我们……这一连……六十三个……永别了……而且，蓼花村这要口……破了……你知道吧——喂，听见吗？”末一句，连长的嗓子叫得变了声，但是，立刻被炮声淹没了。这样，陈湘退到炮楼角，驾上了脚踏车，拼命鼓起腿，冲过公路去，一个炮弹掷了过来，来不及回避……幸喜脚踏车没被损坏。

在笔直的公路上，一切杂乱的声浪都隐没了，这里似乎很平静；青蛙在田里咯咯地叫，路旁的菅芒被风吹动发出沙沙的声音；夜晚的凉风拂着陈湘的腿、脸孔，感到像浸在水里一样凉快，血沿着身体结成了整条的固体，他的脑袋渐渐感到清醒起来，横在他眼前的黑色像风一样倒过来，他担心这样的速率是不是会忽然碰到石上翻过去，或者一个翻身掉进田沟里去，轧坏了车轮。他不敢再想下去。但他又不敢放宽两腿交动的速率，他脑子里充塞了蓼花村炮楼中六十三个弟兄的脸孔——六十三条活的生命现在差不多都交在他手里。

按在车头的手愈加厉害地颤抖起来，一个圆黑的轮廓在他眼前跳动，从这轮廓中，陈湘看见许多熟悉的脸孔。这些脸孔都是那样的可爱，身体是那样的壮健，神情是那样的勇敢。他咬紧牙根艰难地呼了一口气。

脚踏车像一只受了伤的野兔在公路上飞，车灯像流星一样在黑暗中溜；陈湘的心脏也在一阵紧过一阵地跳动。

然而，在黑暗中一点隐现的光点在陈湘的眼角出现，像在茫茫大海里的孤舟发现了陆地一样，他激动得使身体更厉害的颤动，两只麻木的脚也如此。

近了，近了，草房的营部已经完全显现在他眼前，差不多到了可以跳下车来的时候，陈湘用那熟悉的姿势把右脚向后提了起来，刚跨过车垫，左脚忽然刺骨地剧痛起来，这使他的身体一时失去了平衡，车子便“嘭”的一声倒到地上，人也跟着跌下去，车头的那盏红灯倏地灭了。

剧痛使他几乎失去了知觉，就在这时候，前面响起急促的叫声：

“口令！”

两个哨兵同时把枪瞄准发声的地方。

陈湘用尽了全力才撑起半个身子。

“口令!”严厉的喝声。

声音冲到陈湘的喉咙里，却被舌根紧紧塞住。

“呼！迸!”

两颗子弹同时从两杆枪口射出来，一颗从陈湘的脑袋上飞过去，另一颗，钻进了陈湘的右胸。

被阻在喉头的声音好像一下子被冲了出来。

车跌到地上，陈湘没有了知觉。

第二天，太阳刚升出了云端，白色的云霞在蓝色的天空中追逐。

美丽的旗子在叶家村口临时营部的草房顶招展。

一连困顿的倦兵从蓼花村撤了回来，每张酱色的脸孔沾满了湿腻腻的汗油，有的还混着紫黑色的血污。

当他们刚踏进营部的大门底时候，两个勤务兵从第七号病室里用帆布床抬出来一个被医官宣告不能救治的伤兵。

一个中年军官刚好走近旁边，忽然惊骇地叫起来：

“陈湘！陈湘!”

那些已经把枪从肩膀上放下来的士兵都愕然地站住。

陈湘是安静地，在白帆布床上，一条盖在他身上的白布被渍满了浓黑色的血。

“陈湘……陈……湘……”泪水像两条线般从军官的眼圈里滚出来，滴到布被上，和黑色的血混成一片。

两个勤务兵急忙摇手示意阻止军官这么样的举动，但在床上的陈湘已经张开了灰色的眼睛鼓起白色的口唇：

“连……长……是你……弟兄们……都……”

“都安全回来——六十三个……就只你……”连长说不下去，喉管抽哽着。那些愕然站着的士兵都唏嘘地流起眼泪来。

“都安全回来……”

一个微笑飘上陈湘青色的脸孔，他的眼睛闭起来。

在乱杂的哭声中，一幅美丽的表情挂在了陈湘脸上。

死前日记[①]

朋友林君的死耗，原是我预料中的，因为他肺病已到末期，不能医治是显然的。但与死耗同来的一个惨痛的消息，骇人听闻，使我不得不跋涉三千里的长途去一探究竟。此时已桐棺长埋，一坟双柩，尚幸搜得日记一本，得知个中大略。是非之间，想去几微，道德呢？不道德呢？仁慈呢？残酷呢？因为他生前是我的朋友，即使在死后，我也不愿妄加一辞论断，现将日记择出几篇，发表在后面：

三月十八日

今日，我的生命被判处了死刑。不只是我自己，还有我的妻，我的儿。“天地不仁，以万物为刍狗。”假如冥冥之间有神在，我认为神必是最残酷的刽子手。

那穿白衣服的医生，竟是石头所铸成的么？一个人样的动物，竟没有人性，没有人所具有的感情么？要不，他何以能那样以漠然的态度来判处一个人的死刑：“绝对没办法！”就是这么板着平静而冷酷的脸看别人在作将死的挣扎，像扔掉一块石头那么平静。平静得我不能相信自己的生命已经到了尽头了。

“绝对没有办法！”不，天呀，我要活，我可不能死呀！

① 原载《星光日报》周末文艺版，1947 年 11 月 8 日。署名潘隽之。

三月十九日

昨晚整夜仍发高热，妻也整夜忧心暗泣。在高热中我做了一些怪梦。胸口压得很厉害，有一次竟梦到躺在泥土中，掘墓者一铲又一铲的泥土往我胸口堆下。妻子哭声隔了一层泥土，模糊不清。我想伸手扒开，但不能动，意识到自己已经是死了，尸体自然不能动啦。死后如有知，情境就是这样，或还更坏。可是有什么办法呢？我不久就要永远躺在那闷气的泥土堆中了。

晨起，热略退，妻双眼已哭得红肿。我心中倒平静异常。不但平静，简直有点空虚。昨日什么都想，今晨什么都想不起。大约就是所谓“万念俱灰”吧。

听从妻的劝告，再作一次企图，坐黄包车到一家有名的私人医院检查。这是妻的妄想，算了吧，还不是花了钱再让人家作一次无情的宣判。

没有带孩子同行，让他一个人孤零零躺在摇篮中，回来他正手舞足动，哭得声嘶力竭。妻因此又伤心大哭一场，但我更伤心啊。

三月二十五日

发热已持续一个星期，每天总是下午潮热，至夜渐高，午夜之后退热。晨起虽心境清朗，但坐起便流汗，虚弱不堪。这种潮热，大约就是将伴我此生。等到有一天不发热也就是我永远睡下的时候。

我很想到学校去上几节课，挨过下个月再请长假，可是我如何能站起来，更如何能站在黑板边舞动粉笔讲两个钟头的课，现只好再写条子续一个星期的假。但一个星期以后又怎么办呢？下个月份的薪水即使弄到手，以后的日子又如何过呢？

这一个星期，妻一天比一天瘦下去。这还只是一个开头呢，以后无穷的岁月叫她怎么过？一转到这个念头，我就不敢想下去。但躺在床上，偏又老是自然而然会想到这些事。下午妻上市买药，我索性静下来细想，希望想通这些事，然后我闭住眼睛才安心。可是我怎能想得通呢？

“以后，她的日子怎样过？”这问题像一团黑墨，把我的脑筋糊成一片黑，黑得可怕啊！

结婚那一天，我对她说："我是一棵巨松，伸展蔽天的密叶遮阴你！我是一艘巨舰，载着你屹立在狂涛的大海中。"曾几何时，巨松快倒了，巨舰快沉了。就让她这样无所依栖，飘荡么！死，是消灭，消灭就完了事么？以死来拖住一个有生命的人，是多么自私，多么卑鄙呀！我不能这样自私，决不能！"爱一个人，就要他好，要他快乐。"为了占有而爱她，乃是专为自己打算而不是真正的爱。我不应该是这种自私的人。巨舰将沉了，我应该在沉没之前放出一只救生艇！送她到达安全的地面。我不能让她永远地沉沦……

孩子的哭声把我的沉思扰乱了。这小生命为什么要来这儿受罪？还要别人受罪？

又是发热的时间了，我的脑里糊涂得更黑。在浓黑中妻抱着孩子向深远处走去："以后的日子怎样过？"

我要活，我要为我所爱的人而活，我大叫着，挣扎着，房子却是空空的，孩子被我吓得止住了哭声。

三月二十六日

生命已经快到尽头，死亡不是避讳所能避免的。趁我还能说话的时候，和妻讨论她未来的问题。一提到死，她就伏在我身上大哭，哭得我无法继续说话。好容易止住了哭，我直截了当地对她说，为了爱她，我希望她和另一个男子结婚。忘记了我，止住这无法补偿的悲痛。为了爱我，她也应该如此做。可是，这一次她立刻跑到摇篮旁边抱起孩子来哭得更伤心。唉，我怎不晓得？她一向的恋爱观是和我一致的。她必不会拘泥于那无补的贞节，然而，为了孩子，孩子怎么处置呢……

三月二十九日

校长已经知道我这病，派吴主任来探病，劝我长期休息，安心调养，话倒说得漂亮，长期的休养就是长期的失业！这也难怪，我这站在死的边缘上的人，为什么还可占据人家的一席位。我想请求学校多让我请假一些时间，再拖出一个月薪水来。可是看到吴主任那副嘴脸，将死之人还要卖面子，何必呢？话没说出口，吞回去了。

三月三十一日

今天学校果然送来通知书：“自四月一日起，请陈民立先生代课，俾台端得以安心调养。”三月份的薪水也一文不少地送来了。拿起通知书，我只觉得有一股气从腹部冲出来，忍不住狂笑，好久没有这样痛快地狂笑过了，我笑，妻却哭。

今天咯两口血，咳嗽加剧，傍晚人更昏迷。

四月一日

昨夜发热的时间加长，到三更以后才朦胧睡去。今晨醒来，听到妻和人压低声音谈话。原来是亡友王大一的妻子，现在该叫她马太太才对，大一死后，她带着七八岁的男孩子与一个姓马的男人结婚，可是听说又要离婚了。因为姓马的娶她是续弦，前妻已生了两个孩子。一个有前妻的儿子，一个有前夫的儿子，各为了儿子的小事，时常吵闹不安。她决意带着那男孩子依旧去过寡妇的生活。她一坐下来，说不上三句寒暄话，就哗啦哗啦地发牢骚：

“做女人呀！就是命苦，要嫁就只能嫁一次，再嫁的寡妇人家总看轻你。单身的倒还好，像我这样拖着一只油瓶，叫人家怎么讨厌……”

我真急死了，怕妻听到，正触动她的伤心处。还好妻到楼下厨房去弄东西了。她接着唠叨，她诉说不愿意再过这种不自然的家庭生活，宁愿一辈子做寡妇，乐得消闲过日子。做做小学教员也还挣得两口子的饭吃。

“只是，就这么孤零零一辈子么！有一天躺下来……”最后，她眼圈红了，叹一口气结束她的申诉。

她走后，我对妻无意地说马太太如果离婚，总还能自己独立。人生两个大问题至少解决了一半。这番话叫妻又大哭一场，这果真是比“死”威胁我更厉害的事。以后叫她如何生活？一个在社会不能找到饭吃的女人，离开了唯一可以依靠的丈夫，还有一个孩子拖在后面。能行吗？

四月四日

我决意停止吃药，吃药既不能挽回这不可挽回的死，为什么还要吃药呢！

一家三口，更重要的是吃饭呀。三月份的薪水吃药已吃去一半，再吃三天不就吃完了吗！也许病的还要拖些时候才死，而生的却先饿死了。

骤听到一阵孩子的歌声从街上唱来。才发觉今天是儿童节。望望十个月大的孩子，本来已经瘦得只有一把骨头，近来没人顾管，更瘦得不成样子。睡在摇篮中就只有一只小耗子那么大，这孩子恐怕养不活的。其实我真希望他不再活在这世界。在没有思想之前死去也不算一回事。只怕不死不活拖下去，那才糟透。好心的人道主义者认为杀婴是一件残酷的事，其实我看，一个婴儿当他未有思想以前，他还没有所谓的生的意志，死了并不算一回事。养他不活，让他长期受苦，是不是更“不人道”。同时，不但孩子受苦，连累家人受更甚的苦，所以，我认为呆板地以保存一条生命或减少一条生命作为人道或不人道的区分，是不公道的。要保存一条生命，就应先问这生命的存在有无他的意义，就是说，是否能让他过“人”的生活。要是他过的是非人的生活，怎好称为“人道”！

望着这不幸的小生命，一阵心痛，又咯血……

四月二十日

半夜里被一阵凄凉幽泣声惊醒，以为是妻在哭，不，她累倒了，正睡得很熟，定神再听，才知又是隔壁方二嫂的哭声。苦命人为什么总和苦命人碰在一起！也许这世界上到处都是苦命人，并不是我们这个弄堂里特别多。两年前，她丈夫死去时，她倒很挺硬，近来却眉头间更加阴兀，夜里也时常凄恻地哭个整夜。据说是近来她和一个姓张的男人很要好，姓张的人颇不错，结实而诚恳，还未有结婚。有人传说他们两人已快要结婚了。但是姓张的母亲反对，说起来姓张的母亲倒还开通，她所反对的并不是因为方二嫂是寡妇，而是不愿她那刚结婚的儿子便拖着一个七八岁的女儿。自然谁愿意家里平添一个没有血缘关系的儿孙！叫人家问起来也难为情。姓张的虽很喜欢方二嫂，对他母亲这种合情合理的反对也没理由违逆。于是便为难了方二嫂。要丈夫，便不能拖住女儿；要女儿，只好做寡妇。母爱与情爱在她心中交战，凌迟般折磨她。可怜的女人啊！

今天邻居洪妈，谈起方二嫂的事，她说：“方二嫂真好忍心，昨夜出去会情人，到半夜里才回来，阿娟在家里等得打瞌睡，她回来后不心疼一下，却拿阿娟出气，扯她的头发骂孽债，口口声声说要把她丢掉。天下真有这么狠心的妈妈！可是等阿娟睡了，她又抚着孩子的头发哭到天亮……”

我的心里盖上一层阴惨的暗影。洪妈又接下去说：“阿娟也太懂事了，整天愁眉不展，只怕妈妈走掉。半夜里从梦中惊醒，要到妈妈床上摸到妈妈才放心回自己床上睡觉。我真不知方二嫂怎生着这么硬的心。”

方二嫂的心硬么！错了，我觉得她太懦弱。若果她的心是够硬的话，就该早做决定，别叫生命让冲突的心理啮噬，到头来既不能为人母，又不能为人妻。

昨夜整夜失眠，今晨热不退，痰里血丝加多，未到中午，人便昏沉，热度骤高。

四月二十五日

日记断了五天，这五天在昏沉之中过去，今晨较清醒些，脚已浮肿，呼吸时胸部剧痛，大概去死已不远了。“死”，而且希望快点到来。只是我怕我死去之前，我所要解决的问题尚未解决，进入死的境界，就再也无能为力了。决定吧！为了爱她。

偶然记起这个故事，从前有一个家庭，三代独子，三代的媳妇都年纪轻轻就守寡，到年老时自然就可以建立贞节牌坊，享受好名声，但到第三代那个独子夭折时，做婆婆的却苦口劝媳妇离开孩子改嫁，媳妇很不服气，以为婆婆轻视她，硬要守寡到底，争个贞节的好名声。婆婆见劝无效，有一天，叫她到一间阴暗的库房中，打开房门让媳妇看，里间堆积了一百多张草席，席子都是在中间破烂，婆婆告诉媳妇说，那就是她的婆婆和她为了要争取那骗人的好名声而牺牲的遗迹，媳妇看着那堆草席发抖，终于听从婆婆劝告改嫁了。这故事曾使我痛骂那吃人的礼教。可是，目前我不正面临着这个试验吗？我将破坏这吃人的礼教抑或拥护它。“决定吧！为了爱她。”迟了，将成永久的遗恨。

四月二十六日

今日较清醒，妻抱孩子不住地在我床前走动，还有一次放在我的床上。

捉孩子的手摸我的脸，孩子是我的，也是她的，谁不爱自己的孩子！难道我非那样做不可吗！难道我没有顾全孩子的办法吗！假如有一个很好的朋友可以托孤，或者是由一个育婴堂……唉，我可会愿意起那样狼子念头，只是在这个情况中，朋友哪有能负起这担子的，育婴堂么，那更不必想了。

四月三十日

口干舌苦，眼睛模糊，只有心头很清楚，除了牛奶和水之外，固体的东西已不容易吃进去。日子快到了吧，想起那永远舒适的安息，没有烦恼，没有病痛，没有疲劳，心中有说不出的轻松。但是，我必须把未了的事完结，我才能安心地睡觉呀！

在临死的时刻，如果还不拿出勇气来，就将成为永远的遗恨了。

孩子近来很少哭，像只小老鼠般蜷伏在摇篮里。望望孩子的摇篮，颤抖的手向空中挥了一个半弧，又放下来。妻奇怪地注视我这种动作，她怎知道我正面临着一个死前的考验！

五月二日

上帝给我点勇气吧！我不能再延误了。我应该倔强地通过这个死前的考验，就这样吧。

叫妻把孩子的摇篮移近我的床边的窗口，我要多看孩子几眼。妻温驯地依从了我的话。

可是，今天一直没有机会。

五月三日

翻身、缩脚、伸手都很困难，如果再没有机会，我将永远失去了机会。妻到楼下去，孩子睡得正熟。

咬紧牙齿，吃力地爬下床沿，扶住床沿发喘。

我的手已经抓住摇篮了，颤抖，颤抖……

孩子突然惊叫起来，妻在楼下大声叫：“宝宝，乖乖！”

快点呀！天已经发黑了，地在旋转。

上帝帮我一点力吧，是的，孩子已经被拉起来了，向窗外推下去，孩子狂呼……“嘭”！完了。

妻狂呼，声渐远，渐远……

醒转来我仍睡在地板上，满地是血，妻伏在我身上已哭得声嘶力竭。房子里挤满了人，还有警察。

妻咬牙切齿对我说：“我恨你!”但愿如此。

重　　圆[①]

婚礼完了，鞭炮送走了新郎新娘，客人便嘈杂地跟在后面，从三楼挤到一楼的大餐间来，席位早就摆设好，每个人都有一个位子，但是大家总喜欢和熟悉的人围在一起喝酒，说说笑笑较为痛快；而且大多数的客人总想自己应该找一个不卑不亢的席次才好。所以各人仍急急忙忙抢先挤进去。

安波鸥和林志明两个人正在讨论一个刊物的复刊问题，谈得很起劲，便落在大家后面。等到他们踏进了大餐间，里面二十桌席已坐满了人，热腾腾乱糟糟地叫人耳目缭乱，空位子自然还很多，挂红布条的招待引他们所到的席位，正好有两位空位子，都是上位，同席的人又没有一个认识的。安波鸥皱皱眉头向四面瞭望一道，企图发现别的空位子，眼珠却落在另一桌女席上，怔了一怔。林志明已经不客气地坐下，拉拉他的衣角，他也就不自觉地跟着坐下。

没有熟人同席，他们正好谈他们的私事。林志明对同席的人打了一个招呼，便旋转头来向坐在他右位的安波鸥继续他们的谈话。林志明说得很兴奋，安波鸥却心不在焉。过了一会，林志明突然发现，安波鸥的眼光并没有望他，而是通过他的耳旁向后面投过去。他也骤然旋转头跟着安波鸥的视线望过去，秘密立刻被他揭穿了，安波鸥正在出神地望着一个女人，那女人也正抬起头来看安波鸥。女人的视线一碰到林志明的视线，急下头，满脸通红。安波鸥自然也红一红脸看林志明，这时林志明几乎要笑出声来，却下意识地闭住嘴

① 原载《星光日报》，1947 年。署名潘雋之。

巴，满脸严肃地轻轻嘘一口气，拉拉安波鸥的袖子：“喝酒还早呢，到走廊去吹吹风。”

安波鸥失神地跟林志明出去，林志明从裤袋里掏出一匣香烟，取一根给安波鸥，然后两个人斜倚在走廊上静静地抽烟。

过了一会，林志明拍拍安波鸥的肩膀。

“老安，心里难过吗?”

“没有什么。”

“没有什么？多少总有一点，是不是……”

“你知道了，何必对我说呢?”安波鸥苦笑着。

“这些时候你不是生活得又安静又自由么?”

“安静自由……嘿，真的。但安静正意味着寂寞，而自由就是无所依托呀！尤其是这次病后，我更觉以前所想的荒谬。一个人不能这样孤独下去，这是心理学家所共识的事，孤独会使一个人执拗怪癖，我疑心自己已经是这样一个变态的人了。”

“……”林志明点点头又授给安波鸥一支香烟。

“想想人家下课以后，回到家里去，孩子亲切地叫爸爸，妻子已准备好晚餐。跷起腿，喝一杯浓茶，逗逗孩子玩……我一下课就只好回到空洞洞的房子里。我真不愿意回去，只好在外面瞎转。尤其是黄昏的时候，天快黑了，电灯还没有亮。就对四堵墙壁，等候黑暗从四面围袭过来……可是，我也有过一个家呀……”安波鸥越说越慢，终于无力地停止了。眼睛有点红，把头转向窗外。

“你想她吗?”林志明问。“这怎么好说呢，人家已经是别人的妻子了。”

“看样子，你仍是怀念她，只因为她是别人的妻子，绝望了。”

“你已经替我说出来了。”安波鸥低下头。

“唉……早知如此，何必当初。”林志明同情地叹一口气。这句话正打中安波鸥的深痛，安波鸥情不自禁地抽哽起来。

“老安，我本来不敢对你说。她很想念你呢……”

“真的?”安波鸥像触电般仰起头来看林志明。

“她时常到我家里，向我内人问起你的近况，她问你教课的钟点，问你穿的衣服是谁洗，问你时常吃鸡蛋否……你病的时候，她天天到我家里来，有时是来两次，上午晓得你想吃什么东西，下午便送过来，老实说，你病中吃的水果，并不是我送给你的，都是她带来的。那两瓶牛肉汁也是。可是，她认真地吩咐我，绝对不能告诉你哩。”

林志明说话的时候，安波鸥奇异地睁大了眼睛，接着喃喃地说：“我没有想到她还能记起我来。”

“你这话似乎还是有些人性，本来么，说句公道话，她对你就不坏，离婚也是你先吵着要离的。”

“只是事实摆在目前，我直到现在还保持独身的生活。她么，她干吗就同那个姓吴的结婚？”安波鸥悻悻地说。

林志明扑哧笑出声来：

“哦，你倒想吃醋。你是一个男子呀。一个男子到三十岁四十岁不结婚并不要紧，可是一个女子却就不然，尤其是像她那样软弱的女子，你撇开了她，叫她以后靠谁？哼，你就不为她想一想，这也要吃醋！”

“那么，你说，她已经有了靠山。”安波鸥显然有点不安：“她为什么又不忘记我呀！”

“我不是说过：她对你本来就不坏，何况你们有过长久的恋爱经过。你还记起当初追求她时的热情么？至于那位姓吴的，她同他有什么感情？只是为了你既已撇开她，她便不得不另找一个生活的寄托。再说那个男的对她哪有你对她好。唉！你们本来就是很好的一对嘿。”

“本来就是很好的一对，是呀！老林，你说，我那时为什么要和她离婚？”安波鸥歇斯底里地哭出来。

由于林志明的努力，安波鸥和他已离了婚的妻子王娜重圆，事情的进展并不困难，因为王娜和姓吴的原就不睦，闹得很厉害。姓吴的已有离开她的意思，她对安波鸥感情本很深，因为大家负气而离婚，经人再拉拢，双方面都愿意，所以林志明只跑了两次，用不着五十句话便把这件事解决了。

一个晚上，安波鸥几个好友，聚集在一家旅馆，为安波鸥和王娜完成一个简单的重圆婚礼。婚礼只有一个节目，是当众交换戒指，两个戒指原就是结婚时交换的，后来离婚时撤回，各人仍旧好好保存着。在这重圆婚礼上，又作一次交换，行礼后入席。喝酒的既然都是好友，而且差不多都是参加过他们第一次婚礼的故人，所以这次婚宴自然不会有什么形式的铺张与客套，只像是友人之间平常的约会，每个人都很随便地戏谑嚣叫。开头时虽然也有几句祝福的话，譬如友人说他们当一对久别的夫妻，夫妻一别十年八年才得相会原是常事，何况他们只有一年余的离别，久别胜新婚，这里面含有苦辣酸甜的滋味，自然比单独的甜味来得耐寻。也有人说他们在比较之下，觉得还是“老牌子”好，此种经验必能加强他们以后的融合。更有人赠给他们一个“双料夫妻”的雅号，这些话只适可而止，并没有拖得很长。接着是天高地厚的闲扯乱谈，等到席已过半，又有人觉得对主人太冷落了，于是提出尽人所知，谈一点主人的恋爱故事。“是第一次的吗还是第二次的呢?”一个叫张眉山的突然问，惹得大家啼笑皆非。林志明却毫不在乎地说：“第一次的可以，第二次的更妙!”

“是呀！第二次的以后也许还有人效法呢。”张眉山做一个鬼脸，向另一个叫黄际文的，他最近刚和他的妻子离婚。

“啐!”黄际文气愤地啐了一口，但猛然想起这是不应该的。又急装一副尴尬地傻笑，引起满座大笑起来。

自然林志明被逼出来讲他们第二次恋爱的经过，当林志明讲完之后，安波鸥坐在靠背椅上，因为用力摇动，失去重心，竟向后倾倒。大家吓了一跳，张眉山急忙跑过去，帮王娜把他扶起，一只手摸摸他的背，伸一伸舌头叫：“哟，怎么这样粗心，没有垫枕头就敢献技。”这话引得主人和林志明、黄际文几个人都笑不可抑，其他的人却弄得莫名其妙。张眉山摆一摆手说：“就让我来报告他们第一次恋爱的一个故事吧。有一次，那时我们正在北京大学读书，安太太也在中学念书，她很喜欢滑冰，可是老安没有学过，生怕上溜冰场跌断脊骨，可又不愿放过和安太太在一起驰骋的机会，于是就用只棉枕头垫在背后，还这样表演过一次。跌下时四脚朝天，据说一点都不痛。只赖在地上，等安太太拉他一把。”张眉山做了一个怪样子，又引得大家哄然大笑。

直闹到午夜，朋友们一齐散走。林志明落在最后，安波鸥赶后面叫住他。林志明站在楼梯头，安波鸥趋前去，紧拉住他的手，感动地对他说：“老林我真感激你。我应该如何表示我的感激，感谢你赐给我俩的幸福。”

林志明望了安波鸥，深深地抽了一口气，深切地说：“人常是这样想，未来是美丽的，过去是甜蜜的，只有现实是丑陋的。但是，经过这次的波折，我希望你能够欣赏现实的生活。”

一年半后一个冬天的傍晚，安波鸥从学校下课回来，走进他的家。这是一间两丈见方的房子，兼做寝室、食堂和书房用。一张双人大床占去了 1/3 的地位，剩下是一张食饭桌、一张旧书桌和横七竖八的几把椅子。椅子上又是乱七八糟的衣服、袜子、尿布和报纸等东西，此时房子光线很弱，更显得凌乱不堪。他刚踏进房门，便是一阵“哦……哦……啊……”的婴儿哭声从那张大木床的一个角落发出来。他叹了一口气，把手中的书本向桌子上使劲一掷，发现桌面凌乱的东西中间挪出一方空位子，平铺一张字条，飞龙舞凤地涂几个大字，“波，我去赴陈家的婚宴。六点钟记得要给宝宝牛奶喝。娜”。

他生气地把纸条撕碎，摔到地面，把身体重重地抛进一把靠背椅。也不管椅面上堆着的衣服和一个粉盒，就燃起一根香烟抽起来，直到觉得屁股底下有什么东西垫得难受，才用手摸索一下，把粉盒抓起，向窗棂抛过去，盒里的粉爆炸般散开来，然后漫腾腾地和白色的烟缠绕在一起。

他脑筋里想寻思一点什么，但只觉乱七八糟，找不到一丝头绪。婴儿的哭声一阵紧似一阵，叫他再也忍受不住，掀开电灯来看看手表，已经是六点一刻了。无可奈何地站起来，冲一杯牛奶，倒进奶瓶中，急忙忙送到婴孩口里。刚一塞进去，婴孩发狂地大叫一声，手足乱舞。他发觉牛奶太热了。孩子的口唇已被烫得通红。

这回他不得不抱歉地把婴儿抱起来。一面把牛奶瓶放到一个装了冷水的脸盆，让它降温，婴儿继续舞动手足哭得很厉害。等到瓶里的牛奶温度已经差不多了，他才把牛奶瓶拿上来，用袖子擦干外面的冷水，再放到婴儿口边。可是这一次瓶口刚接触婴儿的口唇，婴儿便发狂地挣扎。试了几次，一直没有结果。他又冒了火，把婴儿放回床上，自己也坐在床沿。

婴儿一直在哭着，他呆呆地注视婴儿那痉挛的脸。过了许久，一滴豆大的眼泪，不觉滴到婴儿嘴角。婴儿忽然止住了哭，用舌尖舔一舔，又复哭起来。这次他又叹了一口气，把婴儿抱起，在手臂中摇着摇着。不知经过多少时间，婴儿哭累了，睡着了。

他总算松一口气，肚里却叽咕叫起来。猛然想起晚饭还没有吃，于是轻轻地把婴儿放到床上。婴儿却又叫起来。好容易拍得他入睡，蹑足走出房门，到那作为厨房的走廊去。揭开炉上的饭锅空空的。一束青菜叶原封不动摆在菜篮里。

“妈的，你要喝酒，我却不应该吃饭。我就该死!”他用力把饭锅一推。锅子带炉子都向后翻个身。旁边几只饭碗也摇了一摇跌下来，乒乒乓乓，把刚睡着的婴儿又吓醒来，大声狂呼。

安波鸥起初怔了一怔，接着急速地把房门“砰”的一声关上了，拉紧了衣服，不管婴儿直着喉咙在哭，就向街上冲去。失魂失魄地转了好几道街，在一家叫“忘忧馆”的小食店门口停步了。这是一家他以前常光顾的食店。他拍拍口袋，不自觉地走进去。堂倌对他熟悉地打招呼：

“安先生，好久不光临了。今天真是好日子。嘿……嘿……”

他不自然地答了一个微笑，就拣一个他以前熟坐的座位。堂倌急用桌巾把他座前的桌面抹一抹。

“安先生，炒腰花、炒油酥，清汤猪肚，鲜虾仁炒香菇……不错吧，这些都是安先生最喜欢吃的。”

安波鸥摇手说：“给我一盒饭。”

“一盒饭？安先生，你开玩笑啦。家里有的是太太弄的香香喷的饭。”

安波鸥待要发脾气，瞪一瞪堂倌，急镇压下去：“好吧，来一盘虾仁炒面。”

“要放一点辣椒?”堂倌卖弄聪明地说。

“是啦，是啦!”安波鸥不耐烦地挥挥手。堂倌昂起头来高叫：“鲜虾仁炒面一盘，要放辣椒。”叫完却又转过头来对安波鸥说“安先生，先来一盘叉烧，一盘玫瑰润润喉吧。”

安波鸥想一想说：“也好。”

一杯酒喝下去，安波鸥觉得肚里暖和些，刚才的气也逐渐消失了。习惯地拉过一把靠背椅，把两条腿跷起来架在一张凳子上，慢吞吞地抽香烟，堂倌也习熟地泡一壶浓茶，放在他身旁。

夜已深，食店客人很少了，十分安静。于是他想起那篇尚未完成的小说，自言自语地说：“这样下去是不成的。我会麻木，会颓废，朋友们会骂我怠工，我必得写下去，明天就写。明天，后天，大后天；大后天写完，刚好赶上第五期付排。”

想到这里，安波鸥兴高采烈，付了账匆匆地跑出去，急忙忙像去从事一件重要工作。街上冷冷清清，只偶然有一两个抖抖索索的行人走过。安波鸥却兴奋地跨着大步。

望见家门口，安波鸥不自觉地放慢脚步，迟钝了。一个阴影笼罩住他的脑袋，走近房门，房里的电灯，还亮着。王娜伏在桌上伤心地啜泣。房里乱得更可怕，安波鸥刚才的兴头，一下子完全冷却了。他犹豫地站住，站了好久好久两条腿像冰冻了一般，脑袋渐渐起了一阵昏眩。桌子上杂乱的书籍、破纸片、酒杯、稿纸、孩子烫得通红的口唇……一件又一件在他脑中滚动……最后他的眼睛落在王娜一头蓬蓬的头发上，无数的发丝，缠过来，绕过去，迷乱地动动……扩大扩大……大到盖过一切。他感到一阵恶心，一股酒气直冲上来，“哇”的一声喷洒散满地。

伏在桌上的王娜，吓了一跳，转头看到安波鸥这副醉相，气得发抖，猛然跳上前，一把抓住他的胸口哭叫着：“你这是什么意思，什么意思。孩子不管，东西打坏了，就管自己去灌酒。说呀！你这是什么意思？”

这强烈的冲击，使安波鸥站不稳地摇摆几下。刚才压下的火气，此时又升上来。他立刻站稳立足，用劲把王娜推倒，气愤地骂她：“你你这自私的东西，就自己去喝酒，玩耍，我就该死，没饭吃，带孩子……”

“谁自私？谁自私？孩子天天是我带，你连喂一次牛奶都不肯，我就是天生的贱骨头，服侍你的……妈哇……”王娜大哭起来。

安波鸥又气又急，抓腕大声叹气。婴儿又被惊醒狂叫。

过了一会，王娜又冲上前来哭叫着：“好，你总是欺负我、折磨我。这样的生活，我受不了。我真不知为什么要再上你的当。你说我是自私的，你为什么拉我来，好吧，我们还是各走各的。”

“各走各的？”安波鸥愕然地瞪大了眼睛，不懂得这句话的意思，就用拳头敲叩脑袋。

“是的，各走各的。我受不了你这样的折磨……”

“又要离婚，过着一个人的生活，孤零零回到那个时候，现实不又是露出它丑恶的面容吗……不，不！我不愿意不愿意。”安波鸥摇摇头，软弱地跌倒在椅上。

教育杂论及其他

（1950年以后）

参加泉州职业技术大学揭牌仪式（2018年6月23日）

·教育杂论·

厦门的文艺运动[①]

一、厦门的客观环境

厦门是一个邻接帝国主义及其殖民地的商港，每天有大批洋货进口，每年有大批华侨进出；作为帝国主义剥夺弱小民族的代理人的买办阶级，在厦门形成了特殊的势力，这样，在厦门一般人的意识里是带着浓厚的帝国主义的、买办阶级的色彩。其次，闽南内地的封建力量，深深地影响于厦门；尤其是封建势力与过去党团斗争的结合，形成复杂的系统关系，影响于厦门更甚。因此，在厦门一般人的意识里又带着浓厚的封建主义、官僚系派的色彩。

但在另一方面，外有百万华侨把厦门认为祖国文化的代表地，内有广大的漳泉以至龙汀的农村，把厦门作为文化的中心地。这是一个团结华侨、领导闽南农村的枢纽。它具有可以发展与急应发展的重要性。

二、厦门文艺界的回顾

厦门文艺界的活动，当以 1935 年至 1936 年抗战前夕为高潮。当时在全国文艺统一战线号召之下，闽南文艺协会总会于厦门成立，分会遍布漳泉各

① 原载《江声报》，1950 年 1 月 1 日。

地，组织庞大，包括各阶层文化人，如新闻记者等，当时重要的人物有赵家欣、郑书祥、马寒冰、童晴岚等，曾轰轰烈烈地举行鲁迅周年纪念会，出版的刊物有《新地》等。但到抗战开始时，国民党反动派的特务分子渗入协会的组织中，进行分裂工作，出版《尖兵》，打击统一战线。进步分子则坚持统一，对抗它。另一进步组织，是蒲风所领导的“厦门诗歌社”，出版厦门诗歌、前哨诗歌和民谣打铁歌等。这些组织后来成为抗日有力团体，动员文化人参加打击日本侵略者。

在日军占领期间，厦门的文艺界完全是死沉的一片，文艺工作者都到内地去，存在厦门只有一些写色情文字以投合帝国主义者奴化政策的文贩。抗战胜利后，在国民党反动政府压制言论、摧残文化的政策之下，能数得上的文艺活动只有雷石榆、许虹等合编的《明日文艺》，出版 5 期，至 1947 年春因经费无着停刊。此后厦门的文艺界，只有反动派的地盘，如拿津贴的《灯塔》《反共青年》，写内幕新闻以及党团斗争工具和赚钱的《社会》《开南风》。不过环绕着当时《星光日报》副刊《星星》，有不少进步的文艺青年，自 1948 年底至 1949 年春，《星星》对于文艺通俗化的理论和作品的介绍颇为努力。至于文艺工作者，一向是很散漫的，组织毫无。到了解放前夕，一部分进步青年组织了文艺座谈会，响应老解放区的文艺运动，讨论方言文学、文艺批评的态度，文艺工作者的组织以及如何与工农兵结合等问题。这个组织在毛森特务头子压迫之下，因工作者之星散而停顿了。另一个组织是厦大的方言文学研究会，为一部分闽南同学研究如何推动闽南话文学的组织。因为对于文艺运动的基本重心未能及时地抓住，参加者只注意到一些现象的末端，在反动势力的压制之下也停顿了。现在已经恢复活动，前途正未可限量。

三、目前厦门文艺的现象

因为客观环境的限制，以及文艺工作者主观认识与努力的不够，文艺工作者的工作，始终在知识分子甚至于少数爱好文艺者中间打圈子。不但不能为工农大众服务，也不能在一般市民间产生什么影响，遂让出空隙来让下列这些读物充满。

（1）连环图画——这种读物，有图有字，容易看得懂，在小学生、工人、摊贩间，很是流行，但内容都是封建的意识、迷信的色彩，间也有采取色情的电影故事编绘的，毒害颇大。

（2）章回小说——书坊间和说书者所流行的章回小说，有拥护封建、传播迷信的章回小说，也有张恨水以至徐讦、无名氏等的颓废的、色情的新章回小说，对于商店店员、中学生影响甚大。

（3）民间短歌——单页或两三页的短歌，用白话文的方言写的，在民间相当流行。短歌的内容，大部分是封建性的因果报应，但也有采自新闻上的纪事，如中兴轮沉没后，即有中兴轮歌、广播新闻等。可惜作者没有新的见解，只是人云亦云，因此歌词内容便成为封建、官僚的传声筒。

四、我们的检讨

根据上述情形，我们深深觉得厦门文艺界过去的缺点很多，这些缺点有的是属于客观环境造成的，有的是属于主观努力不够的，现一并综述在下面。

（1）厦门的环境。帝国主义的力量与买办阶级的力量之积累相当雄厚，使文艺运动的开展增加了困难。

（2）文艺工作者认识不够。从事文艺工作，只顾自己作品的发表而未正确地估计到其可能的收效。因此，其消极方面不能对封建文艺、奴化文艺、色情文艺及时地予以打击，其积极方面不能为工农大众服务。既谈不到普及，更谈不到提高。抗战后的《明日文艺》和近年来的《星星》副刊，都或多或少犯了这种毛病。

（3）文艺工作者散漫、缺少团结，轻浮而不沉着。远之如抗战前的闽南文协，成立不久便发生分裂，厦门沦陷，便各自分散，不能坚持地下文化工作；近之如解放前的文艺运动，经不起特务的打击而消散。

五、今后努力的方向

一方面，分析既往的事实，厦门文艺运动的客观条件，过去虽甚恶劣，现在这种恶劣条件，随厦门之解放而失去它们的凭依，也即是说，它们是软弱的，可以征服的了。在另一方面，厦门即是团结华侨、领导闽南农村的枢纽。厦门的文艺运动，对于华侨与农村两方面都极重要，所以厦门的文艺界肩负着重要的任务。

首先我们要把握住我们的唯一任务，是为人民服务，也即主要是为工农大众服务。要达到这个目的，我们就应坚决地舍掉过去一切诗歌、小说等等西洋化的形式的束缚，资产阶级及小资产阶级意识的拘泥，大胆地向工农大众的文化内容和形式迈进。为达到这个目的，我们认为今后的中心任务应以建立方言文学作为中心，因为唯有通过方言文学，才能使内容与形式都能够与工农大众以至于华侨台湾同胞相结合。在建立方言文学总的前提之下，目前应该注重的工作有：

（1）建立正确的文艺批评，不断地指导文艺工作，以保证正确掌握文艺方向，提高艺术水平。

（2）编写地方化的大众文章，利用短歌、章回小说等形式，将《吕梁英雄传》《白毛女》等改写为地方化的作品，或将厦门解放战争、劳动英雄的故事，编成地方化的作品。

（3）改造连环图画——自己编简单的方言故事，绘成连环图画，在地方上出版，推广至漳泉各地。

（4）团结旧艺人，教育、改造他们，使他们共同为新民主主义的人民文学艺术服务。

（5）要将文艺确确实实地交给工农大众，以至于建立工农大众自己的文艺，最彻底的办法是文字的改造。所以应该立刻着手推行厦门话拉丁化新文字运动，使闽南语的 1 600 万（包括中国台湾地区和南洋）的大部分人民（除了少部分已认识汉字者之外）有接受文艺的能力。

这些工作是重要而艰巨的。文艺界应该团结起来，才能产生力量；应该组织起来，才能有计划地展开工作。厦门文学艺术界联合会的筹备组织，便是应此需要而产生的。

苏联怎样扫除文盲[①]

苏联扫除文盲的成功，在世界历史上是一种奇迹。帝俄时期，1906 年有一份《教育通报》杂志这样估计：“如果我们保持着这样的社会文化发展的速度，那么要消减全体男子文盲，约需 150 年，要消灭全体女子文盲，需要 280 年以上。换句话说，要到 2186 年俄罗斯才有消灭全体文盲的可能。”十月革命之后，1919 年列宁签发了“肃清俄罗斯共和国文盲法令”，规定“给予共和国全体人民以自动参加政治生活的可能起见……自 8 岁至 50 岁的不会读写的共和国人民，必须学习读写本族语文或俄文”。于是扫盲运动，在全国各地如火如荼地展开。到 1926 年，不但俄罗斯一邦的文盲消灭了 65% 以上，全苏联各邦的文盲也消灭了 51%。经 1930 年斯大林号召发动实施普及强迫教育的运动，到 1939 年，全国文盲已剩 9%。有些地方如乌克兰，则 55 岁以下的成人，已经 100% 地肃清了文盲。这样，造成了苏联除一部分老年人之外无文盲的光荣。以前 280 年以上的估计在 20 年间却完成了。

这个奇迹的造成，最基本的原因是无产阶级的政权保证了扫除文盲的可能性，这个可能性是其他资本主义国家及其征服国所无的。但扫盲工作之所以能够迅速完成，还有赖于两个重要的条件。其一是成百万的“文化军”不断地奋斗的成就，另一则是苏联正确的民族语言政策运用的结果，特别在非俄罗斯语的民族，应用了他们自己的语言文字以扫除文盲，是扫盲工作成功的决定因素。

---

① 原载《江声报》，1951 年。

关于“文化军”奋斗的情形，这篇短文是这样形容：他们包括学生、工人、职员等，他们的工作是办理文盲学校（或译作文盲消除所）。对于这种学校，最好不要设想为一种有固定课室、桌椅，有一定时间与设备的学校。大半是各种各样的形式与名称，如工厂里的识字班，饭厅角落的“红角”，村子里的“读书小屋”，草原地带的巡回教学班。他们的人数是很多的，如 1939 年，俄罗斯 866 个镇上，文盲学校的职业教师有 29 116 位，“文化军”达 100 280 位，差不多三倍半。全苏联的“文化军”总计在 100 万人以上。

民族语言政策，在苏联扫除文盲工作是占极重要地位的（中国也是这样）。因为苏联有 152 个民族，很多民族有自己的语言文字，也有很多民族只有简单的语言而无文字。过去帝俄时代，实行大俄罗斯主义，一味强制各民族实行俄语化政策。小学生入学读书，便要学与方言完全无干的俄文俄语，这样使得小学对于语言文字只能达到似懂非懂的程度，一般民众，识字的更少，像土耳克曼民族，识字的人只有 0.7%。达吉克斯坦等更是少得只有 0.2%~0.3%。列宁曾指出这种政策是愚民政策。他说：“凡是不承认，不保障民族平等与民族语文的人，凡是不反抗任何民族不平等与侵略的人，都能不算做马克思主义者，甚至称他民主主义也是不配的。”因此，革命后，苏联即规定各民族的初等以至中等学校，一律用民族语言教学。有语无文的民族，也不强迫他们学俄文，而用拉丁字母替他们建立自己的拉丁化民族文字。这种新建立的拉丁化新文字达 40 种之多。在 1935 年，苏联全国使用着 88 种不同的语文。根据俄罗斯联合全苏各邦人民教育委员会 1927 年的规定，将各民族分为四类：第一类，散居各地，人数极少（如苏奥茨族的 300 人，阿劳茨族的 400 人），无文字，无民族文化者，应一律以俄语为教学媒介；第二类，虽然没有文字也无民族文化，但居住密集，日常操用本族语言者，则小学应用新建立的拉丁化新文字，中学应以俄语为媒介；第三类，较大民族，自具文字，并有民族文化者，初等、中等学校用民族语文，高等学校应以俄语为媒介，但仍应特开该民族语文的研究科目；第四类，人数众多的民族，住于密集的区域，有其语文及历史传统者，其所有教育机关连大学在内，均应用本族语文。属于最后一类除俄罗斯外，还有乌克兰、白俄罗斯、乔治亚、阿莫尼亚共五个民族。因此，在各级学校中，年级越高，应用民族语言教学的便越少，这是很自然的趋势。

下面指的是 1927 年苏联各类学校中所用的语言种类：

幼儿园	30 种	九年制学校	12 种
第一级学校	66 种	职业学校	23 种
七年制学校	28 种	专科学校	32 种
		大学	5 种

以上是各级学校应用民族语言的情形，至于文盲开始识字，完全用本民族的文字，待进至高级的成人学校、成人中学等，才分别采用俄文。本民族的文字和语言一致，尤其是用拉丁字母拼写的，语文完全一致，学起来不很费力，很快就学会，而且不容易忘记。所以列宁说：“拉丁是东方伟大的革命。”它在苏联扫盲工作中已完完全全地被证实了。

教育系“教育学”教研组工作总结[①]

一、教育学教研组是怎样组织起来的

1950 年 8 月，厦大成立了教学计划研究部。教研部成立之后一件重要的工作，就是号召全校各系有重点地组织教学研究指导组。教育系响应这一号召，在 8 月 26 日开系务会议，决定试行组织一个教研组。当时提出来拟组织的学科有政策法令、教育学、群众教育等，最后，选定教育学。原因有二：（一）这门学科范围较广泛，差不多可以让全系教师参加。这样，就可以集中力量，搞好一个小组的工作，以后再根据这个小组的经验，分开去搞其他学科的教研组。（二）这门学科所探究的是教育上最基本又最一般性的理论，通过教研组集体的研究，可以建立我们对教育的基本观点和方法。

学科决定之后，我们就开始进行学习和草拟各种计划。我们认真地研读了教研部印发的几篇关于建立教研组的重要报告，如北师大历史系教学小组的调查报告，苏联阿尔辛节夫的关于苏联高等学校的教学研究指导组问题等；并吸收了前学期中文系“文艺学”集体教学经验。经过半个月的思想酝酿与工作准备，到 9 月 15 日，开第一次教研会议。在会议上首先交换各人的学习心得；确定了教育学教研组的目的与任务，并通过三份教学计划，即教学大纲、教学方法和教学进度。同时分配各教师的工作，并推李培囿教授为组长。这样，教育学教学研究指导组就组织起来了。

① 原载《新厦大》，1951 年 3 月 25 日。代表教育系在校务委员会上的发言。

二、教学计划

教学计划包括了教学大纲、教学方法和教学进度三部分。这三部分的内容简单介绍如下：

（一）教学大纲：教育学为全年课程，六学分。内容共十四章。上学期拟授七章，为教育原理或总论部分。下学期七章为分论部分。上学期七章的章次和主讲教师分配如下：

第一章	什么是教育学	潘懋元
第二章	教育的本质	潘懋元
第三章	教育的目的与任务	陈汝惠
第四章	教育的方法	陈汝惠
第五章	教育的生物学基础	杨尔衢
第六章	教育的社会学基础	汪养仁
第七章	教育的哲学基础	李培囿

（二）教学方法

A. 原则：教学的总原则是“集体教学、小组讨论”。

B. 方法：

（1）演讲：每章由一位教师主讲，讲前两周，主讲教师应拟定详细的纲目分送其他教师，各教师均应根据（必要时也可修改）这份纲目搜集资料和发表意见。在教研会议开会前一天送交主讲教师整理成为完整的讲授提纲。教研会议应在本章讲授前一周开会，审定这份讲授提纲。主讲教师以后即根据这份经审定通过的讲授提纲演讲。其他教师原则上应出席听讲。

（2）讨论：每章讲完后，主讲教师应即征求各教师意见，并经由学科代表反映学生的困难与问题，拟定讨论大纲。全体教师和同学混合编组（其后编为 3 组，每组教师 2 人，学生 12 人），进行讨论。

（3）检讨：每章讲授及讨论之后，应于教研会议开会时进行检讨。检讨时除全体教师参加外，学生也有学科代表两名参加。学科代表应于开会前用各种方式征求学生意见。

（4）考查：每章讲授及讨论后，主讲教师应考查学生的课堂及课外笔记（课外笔记包括指定参考书阅读笔记和讨论会的发言提纲）。考试则由组长召集有关教师共同拟题和评卷。

（三）教学进度：本学期一年级学生的上课时间原定为实足16周。每周演讲3小时，应为48小时。除了1小时举行期中考之外，应有47小时。分配于7章，计第二、第五、第七章各9小时，第一、第六章各6小时，第三、第四章合8小时。讨论会和教研会议，另行规定在每个星期五下午交替举行。这个下午全体师生不排其他课程。这样，既可免因开会占用演讲时间，又可使会议因排在日程表上因而能保证其按期举行。这点规定对于以后工作的进行是颇有利的。

三、教学实施的情形

由于教育学教研组在组织之前经过一定时间的酝酿，又由于教学计划是经过大家共同考虑讨论而后决定的，所以大体上颇能按照计划进行工作。

在教学进度方面：从第一至第四章，都顺利地如期完成。只是到11月间，因为时事学习和动员学生参加军干校等中心任务布置下来，停课了一些时候，学习情绪也略受影响。因而第五、第七两章便不得不缩短教学时间，每章由9小时减为6小时。第五章算是按进度赶完，第七章就存下一个尾巴，约2小时的材料只好留给下学期补讲。讨论进度，也因此不能按时举行；全学期预定应为6次讨论（第三、第四章合并为1次讨论），但只举行3次，其中有两次还是在集体温课的方式下进行的。

教研会议和听课制度，是最能按照计划执行的。全学期共举行教研会议8次，除第一次如前节所述为组织教研组的会议及最后一次为总结全学期教学工作、评定学生成绩等之外，第二至第七次会议，是依次审定各章讲授提纲和检讨前章教学优缺点，同时解决一些教学上的困难。审查提纲我们做到尽可能的审慎，局部更改以至整节推翻另拟是常有的事。检讨工作，由于本系自新中国成立以来，已有多次师生共同检讨教学的经验，所以进行得颇为深入。学科代表在这方面的努力，更使我们加倍重视这件工作。学生在学习上的困难，也在会议上共同设法解决：教育学是一年级学生所修的课程，他们对看参考书和做笔记，都感到棘手。我们就减少参考书的分量，找些较易的参考书作补充，对参考书的内容要点作适当的提示；利用郊游时间，发动他们讨论阅书方法和做笔记方法；教师考查笔记时，仔细为他们批改，指出错误所在；把好的笔记公布出来让大家观摩。这样，到学期末，多数同学已经不再感到困难了。

至于听课制度，也由于我们自己是搞教育的，平时就常指导学生作教学观摩，前一学期我们自己也开展互相观摩的活动，因此对于听课的意义比较了解，对于听课的顾虑也不会有。所以的确做到全体教师经常出席听课。组长李培囿教授，从第一课到最末一课，是百分之百的“全动”。因为有了经常听课，所以教学检讨也比较深入。

学生们的学习态度，一般上说是比其他科目较认真。开学不久，他们就自动地把社会发展史和教育学两科定为他们的学习重点。参考书和笔记虽然吃力，但除了一两个同学迟交笔记之外，都达到教师所规定的要求。不过，在集体学习方面，多数还不够重视。只是做到留心听讲，未能主动地提问题。阅读参考书和做笔记多少还存在着些应付交卷的态度。

四、一学期来重要的收获

教研部检查了全校 17 个教研组，认为教育学教研组的收获是最重要的。我们总结这一学期的工作，也老实不客气地承认我们是有很重要的收获的。

（1）新中国成立后经过一年以来的政治学习，我们或多或少懂得一些马列主义的基本理论。但是，如何认识马列主义的教育理论，如何应用马列主义的立场、观点和方法来处理教育上的问题，尚在摸索之中。因为这方面现成的专著不多，靠个人摸索，自然不如集体的探讨。在这一学期拟纲目、审查提纲等工作中，我们接触到许多基本问题，如教育与劳动的关系、教育的作用、遗传与环境等问题，经过反复辩论，比较明确了。因此，教研组负起了双重的责任：不只是为了搞好对学生的教学，也是为了能成为教师们的业务学习的组织。

（2）由于听课制度和教学检讨的认真执行，各位教师在教学技术上颇有改进。以前教授讲课，各有一套“派头”，学生听不懂、赶不上，更足以表示自己的高深。但教研组的教师们，在同事和学生相当苛刻的检讨之下，却不得不小心翼翼，不断改善。讲得太快太慢，固然不成，板书无次序、身体遮住黑板、讲话离题太远、音调太平板……都被挖掘出来。初时未免使讲者有点为难，但改善之后，因教学技术之进步为大家所称赞，便很高兴了。我们的检讨，有时不只限于教育学，而且旁及他科。所以通过教研组的检讨，各科的教学都得到改进。

（3）更重要的收获是通过教研组的集体工作，各位教师取得了密切的合作。这种合作因为是建立在经常的工作与检讨上，所以大家可以互相依赖与互相了解。初步克服了以往知识分子自高自大、看轻他人的毛病。明了互相合作才能够搞好工作，推动进步。同时，经常相处，感情自然也就更融洽起来。

（4）学生的进步是很明显的，根据学生期终的学习总结，认为教育学是他们所修五六门课程中获益最多的一门。对于教育的本质、目的与任务、方法，教育的生物学、社会学、哲学基础都有了明确的认识，尤其是建立了教育与劳动结合，教育为人民服务的观点。附带的收获如阅读能力的提高、笔记写作的精确、讨论发言的熟练，都很有进步。学生黄南平，开学时阅读参考书摸不着要点，了解强度也很低，笔记当然很凌乱，到了期中，已经能抓住每篇参考书的要点，写成完整的缩写；讨论会上不发言的学生汪氓世，后来却能很积极自如地参加争论；蔡邦乐起初对教育学不感兴趣，后来却认为这是很有味道的课程，保证把它学好。这些都是明显的例子。

教育学教研组这些收获是如何获得的呢？我们认为最基本的原因是师生都能深切地认识我们的中心任务，是搞好教学、搞好学习。因而都能认真地执行教学计划，认真地依照计划学习。本学期开始时，王亚南校长提出端正学风、搞好正课的号召，师生们都认真地学习这一号召的意义，搞好教育学教研组，便是我们在实践上对这一号召的热烈响应。

教育学的教学计划，老实说是很平庸的。什么集体教学、听课制度、教学检讨等，都可说是老调。但是，继续不懈地认真执行，却就不是老调了。

简单地说，这些收获的基本原因是师生了解端正学风的意义，因而自觉地认真执行。为什么我们能够了解端正学风的意义而认真执行呢？更基本的原因则是通过了政治学习，师生排除了“雇佣观点”和“六十分主义”，把教学或学习工作作为我们的革命工作。

五、困难与缺点

在工作过程中，我们发生的困难与缺点举要如下：

（1）教材有重复，组织不紧凑。第一次教研会议，虽然已通过了教学大纲，大纲包括了章和节的标题，但并不能包括各节中的详细内容。这门课程又尚无一本教本可参照（部定凯洛夫《教育学》和冈察洛夫《教育原理》为教本，两书均未出版，而且后者的苏联原作已需要修正）。因此，各教师所拟的讲授内容，便不免有重复之处。当然，我们在讲授提纲的审查上，尽可能删去重复。但是，讲授提纲仍只是提纲而已，提纲仍未能把课堂上的演讲内容完全托出。同时，有些教师认为前面虽已讲过，为了本章的完整性，仍不得不讲，因而不得不重复地提一提。同时，因为每人负责一章，每人为了顾全章的完整性，又使章与章之间的衔接不够紧凑。总之，因为不是事前周密地分配全部教材，以至于编好全部讲稿，因而内容显得有些不统一、不连贯。

（2）教学工作上也发生不统一的缺点。例如因为教学计划上没有规定参考书也要经过审查（这是错误），所以有的罗列了许多参考书，有的只有一篇；有的分为必读、选读两类，有的通通是必读，有的通通是选读。又如教学计划规定应检查课内、课外两种笔记，但各教师由于过去的习惯，有的只检查课外笔记，有的只检查课内笔记，也有的忘记检查。有些临时的事情，如考试时间的更改，小组讨论的布置，某一位教师发表了意见或做了决定，并未通知其他教师，因而形成脱节。显然地，我们觉得一个教研组的工作如果不能像一个教师的工作那样前后一贯，彼此一致，那是不够好的。

（3）在集体教学的准备工作上，教研组各教师间的合作也还是不够的。按照原定计划，每位教师都要根据主讲教师所拟订的详细纲目，分头搜集资料和发表意见。但是，几乎都没有这样做。各教师接到主讲教师的纲目之后，只是翻阅一下，最多在上面做若干记号或签注一点不很成熟的意见。因此，开会时往往只能做到消极的审查，即删去不正确和非必要部分，而很少能够做到积极地增加新的部分；又因为主讲教师事前未能归纳各教师意见以充分准备，教研会议上便往往花许多时间在枝节问题的争辩上。即或有新的意见，也不能明确具体地提出并作决定，只能“让主讲教师再考虑考虑吧！”就这样不了了之。主讲教师考虑后，已无机会再提出讨论，以致讲授给学生的教材，有些观点仍有点出入。

（4）教研组的工作重点放在讲授上，因而对学生的小组学习领导工作做得不够。第一章讲完后，我们布置了第一次讨论会，师生都还认真去做。第二章讲完后，因为突击性工作较紧，便没有进行讨论。只与第三、第四章合在一起，作为准备期中考的温课式讨论。由于内容多，讨论就不深入。第五、第六、第七章则完全没有讨论过，一些生物学上的、哲学上的问题，不经过讨论是不容易明确的。最后虽又有一次温课式讨论，但因内容更多，更显得浮浅了。

以上，是一种重要的困难与缺点。为什么会出现这些困难与缺点呢？原因有三：

（1）缺少经验。搞集体教学、搞教研组，我们还是第一次。开教育学这门课程，新中国成立后也是第一次。所以在教材上无可参照，在方法上不够周详。苏联的教研组侧重于横的分工，人民大学的教研室是纵的接力与横的分工并重，因而都能做到前后一致。我们对教研组的理解，却以为单纯是纵的接力，轮到某位教师主讲，一定工作便由这位教师包下来。在过渡阶段，纵的接力方式并不是完全错误，或者可说是暂时适用的方式。但如何使各人的教材教法一致，成为多样的统一，我们却毫无把握经验去预先布置了。

（2）知识分子的散漫、自恃、不习惯于集体生活的习性，充分表现在我们的教研工作上，不是指我们之间有人骄傲不接受他人意见，或发生过什么纠纷。恰恰相反，我们每位教师以及学科代表，的确是努力做到虚心听别人意见、改进工作、融洽相处。这里所指的是由于习惯，不自觉地，使我们重视自己的工作，不重视他人所负担的部分；使我们有时不经过集体的同意，而自行决定了某些事情；使非领导的教师，对于整个计划之是否完善，全部工作之是否完整，不若对自己所负担部分的教学那样关心。

（3）工作忙虽然不是最主要的原因，也可算是重要原因之一。教研组的教师都开了两门课程以上，连教育学便是三门课程以上，而且政治学习、学校行政和工会工作，也花了不少时间。因此，不可能有较多时间来搞教研组。诸如我们规定了每个星期五下午是小组讨论或教研会议的时间。大约每个周只能开教研会议一次。下午二至五时三个钟头，要检讨两周教学，要审查一章教材，要布置下周讨论会，这还不算，因为难得大家聚在一起，一些系务和工会小组的临时工作也要借此谈谈。因此，便不能从容研讨所要研讨的内容。又由于听课、开会、讨论等时间花得太多，使每个人都有负担过重之感，在心理上造成了足以妨碍工作更进一步开展的阻力。下学期本拟增设两个教研组：实习指导和中学各科教学法两个教研组，终因恐怕时间不够应付，中学各科教学法教研组不敢组织。

六、总结

上面指出了一学期来教育学教研组的优缺点及其原因。在现有的基础上，我们觉得下学期必须努力做好下列三点建议，才能够把工作向前推进一步。

（1）加强工作领导和详订工作计划。应根据一学期来的经验，原来计划中哪些应加强、哪些应增订、哪些应废止的，都要在已有的经验上重新制订。而加强领导，又是保证工作统一的必要条件。

（2）做好教学准备工作。最重要的是各章教材，应先行拟就，不要讲完一章再写第二章。可能不但要写好讲授提纲，而且要写好讲稿，分发各教师交换校订，然后逐章在教研会议上提出讨论，审查通过。这样因为所讨论的材料不只是提纲，而且是详细具体的内容；又因为事前准备充分，讨论便可以较为深入和周密。最后必须由组长总其成，编纂成全部完整的讲稿，才能保证内容的统一性。

（3）教研组的各位教师，还要更加认真地执行计划。上面已经说过，教育学的教学计划是很平庸的，并无惊人之处。假如说教学上有点收获的话，那是由于各位教师坚持不懈，认真执行到底之故。但是在小组讨论上、教学准备工作上，我们有好些缺点，也由于不能贯彻教学计划之故。下学期我们要更加认真地执行计划，不只是检讨他人的教学，而是要关心并协助他人的准备工作。不只是做好讲授，而且要搞好小组讨论；不只是对自己所负责的部分认真，而且要对全部教材和全部工作都认真。这样，才能充分发挥集体工作的效能。

评钱亦石的《现代教育原理》①

钱亦石先生的遗著《现代教育原理》一书，新中国成立后由杨复耀先生修订再版。华东区委会指定可作师范学校的临时课本，因此各地师范学校采用者甚众。

这本著作在旧的教育原理或概论中，除了李浩吾先生的《新教育大纲》（1930 年南强书局出版，现已绝版）之外，可谓观点和体制都有可取之处。在观点上，基本上可说努力用科学的历史观来解释教育理论；在体制上，首先说教育原理的变动性和社会性，次定教育的本质与目的，再次研究教育原理的三个基础——生物学的、社会学的、哲学的。以上可作总论看。其后为分类讨论政治、生产、文化三种最重要的教育。末段以教育与人类前途一章，作为结论。可谓体制严整。但是，作者的努力并没有完全成功，对于教育原理的解释，往往追随于资产阶级错误的教育学说之后，尤其是深陷于杜威学说的泥淖中。又因为这些错误的解释是在进步的外衣下，师范学校的教师学生若不深察，很容易把错误的理论裹在进步的外衣中一起接受。本文特就原书编写，从哲学、生物学、社会学三个观点提出批判。

一、教育的哲学观点

（1）重复了实验主义的错误，轻视哲学对教育理论的作用。实验主义者

① 原载《新中华》，1951 年第 14 卷第 9 期。

企图用虚伪的“实验科学”来代替哲学，认为教育上的种种问题，不需要根据一定系统的哲学观点与方法，只要根据各种可以用实验证实的科学就行。而他们的实验，又是用形式的、非科学的方法来进行的。诸如，他们用所谓的智力测验来测验黑人与白人、劳苦大众与资本家的子女。这些测验的材料、方法及进行测验的环境，是有利于白人、资本家的子女，而不利于黑人、劳苦大众的子女的。于是他们就得出“实验”的结论为白人比黑人优秀，资本家的子女比劳苦大众的子女聪明。然后，又把这结论作为他们的教育理论的根据：黑人、劳苦大众的子女只要受普通教育、技能教育就行，只有资本家、白人的子女才可以受高等的教育。这样的教育理论又用于“指导”教育实践，一切不平等的、不合理的如白人与黑人分校、劳苦大众的子女大批失学等教育情况，便成为合理的并应继续下去的了。这种有害的实验主义的理论，不但盛行于资本主义国家和它的殖民地境内，而且会以唯物的、科学的化装混进苏联建国初期的教育理论中。诸如冈察洛夫指出当时的高马洛夫斯基教授所犯的错误：“他把实验主义教育学称为实证的，并且确定的说，它形成了唯心主义教育学的对抗力量，并且在教育理论的进展上大大地前进了一步。”① 这种错误的看法，在当时是极普遍的。现在，基本上被消除了。但是这本《现代教育原理》，却重复了苏联历史上那些教育家所曾犯过的错误。

“随着自然科学的发展，这些学科的方法与原理，渐渐渗透于心理学与教育学的领域之中。首先，实验心理学得到进步。其次，相继而起者则为实验教育与儿童研究。在教育范围内哲学的权威终于不振了，教师们在研究中所探寻的指南针，始转移其注意于自然科学——特别是生物学。这种倾向，在美国心理学家与教育思想家，如荷尔（G. Stanley Hall）、鲍尔文（Baldwin）、张伯伦（Chamberlain）及其他许多学者，都有所表白。在苏联，理论家伯郎斯基（Blonsky）应视为采取生物观点之人。”

这段话引自曾经作为苏联教育理论家平克维支（Pinkevitch）一本特地为美国教育界写的《教育学》之中（英译本 *The New Education in the Soviet Republic*，

① 冈察洛夫. 实用主义与实验主义的教学论批判——教育原理教学论节目［J］. 人民教育，1950（1）.

中重译本称《苏俄新教育》，世界书局出版）。这本书在其他地方，对流行于美国教育上的实验价值，还有如下的称赞："教育中实验的目的，在测验各种反对的学说、方法和计划的相对的优劣——承认有些是有益的，而抛弃其余的。实验法在各种领域中都是可能的，例如着手于教育学说的问题、教授法的问题，甚至关于学校教育组织的问题。"

但，众所周知，平克维支的《教育学》写于 1929 年以前，正是苏联的教育理论界处于资产阶级教育理论的包围之中。因而这本书重复了极严重的资产阶级错误的理论。正如作者在其为美国译本所作的序言中的自白："……我们最初因为大战，其后因为封锁，而与美国隔绝，至不幸地不能与美国教育上最近的许多发展，共同前进。但荷尔、杜威、孟禄（Monroe）、贾德（Judd）、桑戴克（Thorndiek）、契伯脱利（Kilpatrick）及其他许多人们，都是我们每个教育家所知道的，仅仅列举这些名字，便足以使我们想起美国教育给予我们非常的影响……让我们仅想起道尔顿制、设计教学法、标准测验和心理测验。这一切的新方法，都已传入我国……"

著者不察，在 1934 年仍将这些理论搬到这本《现代教育原理》中，修订者也不察，到 1949 年尚且原封不动印出来。这样，不但在"苏联理论"这牌子下使读者易于被迷惑，甚且使读者误认为"实验主义"是苏联当前的理论，以及平克维支和伯郎斯基成为苏联当前的教育理论的代表者，那么，后果就更严重了。

哲学，在任何时期、任何理论体系之下，对于教育理论都是重要的、不可拒绝的——包括实验主义在内。实验主义就是由其主观唯心论所引申出来的。当然，哲学在科学的教育理论中，就有更高的位置。如凯洛夫所说："根据唯一正确的认识方法——马克思主义的辩证法，教育学始能正确地反映出教育现象的规律性，客观地分析教育实验，建立有根据的结论，使之成为行动的规范。"

（2）在认识论上，过分强调感性的作用，相对地贬低了理性的作用。把实践的意义误解为狭隘的经验，因而把认识论应用到教育上，便坠入杜威式的"经验主义"的窠臼中。《现代教育原理》第五章第二节"认识的过程"，否定了玄学的认识论之后，就推崇备至地叙述了原子论、经验论、感觉论以及生活决定思想的原则，接着，罗列了近代哲学的认识论凡五点，这五点重复地否定理性论，承认感觉论，同意经验论；对于理性作用在认识上的地位却只字不提。虽然，这里并无明显否定理性在认识过程上的作用，却自然地流于杜威式的“经验主义”的窠臼。我们知道杜威也没有完全否定理性作用，而是过分夸大了感性的比重，以及过分夸大学校这片小天地（环境）对儿童的决定性作用。因而，他所倡言的“实践”，便成为狭隘的生活经验。知识与实践结合，也被理解为知识与“做”的关系。由此，把认识也应用到教育上，就造成他那一套“从做中学”“设计教学法”的理论。结果，抹杀了理性在教学上的应用，抹杀了系统知识的重要性。本书把认识论应用到教育方面，也正达到同样的结论。

“如上所述，客观世界是独立存在的，所以学校教育不当专读死书，应该授予具体的、活泼的知识。其次，知识的获得，不因什么先天的能力，实由感觉接触而来，因此，在教育上应该尊重人类的现实性，即是说注意五官的训练，多给学生以观察、实验的机会。……人类如何认识客观世界，在实践以外是不能解决的，教育的基本问题无疑应该归宿到实践上。”又说：“说到这里，实践与教育的关系已非常明白了。一方面，实践为认识真理的基础，布丁的证明就是吃，教育上行以求知的原则（Learning by doing）是以此为根据的。……可见为时代需要的人，须在实践过程中去训练。离开了实践，教育就没有生气了。所以，不管就客观上说，或就主观上说，实践总是教育问题的重心。”

“教育的基本问题无疑应该归宿到实践上”“实践总是教育问题的重心”。单纯去看这些话，并没有什么错误。问题是这里所指的实践，是什么样的实践。“布丁的证明就是吃”“行以求知”，不正是狭隘的经验吗？这样一大堆动听的理论，就恰恰维护了杜威的狭隘的经验主义的认识论及其在教育上的应用。我们今天要在教育思想界上清算杜威的反动思想，是一件艰巨的工作，然而我们让学生读了这本书，把杜威的反动思想混在“实践”这名词和动听的理论中交给学生，这种危险是更大了。

（3）教育目的论，抄袭了平克维支的理论，作为社会主义国家的教育目的论，是不恰当的。因为今日社会主义国家的苏联，其教育目的，决不如平克维支 20 余年前所设想的那样：

“平克维支说过：我们教育目的的确定，将采用马克思的方法，把问题排列于后。在目前，在现时社会条件下，什么教育目的才完全与无产阶级利益完全一致呢？这一问题，我们分教养（Nurture）与教授（Instruction）两方面来解答。在无产阶级国家内，教养的目的是什么？很明显，个人应该发展而成强健的有机体，即身心机能的调和。……普通教授的目的是世界观的发展……”

平克维支把教育目的或教育的本质，划分为教养（或译为培养）与教授两方面。他认为教养是指个体天赋能力的成长和发展，目的在“发展生理上所赋予的并且社会上为有益的性质”。教授是关于态度的形式，品格的陶铸，以及人生哲学的创立，目的在“创造一个完整而确定的世界观，并且使他接近于为业务之选择和执行所必要的知识”。换言之，有如中国过去所谓“养”与“教”的区分。这种划分是机械的、勉强的。所谓个人生理方面的教养与社会性的教授是无法分开也不应分开的。苏联的教育实际说明了这一事实：在苏联的托儿所中，六个月的婴儿，集体主义的“教授”已经在“教养”中被提出了。这样，教养与教授将如何划分呢？退一步说，若指哺乳、喂饭种种活动为教养，而又认为这种教养活动与其他动物的生理活动一样，无关于人类的社会性。那么，这样的活动与教育又有什么关系呢？教育，从其本质上说，就是社会的。凯洛夫在其《教育学》中，把共产主义的基本教育概念这样排列：教育、培养、教学；这三者并非互不相干，而是互相联系与依赖的。教育为最广泛的概念，包含有培养与教学；培养是指发展学生的认识能力，养成他们的科学世界观，培养他们高尚的情感与在其事业中为共产主义的利益贡献其知识的志愿；教学仅仅是指一种完成教育与培养的最好形式，用这个形式来达到培养，进而达到教育的意义。这样的教育目的，只是一个完整的统一的目的，而不是分割开为各种片面的。这个完整的目的就是“人的全面发展”。

“人的全面发展”，是马克思伟大的发现。而且，只有在社会主义社会中，这种教育目的才可能达到。因为在阶级社会中，人只能做片面的发展。恩格斯说：“随着分工，人的本身也被分裂了，为发展他的某一活动，就牺牲了他的其余一切体力和精神上的能力。”因为适应资本主义社会分工的需要，对于教育的要求，只要具备某项的专业知识能力，能为资本家效劳就够了。只有“依照共产主义原则组成的社会，能使其每个成员得以全面发展其才智并给以全面的运用”。所以，人的全面发展，是新社会辉煌的目的，也就是自有教育史以来教育上最高的目的。在我们的教育学中，必须把这个辉煌的目的揭示出来才对。但是，在这本《现代教育原理》中，却无视于这个辉煌的目的，这是如何遗憾的事。

即使说，本书所抄录的平克维支最后一段总论已隐约提出人的全面发展的意义了。但是，那是不够的。原文“总之：苏联教养与一般教授的目的，在养成健康、强壮、活泼勇敢、独立思考与行动各方面发展的人，他了解全部现代文化，他是无产阶级利益——结局为全人类利益——的创造者与战士”。这里所提到的“各方面发展的人”，是空洞的。因为他没有指出这种发展是建立在什么基础之上，没有指出各方面发展的人只有在社会主义高度的生产建设中才有可能，也只有在参加社会主义的生产劳动中才有可能。如恩格斯所说，因为“工业由整个社会有计划地为社会的利益而来管理，需要全面发展的人才，需要能应付各种生产组织的人才”。离开了社会主义的生产劳动，谈人的各方面发展，和资产阶级的教育学所鼓吹的“通才”何异！

二、教育的生物学观点

（1）关于儿童的发展，引用了杜威“教育即生长”的错误理论。杜威认为教育只是顺应着儿童的生长或发展的趋势，去满足儿童自发的需要；而不能够由成人或是依靠前人的经验，定下儿童生长或发展的目标，然后用教育的力量去引导儿童达到这一目标。教育既然只是顺应着儿童的生长或发展，生长或发展又是自发而无目标的，因此，教育除了顺应生长以外，本身无固定目标可言。这种理论，抹杀了教育的社会效能，抹杀了教育的指导作用，是有害的。《现代教育原理》对儿童的发展与教育的看法，就完全抄袭了杜威这一陈说：“教育不是从外面加什么到儿童身上——像喂鹅喂鸭一样，而是顺其发展的趋势，将其内部潜伏的能力引申出来。杜威说，教育即是发展，这句话是对的。”

实则，教育的作用，绝不是那样消极地顺着儿童发展的趋势以引申其内部的潜力。乃是，可能而且必须按照社会发展的规律，朝向一个确定的目标，引导儿童朝向这个目标发展。同时，抑制儿童不向非目标所在的方向发展。否认了这一点，教育的力量便成为微弱而无足轻重了。在资本主义社会中，一方面高唱着教育万能，抬起教育改造社会的幌子，一方面却叫人相信教育只是顺水推舟的点缀品，使教育工作者对教育的力量无信心。这样，在我们的社会中都必须加以矫正。我们不应过分强调教育的万能，但却应重视教育对于人的发展的引导作用。

（2）在遗传与环境问题上，采用了折中论者的机械观点。《现代教育原理》第三章第一节“儿童的本性”，第二节“环境的势力”，论述遗传与环境的问题。否定遗传决定一切的宿命论和环境决定一切的机械论之后，就如许多折中论者一样，把两者折中一下，承认两者都有作用，只是量的多寡不同而已。

“在儿童发展的过程中，遗传为内部的因素，环境为外部的因素，二者如车之两轮，鸟之两翼，都是不可缺的东西。”接着，引折中论者许端（Willim Stern）的话：“精神的发展，不仅是先天性质之渐次的出现，也不仅是外部影响之简单的接受与适应，而是内部性质与外部条件在发展中双流汇合的结果。……与其问某种机能或性质来自内部抑或来自外部，倒不如问这种机能或性质有若干来自内部？有若干来自外部？因为这两方面的影响在形成中是共同参加的，只在不同的时期发生程度上的变化。”

折中论者自以为去其两端，不偏不倚，遵循“真理恒在两端之间”去解决问题，实则集中两端之错误于一身。因为它始终在两者之间兜圈子，而不能深入一层去发掘真理。折中论者之错误，不在于承认遗传与环境的作用，而在于只见到遗传与环境的作用。把人当作遗传与环境的产物，只消极地顺应着遗传与环境的作用，忘记了人的能动性。人，不但能够主动地去改变环境，而且米邱林的学说告诉我们，人也能主动地改变遗传。决定人类本性与人类发展的，不是遗传也不是环境，而是人类所参与的社会实践。遗传与环境，只是在一定时间与空间内所赋予的条件而已。马克思在《资本论》第一卷中说："当他以这种运动（指与自然斗争的劳动）加在自身以外的自然，并变化它时，他同时又变化了他自己的本性。"这里指出人不只是被遗传的本性所限制着。人能够从类人猿进化为人，也正是依靠自己的能力，而不是经过什么盲目的"突变"或依靠自然的赐予。马克思又在《费尔巴哈论纲》第三条说："认为人们是环境与教育的产物，从而认为改变了的人们乃是另一种环境改变了的教育之产物——这个唯物论的学说，忘却了环境正是由人来改变了……"这里又指出了人不只是环境的产物，他能够主动地改变环境。社会的发展，正是人以其伟大的劳动力所造成，而不是盲目的或轮回的现象。

资产阶级的心理学，惯于用"适应"（Adaptation）这类词语，如把"智力"的定义下为适应环境的能力。这和他们资产阶级的哲学观点是一致的。因为他们认为社会是不变的，资本主义社会的秩序是最良好的，资产阶级的统治是天下万年的。因此，个人只要适应以求生存就行，不该去改变社会环境。要反对这种有害的观点，我们必须着重地指出：人类不是被遗传及其外部生活环境所决定了的，而是能以主动的能力来积极地对抗环境、对抗遗传的禀赋，从而改变环境，以至在某种限度内改变遗传的禀赋的。再重复说一句：决定人类的发展与人类的本性是人类所参与的社会实践活动。在社会实践活动中，人能够以巨人的姿态改变自然（包括自身）与社会。

（3）强调个性差异，否定班级教学，也是不正确的。《现代教育原理》根据孟德尔、摩尔根等的遗传学，说明遗传的类似性与差别性，夸大孟德尔的错误论调："染色体之配列，复杂到无以复加。就人类言，每个细胞含有48个染色体，在受精的卵中，其配列的可能数近于300万亿。"孟德尔等的学说之错误处，不在此详说。此处要注意的是根据这种错误的论调，本书便夸大了个性差异的重要性：

"个性差异是教育上不可忽视的问题。儿童能力差异的程度，据试验所得结果，在一班学生内为一倍至二十五倍之多。于是个别处理、个别训练，乃原则上必然的要求。而现代大批生产的社会制度所反映出来的班级制，把儿童全班看成一模一样，也许有个性差异与强划一致的矛盾吧！"

个性差异是事实，班级制是资本主义社会大批生产的产物也是事实。但问题是不应强调个性差异，也不可能否定班级制。班级制在个性适应上有某种限度的困难固然不容我们置之不理，但其更重大的有利方面却更不容我们忽视，即唯有通过班级教育，我们才能顺利地进行集体主义的教育。资本主义社会的教学方法从个别教学到班级教学，是一个了不起的进步，是教育史上值得大书特书的成就。但由于反映着资本主义社会生产的集体性与私人的占有制的矛盾，教学方法上也就表现了班级制与个别教学的矛盾。这种矛盾成为资本主义社会教育上难以解决或者说根本就不能解决的问题。许多个别教学的方法如包工制、自学辅导制，与其说是根据心理学上的个性差异，不如说是根据个人主义、自由竞争的资产阶级的哲学。但是，因为大批生产所反映的班级制是无法推翻的，社会条件限制了教学方法不能开倒车回到古代的个别教学方法去。这样就产生了无法解决的矛盾。但是，在社会主义社会中，却缺少这种矛盾发生的社会根源，因而，班级教学并未成为压抑个性的制度，个性发展也没有突破班级教学的要求。在集体主义之下，我们似乎不必重复地去强调班级制的弊害而提倡所谓个别教学。

当然，某些因心理学上的个性差异而难以适应的地方应另行处理（另行处理不一定是个别处理），但绝不可矫枉过正，分割了人类的集体生活。

再者，本书第三章“教育原理的生物学基础”，全章所叙述的，只是围绕着环境与遗传一个问题。其实，就教育本身来说，除了为批判一些旧观点而需要提起之外，这个问题并不重要。尤其是作为初级的教育学，更重要的内容是关于个体的生理发展方面，特别是神经系统的发展方面。这样更能够帮助一个师范生去了解儿童身心发展而做好教育工作。遗憾的是这方面竟付阙如。

三、教育的社会学观点

（1）把个人与社会对立起来，是一种庸俗的看法。在第四章“教育原理的社会学基础”中，叙述个人与社会的关系，说明人是社会的动物，认为社会支配了个人，个人也能对社会起作用。这样，只是机械地把社会与个人作为两个立体看，却没有理解到个人的本质，包括思想、意识、观点、习惯、欲望等，就是社会关系的产物。马克思在《费尔巴哈论纲》第六条提到：“人的本质，并不是一种内在于各个个体的抽象物，人的本质在其现实性上，乃是一种社会关系的总和。”即是说：个人与社会，就是一个内在的矛盾统一体。不说明这一点，把个人从社会分开来，表面上确实夸大了社会对于个人的统率势力，但实际上恰恰相反。因为个人既是孤立于社会之外，仅仅是外加地被社会所统率着的个体，这样去理解两者之间的关系是不够的。

同时，在阶级社会中，所谓社会关系的总和，也就表现在人的阶级性上。忽略了指出人的阶级性，只指出人的社会本质，仍然是空洞的。必须指出人的社会本质的阶级性，才能正确地表现阶级社会中人的本质。这是必须补充的地方。

（2）新民主主义的生产建设，是为了巩固新民主主义革命的成果，并进一步准备条件以走向社会主义社会。因而，新民主主义的教育，必须为生产建设服务。至于《现代教育原理》中所提出的生产教育发生的原因与目的，却不是这样。原因凡五，都是为了救灾、救贫、救济失业等消极的原因。目的两点，其一为“救济濒于破产的农业，因而增加生产的效率，借以抵抗帝国主义侵略”；其一为“训练学生的生产技能，以免除学生离校后的失业”。显然，我们之所以提倡生产教育，绝不是这些皮相的原因与目的。更重要的是为了上述的原因与目的。可惜这种积极的、远大的目的却被遗漏了。

上面就哲学、生物学和社会学基础批判这本书一些基本观点。此外，还有两点零碎的意见附述如下：

（1）本书原版发行于1934年，对于新民主主义教育的本质，当然未曾顾及。修订本在第二章“教育的本质与目的”中，仍只字未提，却把新民主主义文化教育的本质及共同纲领文教政策内容，补充在第八章“文化教育”中。这是不恰当的。第八章“文化教育”乃与第六章“政治教育”、第七章“生产教育”同属于教育的分类研究。而“民族的、科学的、大众的”乃是整个文化教育的本质，共同纲领文教政策也是指整个文化教育的政策方针。修订者不察，因字面上相同，便把它放在第八章，好像新民主主义的文化教育本质及新中国的文教政策乃是独立于“政治的教育”“生产的教育”之外，只属于“文化的教育”而已。我认为是不恰当的。

（2）修订部分与原作部分，无论意见或文辞，都颇有格格不入之感。如对于杜威，或则推崇备至，或则多所讥讽。有些地方，穿插又太生硬，甚至上下不相衔接，弄得读者莫知所云。如于遗传的差别性与个性差异两段的中间，安上一段介绍米邱林获得性可以遗传的理论，甚为勉强。此外，书上引述许多资产阶级反动学者的名字或短句而不稍加评析，尤易引导学生入歧途，对他们的理论轻易信赖之。

所以，我认为本书如仍有机会出版，应大力修订。不但要把错误的资产阶级教育观点廓清，而且应该注重新民主主义教育的本质与内容的说明；不但要把重要部分增删，而且要从头到底修订。如果这样做，还不失为一本师范学校适用的临时课本。

附注：本篇承李培囿（哲学部分）、杨尔衢（生物学部分）、郭荫棠（教学经验）三位先生指示意见，附此说明。

中国人民大学教学工作的特点[①]

中国人民大学，是新中国第一所新型大学。它的教育方针是“苏联先进经验与中国实际相结合，理论与实际相结合”。在苏联专家帮助之下，已经建立起一套比较完整的教学制度与方法，并累积了一些重要的经验。我在中国人民大学学习了一段时期，对这套教学制度与方法略有所知。但是不够全面，体会也不够深刻，只想把要点写出来作为我校提高教学质量、走向新型化的参考。

我认为中国人民大学的教学工作，有如下四个特点。

第一个特点，是高度的政治思想性。中国人民大学的各门课程，不管是政治课或业务课，首先要求的是要贯彻马列主义毛泽东思想的观点，并且要尖锐地反对资产阶级的思想体系。客观主义地铺叙教材或自由主义地任意发挥，也是要反对的。带有原则性的错误更是不容许的。给我印象很深刻的，就是去年曾经有个别课程和个别教师的讲课中发现如下的错误：中国历史课讲中国封建社会是从汉朝开始（毛主席在中国革命与中国共产党中说周秦以来，中国是封建社会，这已经是一般的结论，课堂讲授时必须以肯定了的结论告诉学生）；国家法某教师讲“剥削者国家形式”一节时，把美国总统说成是民选的（这正是资产阶级蒙骗人民的说法，课堂讲授时必须尖锐地揭露它、反对它）；教育史讲课讲到东方（埃及、巴比伦）文化发生较早，过分强调地理条件，而对于起决定作用的社会条件反讲得少（这样不但很不完全，而且会给学生造成地理决定论的错觉）。这些错误，对于受资产阶级理论影响较深

① 原载《新厦大》，1951 年。

的人，很容易忽略过去，但中国人民大学的领导却非常重视。在总结报告和《人民大学周报》社论中一再严厉地指责。事实上这些错误也的确是有害的。因为它正好把资产阶级的理论毒素渗入教材中。其他较小的错误或政治思想性不够强的地方，一经检查出来，也要在教师间传阅通报，以提高大家的警惕。中国人民大学，在很短的时间内培养出大量的年轻教师，这些年轻教师在教学的深度与广度方面来说，也许还不太够。但是，原则性的错误是不存在的，政治思想性是很强的。

第二个特点，是高度的计划性。高度的计划性是苏联教学工作的特点，这个特点也充分为中国人民大学所保持发挥。全校的教学工作，借助各级的各种计划，紧密地结成一个整体。全校有总的教学计划，教务部、系、教研室都有其互相配合的计划。特别值得提出的是教师的工作计划。每一学期开始，教师要根据自己所负担的任务，计划全部工作，填写教员工作计划表。工作计划内容主要包括：（1）一个学期的教学工作；（2）有关教学方法的工作；（3）科学研究工作；（4）领导学生小组及科学研究工作；（5）编写教材工作。第（2）~（5）类所包括的各项工作，只规定开始日期、完成日期、工作所需次数及时数等就够。关于教学工作，则除了根据教学大纲的章节，填写每月各项工作（讲课、课堂讨论、辅导、考试、测验、实验、生产实习、领导研究生、旁听课等）的工作时数之外，还要填写课程逐日执行计划，以保证教学计划和教学大纲之全部贯彻执行，而且便利于行政上及时检查。换句话说，教师的教学计划，不是逐月或逐周订定的，而是逐日订的。因此，在整个学校里，每系每班学生每小时在上什么课，内容是什么，行政上随时可以查出并进行检查。教师的工作计划，要经过教研室审查，由教研室主任及系主任批准，最后请校长批准，再交付本人执行。已经批准了的计划，教师就要认真地去做。不能如期完成计划，是被视为极严重的问题来处理的。

在课堂讲授上，更充分地表现了教学工作的计划性。每次讲课，大体为两至三小时，在这两三个小时中，总是有计划地完成了一个单元的讲授。就我所知，拖延 5 分钟以至 10 分钟下课是有的，但一个单元讲不完，留到下次再讲则极罕见。同时，在一次讲课中，某一问题应占多少时间，另一问题又应占多少时间，都有一定的分配。前面讲得慢，后面赶进度，这种“前松后紧”的现象也是被反对的。这些，都是要依靠教员在上课前做好周全考虑，上课时认真统筹安排。珍惜学生的时间，非必要的闲谈是不允许的。

这里严格的计划性，要求教师认真执行似乎很困难，但事实上却给予教师们很大的方便。因为一切工作都有计划，便不会太忙太闲，更由此养成及时完成工作的习惯，使工作得以顺利进行。

第三个特点，是高度的组织性。学校的教学工作，在中国人民大学，正如工厂的生产工作一样，要有组织地继续进行，不允许有自由散漫或中断工作的现象发生。因此，劳动纪律很严格。教员和学生除了病假之外，因任何事故请假，都被认为是没有正当理由的。迟到早退旷课，是要受严厉批评或处分的。

在教学工作上，这种高度的组织性，就表现在集体主义的教学上。教研室就是一个集体主义教学的基本组织。任何教员（包括苏联专家在内）通通组织在教研室中。教师所编写的教学提纲和教材，每一讲都要在教研室或其下的教学小组反复研究，补充修改。经验较少的新教师，在讲课之前，要经过试讲，从内容到讲授技术，均经过检讨与订正，使材料得体，时间掌握准确。这些工作都是通过教研室的集体合作的。主讲教员和课堂讨论教员之间，有很好的联系来保证教学的一致性。主讲教员要帮助课堂讨论教员做好准备工作，而课堂讨论教员要出席听课，须根据主讲教员的指示来组织讨论。中国人民大学能够在很短的两三年间培养出数以千计的新教师，这些新教师都能很好地完成教学任务，就是依靠苏联专家的指导和集体教学的力量的。

第四个特点，是严格的教学检查制度。中国人民大学有一套系统的教学检查制度以保证教学工作的计划性和组织性，保证教学质量的提高。如何进行检查呢？（1）教学内容方面。各教研室要经常检查研究教员的讲稿，组织听课；考务部有计划地派速记员去听课，速记下来，以便了解某一门课程的内容。（2）教学工作计划执行情况的检查。每个教员要逐日填写工作情况，月终由教研室统计后向教务部报告，然后教务部再分别进行统计。超过原工作计划的，予以鼓励，不及完成原工作计划的，则要研究原因，分别处理，课堂未能按进度完成的，也由教务部公布。此外，教务部还设有编制视导员，到各系各教研室了解工作情况，以便提出改进的意见。（3）学生考勤和成绩方面。出缺席要逐堂登记，课堂讨论要逐次记分。月终由系进行总结后，再向教务部报告。然后由教务部用科学的方法计算出各系到课统计和成绩优劣统计的数据，再利用这些数据制成表格后在《人民大学周报》公布。

上面这些教学工作的特点，本来也就是苏联教学工作的特点。中国人民大学向苏联学习，已有其显著的成绩。诸如教学质量之提高，理论与实际结合之实现，学生学习的积极性和成绩之提高，这些都充分说明了在教学工作上，“走苏联人的路”是正确的。中国人民大学学习苏联的经验而已经建立并执行了这一套制度方法及其特点，我校虽然还不可能立刻完全做到，但是方向是明确的。工科的新课程方案和教学方法已经是向前迈进了一大步，其他各科系也要做好准备工作，逐步学习这些新的制度方法，来彻底改进我校的教学工作，从而走向新型化的大路。

关于《学业成绩考试考查暂行办法》的说明[①]

考查学业成绩，首先是为了巩固与提高学生知识；其次才是为了检查学生学习成绩和教师教学效果，发现困难及问题以研究改进。同时，正确地运用考试考查方法，对于学生学习的自觉性、自信心、劳动纪律与劳动态度，都起着积极的培养作用。

因此，教师与学生对待考试考查，必须有正确的态度，即是建立在新的师生关系（社会主义性质的共同劳动）和新的教学态度（教师负责精神）上的态度。

学习苏联先进经验，必须和形式主义作斗争。如果从旧的师生关系和旧的教学态度去作形式主义的套用，不但用不通，而且在许多重要问题上将无法理解。如《学业成绩考试考查暂行办法草案》（以下简称《暂行办法》）第三条第八项诸款，显然就难以理解。反之，如果从新的师生关系和新的教学态度去理解这些问题，则是很简单自然的事。

《暂行办法》公布之后，我们反映了许多思想情况和问题。摘要说明如下：

一、考试、考查和平时考查有什么不同？考查也称学期考查，但它不一定是在学期结束时举行，往往也在学年结束时举行。如“世界教育史”，学期结束时是考试，学年结束时却是考查。若称学期考查，反易引起误解。专业

① 原载《新厦大》，1953 年 2 月 21 日。

教学计划上，也因此只称考查。考查和考试的要求不同，前者只是检查学生知识是否达到水平，而后者则是作为巩固与检查全部知识的质量而提出的。因此，方法上也就不同：考试严格，必须记分，有准备好的考题，每个学生都应参加；考查则较宽，一般上只记及格与不及格，只由教师口头提问，成绩好作业都能完成的学生可不必参加；至于平时考查，则是由教师随时进行的。由于教师需要全面地了解学生的知识质量和学习方法，就必须时刻观察检查，可以登记也可以不登记；可以用四分制记分，也可以只记及格或不及格。只是为便于了解学生发展情况（尤其是班大学生多，无法一一深入观察并记忆时），要有一定次数用四分制记分，以作为总评时的主要根据。如果从形式上来理解它，确是混乱之至。但若我们想到教师是以关怀学生的负责精神来处理这一问题，却就很简单明白。有人希望有一种固定的方式叫作“平时考查方式”是讲不通的。一种方式不能收全面了解之效，而且各种各样性质的课程要求各种各样的方式。教师们必须参照别人的经验并自己创造性地灵活运用。

二、为什么有平时考查总评还要有考查？根据若干次的平时考查分数与各种不记分的观察，在学期结束时，教师给予每个学生平时考查总评。总评的目的，主要是教师对于每个学生一学期所掌握的知识质量的小结，其次才是决定学生能否参加考试考查。所以，总评应依发展情况即主要是看学生最后所掌握的知识质量评定，它不得用平均方式。平时总评虽及格，一般上仍应通过考查，只有成绩很好的才准其免参加。因为考查还有其重大作用，即推动学生去有系统地复习全部课程。

三、检查测验的作用如何？检查测验只是平时考查方式之一种，大致有如我们过去习惯用的“临时测验”。当师生已经明了并习惯用各种方式去检查知识质量时，它的作用并不太大。但现时师生对于各种各样的平时考查方式还不够明了与习惯，“考一考”的思想还很浓厚，为了督促学生经常学习，多举行检查测验还是必要的。

四、笔试的作用和进行方式如何？口试有种种优点（详见波波夫师范大学《教学工作种种形式》一文），非笔试所能达到。所以考试只有单独用口试或口笔兼用，而无单独用笔试。至于平时考查，有时要在短时间内检查全班学生并使各个学生成绩易作比较起见，也可用书面的检查。考试时，可以先集体地举行笔试，然后轮流参加口试（这种考试，按苏联规定笔试及格后方能参加口试，我校暂不作如此规定）。但也可以在口试考笺中，有一个题目规定用笔答的（如演算之类）。这种笔答严格说来已不是笔试，它只是口试进行中的一个部分。因此不是集体地举行，而是在口试准备时间中进行。

五、怎样制作考笺？考笺或称考试票，即是口试抽签用的题目纸。一般上约为32开大小，但大些小些都可以，只要能清楚地写下题目就成。题目必须明确易懂，为预防学生误解题目，因而考试结果不能代表其真正的知识质量，对于较令人费解的题目，教师得于学生抽取后，令学生解释一番，懂了才让他拿去准备答案。考笺的数目，规定为20至50条，每条2至3题。这样全部考题为40至150题；少于40题，后考的同学就很容易知道要考些什么；多于150题，将流于琐碎。题目应有适当的分配，但不是平均分配。课程的重要部分应多出题目，甚至可以有两三个意义差不多的题目集中于最重要的部分。要出许多题目，当然比较以往只出两三个题目较费事，但这样的考查成绩会更全面与周密些。如果本门课程确实出不上40题（这种情况不多），也可以重复重要题目，并重新组合，但考笺必须维持20条以上。

六、有考试课程与无考试课程如何分别？有无考试课程，不是指本学期有无考试，而是指这门课程在教学计划上有无考试。许多课程是只有考查而无考试的，如计算技术、写作实习、建筑工程制图、体育等。

为什么必须区分这两者呢？因为这两者的考查，在记分上、升留级标准上，都应做不同处理。诸如无考试课程不能只记及格或不及格，应用四分制记分，因而不能免一部分学生参加，考查不及格的也要与考试不及格同等看待。

七、实习实验如何进行考查？实习实验在教学计划中，有的是作为一门单独的课程，也有的只是一门课程中的一部分。对于前者的考查，就作无考试课程的考查看待。对于后者，可以有两种方式：一是先通过实验考查，及格之后，方准参加理论部分的考试；二是和理论部分并在一起考查。由此可见，实习实验的考查是很重要的。

八、考试如何定范围？考试的范围包括全部未经考试的教材，无可例外。

如果教材有连续性的，后面的知识非直接引用前面的知识不可时，即使考过了的，教师也还可以引用（当然不是漫无边际地引用）。因为原则上已经学习过的知识，应该时刻牢记并会运用，将来在工作岗位上才能发挥知识的应有效用。有些同学希望平时多举行几次考查，考过了拉倒，这是不对的。这样不但不能使知识真正牢固，而且会把系统知识割裂为若干断片。那么考试时教材会不会太多呢？这个问题可以考虑：考试过了的教材，原则上还是不考的；如果教材的确很繁多，又可显然划成段落的课程，教学计划中每学期都有考试。考试的间隔期很长，可以进行系统的复习（今年第一次考试时间只有一周，但有两周以上假期可以利用）。因此，考试不得指定范围，但可公布纲目。公布纲目是为了更好地引导学生进行学习，并使学生能够按照纲目来先衡量自己，因而也起了推动学生加紧复习的作用。

九、评分如何定标准？评分没有一成不变的标准，《暂行办法》第八条只是提供参照的一般原则。资产阶级学校“苦心”制作了成套的“标准测验”和“量表”，企图把考试机械化，把教师变成记录员，而夸其为“公正”“客观”，其实完全不公正、不客观。任何周密的“量表”必然挂一漏万。要以死的材料堆积来代替高级神经活动，这比以生物现象解释社会现象还要可笑。我们受测验、量表等实验主义思想毒害颇深，可能一时不容易体会教师灵活掌握的意义，但必须朝这个方向去努力。这就需要教师事前做周全的考虑与用心听取答案。现时已经发生的一些偏向必须纠正：有的教师采取“中庸之道”，一律给三分。较好或较差的几个同学才给四分和两分。这样使学生产生了“好不好，总是三分”的有害看法。“三分”无论在知识质量或学生人数上，都不是“中等”（苏联已废除文字评定，就是为避免文字意义模糊）。为了躲避责任而采取“中庸之道”，更是严重错误。有的教师为了表示严格认真，把标准提得太高，不及格的学生太多，也不是实事求是的态度；当然，好好先生，大量记五分，也会蒙蔽学生知识的缺点而产生不良后果。总之，评分必须做到能正确地反映学生的知识数量和质量、智力发展的，通过正确的评分以鼓励学生努力学习。

十、考试之后为什么必须给学生评语？分数无论如何只是抽象的数字，为了使学生明确缺点所在，更为了鼓舞学生学习，教师必须给予评语。正确的评语往往成为学生一门课程以至终身学习的方法与动力。在评语上，应该表现教师的关心，教师必须用诚恳积极的态度来指导学生。

十一、补考和留级的根据是什么?《暂行办法》规定考试不及格的课程都可以补考，这是与苏联规定不同的。按苏联规定，学期考试不及格不超过两门，学年考试不及格不超过一门才可以补考。为什么我们要规定得这样宽呢?这是从今天中国具体情况出发，并参照部分中小学暂行规程精神办理的（高等学校尚无统一规定)。但是，考试不及格的课程，师生应共同努力进行补习工作，设法提高到及格水平（不能降低水平)。如果补考后有一门不及格，仍可于升级后设法补修（如果与其他课程上课时间冲突，应以自修方式补修)。如果不及格达两门，要一面补修，一面进修高一级的课程，是不可能兼顾的，在此种情形下便只好留级了。这也是比苏联的规定为宽的。按照苏联规定，补考而有一门不及格便应留级。

教学改革委员会规定本学期起开始应用新的考试考查办法，只有二、三、四年级因考试日期太短不举行考查并把口试暂改为笔试。这在学习苏联经验上是向前跨了一大步。但在开始采用时不可避免要发生种种问题和困难。希望把问题和困难提出，共同研究解决。学生方面，更希望克服对口试的害怕心理。做好准备，就不害怕。

我向“课堂上基本解决问题”的方向去努力①

对于“课堂上基本解决问题”的要求，我认为应该视各种各样课程的性质、要求、条件而不同。对于文科与理科课程的差异不说，即以我这学期所分担的课程中的教育系毕业班的教育学专题讨论和历史系的教育学来说，要求显然就不同了。前者要求把基本论点讲清楚，研究范围和重点要明确，而且能指示他们研究的方法。后者则要求把全部知识差不多都在讲授中叙述清楚，并仅仅要求学生能牢固地理解这些知识及在一定范围中能运用它。这就是说，对待“课堂上基本解决问题”的要求不是一成不变的。但是，尽管有这些不同，我觉得下面这些态度和方法对于我所教的任何一门课程都是重要的，它是我已经做了或正在努力去做的要点。

在编写讲稿时我就开始做“课堂上基本解决问题”的工作。讲稿除了材料、观点之外，我费最大的力气在研究逻辑顺序与语言表达两个问题上。对于第一个问题，我必须得做到前一个论点是后一个论点的必要基础，后一个论点是前一个论点的必然发展，才觉安心。如“斯大林论马克思主义与语言学问题对于教育本质问题的启示”一讲中，我首先抓住斯大林同志所指示的上层建筑的特征。谈到教育本质问题，就根据这些特征来列举认为教育是上层建筑与非上层建筑的理论，把双方的争论点都引到这些特征上来。这样就在纷杂的争论中整理出一个头绪来，使同学们能够把注意力集中在这主要争

① 原载《新厦大》，1953 年 5 月 11 日。

论点上。由于主要争论点之解决，“教育也是上层建筑，但是它具有问题专门特点”的结论就自然地产生。由于得出这一结论，又自然地引申到“我们必须认识教育的一般性与特殊性”这一基本要求来。但是，我并不是每次都能做得好的，就在这一讲中，我花了许多篇幅去编写斯大林同志对于事物发展规律的指示，而这一指示对于本讲的主题是关系不大的。我为什么硬把它拼凑上去呢？这是一个思想问题，即从炫耀自己的知识出发。这种毛病，在编写历史系教育学讲稿时更严重。

由于讲稿已经密切注意到逻辑顺序，所以讲授的系统性就很容易掌握。但写在纸上的讲稿与口授毕竟不同。讲授的系统性特别要包括重点突出，使学生只要记好这些重点就自成系统。因此，讲稿中的重点慢述重述或打算写在黑板上的地方，我都分别做了记号。

语言表达的问题，也在编写讲稿时就开始。当我写讲稿时，沉浸于一种兴奋的状态中，有如学生就在眼前集中注意力，沙沙地写笔记，安静而愉快，我也分享了他们的愉快。但是碰到困难或晦涩的地方，他们就会烦恼地抬起头来，蹙着眉头投过来要求的眼光，这个时候，我警觉地赶快写成他们能够理解的话。我的经验是把困难的句子，分析成若干简单的句子，以及举例说明。如写教学原则讲稿：“教师主导作用与学生积极性。”学生一定觉得很抽象，于是就举了两个例子来说明。一个是打了下课钟，教师还在讲课，学生的积极性转移了，听不进去，教师的主导作用就不能发挥。另一个是教师布置课外作业不明确，要求不严格，学生就会不认真去做，积极性不能发挥。通过这两个例子，学生就完全懂得这两方面的密切关系。在我的讲稿中，举例占了很大分量，我觉得如果举不出例子，讲解就有教条味。举例不但能够讲解明晰，而且能使讲解生动。我往往利用事例来打比方，把讲课的重点推动成这一堂课中的高潮。

如何区别考试与考查[①]

在开始改用新的考试考查制度时，一般学校都碰到这样一个难题，就是“如何区别考试与考查?”我记得中国人民大学每到期末，总要把“严格区别考试考查”作为重大的事件来号召大家注意。如中国人民大学党委会在一次保证学期考试的决定中指出：“多数单位对于考试、测验（即考查）分不清楚，把测验当成了考试，既加重了学生复习的负担，又影响了考试课程的质量。”

为什么考试与考查分不清楚呢？主要原因是：

第一，旧的考试制度只有学期考试与月考之分，没有考试与考查之分。教师学生的旧经验中只有考试，没有考查。因此不容易领会考查的意义和方式。

第二，有些教师单纯从自己所授课程的要求出发，片面加重考查的难度，把考查提升到考试。

本校在进行考试与考查中更增加一个特殊的困难，即二、三、四年级的考试方式采用笔试。考查方式，教师为了方便起见，也多数采用书面考查。因此，在方式上就雷同起来。

有许多教师希望教务处把考查方式作一个硬性规定，以便教师照办。教务处于第一学期的考试前，尝试提供一些参考意见，结果并不能解决问题，反而在师生间产生了“考查可否带书”的争执，这说明了若不是从两者的意义去区别它，硬性规定方式是不恰当的。因为考查本来就应该是多种多样、灵活掌握的。

下面，试就两者的要求、方式，从三方面提供一些区别的意见。

① 原载《新厦大》，1953 年 7 月 1 日。

一、考试与考查在要求上的区别

首先，什么时候举行考查。

平时考查是在平时举行的，学期考查一般上也在第一学期举行的。而考试，大多数是在学年结束时才举行的。因此可知，考试与考查，在一般课程上，虽同具有检查学生学业成绩的目的，但考试是带有“结束性”的，考查则侧重于及时督促学生做系统学习。考查也有在最后一学期举行的，它的主要原因是避免一个学期中有六门以上的考试科目，而将一部分课程，其重点在第一学期或第一学期可自成段落者，调整其考试与考查前后次序。对于这些课程，它并不是全年的“结束”，仅仅是对最后一个学期的教材做考查而已。

其次，什么课程或课程的哪些部分举行考查。

技术性的——如计算技术、制图与认图、体育等。

实验实习的——包括各专业的生产实习、写作实习和有实验课程的实验部分。

讨论或专题报告的——如社会主义政治经济、教育专题讨论等。

专业中的次要课程或较高深课程，只要学生做一般理解的——如法医学、司法精神病学、动植物专业的地质学等。

由此可见，考试是要检查学生对于理论知识是否有系统的、深入的、完整的领会；考查则侧重于检查学生对于理论是否有一般的了解，对于技术的应用是否掌握，工作是否完成。

应该特别指出，从考试与考查不同要求上来理解两者的区别，是最主要、最根本的。教师只有这样理解了，才能灵活掌握考查的方式，而不至于把考查作为考试看待。尤其是当两者都是用书面举行的时候。

二、考试与考查在方式上的区别

考试的方式，一般来说只有口试与口笔试兼用，极少有单独用笔试的。

这是因为要检查学生对于理论知识是否完整领会，单独用笔试是不可靠的。考查的方式是多种多样的，最一般的方式是根据课程的主要问题，由教师提问，以小组谈话的方式或个别对话方式来进行。其他的方式有：检查学生的笔记或作业，在检查中发现问题随时提问。学生做书面报告。至于书面考查也可以应用，但不是重要的方式，更不是唯一的方式。我校现时各门考查课程多采用这种方式，只是因为对其他方式不熟悉，以书面考查较为方便。但实在来说，对于师生双方都不见得方便。学生往往要像准备一门考试课程那样来准备，负担便增；教师要像评阅考试试卷来评卷，负担也同样增加。如果应用其他方式，学生只要自己先检查应做的笔记作业是否完成、主要问题是否了解、一般教材是否理解就足够。教师费一小时的时间，大概可以检查十人以上（尚有一部分可以免考查的）。当然，新的事物由于经验不够总有其困难的地方。但是，经验正是需要我们来累积的。

三、考试与考查在记分上的区别

考试，必须以四分制记分。

考查，一般只记“及格”，这个区别是很简单的。也正如此，所以一般的考查不必查得很精细，因为三、四、五分都是属于及格。只有对于及格与不及格较难断定的答案才需要深入细问。但是，无考试的考查或考查在最后一学期的课程，仍应以四分制记分，这就需要掌握上述第一点“在要求上的区别”去区别它。因为技术性的、实验实习的、讨论或专题报告的，以及专业中的次要课程或较高深课程的记分无论重点与深广度都是不同的。

目前使学生们感到困难的，是某些课程原为考试（即按其课程性质是考试的）。现因考试门数太多，改为考查，又仍用书面考查及四分制记分。应如何区别，才能减轻学生负担，是否出考题较容易抑或记分标准降低。我认为记分标准不应降低，应按照“次要课程或较高深课程”的要求来出考题，即只要学生做一般的理解，在深广度方面降低要求，并应在考查以前让学生明确这一点，及早减轻同学们的课业负担。

制订教学工作计划
为教学改革做好准备工作[①]

——厦大区分部潘懋元同志在第一中学和集美各校的教学改革座谈会上的报告

教学改革，就是为提高教学质量的工作。订好教学计划，是迎接教改的准备工作，它本身就有提高教学质量的作用。

为什么订好教学工作计划能够提高教堂质量呢？

计划是理论指导实践的方案，它不是凭空想出来的，也不是单凭经验的累积，计划是建立在经验总结之上的，而总结是把一定时间中的工作经验加以分析研究做出来的，要进行分析研究，就需要有科学的知识和方法，即马列主义的知识和方法，这样分析研究的结果，就不再是感性经验的素材，而是提高到理论上了。理论具有指导实践的作用，但要通过种种形式去进行具体的指导。计划便是其中重要的形式之一，根据计划去实践，就是理论发生了实践作用。

如果我们的教学工作没有计划，也就是说，没有理论的指导，那就不能有意识地去避免缺点，改进工作，提高质量，最多只能够做到因袭故例。但是我们现在正处在改革之中，要求很快地向前发展，提高教学质量，我们就不能够再无计划地进行工作，有人不重视计划，认为自己教了几十年书，年年无计划、年年教下去，这是故步自封的错误。

① 原载《福建盟讯》，1953 年。

举例来说，首先当我们没有做课时计划之前，总是按照老办法去讲书，这一个钟头讲不完，拖到下一个钟头，这一个钟头还有多余时间就多扯一些或者只好叫学生自修，自己在教室中踱来踱去，急盼下课钟来解窘。做了课时计划之后，我们就会周全地考虑要如何分配时间去做提问、讲解演示等工作。时间对于我们不再是漫无价值任意挥霍的东西，而要精打细算了，由于精打细算，就会考虑到哪些话要讲，如何讲；哪些活动要做，如何做；要知道如何讲、如何做，又需要去研究教学理论、吸取先进的经验。这一连串的工作，就推动我们提高了教学质量。

其次，教学工作是国家交给我们的生产任务。应该做多少，如何做？必须根据教学大纲和各种指示订好计划，才能指导我们去做并检查我们所做的工作任务完成了没有。一个工厂，如果没有周密的工作计划，并确定一定时间内产品的规格与数量，这个工厂就无法进行生产，更无法检查生产任务之完成与否。教学工作虽与工厂的生产工作不同，但在这方面是一致的。因此，为指导并检查我们完成国家交托的任务非有计划不可。

再次，当前大家都苦于工作忙乱，克服忙乱现象是大家急切的要求。订立计划，按照计划行事，就是克服忙乱现象的最好办法。北京中小学在这方面已经做出一些初步的经验，这些经验都证明了这一点。

如上所述，可以看到教学工作计划的重大作用，当然这一作用是包括计划的执行在内。计划而不付诸实践，是任何作用都不能发生的。

苏联中小学的教学工作计划，是贯穿于学校中一切的教学工作，全校总的计划，有全年和各学季的总计划；学校各部门和班主任各有学季工作计划，教师除了自己的全年和各学季的工作计划之外，还有每课的计划。这些计划，都有其必要，但我们在用计划时，不必什么都来，应该摘要采用。全校总的计划是必须有的，一般以学期为单位较易编制（我国没有学季），而教师的工作计划要采用学期的或每课的，就要看各校、各教师的具体情形了。

我们在订计划时，都会想到“切实可行”的必要，就是说，计划必须具有指导性与实践性，如何订立计划才能“切实可行”呢？下面是我个人的一些体会。

一、计划必须建立在总结的基础上。计划是理论指导实践的方案，却不意味着只根据一般的理论来订计划，否则，这样的计划必然是照搬硬搬，是别人的经验总结所得出的理论，而不是切合具体情况的理论。这样的理论缺乏实践性，也就不能发挥指导作用，要做好计划必须做好总结，做总结是为了做计划。总结要能够真正指出工作的优缺点并提出改进办法，不是一般的而是确切的，计划方能起提高教学质量的作用。这个道理上面已经谈过，若是不重视总结，或为总结而总结，把总结和计划分裂开来，就必然产生为计划而计划，因为不建立在总结基础上的计划是无法要求其切实可行的。

二、必须领导上重视计划，而且领导上首先要有计划。苏联的中小学，首先是由校长订下了总的计划，各部门和教师方能根据总的计划制订自己的计划。要是全校没有明确的计划，或计划不能坚决执行，都直接妨碍到各部门和教师的计划。例如厦大本学期要求各课程的教学进度，要以课程为单位严格订定，但是全校的课程表没有预先排好，就无法知道寒假等假日是哪几门课程停课，因此教学进度就不能定得准确。许多学校的领导不够重视教学工作，突击工作布置得太多，甚至停课来搞突击工作，这自然使各部门和教师难以订计划，而且订了计划也没有执行的信心，“反正上面来一个突击计划也就不顾了”，有些教师更乐得借此把不能完成计划的责任往“客观原因”一推了事。

一方面要领导有计划和重视，但也不是说各部门和教师只是被动地等待布置，把计划订不好或不能完成的责任推到领导身上。在今天，突击任务还不可完全没有，有些情况的估计还不可能百分之百正确，因此要领导有周密完整的计划并不折不扣地实现还有困难，在各部门和教师方面，应该尽可能地争取自己的计划的完整与实现，有克服困难、完成计划的决心，等待思想与推卸责任的思想是不对的。

三、计划表格化。苏联的各种计划，除了以极简明地指出当前任务或情况分析之外，主要部分都是用表格表达出来的。表格化的好处是节省写文章的时间，准确，查阅方便。过去我们写计划喜欢把计划书写成“宣言”，长篇大论，空洞无物，即或有些内容，也因包含在一大堆理论与词句之间，尤其是计划中工作的质量与数量不明确，如“一定的次数”“一般的了解”，指导作用不大，检查更无从入手，这种宣言式的计划应该少用，把写“宣言”的时间用来深入考虑计划的内容和方法，会更有效。当然，若干简要的说明仍是必要的。厦大最近所定的教研组学期工作计划表，就是由五张表格所构成的。这五张表格分别是：（1）本学期和次学期课程名称（因为次学期的课程在本学期就要做准备工作）；（2）教师分工表；（3）学期工作计划表（分为教学准备工作、教学工作、提高师资业务水平的学习工作和研究工作等）；（4）以周为单位的学期工作进度表；（5）作为补充说明书，分基本情况、存在困难及问题、改进办法及意见与其他几栏。这套表格试行以来，据各教研组反映，感到还便利可用。

四、除教师个人计划之外，各种计划都指定负责人。即使是集体工作，也要指定总的负责人，我们的工作要建立在集体、个人负责的原则上。负责某项工作的人，对于工作的完成与否，要负个人责任，不能把责任推卸给集体，这是根据单一负责制的精神来要求的。

认真地订好计划，坚决执行计划，是做好教学改革的初步准备工作，为了要认真地订好计划，就必须端正对订计划的态度，纠正一些不正确的看法。首先，应该纠正把订计划看成技术性工作的看法，有这种看法的人只是注意到计划的排列与文字的修饰，把计划弄得表面看起来似很完整、样样具备而却流于烦琐。如上所述，计划是理论指导实践的方案，计划中的每项工作都是经过分析研究，有一定作用的。同时每项工作都与具体情况相互配合，各项工作之间都有其内在的有机联系，绝不是照抄照搬，或只讲究技术性的排列与修饰所能做好的。其次，另一种偏向是依赖修改的思想。认为计划是计划，实际情况起变动，行不通，反正总要修改，何必现在白花工夫，计划可以修改，而且往往要修改。毛主席在《实践论》中指出，“由于实践中发现前所未料的情况，因而部分地改变思想、理论、计划、方案的事是常有的，全部地改变的事也是有的”，这是说不能胶柱鼓瑟，把计划看成一成不变，以致与实践的发展相悖谬。但是，却不是说订计划时可以马虎一点，“看情况再修改吧”，这是不负责任的自由主义态度，计划经过批准之后，就有一定的效力，修改必须有充分的理由，经过一定手续。所以，订计划时就要有百分之百的执行决心。

苏维埃伟大教育家马卡伦柯[①]

伟大的十月社会主义革命中，在每一个人的生活中，在我们国内的生活中，在全世界的生活中，是历史上从来没有过的大跃进。……只有十月革命，在世界历史中，才首先可能产生真正的、在原则上纯洁的毫不可耻的幸福。……我们在工作中、创造中、胜利中和斗争中，已经成为幸福的人了。我们获得了人类团结一致的快乐，没有富贵邻人的修正和删除。我们有求取知识的幸福，因为知识不再是强盗们的专门品了。……

马卡伦柯《幸福》

一

A. C. 马卡伦柯，是苏维埃伟大的教育创造者和文学创作者。他的教育实践和教育理论，不仅把苏维埃的教育科学向前推进一大步，而且对于全世界的教育工作，正如高尔基所说，“是有着世界的意义的”。而这样伟大的教育实践与教育理论，乃是在十月革命胜利的基础上建立起来的。

十月革命以前，马卡伦柯在铁路学校任国民教师，这所学校是工人团体所掌握的，又正当1905—1907年的革命时期。他在参加实际工作中成为马克思主义者。

十月革命后，由于马卡伦柯的才能和若干勇敢的教育尝试，1920年，他被任命开办“幼年违法者工学团”（后改称“高尔基工学团”）。这种教育工

① 原载《新厦大》，1953年11月13日。

作的条件是特别困难的。但是由于他特殊的创造能力和努力，这些幼年违法者在极短的时间内结成了一个友好的劳动集团。团员们一边从事集体的生产劳动，一边学习。在纪律严明、互相热爱的集体生活中，儿童们从流浪生活带来的种种恶习消失了，代之而起的是高度的集体主义的责任感与光荣感。他埋葬了违法者的过去，显示了光明的未来，教育他们成为苏维埃自觉积极的公民。高尔基在《苏联周游记》一文中写着：“谁能够把那些成百的为生活残酷凌辱的儿童，竟改造得那样出乎意料的好呢？这个团的组织者与管理者，就是马卡伦柯。这是一个无可争议的，天才的教育家。”

马卡伦柯把在这个工学团的斗争经过，写成了光辉的教育论文与文学作品《教育诗篇》。第一次把造就新人的教育工作提高到“史诗”的地位。而这部《教育诗篇》，无论就其伟大的意义或就其艺术形式说，都应该称为“史诗”的，这部史诗感召了成千上万国内的甚至国际的教育工作者。

1927—1935 年，马卡伦柯主持与高尔基工学团同性质的捷尔任斯基劳动公社的教育活动，在这个公社中，他的教育体系更加完善。公社的学生每天从事四小时的生产，还在公社自己办的中学学习。在劳动方面，公社里组织了两个复杂的工业企业——电气穿孔机厂和照相机厂。企业的收入，不但在数年间偿付了建筑工厂房屋和装备的全部费用，维持数百名师生的开支，存款 360 万卢布，而且是第一个在苏联制造这两种机器的工厂，因此抵制了这类外货，免除了外汇消耗。在学习方面，这些儿童所获得的普通知识，使他们可以很顺利地考进高等学校去。

把几百名流浪儿童组织在一个生产与教学紧密结合的集体中，使得这个集体和谐而严肃地工作着，自然不是一件容易的事。马卡伦柯把这些成熟的经验和理论，写成有名的文学作品《塔上旗机》。

为了苏维埃的需要，马卡伦柯在上述两个团体中工作了 16 年。以他的理想、学说、热忱、心血，把以往的流浪儿童和违法者 3 000 人左右，改造成社会主义的新人。在他生命的最后三年，他从事写作和讲演，写成《双亲读物》《儿童教育讲座》等重要的教育文集。这些作品构成了辉煌的马卡伦柯教育体系，现在被苏联教育界深刻地研究着，其中有许多重要论点已成为教育科学的定论。

二

马卡伦柯教育体系的基础，是社会主义的人道主义和乐观主义。这种人道主义和乐观主义是在十月革命胜利的基础上建立起来的，在这个新的社会中，马卡伦柯明确地看到以社会主义人道主义精神来教育新人的可能与必要。他说："我们到处都在进行培养新的公民。很难说有不造就新人的场所，有不造就新人的一般过程，有不造就新人的一般现象的。"在极困难的工作中，他明确地看到社会主义乐观主义的道路。他说："我们有极大的可能使我们能够十分容易地、完善地和愉快地来培养优秀出色的集体，同时也就可能培养出优秀出色的人物了。"而人道主义与乐观主义的确立，他又是直接受高尔基影响的。高尔基对于人的尊重的态度和对社会主义无限前途的乐观态度，给马卡伦柯教育体系很大的启发。

从社会主义人道主义和乐观主义出发，马卡伦柯建立了他的教育体系的原则，其中最主要是"要求与尊重"原则和"明日的快乐"原则。

"要求与尊重"原则的意义是这样的：当我们对一个人提出更多的要求时，就是说，我们对他有更多的尊重。要求本身就包含了尊重。从这个原则出发，马卡伦柯对每一个被送来改造的儿童，不以违法者看待，而把他的过去埋葬掉，把他看成有发展、有力量的人，不过是受了尘垢的蒙蔽。因此他对他们提出正确的、逐步增加的要求，要求一经提出，就要坚决贯彻下去。这样，就把他们所具有的美德从尘垢封闭中呼唤出来。他对于每个儿童进行教育的成功例子，都正是这个原则的证明。

根据这个原则，他反对父母溺爱孩子，反对教师以自由放任态度对待学生，因为这种父母和教师，没有尊重儿童的前途与力量。他讥嘲有些人用漂亮的言辞称呼儿童为"生命之花"，以溺爱来爱怜花。他说："因此，对待花不应该只是叹赏，亲吻，要手里拿起锹铲、剪刀、喷壶。如果我们园子里有虫子的话，还要准备巴黎绿。不要害怕，多喷洒些水，即使花有些不愿意接受也无妨。"因为花不是要摆在瓶子里，而是要结出果实来的。

马卡伦柯本人是最爱孩子的，但他表示爱却很有节制，他用要求与尊重来灌注他的爱。这对于每一个教师和父母是极大的启示。因为儿童是最重视他所尊重的人的要求与尊敬的，儿童往往引教师和父母的要求为光荣。

“明日的快乐”原则的意义是这样的：如果一个人前途没有任何快乐，那他就不会生存于世界之上。人类生活的真正刺激，就是明日的快乐。在教育工作上，就应当把明日的快乐作为最重要的工作目标。换言之，就是培养学生未来的前途希望。但是，这种明日的快乐不是单纯的某种可口的“糖点”，也不是个人的私欲，而是集体的美好的前景，以对集体的责任感为归依；同时，是指紧张的劳动的快乐。应该以集体的快乐、劳动的快乐，来构成社会主义生活中每个儿童的明日的快乐。

下面的例子说明马卡伦柯如何成功地运用这一教育原则。

1923年，高尔基工学团度过了困难的日子，农产品收获很丰足，大家生活也很安乐。马卡伦柯却由此看到学生们逐渐失掉了以往的狂热和志趣。他认为以后的生活，如果没有这种向上和前进的志趣，就可能变为庸俗的、没有斗争的温饱了。这时在距离高尔基工学团不远的地方，有另一个叫库列舍的流浪儿童工学团，办得很不好。280个流浪儿童只是在工学团中吃和睡，做出许多不好的事，如偷窃、抢掠等行为。于是他在高尔基工学团全体学生面前，提出了“争取库列舍工学团”的任务。要高尔基工学团120个学生抛弃用自己劳动所建筑起来的房舍，关闭自己好的庄园，而到库列舍半破坏了的建筑物和有3/4荒废了的庄园去拯救日趋没落的280个儿童。这一举动是冒险的，但却非常成功。高尔基工学团在库列舍重新建立起来，而且更壮大了。

三

马卡伦柯这些创造性的教育事业和教育学说的建立，并不是一帆风顺的，他遭遇到各种各样的困难，当他回顾在工学团的工作时，他说每天早上起来，总在担心什么新的棘手的事情发生。想想：一大群给流浪生活所创伤了的儿童，殴打、破坏、抢夺……哪一件事情不会发生。但是马卡伦柯沉着地一件一件地处理，耐心地把集体的纪律建立起来。在《教育诗篇》中，他充满了乐观的信心说：“我永远感觉到我是面临胜利的前夕，为了获得胜利，需要绝对的乐观，这是极好的现象。我当时在每天的生活里，都必须使自己有信心、有愉快、有希望。”

使他更感困难的是资产阶级教育理论对他的非难。众所周知，在 20 世纪 30 年代以前，苏联的教育界还没有来得及把各色各样资产阶级的教育理论如“儿童学”“自由教育”等清除出去。他们用资产阶级的理论来批评马卡伦柯的教育，认为这是不合于“教育原理”的。儿童学者认为儿童品质智力是由遗传决定的，仿佛这些流浪儿童已经被注定了一生恶劣的命运。根据这一论断，他们不允许工学团中建立共产主义青年团。但是，马卡伦柯用卓越的成就粉碎了他们的理论。苏联儿童学于 1936 年受到党中央委员会严厉申斥，而马卡伦柯是第一个以理论和行动反对儿童学的人。其次，自由教育理论者认为应该放任儿童自由发展，不必有什么纪律，更反对惩罚儿童。他们的名言是“惩罚只能培养出奴隶来”。马卡伦柯驳斥了这种自由主张，认为“在纯粹自然的条件之下，只能生长出天然生长的东西，也就是说，只能生长一些平常的野草而已”。他主张培养儿童在集体中的自觉纪律，培养儿童坚毅勇敢的性格，在集体中崇高的责任感与光荣感等等，对于惩罚，他说：“不加惩罚，就要培养出流氓来。”

作为一个教育理论家来说，马卡伦柯对苏维埃教育科学作出了不朽的贡献。作为一个教师来说，马卡伦柯以自己的生平及其全部教育活动，说明了教师应该是一个什么样的人：他具有共产主义的明确的人生观；掌握了马克思列宁主义的方法，把这科学的方法应用到教育创造上；他具有布尔什维克者不屈不挠的斗争精神，不怕困难，不为失败而灰心。对儿童进行教育时，他不是墨守成规，而是细心分析儿童心理，然后提出果敢的要求。而支持这一连串的精神和行动的，则是他对苏埃维教育事业的责任心和对儿童的热爱。他是苏维埃教育的光明旗帜，也是全世界教师的卓越模范。

关于《厦门大学学生补考、留级、重修的补充暂行办法》的说明[①]

关于学生补考、留级、重修等问题的处理，中央高教部和华东高教局尚无统一的规定，要各校结合具体情况，自行掌握，并创造经验，以作为制定统一处理办法的根据。本校去年所颁定的《厦门大学学生学业成绩考试考查暂行办法》（以下简称《考试考查暂行办法》）中关于上述问题，已有了若干原则性的规定，但是不够具体，各系在处理这些问题时，尚存在许多困难。由此，教务处在开展教改工作一年来的经验基础上，反映了各方面意见，制定《厦门大学学生补考、留级、重修的补充暂行办法》，几经研究讨论，于本年 12 月 2 日提交教改会通过并呈校长批准。这一办法，从本学期开始施行（期初的补考、重修、留级等问题，因系根据前一年度的情况而来，不依据本办法处理）。下面特就各项办法作说明。

关于第二项“补考”的补充规定说明如下：

第（1）款规定是根据《考试考查暂行办法》第六项的意义而定，即经过考查的教材，不再经考查，仍要经考试；经过考试的教材，不再经考查或考试。因此，全年课程只有上学期考查，下学期考试的，其考试不及格，要补考或重修全年课程，其他情形，均只补考或重修一个学期的课程。此外，还有三个学期或五个学期课程，也可按照这一原则处理。

今年课程上学期不及格，如不达到留级规定的，应补考。补考不及格，

① 原载《新厦大》，1953 年 12 月 10 日。

尚不达到留级规定的，可允其继续修习。为什么既允其继续修习而又要补考呢？因为补考有促使学生假期中补习的作用。经过一番补习，下学期继续修习可以减少许多困难。为什么补考不及格可允其继续修习呢？因为现时各班课程排列很整齐，如果不允其继续修习，则第二年他的学习将发生很大困难，势非留级不可。因此允其继续修习，但教师要督促他加紧补习。学年结束时，教师应加试其上学期不及格的部分，以最后确定其是否全部及格。

第（2）款规定在《考试考查暂行办法》中是没有的，一年来，发现了许多不合理现象，即有些学生不及格课程竟达五六门之多，不及格课程太多，显然很难在假期中通过补习来解决，也即失去补考的意义。因此非有一定限制不可。有的学校限定为两门课程或1/3时数，我校根据实际情况，从宽到严，暂定为不超过所修科目的1/2。

第（3）款规定，希望同学特别注意。本学期初根据学务科统计，同学因延迟回校，没有请假不参加补考的，达50人之多，有些课程前后竟要出补考题达8次之多，使行政处理困难。本校今后对此要特别严格执行。凡未经请假而没有参加补考的，一律以补考不及格论。

关于第三项“留级”的补充规定说明如下：

第（1）款规定是根据第一项第（2）款及《考试考查暂行办法》而作出的。应该说明的是括号内的补充规定：在学校中，升留级是直接决定于智育水平，德育、体育、美育，应该通过其他方式处理，当然，如果一个学生体育不好，一定影响智育，所以同学们仍应很好留意体育锻炼。同时，体育如不及格，到三、四年级还要重修，甚至于影响毕业，那也是很不好的事。

第（2）款根据苏联和我国若干大学的规定，有一门课程补考不及格者，应予留级。我校觉得这样严格规定，目前尚有困难，但根据一年来多方面反映，重要课程一门不及格而仍升级，困难也多，因为重要课程有的是次学年的选修课程，有的则分量很重。虽只有一门不及格，次学年的学习将发生极大困难，勉强升级，不是降低次学年学习质量，便要影响学生身体健康，应该留级一年。这类课程将由各系研究拟定，报教务处核准并通知同学。

第（3）款规定是一般学校都如此。因为连续留级两次，对于国家的损失已经很大，不能漫无止境地继续修下去。只有个别学习态度良好的，经系主任提出具体的意见，校长特别核准，才能转至性质相近似的专业。依《关于华东高等学校处理学生学籍问题的若干规定》的原意，转专业的规定是十分严格的。

关于第四项“重修”的补充规定说明如下：

第（1）款提到：由于各班课程排列很整齐，不可能为个别学生更动课程。因此，重修课程不能保其不与应修课程时间冲突。重修只在学生特别努力的情况之下才会有效。所以，重修的学生，如上课时间冲突，应按照教师指定的进度自修，主动地争取教师的指导。

第（2）款是为了使留级生可以集中力量，解决不及格或成绩较差的课程，只有成绩达四分或五分的课程，才可请求该科免重修。同时，免予重修的门数也不能过多，由系主任掌握之。

第（3）款由于各班的进度不一致，第一学期的留级生无处可留，应该休学一学期。休学后按照规定是应该离校的，只有特殊困难的学生，可以申请留校自修。留级情况相同较多的，如普通物理、数学、化学之类，学校如果有余力，将会考虑组织特别班。

这一办法只是暂行的，如果在实行上发生困难或情况发展了，将作适当修改。如果中央高等教育部或华东高教局有统一的规定，也将依统一规定修改。

关于辅导、口试的几点补充说明[①]

一、以厦大的具体条件来说，应用哪一种辅导方式较为适当

辅导工作是多种多样的。在某种条件之下（包括课程性质、师生情况、设备情况等），某门课程可能较常用某一种方式，但不能以一定的方式来要求各类课程。例如，有的课程排有课堂辅导时间，应当以课堂辅导为主、课外辅导为辅。若是没有课堂辅导时间的课程，除了在讲课时间内可以抽出小部分时间来进行辅导外，就应该多进行课外辅导。又如有办公室的系可以多用固定辅导，没有办公室而又无其他适当地点的系，则还应定期地进行流动辅导。

二、应用口试，会不会因学生太紧张而影响考试效果

若是用惯了口试，并不比笔试更紧张，因为口试之前，学生有一段准备时间，而且可以允许学生带一张白纸写下口试的发言提纲。口试进行时，学生坐在教师的桌旁，像亲切的谈话般。万一初应试的学生有紧张情绪而致发言受到影响，教师还可以查阅他拟就的发言提纲来做记分的参考。要是有些临时问题学生答不出，教师也可让他再作深入思考，让其他同学先进行。这

① 原载《新厦大》，1953 年。

样，影响是很小的。当然，师生间平时正常的关系、教师和蔼的态度、学生充分的准备和训练，都是减少紧张情绪、提高考试效果的重要条件。

三、应用口试，会不会受口才的影响？口吃的怎么办

教员在主持口试时，应该注意的是学生知识的正确性、坚实性和系统性，不应为华而不实的“口才”所影响。正如笔试阅卷不应当只注意文章修饰一样。当然，有时也略微会受发言的明确、逻辑性、重点突出等所影响。而这些影响一般来说是正当的。学生应当在课堂讨论或其他方式中及早训练这种发言能力，口吃并不是什么缺陷，是可以纠正而且应当纠正的。

分析学生独立作业[①]

在培养学生独立思考、独立工作能力中，口头分析学生独立作业是一种有效的方式。它能够迅速地使学生改进其作业缺点并提高其独立工作能力。我校现时有很多课程采用这种方式来进行教学。如“教学分析”习题课以最后一刻钟来分析学生的习题；“写作实习”每两周有一次对学生写作的分析；教育系则各门课程差不多每次学生课堂讨论发言提纲或其他独立作业批改后都要召集学生做一次分析。

分析学生独立作业的作用。首先能纠正学生对于自己作业的缺点或不明确、不重视，因而屡犯不改的毛病。有些学生把作业交给教师，便认为任务完成；教师发还作业，只看看分数、改错和批语，而且大多是走马观花地看。为什么这样改？为什么这样批？不求甚解。这样，教师花了很大力气，实际收效却不大。口头分析学生独立作业，则可以把学生作业的缺点、错误交代明白，使学生印象深刻，以后便少再犯。其次，在分析过程中，也启发了学生的思考方法，培养其思考能力。为什么不能这样做，必须那样做，在这些缺点或错误上可以看出什么思想方法上的问题。这样，就能起到很好地培养学生能力的作用。再次，也可相对地减轻教师批改作业的负担，因为一般性问题既在课堂上口头分析了，就不必每份作业都批上许多文字。

分析学生作业的方式。有一般性的综合分析和典型性的单独分析两种，前者是教师在批阅作业时，把一般的缺点、错误记录下来，研究其产生的原

① 原载《新厦大》，1954 年 5 月 8 日。

因，然后向全体同学说明。这些缺点、错误虽非每个同学都有，但既是一般易犯的，对于一般同学作用便很大。至于典型性的单独分析，则以某一同学的作业为典型，对之进行完整的分析。它的作用是使同学对整个作业的步骤、方法有完整的认识。对较好的作业，为了分析其优点并适当地指出其缺点，让其他同学观摩，就多采用此种方式。至于缺点、错误太多的作业，一般不宜做典型性的单独分析。因为示范性不大，易引起学生闹情绪。至于既非一般，又非典型的缺点、错误，则不宜在课堂上做口头分析，只宜在作业上详细批改或召学生来进行个别辅导。

一个完整的分析，应该包括这样几部分：一是肯定优点，尤其是对前次缺点已有改进的，应指出来，以鼓舞学生的信心。如“写作实习”分析，前次的缺点是写得太多、累赘，这次较为精练了，便应提出，使这种改进巩固下来。二是指出缺点、错误，这是主要的部分。如某一篇作品，写一个自由散漫的大学生的一天生活日记，以自由散漫开始这一天生活，又以自由散漫结束这一天生活。无争辩，无转变，既平淡，又无结果，读者不能从这一篇作品中获得什么。这些都应该详细指出。三是指出缺点、错误不应停留在表面的讲述，必须研究其产生原因，即提高到理论认识，方能从根本上得到改进。为什么作者会用这样的题材来写，又为什么会这样写一个片段。原因是作者没有认识到，写一篇小说必须反映生活的矛盾，而且必须反映矛盾的全过程。四是分析了缺点、错误的原因，要具体指出改进的办法。诸如指出以后要细心观察生活过程的矛盾，从错综复杂的矛盾中提出主要矛盾来，突出地加以对比，并使之在一定时间内发展、解决，这样作品便有矛盾、有发展，显得生动而有意义了。

这四个部分，可以简略或合并。但在每次分析作业时，有意识地把这四部分进行周密的安排，是很有效的。

关于“象图”①

在小学地理教学中，流行着一种所谓“象图”的方法。

所谓“象图”方法就是让学生认识地图轮廓，把地图轮廓比拟物象的方法。唐文中、李乙鸣合编的《小学教学方法研究》说明：“……应用‘象图’的办法，让儿童得到一个概要的轮廓。……或在预习的时候，或在课堂讲课的时候，把要讲的地图挂在黑板上，大家将研究它像个什么。比如山东省像匹卧着的骆驼，甘肃省像个哑铃，广东省像条金鱼。中国好像一个大公鸡，东北是鸡的头部，台湾和海南岛则是鸡的两只脚，日本好像一条弯弯的虫子，意大利则好像是一只长筒靴。这样通过儿童自己的思想来观察它的形象，不但可以使儿童学了以后便于记忆，而且还可以增高学习的兴趣。”

其实，这是一种错误的方法。

为什么“象图”是错误的方法呢？首先，从形成学生的地理新知识来说，它是没有价值的。“象图”以地图轮廓比拟物象，是比较法。比较法的应用价值，是在于比较事物内在属性，借以发现事物相互间的联系，也即新知识的形成。若是仅仅从互不相关的形式来比拟，是不能增加什么知识的。杜密基《地理教学中的比较法》指出：“如果不能从比较和对照得出结论，仅从表面形式来比拟，就没有科学的价值。例如人为的比较一个地方的形状，把意大利比作皮靴，把锡岛比作鸡蛋等。”②

---

① 原载《文汇报》附页，1954 年 7 月 9 日。

② 杜密基. 地理教学中的比较法［J］. 地理知识，1952（11）.

其次，从巩固学生的地理知识来说，它并不发生作用。地图轮廓，尤其是行政省区的轮廓，在地理知识上是相当重要的，学生必须记忆，而且能做到见到地图即知是某省，并知道它在中国的位置与毗邻各省的关系，必须在多用地图和理解各省自然上的种种联系的基础上才能达成。人为的“象图”使学生记住的不是地理本身，而是外加的一个乱扯故事。

更糟糕的是，通过“象图”方法来强记地图轮廓，会造成各种错觉。诸如广东像“金鱼”，宁夏像“香菇”，学生如果把金鱼、香菇的形状和广东、宁夏的轮廓联系在一起，就一定发生错误。即使比较近似的山东像卧着的“骆驼”，甘肃像“哑铃”，仍然是不正确、不合科学性原则的。

有许多老师为求其生动易记，便牵强附会，编出种种无稽的故事来，这些故事在进行思想教育上是很有害的。

宪法草案给教育发展指出切实可靠的道路[①]

我国历史上第一个人民自己的宪法草案公布了。这个宪法草案，是人民革命的成果，反映了人民逐步建成社会主义社会的愿望。我们必须热烈而细心地学习研究每一条条文所包含的意义。这里只谈谈我个人学习第九十四条关于人民教育权利的条文的初步体会。

第九十四条规定："中华人民共和国公民有受教育的权利。国家设立并且逐步扩大各种学校和其他文化教育机关，以保证公民享受这种权利。国家特别关怀青年的体力和智力的发展。"

这一条文是过渡时期对于教育建设的正确规定。因为它是根据事实和按照切实的适当的可靠的道路去进行的，同时也反映着人民的共同愿望。

我个人认为它首先是根据过渡时期的政治基础和经济基础。工人阶级领导的以工农联盟为基础的人民民主国家，必然保证了公民教育权利的实现；社会主义性质的经济正在迅速地发展着，必然保证了教育事业的逐步扩大。资本主义国家的宪法或国民党反动派的伪宪法，在文字上也写着"义务教育""国民教育权利"等好看的词句，但是广大人民对这些词句丝毫不感兴趣。列宁说："如果法律与现实脱节，那末宪法便是虚构的；如果法律与现实吻合，那末宪法便不是虚构的。"没有人民的政治基础与经济基础，人民的教育权利便是虚构的。所以我们要特别重视政治基础与经济基础。

其次是根据教育发展的事实。近五年来，教育建设上的成就是很大的。

---

① 转载于《福建日报》，1954 年 7 月。

一方面，以学校教育而论，无论高、中、初等学校的学生数，均增加了一倍以上（高等学校学生包括今年暑期招生后预计数）；学生的工农成分，不断增加；国家对青年的体力和智力的发展已给予特别的关怀，尤其是“三好”（身体好、学习好、工作好）运动普遍地开展，学生的身体健康与知识质量均大大提高。工农业余教育、识字教育、解放军中的文化教育，也都有很大的成绩。特别是对职工的教育，有很多厂矿已经基本消灭文盲或只有少数文盲。这些成就，在宪法草案中得到了肯定与巩固。

但是，另一方面，要建成社会主义社会，必须经过逐步过渡的步骤。逐步过渡才是切实可靠的道路。而近几年来的教育发展，却曾经发生过盲目发展的偏向，即教育的发展不是完全随着国家经济建设事业的发展而逐步向前。这一偏向，在党的指示下已逐渐扭转过来了。宪法草案条文中特别提到“逐步扩大各种学校和其他文化教育机关”，我觉得这是指出了切实可靠的道路。今后我们必须遵循这正确的道路，有计划按比例来扩大教育事业。这样，才能使教育为过渡时期总任务服务，逐步提高人民的文化生活水平。

在宪法草案中，特别提出了对青年的体力和智力发展的关注。因为，我们的教育所要培养的是全面发展的青年一代。学习，是在受教育中的青年主要的任务，而长身体，是青年的特点。毛主席指示我们说：“新中国要为青年们着想，要关怀青年一代的成长。青年们要学习，要工作，但青年时期是长身体的时期。因此，要充分兼顾青年的工作、学习和娱乐、体育、休息两个方面。”如何贯彻国家关于青年的体力和智力发展的规定，则是我们教育工作者的具体任务。

我们以万分欢欣的心情欢呼我国第一个宪法草案的诞生。

培养学生独立思考与启发教学[①]

在加强培养学生独立思考的学习中，很多人认为培养学生独立思考就是启发教学。这种认识对了的只是一点，却错了全面。因此，它会妨碍我们对于培养学生独立思考的意义的全面与深刻的认识，使我们的学习停留在肤浅的表面与教学方法的技术问题上。

教学必须启发被教者的积极思维，这是完全正确的。这个道理远从希腊苏格拉底的“产婆术”、中国古代伟大的教育家孔子的“不愤不启，不悱不发”的理论就确立了。资产阶级优秀的教育家（主要是资本主义社会初期的教育家）也很重视这个道理，并积累了许多有用的实践经验。我们没有理由也没有必要完全否定它。同样，我们的教师在过去有许多启发同学积极思维的经验，亦该给予总结，扬弃提炼，使这些经验能更好地为我们今天的教学工作服务。

但是，启发（指的是确能引起学生积极思维的启发，而非“天才教育”、自学辅导、小组讨论、引起动机等错误的“启发”）仅仅是培养学生独立思考的一个因素。没有启发的培养独立思考是不可能的，可是单纯地看到启发这一点则是不完全、不坚固，而且会产生严重错误的。

首先，要认识学习是一个艰苦的劳动过程，独立思考是一个艰苦的脑力活动的过程。它有窍门，但无捷径；一切希望通过捷径、秘诀而要能够很好地“独立”起来是不可能的。因此，培养学生的独立思考，便不应该只把注

① 原载《新厦大》，1954 年。

意力放在方法、技术的指点上，而应该着重培养学生有克服困难的劳动精神与劳动习惯。如不可好高骛远、食多务得，要按部就班去学习；不要图侥幸、争分数，要坚持学习计划，踏踏实实地学习；不要凭兴趣，凭机灵来学习，要集中注意力来思考有相当困难的问题。而这些精神与习惯是建立在学生学习的自觉性的基础之上的。目前，多数学生还未很好地建立起这种精神与习惯，或者思想上还不重视它。猜考题、图方便、争高低、强调兴趣等种种思想还很普遍，这样来进行启发，作用不大而阻力是很大的。例如本期所发表的《在一次学生独立作业中发现的问题》所提的问题，显然就不是单纯地启发所能解决的。尤其是它不能达到我们教学的真正的目的——培养自觉积极的独立工作者。因此，培养学生独立思考能力，首先要重视的是应该在学生自觉积极的基础上，来培养学生的劳动精神与劳动习惯。这就不只是一个教学方法的技术问题，而要提高到思想教育的工作来进行。

其次，培养独立思考要有计划、有系统地通过一连串的步骤，逐渐地提高。它不同于偶然的、凭教师主观愿望的“启发”。例如，留思考题给学生是好的，但若留得太多太难，超过其时间能力则不好；课堂提问是重要的，但若在当前学生尚未能很好地支配其学习时间的时候，天天问，零零碎碎地问，或问题超过了笔记与必读参考书的范围，就会造成烦琐的临时的应付；讲课时多让学生运用思考，不要把教材简单化、庸俗化是好的，但若每个问题都只解决一半，另一半让学生去思考，也会使学生分散力量，不能系统地掌握重点。培养独立思考，并不与“课堂上基本解决问题”相矛盾。课堂上应该基本解决问题，然后在这个基础上让学生独立地去解决按其能力与程度能够胜任的问题，而且分量不可太多。在学生独立解决问题之前应有不同程度的引导，没有引导或引导工作与其能力程度不相衔接就会造成“天才教育”的缺点。由此可见，培养学生独立思考不仅仅是简单的“多启发”就行，必须了解学生原有的能力程度以及习惯，要有细致的一连串计划。

培养独立思考能力与简单的启发教学的区别就是这样：前者是强调在学生自觉性的基础上的劳动精神与劳动习惯，根据学生的程度能力做细致的计划与一连串的培养工作；后者则仅仅是指要多启发同学的思维。但是，没有学生学习的自觉性做基础，缺少系统的计划与工作，培养独立思考是片面的，因为它不可能培养学生成为一个掌握系统科学知识，自觉积极，能独立工作的社会主义建设者。因此，我们不应该把培养独立思考能力这个概念简单化为启发教学。

谈小学手工劳动科[①]

去年教育部新颁的小学教学计划，为了减轻学生学习负担，各年级的上课总时数减少了，但却增加自然、体育的上课时数，并新设手工劳动科，从一年级到六年级，每周一小时。增设手工劳动科，是有它重大的教育意义的。但由于小学增设这一科时，没有对家长说明，以致多数家长还不明白它的教育意义，因而也就不会自觉地来支持学生学好这学科。而且学生从家里拿走工具、要钱买材料，有些家长感到很麻烦；有的家长因为孩子塑泥巴、种地，弄得满身肮脏而不高兴；有的害怕孩子搞剪刀、小刀会割破手指；很多家长不明白为什么新中国成立后既废除了旧教育的“手工科”（或称“劳作科”），现在又增设手工劳动科，两者有什么不同。学校的任何一项教育工作，都必须与家长充分合作。因此，必须向家长说明手工劳动科的教育意义。

手工劳动科，联系自然、算术、语文、地理等各科，教学生做纸工、厚纸工、泥工、编织缝纫、简单木工与竹工和园地作业等，以制作教具、玩具，栽培植物、饲养动物，使学生获得一些基本的生产知识，学会使用一些简单的生产工具，以发展学生智力与体力。这是对学生进行共产主义劳动教育的重要手段。

小学实施手工劳动教育，是克服教育与生产劳动脱节的缺点的有效途径。手工劳动科的作业，和小学自然、算术、语文、地理各科教材紧密结合着，把上述各科有关基本生产的知识运用到手工劳动作业中。通过手工劳动作业，

① 原载《厦门日报》，1955 年。

学生可以巩固与加深关于水、空气、土壤、气象、植物分布与生长条件等自然与地理的知识，运用算术、测量、绘图等知识与技能，认识了农业上一些重要的生产原理。这样就使得各科所学的抽象知识生动化、具体化，从而提高了各科的学习质量。同时，手工劳动科还让学生在手工劳动过程中认识各种材料如纸、布、木头、薄铁片的性质及简单的加工方法，学会初步地运用简单的手工工具如剪刀、刀（刻刀、劈竹刀）、尺（三角尺、软尺）、锉、锯、针、钳、锤、铲、锄、镰刀、手摇钻等的用法。在手工劳动过程中，还可以培养学生的劳动习惯，如习惯于有条理地安放材料工具，保持工作地点清洁，爱护财物和节省材料等，并可培养学生对劳动的积极态度。综上所述，手工劳动科使学生巩固与加深科学知识，认识材料性质，学会运用简单手工工具，以及培养劳动习惯与态度，对于他们毕业后升学或参加生产劳动都有好处：如果升学，就为接受中学阶段的基本生产技术教育打下良好的基础；如果参加生产劳动，那么在生产知识、基本生产技能和劳动习惯与态度上都有了一定准备，能够较快地熟悉工农业生产。

手工劳动科不是新中国成立前旧教育的“手工”或“劳作”科。“手工”或“劳作”科虽也做些纸工、泥工、木工以至金工的用具或玩具，但与手工劳动科本质不同。“手工”或“劳作”科是从资产阶级实用主义的教育观点出发，根据学生兴趣或狭隘实用观点，制作一些“可用”或有趣的东西，既缺乏教学系统，又不与科学原理结合，不讲述工具应用方法，而且在思想上鼓励学生学得一技之长，可以赚钱。总之，旧教育的“手工”或“劳作”科，目的在给予学生零零碎碎的手工技术，训练一个手工业生产者，或在于满足儿童的兴趣而已。手工劳动科却不是这样，它是从智力与体力全面发展的共产主义教育观点出发的：第一，它把科学原理与生产技能结合起来，为培养现代生产者打好基础。因此手工劳动科上课不是光让学生按模型依样画葫芦，教师必须说明制作的意义、结合各科知识说明制作的原理和方法、按一定工序指导学生工具使用法。学生制成一件成品，不但训练了技能，而且学习了原理，原理与技能通过手工劳动过程结合起来。第二，手工劳动科的教学大纲是根据各年龄阶段儿童知识能力发展水平，从易到难，由简到繁，循序渐进的。如一、二、三、四年级，做纸工、厚纸工、泥工、编织缝纫，所用工具和制作物品都是由易到难的，到了五、六年级，做简单的木工、竹工，并制作简单技术模型，所运用的科学知识和工具就较初小难了。一至六年级都从事园地作业，也是从易到难，由简到繁的。如一年级学简单的挖穴、下种、浇水、整理园地等；二年级要学中耕追肥、间苗、开沟作畦、均匀地挖穴、点种、松土、做植物支架等，便较繁难些；这样顺序到六年级，要求学生熟悉的农业技术，就有插枝、压条、嫁接、治虫、人工授粉等。此外，在手工劳动过程中，要培养学生的劳动习惯、劳动态度，更是与“手工”或“劳作”科不同之处。由此可见，如果教手工劳动科，忽视教学系统性，不讲述科学原理与工具运用方法，不进行劳动教育，那就很容易变成实用主义的“手工”或“劳作”科了。

为了进行手工劳动，就必须准备一些材料和工具。材料可以尽量利用废物，如纸盒、墨水瓶、破机器、碎布都有用。当然也必须购买一些纸张、木头之类；工具方面，现时学校不可能置备大批工具，许多家庭日用可以找得到的工具，如剪刀、锤子、钳子以及锄头等，家长就要尽可能地为孩子准备好，以免孩子上课时发生困难。至于清洁和安全教育，那是教师应当密切注意的。

和中学生谈读课外书[1]

近来，许多中学生喜欢阅读课外书。这本来是一件很好的事。因课外阅读能够丰富学生的知识和提高学生的道德水平。但是下面两个问题如果没有正确地解决，课外阅读就不会有好处反而有很大害处。这两个问题就是：（1）在什么时候阅读？（2）阅读什么书？

一个中学生，应当明白学习的目的是在于使自己成为一个社会主义自觉积极的建设者和祖国的保卫者。要成为一个这样的人，就应当具有社会主义的政治思想水平、一定的文化教养和健康的体质。怎样才能达到这些要求呢？最主要就是通过学校所安排好的课堂学习，教师所指定的课外作业和各种体育活动。因为这些学习和活动，都是经过国家很周密地研究、制定，在教师指导下来进行的。

每一门功课和体育活动，都是我们参加社会主义建设所需要的基础知识和必要的训练。因此，不管将来在哪一个工作岗位上参加社会主义建设或者升学，都是不可缺少的。学生的主要责任，也就是把这些功课全部学好和积极参加体育活动。课外阅读是很好的，但和上面所说的学习与活动比较起来，就有主次先后的分别。我们读课外书时就要先问自己：功课好了没有？作业做完了吗？参加了体育活动没有？只有做完这些事情，还有充裕的时间，才能用来读课外书，看看电影。苏联的电影院，除了节假日和星期六晚上，没有老师或家长带的学生，不能进去就是这个道理。反过来说，功课好了、作

① 原载《厦门日报》，1955 年 2 月 24 日。

业做完了，又参加了学校各种体育活动。到了节假日或功课余暇的时候，自己阅读或集体朗读小说、诗歌，上电影院看电影，那都是件有益而又愉快的事情。现在有些中学生，读小说入了迷，把功课忘记了，作业没有按时交，个别的还有在课堂上偷偷看小说的，这都是件很不好的事。因为这样的学生，他没有认清学习的目的、没有负起自己主要的责任。我们应该好好劝告他。

在课外适当的时间阅读课外书，也不是可以任意地抓一本读一本，也不能单凭自己主观上认为有趣味的就读。因为上面已经说过，阅读课外书是为了丰富知识、培养道德品质；我们既然要成为社会主义建设者，那么我们所需要的知识必须是科学的、健康的、合乎社会主思想的。不科学、不健康、不符合社会主义思想的东西乱七八糟堆在我们脑子，是有毒害的。有些中学生，从旧书摊找来一些封建的迷信小说、资产阶级腐朽的黄色小说。这些书有的把地主恶霸说成“好人”，把役人放火的强盗描写成“英雄”，把乱搞男女关系描写成“娓娓动听”的恋爱故事；这些都是有毒的。学生们判断是非好恶的能力还不强，看这些书，正如吸鸦片、打吗啡针一样。吸鸦片、打吗啡针会使一个人的身体中毒，看这些小说会使一个人的精神中毒，在不知不觉之中堕落，这是非常可怕的事。我们试想想：国家培养我们建设社会主义，我们却这样不争气，忍受毒害，自甘堕落，这怎么成呢？对于这些小说，我们应该把它看成思想上的敌人，坚决掉开它。

另一方面，我们要选择一些能够丰富科学知识和鼓舞我们积极参加社会主义建设的课外书来读。这些书是很多的，最近青年团上海市委会向青年们推荐一批好书，如《把一切献给党》《青年英雄故事》《优秀青年团员和青年的故事》《海鸥》《保卫延安》《全班荣誉》《谈谈青年的生活、工作和学习》等等，这都是些好书。我们如果自己选择能力不够，最好请问老师，或者和同学讨论一下；报纸、杂志上的介绍推荐，也能够给我们很好的指导。

和新同学谈独立工作问题[①]

大学的学习要求与形式和中学的是有很大不同的。这就要求初进大学的一年级新同学，在新的学习环境中迅速地改变自己过去的学习方法，如果改变得迟缓的同学，就可能感到种种困难，以至于影响学习的信心。争取及早地掌握大学的学习方法是有重大意义的。而掌握新的学习方法的关键在于善于培养自己的独立工作能力。

培养独立工作能力，不仅是个方法问题，而且是一个贯穿于大学的一切学习方法中的认识问题。首先，必须明确独立工作在培养专门人才这一大学教育目的上的重大意义：作为一个专门人才来说，不是在于他知道了多少知识，而是在于他能否运用知识来改造世界、服务人民。满足于记诵大量的“知识”的学习态度是应该被批判的。

只有具有这样的认识，才能自觉地努力来掌握新的学习方法。

一年级新生首先碰到的是听课、记笔记的问题。讲课，是大学教学的基本形式，而且，主要是用讲演来进行的，即使有课本，教师也不是拿着课本来讲，学生必须一边听课，一边记笔记。对于一个能够独立工作的学生来说，这两方面动作不是互相矛盾，而是相辅相成的。这两者巧妙地结合，可以使学生听课经常地处在积极思维的状态之中。因为学生不单是被动地听进教师的每一句话，他同时在思考、理解教师讲演的意义，把主要论点记录下来。当然，对于一个不善听课或记笔记的学生来说，两者就会互相干涉。

① 原载《新厦大》，1955 年 10 月 1 日。

学生应当把重点放在听课上，集中注意，理解教师所说的话的意义，特别是讲课中的中心问题和前后联系。有些教师在这些地方讲得较慢、较强、反复，甚至于提醒学生，但更重要的是学生要学会在系统的听课中去深刻地理解它。只有在理解的基础上，才能用自己的话迅速地把它记在笔记本上。也只有这样，记下来的文字，虽然不是很多，但却是经过自己理解消化的。用自己的语言表达出来的，即使是修辞不够好，甚至句子不够完整，也还是好的。因为这是自己已经懂得的东西，是独立思考的成果，复习时也很明白。

可是，有许多学生不是这样做，却尽力企图把教师所讲的话一字不漏地记录下来。把力量都放在紧张的记录上，势必影响理解。即使记得很多、很完全，也只能算是一本“讲义”，还不是自己理解、消化了的东西，复习时还得从头去自学，事倍功半；何况教师所讲的，即使用速记法，也很难赶上。这样，就只能乱抓一顿。我曾检查过一些这样的笔记：主要论点遗漏了，例子、数字却写了许多，笔记内容只是一些片段的文字，下课后连自己也无法看懂。有的学生因为赶写不及，一再要求教师讲得慢，以致影响了进度。

课外自学，是学生提高独立工作能力、巩固加深知识的时间。这个时间，主要应当用在复习听课笔记、阅读参考书和课外作业上。但是，许多学生却又花在整理听课笔记上，有的学生竟从头到尾重抄一遍。这样，全部自学时间就仅够他重抄笔记，对于学习的真正要求来说，损失是很大的。因为花太多功夫在整理笔记上，既不能巩固知识，更不能加深知识。这是受一种不正确的思想所支配，以为必须保持一本完美的笔记。难道到毕业的时候，我们只需要一箱完美的笔记本而可以不要一个知识充实、善于运用理论、具有独立工作能力的头脑吗？

必须迅速培养阅读参考书的能力与习惯，因为听课所获得的知识是有一定限度的。参考书，特别是经典著作却供给我们丰富与深刻的知识，启发我们的思考。有些学生觉得教师讲的易听，自己学的难懂，就要求教师多讲而不去多看，甚至像《联共（布）党史简明教程》这样基本的课本都希望不看或少看，这是不正确的。阅读参考书要养成深入与迅速的能力。首先是要能够抓住主要论点，深入理解它的精神实质；其次是用自己的话写下简单的阅读笔记，有助于深入理解。深与快不一定是矛盾的。善于抓住要点的阅读者往往也是阅读很快的人。

课堂讨论和习题课是中学所没有的教学形式，对于这两种形式，也同样应该以独立工作的精神去掌握它。做习题，首先要把理论理解透彻。不要花太多的时间在写课堂讨论的发言提纲上，应当是想得多而写得少，并要用自己的话来写提纲。

在这篇短文中我三次提到用自己的话来写听课笔记、阅读笔记和课堂讨论发言提纲，因为这是发挥独立思考一个重要的关键。学习，是创造性的劳动，用自己的话来表达自己已经理解了的东西，就意味着学生在学习中加进了创造性的因素，同时，也附带地训练了发表能力。

一年级新同学，对待实验必须建立起认真的态度，首先要训练好基本操作方法。只有这样才能使今后的实验工作以及生产实习的工作做到正确与迅速。不把基本操作训练好，将来是要付出加倍的代价的。

在培养独立工作能力的项目中，最后一项是善于合理地安排学习与生活的时间。这是独立工作的重要保证。不可能设想一个临时抱佛脚的学生，或是一个学习负担过重、疲劳不堪的学生能够从容地进行独立工作。

这篇短文不可能解决许多具体的问题，每门课程的学习方法都有它一定的特殊性，一年级新生要好好地争取任课教师做具体的指导。实际上，有许多教师也已经做了这样的指导而且收到很好的效果了。

关于第一个五年计划的教育建设计划[①]

——学习“发展国民经济的第一个五年计划”的笔记

一

我国发展国民经济的第一个五年计划，是当前全国国民经济发展的一个全面计划，也包括了全国文化教育发展的基本计划；它体现了文化教育的发展与国民经济的发展之间的依存关系：文化教育的发展必须以国民经济的发展为前提与基础，国民经济的发展又必须有一定的文化教育事业，特别是建设干部的培养来提供保证。所以随着国民经济的迅速发展，文化教育就可能而且必须迅速发展。同时，国民经济的发展、生产力的提高，其最高目的是为了不断地提高人民的物质生活和文化生活水平，但在一定条件之下，物质生活和文化生活水平的提高却不能没有一个合理的限度，以保证国家有足够的资金来进行工业建设，促进生产力的高速度发展。这种辩证的关系的正确体现，正是社会主义建设计划的优越性的基本表征。我们也必须持这样的观点来研究我国发展国民经济的第一个五年计划中的文化教育计划。

二

在第一个五年计划中，随着国民经济的发展，培养干部的教育和识字

① 原载《厦门大学学报》，1955 年 12 月。

教育，都有迅速的增长；普通学校教育，也有了适当的增长。这种数量上迅速地、不断地增长，是社会主义国民经济建设计划的优越性的重要标志之一。

以1952年在学学生的数字作为基数100来比较，经过了5年，到1957年，高等学校学生将是227.4%，中等专业学校（不包括师范学校）学生将是156.1%，高中学生将是278%，初中学生将是178.6%，小学生将是117.6%。此外，1957年有约150万名业余中学学生，为1952年的6倍以上；约485万名业余小学学生，为1952年的3倍半以上。同时，在5年内，将培养92万名熟练工人，扫除2 300万名文盲，1957年扫盲教育在学人数将达5 000万名左右，为1952年的1倍半以上（扫盲数字，必将随农业合作化的迅速发展与团中央的号召而超额完成）。

上述这些数字的总计，指出：到1957年①全国人口总数的1/5的人民，在各级各类教育组织中学文化、学技术。这个庞大的数量上的增长，在我国文化教育的历史上，是空前的；它指出我国人民的文化水平，将摆脱国民党反动统治所造成的文化落后的痛苦，大踏步向前；也深刻地说明了文化教育事业是如何随着社会性质的变革而跃进。下面是1957年在学学生数和1946年（国民党统治时期学生人数最多的一年）的比较（见表1）。

表1 1957年比1946年各级各类学校学生人数增加表

学校类别	1946年/人	1957年/人	增加/%
高等学校	129 036	434 600	336
中等专业学校	137 040	452 300	330
中学	1 495 874	4 707 000	315
小学	23 683 492	60 230 000	254
工人技术教育	—	920 300	—

① 根据教育部提出规划初步的意见，争取1956年完成第一个五年计划在扫除文盲、小学、初中、中等师范教育等方面的任务，高中和高等师范教育争取超额完成1956年的任务。那么，1957年应改为1956年。本文其他有关部分同。

续上表

学校类别	1946 年/人	1957 年/人	增加/%
业余中学	—	1 500 000	—
业余小学	—	4 850 000	—
扫盲教育	—	50 000 000	—

材料来源：1946 年的数字根据国民党政府教育部所编《第二次中国教育年鉴》。业余中学、业余小学与扫盲教育数字根据《人民教育》1955 年 10 月社论《为实现第一个五年计划的普通教育任务而奋斗》。其余根据第一个五年计划。

说明：（1）1947 年的高等教育学生数较 1946 年略多，为 155 036 人，与 1957 年比，1957 年为 1947 年的 280%；

（2）中等专业学校没有把中等师范学校计算在内；

（3）工人技术教育 920 300 人，系指 5 年内培养数；

（4）据国民党政府教育部统计，1946 年受失学民众补习教育人数 9 531 978 人，因为此项统计数字不太可靠，故不列入。

从表 1 看来，高等学校学生和中等专业学校的学生均为新中国成立前的 3 倍多；即以普通学校教育来说，也为新中国成立前的 2 倍多至 3 倍多。如果说，新中国成立前小学生人数最高的年份，在学学生还不及学龄儿童的 30%，即 70% 以上的学龄儿童被摒弃在小学之外；则 1957 年全国小学生人数将达学龄儿童的 70% 以上，绝大多数的儿童均将进小学学习，其余儿童也会有受识字教育的机会；在经济、文化和师资等条件较好的地区，还可以着手实行普及小学义务教育，并积极做好全国普及义务教育的各项准备工作。更应重视的是受工人技术教育、业余中学、业余小学和扫盲教育的人数是以百千万计算，这些都是新中国成立前半封建半殖民地性质的社会所不能有的。这怎不令人兴奋。

有人认为在五年计划，普通学校教育发展的速度较缓慢，特别是小学的人数的增长速度最缓慢。因而希望政府多拿出钱来办中小学。对待这个问题，我们必须探究在五年计划中，小学发展较缓慢的原因。首先是为了保证国家过渡时期总任务的实现，必须做这样合理安排。即是说，不能以削弱国家对经济建设，特别是工业建设的投资来发展文教事业。事实上，五年计划中文教事业的投资已是达到较高的限度：文化教育和卫生部门 5 年内的支出数额为 142.7 亿元，达全部总支出的 18.6%；其中教育事业的支出占半数以上，普通教育和师范教育经费，就占了全部总支出的 5.54%；再如今年的“教育支出”一项的数字，比国民党反动统治时期教育支出预算最高年份（1946 年）多 28 倍；美国 1952—1953 年度的社会文教支出预算仅占总预算的 3.6%，而我国 1953 年的社会文教支出却占总预算的 14.9%。如再增加，就将意味着影响社会主义工业化的速度。其次，在新中国成立初期，普通教育，特别是小学的发展速度，已经较其他教育发展速度为快。1952 年，在学学生相比新中国成立前最高年份，小学生为 210%，中学生也达 167%，而高等学校学生仅为 125%。这是与保证社会主义工业化的需要不完全符合的。因此，在五年计划中，小学生的增加数虽然较缓慢，但若与新中国成立初期的增加数合起来看，如表 1 所示，也已经达新中国成立前的两倍半以上了。

我国社会主义建设过程中普通学校教育的发展应当配合着国民经济发展及其他条件逐步前进，也可以说是吸取了苏联社会主义建设的经验的。苏联十月革命后，在相当长的时期内，节省一切开支以集中力量搞好社会主义工业化，因此，普通学校教育的发展很缓慢；在 1923—1924 年间，不过基本上恢复了第一次世界大战前的学生数；1924—1925 年以后，才逐渐地但却是平缓地发展，到了第一个五年计划开始时，只达到革命前的 145% 左右。从 1930 年开始，由于经济建设已经具备了一定基础，农业集体化已经充分增长了。联共中央和苏联人民委员会决定全国实施普及四年制义务教育，普通学校教育才比较迅速地发展（见图 1）。这就体现了文化高潮与经济高潮的内在关系。

即使如此，苏联第一个五年计划完成时，普通学校学生人数也仅达 1914—1915 年的 265%，与我国 1957 年对比 1946 年学生数的比例相似。而 1957 年距离新中国成立不过 8 年，1932 年距离十月革命却是 15 年。何况我们还将争取在 1956 年完成第一个五年计划，所以应当说，我国普通学校教育的发展是相当迅速的。

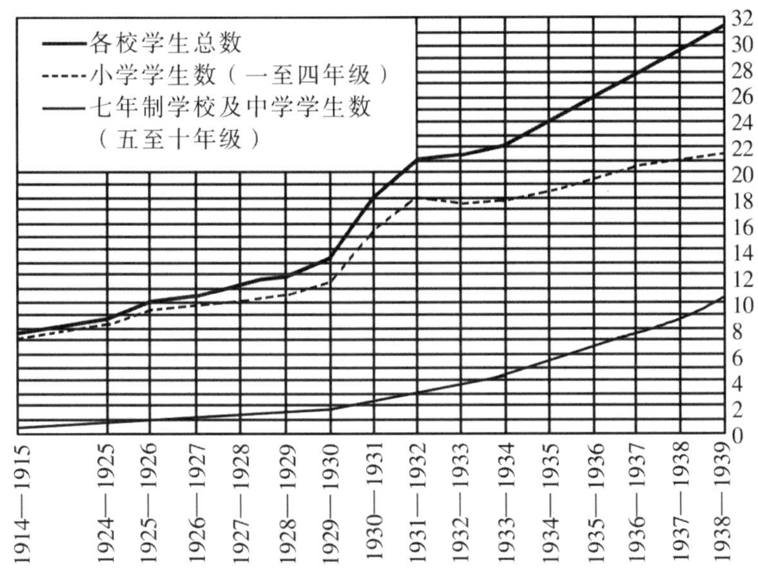

图 1　1940 年以前苏联普通教育学校学生数的增加（单位：百万人）

材料来源：麦丁斯基的《苏联的人民教育》。

苏联的扫除文盲运动，随着社会主义工业化，尤其是农业集体化运动的发展而迅速地展开，这一历史先例也是值得鼓舞我们的：十月革命前，俄国只有 33% 的识字人口，1926 年增至 51%，而在为实现社会主义的国家工业化而斗争与为实现农业集体化而斗争两个时期中（1926—1934）便获得了迅速的发展。1930 年末提高至 67%，1933 年末更提高至 90%（指 50 岁以下的青壮年）。苏联在开展扫盲运动的几年间，任务是艰巨的，数以万计的共青团员参加了这一工作，特别是深入到农村和边远地区中教育群众，发动群众，使扫盲运动成为广泛的群众性运动，终于获得了上述的成绩。我国今天也已具备了开展大规模识字运动的需要与条件，特别是农业合作化运动高潮的来临，提出了要求并提供了可能性。团中央决定在七年内基本上扫除全国青壮年文盲，教育部并做出了具体的规划，按照苏联的经验，这一任务是艰巨的，但也是可能完成的。

三

第一个五年计划中文化教育计划的优越性，不仅体现在数量的增长上，而且体现在正确的发展比例上。

首先，从高等学校各类专业的发展比例上看：5 年内，工科各专业将招生 214 600 名，占招生总数的 39.5%；毕业生 94 900 人，占毕业生总数的 33.6%；1957 年在学学生数达 177 600 名，占在学学生总数的 40.9%，均占第一位。显然，这是符合于社会主义工业化的要求的，而其他如师范、卫生、农林、理科，也各依照国民经济发展的需要制定恰当的比例。这些比例，我们试与国民党反动统治时期盲目性的情况比较，便可定其优劣（见表 2）。

表 2　1947 年全国高等学校各类学生比例

专业类别	文	法	商	理	工	医	农	师范
学生数/人	18 446	37 780	17 698	10 060	27 579	11 855	10 179	21 439
百分比/%	11.9	24.4	11.4	6.4	17.8	7.7	6.6	13.8

材料来源：国民党政府教育部所编《第二次中国教育年鉴》。

说明：文科的教育系（科）学生包括在师范科中。

1947 年的工科学生，不过占 17.8%，而文、法、商三科则达 47.7%，约半数；最突出的是法科学生达 24.4%，即 1/4。显然与一个社会的经济发展要求是不符合的，仅仅是为半封建半殖民地增加一些官僚买办或失业过剩的"法学士"。

以五年计划的高等学校学生比例与 1947 年对比，我们将看到什么情况呢？1957 年全国工科的学生人数将是 1947 年的 6 倍半，5 年内的毕业生将是国民党统治时期 20 年（1928—1947）工科毕业生的 3 倍以上；而文、法、财经三科仅占总数的 9.7%，法科的相对比例从 24.4% 降为 2.1%。一为半封建半殖民地社会教育盲目性的表现，一为社会主义建设计划性的表现，昭然若揭。

同时还应指出，五年计划中工科各类专业发展的比例也是按社会主义工业建设需要来安排的。特别着重机器制造、土木建筑、地质勘查、矿藏开采、动力、冶金等类专业，其中机器制造和工具制造类专业在 5 年内招生达54 100 名，达工科学生总数 1/4 以上。而以上诸类专业，在新中国成立前是学生极少或暂付阙如的。

其次，从五年计划中中等专业学校各类专业比例与新中国成立前职业学校各科比例情况比较，问题就更显著。在新中国成立前，虽然天天有人提倡职业教育，甚至喊“职业教育救国”，但半封建半殖民地性质的社会，职业教育注定是半生不死的。1946 年全国中等教育学生数 187 万余人，其中职业学校学生仅 130 700 余人，只有 7.3%，即不及 1/10。这微小得可怜的数字中，却还是这样分配的（见表 3）。

表 3　1946 年全国职业学校学生人数分类

级别	合计	农业	工业	商业	海事	医事	家事	其他
高级职业学校/人	63 124	15 107	22 103	12 908	2 056	9 555	321	1 074
初级职业学校/人	73 916	32 625	19 808	16 217	254	885	3 798	329

材料来源：国民党政府教育部所编《第二次中国教育年鉴》。

从表 3 可以看到，新中国成立前全国仅有 41 000 余名工科职业学校学生，医药方面也仅 10 400 名。41 000 余名工科学生中，绝大多数是纺织、造纸、应用化学方面的，重工业的职业学校是绝少的，这也反映出新中国成立前我国生产落后的情况。

再看看五年计划的中等专业学校各类专业的比例：工科专业在 5 年之内招生 346 000 多名，占中等专业学校招生总额（包括师范学校学生）的 34.4%；5 年内学生增长速度为 219%，占第一位；1957 年在校学生 244 000 名，占各科学生总额（同上）的 36.3%，为新中国成立前工科职业学校学生的 6 倍，而且多数是重工业方面的专业。这是配合着社会主义工业化需要的，又为配合农业合作化运动的迅速开展，五年计划中规定大力培养农业技术干部和管理干部，5 年内招生 121 000 余名，到 1957 年在学学生数达 98 000 余名；5 年内的增长速度为 148.3%，仅次于工科学生增长速度而占第二位；同时为了提高人民的物质生活与文化生活水平，卫生专业学校和师范学校在五年内均招收相当数量的学生，并大力发展体育、艺术专业教育。

再次，还可以从普通中学的发展重点来看：在我国经济恢复时期，小学的发展速度较快，中学慢，同时有大批中学生因国家建设、军事的迫切需要离开学校，所以在 1951—1952 年间，就发现了中小学发展不平衡的现象。诸如 1951—1952 年小学校 1946 年增加 82.2%，而中学仅增加 4.8%，该年度中小学生的比例是 1∶27；高中学生尤其少，该年度全国仅 184 000 多名，毕业生还不足供高等学校招生的需要。[①] 这样不平衡情况对于普通教育与高等教育的发展都是有妨碍的。因此，五年计划制定了在“第一个五年计划期间，普通教育发展的重点是中学，特别是高级中学”。在 5 年内，高级中学计划招收新生达 108 万人，毕业生 60 万人，1957 年在学高中生将达 72 万余人，约为 1951—1952 年的 4 倍；初级中学也计划招收新生 603 万多人，毕业生 409 万多人，1957 年在学初中生达 398 万多人，约为 1951—1952 年的 3 倍。这样就逐步地克服了中小学发展不平衡的现象。同时，大力地举办业余中学和业余小学，吸收大批不脱产的工农青年和干部入学，这样就为培养工农干部开辟了广阔的道路。

最后，各级学校的地区合理分布，也体现了五年计划在发展比例上的优越性。高等教育建设必须符合社会主义建设的要求，必须同国民经济发展的计划配合，特别是工科高等学校应该逐步地同工业基地相结合。过去高等学校集中在少数大城市尤其是沿海城市的现象，将逐渐加以改变，而大力发展内地与工业基地的高等教育。普通教育事业的发展，也同样要适应于经济发展的要求，注意到地区的合理分布，有计划地提高新工业地区、少数民族地区、老解放地区的发展速度，以逐渐改变原来地区分布不平衡的状态。

这种重点发展的计划，在五年计划期间头几年的措施已经逐步实现了。

---

① 根据高教部、教育部 1954 年 9 月所发表的《全国各级学校学生人数的发展及与新中国成立前的比较》（《人民教育》1954 年 10 月号），1951—1952 年全国初等学校学生 43 154 440 人、初中学生 1 383 691 人、高中学生 184 393 人。

工业地区的普通教育迅速发展的情况，诸如“在反动统治时期，山西省所有官僚资本家办的厂矿根本没有办过职工子弟小学，现在山西省国营和地方国营的厂矿企业部门，已有 15 300 多个职工子女，在 40 所职工子女小学校”①。

少数民族地区，在新中国成立以前，经济、文化是极端落后的，有许多民族无文字，更谈不上识字和设学校。据中央访问团 1951 年调查：海南白沙县 5 个村 500 人中 99% 是文盲。据 1952 年调查：湘西苗族自治州干德县五区文盲占 94%。宪法规定了“各民族一律平等”，这就需要从政治、经济、文化教育各方面给予充分的保证。在教育上就要实现各族人民在教育上完全平等的社会主义教育原则，大力发展少数民族地区的教育。这几年来，在这方面的发展是迅速的。据 1953—1954 年上学期的统计，全国共有专为少数民族设立的小学达 26 436 所，较 1951 年增加了 190. 4%；民族小学生 2 546 432 名（包括一般学校兼收的民族学生），较 1951 年增加了 169. 95%；专设民族中等学校 275 所，较 1951 年增加了 135. 04%；民族中等学校学生 163 387 名（包括一般学校兼收的民族学生），较 1951 年增加了 258. 08%。有的少数民族地区，发展过程的迅速尤为显著。以贵州民族教育的发展为例（见表 4）。②

表 4

级别	1950 年	1951 年	1952 年	1953 年
小学/人	100	410. 20	685. 03	844. 62
中学/人	100	166. 47	245. 28	261. 02

这样，五年计划各地发展少数民族地区的教育，将为“帮助落后的民族提高到先进民族的水平，共同过渡到社会主义社会”打下基础。

四

第一个五年计划中文化教育计划上的优越性，不仅体现在数量的增长与发展的比例上，而且体现在质量的逐步提高上。

① 孙文淑. 前进中的普通教育事业［J］. 人民教育，1954（10）.

② 表 4 及上文所引数字材料来源根据教育部民族教育所发表的《五年来的民族教育》（《人民教育》1954 年 10 月号）。

首先，我们的学校教育工作，是遵循着明确的社会主义教育建设方针前进，就是“贯彻全面发展教育方针，提高教育质量”。在五年计划的前三年，在“学习苏联，结合中国实际”的原则指示下，已经获得了巨大的成绩，在五年计划后两年，将会有更迅速的提高。

从高等教育方面说，1952 年教学改革开始以来，我们制定了各类专业的教学计划，制定或者翻译了苏联的教学大纲和教材，建立了先进的教育制度和学习先进的教学方法，加强生产实习，使科学理论和实践密切结合。在这同时，对高等学校教师开展思想教育运动和科学研究工作，以提高教师思想水平、业务水平，并增加了数以万计的新师资。教育质量的提高，既然决定于教师的政治质量与科学技术水平，不可否认，这些年来的教育质量，有了显著的提高。只是由于我们过去贯彻全面发展教育方针认识还不足，受资产阶级教育思想残余的影响，把提高教育质量理解为知识数量的堆积，因此发生了学生负担过重的情况，对学生身体健康照顾不够；滋长了重视业务，忽视政治的偏向，以致妨碍全面发展的教育质量的迅速提高。但在党和政府的关怀与正确指示之下，已经迅速扭转。这就是对政治课的领导和教育作用加强，对学生着重加强阶级斗争的教育和时事政策教育；根据“学少一点，学好一点”的原则，修改计划、大纲，精简教材，提高教学的科学性、思想性与贯彻理论联系实际的原则；控制学生学习时间，解决了学生学习负担过重的问题，坚决地贯彻毛主席“三好”的指示，和前政务院“关于改进各级学校学生健康状况的决定”，开展文娱体育活动，改善伙食和卫生条件。由于这一连串正确的措施，高等学校中已经出现了新的气象，大学生们的年轻的蓬勃朝气和坚强的斗争意志，正是我们天天见到的现象。

从普通学校教育来说，在第一个五年计划开始以来，我们就着重整顿改进的工作，如培养、提高师资和领导骨干，改进教学内容、教学方法和教学制度，加强地方国家机关对普通教育工作的领导和管理，都是符合五年计划中提高普通教育质量的计划的。特别是在劳动教育方面，有了显著的成就。一方面改变了学校教育脱离生产劳动的偏向；另一方面供给了社会大批具有一定知识的工农劳动者。“据不完全统计，1953 年东北地区高小毕业生中有 140 000 多人参加了农业生产。1954 年，辽宁、吉林、陕西、河南、四川高小毕业生中有 341 000 多人参加了工农业生产，约占未升学毕业生总数的 70.93%；河北省 128 个县、市，高小毕业生 189 072 人中，参加农业生产的 12 129 人，参加工业生产的 1 807 人。”[①] 初中毕业生参加工农业生产的数量也很多。这些中小学毕业生，在工农业生产上，特别在农业生产战线上，起了很大的作用。如推动农业合作化运动，推广技术和耕作方法的改进经验，以及农业互助合作的会计工作和农村扫盲工作上，都起了切实的作用。他们也在实际工作中得到充分的锻炼与提高。

普通学校学生的社会主义觉悟普遍地有了提高。大多数学生能把自己的学习同祖国的建设事业联系起来，因而学习目的比较明确，学习态度比较认真，学习自觉性和积极性高。中小学生学习了《中学生守则》和《小学生守则》之后，学校纪律也有进步。

为了更好地贯彻全面发展的教育方针，配合社会主义建设的需要，普通学校教育开始注意实行基本生产技术教育，扭转了过去认为我国条件差，还不能实行基本生产技术教育的不正确看法。教育部修正了小学教学计划，其基本特点就是在小学中实施基本生产技术教育和加强劳动教育及体育，并使教学时间的安排符合提高教育质量和减轻学生负担的要求。现时，各地方的教师和干部正在积极地、创造性地研究如何把基本生产技术教育贯彻到各科教学和课外活动中去。

同时，教育质量的提高也体现在各级学校中学生成分的逐渐改变中，这是使学校面目从根本上改变的大事。根据统计，高等学校 1953 年下半年学生中工农子弟占 21.9%、中等学校学生中工农子弟（包括工农速成中学全部学生）占 57.4%。其中，中师以外的中等专业学校中工农子弟入学的占 46% 以上，中等师范学校已达 63% 以上（华北区达 80% 以上，东北区达 77% 以上），普通中学已达 52%（东北区达 73% 以上，华北区达 63% 以上），初等学校中工农子弟人数已达 82%。[②] 此外，培养了 92 万名熟练工人，几百万名农业小

---

① 引自卢正义的《新中国成立以来的小学教育》一文。

② 材料来源：初等学校方面根据卢正义的《新中国成立以来的小学教育》（《文汇报》1955 年 10 月 1 日），其余均根据高教部、教育部 1954 年 9 月所发表《全国各级学校学生人数的发展及与新中国成立前的比较》的“说明”部分（《人民教育》1954 年 10 月号）。

学与中学的学生，都是贯彻了学校教育为工农开门的方针。而且，在五年计划中，随着阶级力量的消长，学生的工农子女成分还将迅速增加。

这些，都足以说明教育质量在五年计划期间不断地提高。

五

全国劳动人员在各个工作岗位上，都为了完成与超额完成五年计划而奋斗。对于教育工作者来说，应当如何完成与超额完成五年计划所规定的任务呢?

我们必须按比例地完成五年计划所规定的发展数量。从五年计划期间的前三年完成情况看来，一般是良好的。例如全国高等学校已为国家培养了毕业生150 000余人，完成五年计划总任务的54%；其中工科毕业生50 000余人，完成计划总任务的53%。普通学校在1952—1953年，着重整顿、改进，适当发展，至1954年，中学生也已达3 580 000余人，小学生已达51 190 000余人。即是说，中学生在1954年已达1952年的144%，小学生也稍有增加。由于农业合作化运动高潮的来临，扫盲教育数字也无疑可以超额完成。

但是，这并不是说完成五年计划所规定的任务已经没有什么困难了。师资、设备、经费都存在一定的困难。尤其是严重的浪费现象，给我们带来更多的困难。相当大量的学生因为身体差不能坚持学习而休学、退学也影响了我们的计划的完成。如1953—1954年度一年中，全国高等学校学生在年终考试前休学、退学、被开除的便达7 000余人，约占该年度在校学生总数3.5%。这些，都是值得我们严重注意的事。

何况，我们还必须努力争取超额完成五年计划中所规定的任务。这就是在一届全国代表大会第二次会议上高教部杨秀峰部长的发言所号召的："如果招生时报考人数多，质量好，我们还将尽师资力量的最大可能争取超额完成计划。"教育部张奚若部长的发言所号召："我们还要在可能范围内，尽力想办法来满足人民群众的文化要求，主要是贯彻精简节约、发挥潜力的精神，尽力多办些学校，多收些学生。"我们教育工作者应当以实际的行动来响应国家这些号召：首先是各级学校，都要贯彻精简节约的原则，痛切反对铺张浪费现象，扭转那种办什么事情都要大笔钱，用钱就一定是向政府伸手要的思想，发挥大家的积极性，多想办法解决问题。

对于普通教育，还要根据提倡农民群众自办学校，允许私人开办学校的方针，依靠群众的力量，在国家计划的指导之下，来发展中等和初等的教育事业，以满足人民群众的教育需要。老解放区在抗日战争时期和第三次国内革命战争时期，根据“群众的需要和自愿”的原则，提倡“民办公助”的办法办小学与其他群众教育事业，发挥了群众的积极性，顺利地解决了当时发展群众教育事业与政府经费困难的矛盾。新中国成立初期，各地小学教育之所以发展得较快，主要也是由于农民群众的积极支持，出钱出力，献工献料，建筑校舍，添置用品。随着农业合作化的高潮到来，农民群众对于文化教育的要求更显迫切，而组织起来之后，自办学校的可能性更大。贯彻上述方针以满足群众需要是完全可能的。但是民办必须公助，不能放任自流。首先，根据老解放区的经验，应该由政府统一掌握与检查指导，即第一个五年计划中所指出的“在国家计划的指导下”来发展民办学校；其次，要在师资和教材等方面给予必要的帮助。除此之外，还要尽可能地发挥原有学校的潜力，在不降低质量的情况下做到多收些学生。如推行二部制，发挥学校原有人力和设备的利用率；合理建立学校，使居民子女能够就近上学，以减少住宿多收些学生。通过以上各种办法来争取完成与超额完成五年计划所规定的数量指标，是完全可能的。

但对于每一个教育工作者来说，完成与超额完成五年计划的文化教育任务，更重要的意义是在于提高教育质量，保证达到质量的指标。那就是说，我们所应努力的主要点是贯彻全面发展教育方针，保证培养出来的是符合于社会主义建设需要的全面发展的成员。已经过去的头三年，恰恰在这一主要点上，我们是做得最不够的，现在虽有了初步扭转，但缺点仍很多，问题仍很大。为了完成五年计划所交给我们的任务，必须加紧抓住这个主要点来努力奋斗。在党的正确领导下，在马克思列宁主义的思想指导下，我们有充分信心，克服一切艰难困苦以完成与超额完成第一个五年计划所交给我们的任务。

教育儿童的几个问题[①]

——“教育孩子是我们的责任”问题讨论结束语

通过这次“两个少先队员的问题”的讨论，全市很多教师和家长，在加强对儿童教育的重视与教育儿童的经验的交流，是有重大收获的。为了巩固与加深这次讨论的收获，有必要提出下面三个问题谈一谈。

一、教育对儿童个性形成起什么作用？如何才能发挥教育的作用

对儿童个性形成起作用的因素是很复杂的。大致来说，不外遗传、环境与教育三者。遗传的禀赋是儿童个性发展的前提，儿童发展规律制约着儿童的发展。但儿童个性不是本身自在地发展着，儿童的思想意识、道德品质乃是在一定社会中形成的，社会环境对儿童个性形成有着重大的影响；但对于受教育的儿童来说，环境仅是一种近于自发的力量，儿童个性不是环境消极的产物。教育有明确的目的，根据一定的计划与制度来形成学生的思想意识、道德品质。所以，在儿童个性形成中，教育起主导作用。负责教育工作的教师与家长，也就负起培养儿童成为什么样的人的主要责任。

但是，教育不能孤立于儿童生理条件与社会环境之外而起主导作用。教育工作，必须根据儿童发展规律，了解儿童的社会环境及社会环境对儿童已经产生的影响；只有考虑到这种种因素，有意识地加以利用，才能对儿童进

① 原载《厦门日报》，1956 年 4 月 27 日。

行有效的教育，避免教育一般化。今天的社会环境，从本质上说，是与教育要求一致的，可以被教师利用来更好地教育儿童。但不良的因素仍是存在的，这些因素对儿童的影响不容教育者有丝毫忽视。

陈木湘和王全山，都是小学五年级的留级生，他们在学校受教育的时间不算短，听老师讲道理大概总不少，也常被叫到办公室听说教，甚至还写过保证书之类。为什么教育对他们所起的作用不若环境中某些不良因素对他们的影响？问题就在于教育工作是被孤立起来，不论对任何年龄的儿童，不管他们过去所受的环境影响如何，总以一般性的说教或批评表扬来进行教育。

陈木湘和王全山现年均 14 岁，14 岁的男孩子的年龄特征如何？这两个孩子的特点又如何？这是教育他们的老师首先要掌握的。陈木湘自小被父母纵容，爱读神奇荒诞的小人书，这种环境对陈木湘的思想品质起着怎样的影响？王全山在家里得不到温暖，常和一些游荡在外头的孩子玩耍，这种环境对王全山的影响又如何？从鳌岗小学刘宗仁校长《我们的检查》一文，可以看到他们的教师、班主任，过去对这些是不了解的；就在这次检查中，也仅列举陈木湘、王全山的坏行为，简单化地指责："他们不好的表现是一贯的。"并未对他们的行为做深入分析。第二中心班主任蔡林英同志，在《怎样减少孩子们打架现象》一文中，却就注意到这个重要问题了。蔡同志首先对自己提出这样的问题："我对这班儿童思想特点是不了解的，怎么去教育他们懂得团结友爱而不互相打架呢？"因此说"开始深入班级分析儿童的情况"，"觉察到儿童们把打赢别人的人称为'好汉'。他们不懂得打架是不对的，反而认为是很平常或无所谓的事，会打架的人才是'勇敢光荣'的。这是和他们入校前的不正常的生活习惯有关系的"。蔡同志这个分析虽还不够全面（诸如没有注意到儿童的年龄特征），但从"深入了解他们的内心、个性特点，分析他们犯错误的具体原因"入手来教育儿童，却是正确的。

十三四岁的儿童，正当少年期，或称为过渡期。这时期儿童的身体生长迅速，神经细胞及大脑皮层结构也在迅速发展与复杂化。少年们意识到自身这种迅速的生长，对自己的能力往往做了过高的估计，以为自己已像大人一样，并热切地希望自己成为大人；事实上他们在体力与智力发展上却仍保留着儿童期的特征。所以，有人认为儿童在这个时期具有一种半儿童半成人的心理特征。他们的性格特点是活泼、勇敢，喜欢冒险、战斗与旅行。这些特点都是可贵的，如果受到正当的教育，正好形成刚毅勇敢、团结友爱的道德品质。但若教师与家长不能对他们进行有效的教育，便很容易被坏集团所引诱。

当然，教师和家长们也对儿童的教育做了很多工作，诸如在教室中谆谆训诫，进行个别谈话，甚至还让他们写过检讨书之类。不幸的是这些教育方式的作用，对于相当多的儿童，往往不如他们所参加的某些小集团的影响来得大。因为前者是一般化的、说教的，后者则往往是具体生动的、通过实际活动的。这个时期的儿童，对于一切事物的态度正在改变着，他们已不能无条件地满足于长者的说理，正开始努力在形成自己对事物的看法。因此，教师对于这个时期的学生的指导，就“日益具有更加深刻的性质。学生集体的说服作用与指导作用特别在增长着”（申比廖夫、奥哥罗德尼柯夫《教育学》）。如果教师的工作不是更深刻些，还沿用简单化的说教，就很难望其生效。

那么，教师应当采取什么方法来教育学生呢？

二、道德教育的重要途径

教师可以而且必须通过各种方式来对儿童讲述道德标准与道德观念。如通过课堂教学贯彻思想教育，在校会、班会、队会上向学生作报告，对学生进行伦理性谈话等。但是，仅仅依靠这些方式，不能保证教育效果。凯洛夫指出在道德教育上，“往往过高估计学生掌握道德标准和道德观念的知识的作用，没考虑到道德观念本身的有效性取决于儿童之间的实际相互关系，取决于儿童生活的组织和对他们行为的指导”。(《关于苏维埃教育科学的现状和任务》）道德标准和道德观念之实际效果，必须通过集体与行动才能生效。如果学生所参加的集体，其行为准则和教师所要求的道德标准与道德观念相符，教育很易收效，马卡伦柯的工作团便是一个卓越的例子；反之，教育便难生效。现时相当普遍的情形是这样的：老师说打架不好，应当互助友爱，学生却认为敢于打架才是勇敢，才是“好汉”。当一群孩子聚在一起看两个孩子打架时，不是谴责他们，而是助威，看谁勇敢。凭教师苦口婆心地说教，怎能说服孩子们不打架呢？

第二中心蔡林英同志所提出的形成集体舆论的经验是值得重视的。蔡同志能够把集体舆论转变成有利于教育："每一次学生打架，其他学生就赶快给他们劝开。先打人的学生常常受到大家的责备，自己感到羞耻。"这种有利的集体舆论，不是很容易形成的。必须建立在教师的威信与学生自觉的基础上，并须经过教师辛勤的工作。教师可以先从班上积极分子着手，也可以通过具体事例，让他们自己来讨论，使道德观念成为他们自己的结论。这种集体生活与集体舆论的形成，虽然是需要教师下很大的力量，不若简单化的说教方式方便；但是一旦形成之后，却成为教育的巨大的力量。苏联伟大的教育家马卡伦柯，一生所办的工学团，专收容少年违法者，如流氓儿、小偷等，这恐怕是比任何一所小学的学生更难教了。但是通过工学团的集体生活与集体舆论的教育，许多少年违法者很快就变好了，到后来他们都成为苏维埃社会主义社会的新人。有些教师认为自己的学生特别顽皮，不堪造就，集体舆论无法形成，那是不正确的。

少年期儿童，如上所述，身体生长迅速，男孩子好动、勇敢、精力充沛，打架往往就是好动的表现，而且被误认为勇敢的行为。教师不但要纠正他们这种错误的看法，更重要的是适当组织各种有意义的活动，发泄他们充沛的精力，把他们的兴趣转移到正当方面去。实验小学孙允贞同志、第三中心黄八团同志，在这方面都提供了良好的经验。教育部颁布的《关于小学课外活动的规定》所提出的种种活动内容与方法，特别是在正确组织起来的生产劳动、学习小组、社会公益劳动等，各校如果尽量做好，就是消弭学生不良行为、培养自觉纪律的重要途径。但必须指出，各种活动和转移学生兴趣、行为的工作，必须在教师密切关怀与小心指导之下进行才有效。陈木湘曾被提拔为副班长，可能教师的用意是好的，让他参加活动借以发挥其才能，但由于教师对他了解得不够，缺乏经常的指导、监督，以致这种"提拔"不能使他走向好的方面，反而使他的坏行为在班长的名义下得到滋长。这是一个重要的教训。

关于课外阅读的指导，是一个重要的问题。神怪武侠等小人书和小说害处很大，不容再让儿童受其毒害。但是有的家长因为学生好打架，竟认为表现革命英雄主义的小说与电影也该禁止，这是因噎废食的想法。通过这些小说与电影可以培养儿童爱国主义、革命正义感的意识和刚毅勇敢的性格，而且这些作品是符合少年期儿童心理要求的。的确，儿童不但崇敬革命英雄人物，而且往往盲目仿效革命英雄某些表面行动，甚至不顾性命危险，像第三中心三个小朋友从二楼跳到楼下去。教师和家长就必须正确引导他们去学习这些英雄人物的本质。

许多同志提到，对于学生的教育，即使是犯错误，也应以正面教育为主，启发他认识真理，纠正错误。这是对的。当然必要时，也应当揭发其错误，甚至可以用惩罚的方法。但是动辄采用成人那一套检讨、写保证书之类的办法，却颇值得重新考虑。滥用这些办法，很容易导致学生当面一套、背后一套，言行不一致。教育儿童，是一个耐心细致的过程。特别是对于已经受了不良影响的儿童的纠正工作，企图通过一次“觉悟”就解决问题，是不符合儿童发展实际的。我们学习某些教育经验介绍，往往只注意到一次突出的成功事例，很少注意到成功是教师一次突出的成功事例，很少注意到成功是教师辛勤劳动，经过无数次挫折所积累的结果。通过一次教育，收到一些效果，过些时候，“故态复萌”，最易使教师灰心。实则这种“故态复萌”，不一定是踏步不前，正需要教师继续工作，改进教育方法。如果一次教育不成功，便灰心了，以为没有办法，向领导上要求更“有效”的教育方法，那么，任何有效方法都不可能最后收效的。

教育儿童的方法是多种多样的，上述这些意见，仅就同志们的讨论文章加以概括，其他如说服、示范、练习、奖励等，并未一一论及。

三、教育儿童是谁的责任

讨论一致认为教育儿童是教师、家长的责任，但是我们还必须把这问题理解得更深刻些。儿童本身是一个完整的统一体，他过着学校生活与家庭生活，和校长、班主任、科任教师、学生集体、家长等接触，这些人物，都对学生起一定的影响。这些影响集中在学生身上。如果这些人物的意见是一致的，教育作用便很大，教育过程也顺利；如果这些人物的意见不一致，便互相抵消其作用。不但如此，学生将根据他对这些人物的威信和他对于这些意见的兴趣来自发地选择，而选择的结果往往是不正确的，或引起思想混乱。更不幸的是，有些学生便由此学会看什么人，装什么样子的应付办法。“各项教育要求，只有在学校一切部门：校长、全体教师、共青团、少先队、学生集体和家庭的行动和谐一致的条件下才能收效”。（凯洛夫《教育学》）

但在这个和谐一致的教育集体中，教师起着主导作用。教师不但要做好校内的教育工作，而且要引导家长做好家庭教育工作。这是因为教师是专门从事教育工作的，懂得教育的道理，有责任去指导与帮助家长来共同教育儿童。同时，家长也必须尊重学校的意见，诚心地和学校合作。有的教师认为只能负校内教育责任，不能负校外教育责任，儿童在街头或家里打架管不着，这是片面负责的。有的家长认为子女送进学校，一切教育都要学校负责，自己就站在旁边从旁挑剔教师的教育工作，甚至在子女面前破坏教师威信；或认为自己子女总是好的，不肯接受教师的指导意见。这些，对于子女的教育都是十分有害的。

在学校中，这种和谐一致的教育集体同样是重要的。不论班主任、科任教师，都应负起对每个儿童的教育责任。有些科任教师，只管教学，儿童发生了什么事情，把他送到班主任面前了事。有的班主任要求严格，科任教师却就马马虎虎。这也破坏了道德教育的统一性原则，足以降低教育作用，产生有害后果。

教育儿童，班主任、科任教师、家长等都有责任，但不是各管各的责任，应当形成一个教育集体，贯彻道德教育统一性的原则。让儿童在校内校外、课内课外，都面临着一致的要求与教育。

教育实习给我的启发①

三个多星期的教育实习，历史系的实习生受了一次深刻的社会主义思想教育，他们对于人民教师的看法，起了根本的变化；他们的组织性、纪律性加强了，并从中学生那儿感染了尊师友爱的精神。在这个过程中，我也深受感动，想说的话很多，这里只围绕“全面负责”的体会谈谈。

实习生和中学生直接接触，仅有两个星期。当这两个星期结束时，在多数实习生和中学生建立了纯真而深厚的感情，真出乎我的意料之外。在最后两天告别中，实习生和中学生都流泪难过，以至在离开实习中学之后，历史系和双十中学双方不得不对可爱的实习生和中学生做许多安定情绪的工作，否则，中学生排队挂电话和成群结队到大学宿舍来，大学生也老是借口溜到中学去，将会影响双方学习的。

为什么会这样呢？我苦思了好几天，假使说这是一个问题，觉得这是一个对学生全面负责的关键问题。

实习生们是这样来对中学生进行工作的：首先是备好课，教好课，树立起教师最基本的威信。有一位口吃得很厉害的实习生，以他无比的毅力，和自己的神经作斗争，终于在课堂上讲了三个小时课，学生不知道他是口吃的，纷纷反映教师讲得有力动人。有一位实习生由于他深入细致地备课，在备课过程中，反复钻研教学原理与历史教学法，研究初中一年级的学生年龄特征，把新的教学法如故事化讲述法、谈话法、比较法等，融会贯通，运用到课堂

① 原载《新厦大》，1956 年。

教学中去，用得那样纯熟，学生在课堂上完全被“吸引”住了，下课之后，学生理解明白，知识当堂巩固。这样一堂课有力地打破了某些保守思想，解决了改进历史教学中的困难问题——科学的教学理论与实践结合的问题。上述这些事例，并不是个别的或偶然的。

教好课仅能树立初步的威信，要建立感情和对学生全面负责，却还有待于课后更多的工作。实习生们是这样来进行班主任工作的：他们一般在了解全体学生情况之后，重点地研究几个较“特殊”的学生。从原班主任、同学和卡片记录上，了解这些学生情况之后，还要家庭访问，研究他的生活环境和他的性格形成的原因，然后，通过各种各样的方式去接近他们。有这样一个学生，实习生第一次和他接近时，他指着自己的鼻子说：“大家都说我坏，你找我干什么?”实习生已经掌握了他的情况，立刻指出：“不对，你并不是什么都坏。”并指出他哪一门功课，哪一次考试成绩是好的，哪一次体育运动是好的。这个学生很惊讶，开始对这“新来的老师”有了好感，自动诉说出心中的苦恼。实习生又动员班中其他同学去关心他，并推荐他为足球队队长。就是这个学生，受了几天教育之后，在班会上检讨自己过去不好的行为，提出保证，感动了全体同学。现在我的桌子上放着另一个中学生写给一位实习生的信，原文摘要如下：“自从您到双十中学来，对我的鼓舞和帮助是很大的。我上学期的表现不好，操行是丙等的，我觉得非常丢脸……我向您保证：从今以后争取做一个优秀的学生，响应李校长的号召‘五要’‘五不要’，和您对我们提出的那几点要求，把操行提取甲等，创造条件争取入团，积极参加劳动制少年级锻炼，争取做一个优秀的学生和维护班级的荣誉，希望您等候我的好消息!”还附了一份学习作息计划表。这样的事例和保证书也是很多的。

也许有人认为这是方法问题。不对！有不少实习生，和他的学生谈话或进行家庭访问之后，很激动地对我说：“×××不是坏学生，他很可爱”，“我必须设法解决×××的困难”，“我替×××难过，应当好好帮助他”……此后，实习生便不断研究如何去帮助某一个学生。我想，他们爱上了“顽皮”的学生了。

热爱学生，就是对学生全面负责的关键，也是热爱教育事业的核心。在社会主义新形势的激流之下，实习生通过自己的实践，改变了他们对于人民教师的看法。教育实习后，有半数的实习生在实习日记中写下终生为人民教师的愿望（其中包括一位以前“发誓不当教师，其他工作都可干”的实习生），其余的也表示愿意接受教育工作的任务。有许多实习生还表示如果当中学教师必定要争取做班主任，以便更好地和学生在一起；正是这些实习生，两周前还不重视班主任见习工作哩。

在这次教育实习中，我也体会到做好对学生全面负责的工作，必须“重点深入，一般照顾”。实习生在短短两周中，不可能深入了解每个同学并逐个帮助他们。但是，却能够在了解全班同学一般情况的基础上，深入地了解与帮助三两个同学，做好这三两个同学的教育工作，就会像一阵风般感动了几乎全体同学。

实习工作中也存在许多缺点。缺点之一是对学生全面负责有不够全面之处：有的实习生离开实习中学时，把某些中学生的感情也带走了。有一个中学生拉住实习生的手说：“老师，你要走了，以后我又是孤零零地……”这句话确实曾使旁边的人跟着难过落泪，但是，却暴露了我们的工作的错误——没有把每个教师对学生的全面负责与教师集体的全面负责正确地结合起来。又有的实习生这样说：“我希望组织上分配我到双十中学工作而不是到其他学校去。”这是说我们还不能把热爱某些学生的感情提升到热爱整个年轻一代与热爱事业的高度。这些重要的经验教训告诉我们，下届的教育实习必须把思想工作推行得更全面与深刻。

我参加科学讨论会的收获①

教学改革以来，在教学上初步开展了批评与自我批评，发挥一定的集体力量，对于提高教育质量起了很大作用。但在科学研究上，一直还是各行其是：论文写成了，往学报一送了事；缺少集体讨论，没有批评与自我批评，不但质量难以提高，而且容易滋生自满情绪，我校第一次科学讨论会的重大意义，就在于第一次打破这种妨碍科学发展的旧例，第一次在科学研究上运用了批评与自我批评的武器，通过自由争辩，发挥集体作用。党号召我们对待学术问题应该自由争辩，自由争辩的确是促进科学发展的助力、寻求真理的途径，对于科学讨论会的报告人与参加者，也起了很大的教育作用。作为报告人又是参加者的我，体会特深。

我那篇《蔡元培的教育思想》论文，是关起门来写，虽五易原稿，自己仍不满意，但又找不出问题所在。通过这次讨论，我明确了主要缺点是对蔡元培在一定时代的教育事业与思想的作用肯定不够，否定强于肯定；肯定之处，只抽象地提及“一定作用”“很大作用”等。否定之处，却很具体。因此会给人造成这样印象：好像蔡元培是一个反面人物。为什么会产生这种偏向呢？讨论会上同志们也指明了这是由于把历史人物及其事业的估价与资产阶级思想批判混淆之故。这是一个研究历史人物的方法论上的重要意见！我从思想上检查，确乎如此；在研究过程中，我的主导思想是批判资产阶级思想，因为忽略了作为一个中国近代史上的教育家应如何重视他的成绩，借以

① 原载《新厦大》，1956 年。

吸收前人遗产。经过这次的讨论会，不但启发我如何对本文进行第六次的修改，更重要的是指出了一条全面地评论一个历史人物的正确方法。这个作用就更大了，因为两年内我还要整理四至六个中国近代教育家的教育思想。

作为一个参加者，无论是钻研其他同志的论文，或听别人的讨论，都能从中获得许多宝贵的知识，特别是在方法论上的提高。有些论文读了一两遍，体会不深刻，经过讨论，恍然明白其中精义，真是“与君一席话，胜读十年书”；有时钻来钻去，找不出问题所在，经过讨论，问题就暴露出来。体会不深刻，问题找不出，不但是自己科学知识水平不够，往往还是思想方法上的缺点。讨论别人的论文，也正起了这种“镜子”作用。

必须指出，由于科学讨论会是第一次，缺少经验，组织工作上存在一些缺点，也有些参加者对待科学讨论态度不够严肃，以致讨论的深刻性不够。这些缺点相信在第二次的科学讨论会必定能够克服。

文艺创作的清规戒律①

这些年来，“百花齐放”的方针，在民间艺术方面贯彻得较好，在文艺创作上则还未实现。文艺创作的概念化、公式化，妨碍了文艺界的繁荣。概念化、公式化产生的原因，并不是我们的时代缺少生动的题材，而是清规戒律太多。这些清规戒律，虽然不一定成为法典，但的确是流传在我们的作家与批评家之间：（一）只许写工农兵：工农兵的方向是正确的，但不等于只许写工农兵，社会是向前发展的，这几年来，知识分子经过思想改造，性质已经起了变化，与工农结合成革命的联盟。许多知识分子参加革命工作，在革命中有了很多贡献，也有许多生动故事可写。然而有许多人看不到这事实，仍然抱着这个公式：知识分子是小资产阶级，写知识分子就是写小资产阶级，与工农兵方向不合；即使写他们，也只能当作讽刺的对象而不应歌颂他们，歌颂他们就是歌颂小资产阶级，立场观点有问题。以我们这些搞教育工作的业余文艺爱好者来说吧：让我们写写知识分子、大学生们，倒是体验比较深刻；如果硬要组织我们下厂下乡，因岗位工作离不开，很困难，即使下去了，走马观花去“体验”一下生活，确是很浮浅。体验深的不敢写，体验浅的不能写，这些年就只好搁笔。我认为工农兵可写，知识分子、少年儿童也应写，甚至在转变中的资产阶级人物也可写。（二）只许写中心运动：中心运动应该写，是肯定的。但如果文艺刊物上只发表中心运动的文艺作品，就会限制了文艺界的繁荣，有些花因为“时令”不对就开不出来。许多有价值的作品，

① 原载《厦门日报》，1956年8月23日。

往往不是在中心运动期间所能“赶”得出来，然而其艺术价值以至其政治价值并不因中心运动过去了就降低，刊物编辑者如果以“过时”为由退掉，有些有价值的作品就会被埋没。再说，由于赶中心任务，就只好拿主题去找题材，即是从概念去凑事实。公式化、概念化之病多由此而生。（三）只许画脸谱，不许刻画人物的复杂性、多样性。实际生活是复杂的、多样的，正由此所以是生动的、丰富的。但批评家们习惯于拿固定的、不多几个的脸谱去对照人物，多一笔少一笔便被认为不合“规格”，因此，写党支书，便不许其有私人生活与爱好，好像党支书不是一个活生生的人而是一个条文的化身。有人说，党支书固然也有私生活与爱好，但何必写出来呢？殊不知正是对一个丰富多彩的典型所必需的描绘。不但对待文艺创作如此，教师们在分析文艺作品时往往也如此，不敢大胆地深入生活实际与人物内心深处去分析他们。从大学、中学的文艺课到业余文艺讲座（这些地方是培养新的文艺工作者的重要场所之一），只是抱着几条规则与运用几个概念去套文艺作品。久而久之，年轻人的脑袋也就装满了一大堆清规戒律与公式、概念，对生动的、复杂的现实生活视而不见或感到麻烦，宁可把具体的活人变成概念的死人，把生动的事实简化，以符合他们在课堂上学来的几条规则。这简直是对年轻一代的创作才能的残害。

为了百花齐放，必须大胆地突破这些有形无形的清规戒律。

“因材施教”与“天才教育”①

把“全面发展、因材施教”作为方针提出，意见虽有不同，而肯定贯彻全面发展教育方针，必须运用“因材施教”的方法，则是颇为一致的意见。但对于“因材施教”的意义，各人的理解却有很大出入。有人认为过去把“天才教育”反对得过火，现在要回过头来了；有人还引孟子的话“得天下英才而教育之，三乐也”以为证。我认为这是把“因材施教”与“天才教育”两者混淆起来。

唯物主义的心理学，承认人类的才能的个别差异，以至于承认特殊的“天才”的存在。而且从生理学上，特别是有关大脑皮质机能的实验中得到了证明。先从特殊的天才来说，有的儿童有音乐的或绘画的天赋，因为他们对音乐、色调等感受较其他的儿童要强些，对于这少数特殊的天才儿童，及早给予特殊的训练是应当的。但是，一般儿童，只要他具有正常的大脑皮质和听觉神经等，同样也能学习音乐与绘画，音乐与绘画的训练并不排斥他们，仅是在教育方法上应与那些少数的音乐、色调等感受较强的儿童有所区别。并不是只有音乐天才者才能学习音乐，只有绘画天才者才能学习美术。

首先，天才毕竟是少数的，而较多数的人既具有健全的第一信号系统可以接受音乐、绘画等形象性较强的锻炼，同时又有发达的第二信号系统，可以接受科学、推理等抽象性较强的训练。其次，一般的人，由于高级神经活动过程的种种特点——兴奋与抑制之间的相对强度、均衡与灵活有所不同，

① 原载《福建盟讯》，1956 年 12 月 26 日。

也尚可以分出各种不同的神经活动类型，也即一般人的各种天赋特性存在一定的个别差异。但这仅是问题的一方面；另一方面，高级神经活动的各种特性具有高度的可塑性。今天我们所见到的复杂的儿童与青年的个别差异，就已经包括了生活环境与教育的塑造的结果。巴甫洛夫说：“人和高级动物的行为样式不仅决定于那些先天的神经系统的特性，而且也决定于那些在有机体个体生存期间，无论过去或现在都经常落在有机体上的影响。也就是说，这是依经常的广义的训练和学习为转移的。”① 从日常观察来看，也可以见到这种情形：有些人记忆能力较强，抽象思维能力较差；有些人对刺激的反应很敏锐，有些人则较迟滞；但是由于生活环境、教育或职业的缘故，这些能力不断地发生变化。抽象思维能力由于正确的训练而提高，对环境刺激反应迟缓的人由于某种职业生活而机警起来。由此可见，由于高级神经活动的特性（包括天赋性与已有的塑造结果）存在复杂的个别差异，所以在教育方法上必须注意对已有的个别差异，也即因材施教；由于高级神经活动具有高度的可塑性，所以不能把一般的被教育者划分为“有能力的或可教育的”和“无能力的或不可教育的”。也就是说，必须“因材施教”而不应反对“英才”施教。

“天才教育”，把儿童和青年划分为少数的“英才”与多数的“蠢材”，从而鼓励教师以对少数天才进行教育为乐事。不言而喻，这种思想的根源是少数的剥削阶级意识的反映。对于教育工作是有害的，它引导教师偏爱少数的“天才”，片面地发展“天才”学生的特长，放弃对多数学生的个别差异进行全面发展的教育。这种教育思想对于我们社会主义学校来说是不相容的，必须彻底反对它。过去不是反对得“过火”，而是反对得不够明确与彻底。今后并无回过头来的意思，而是还要更明确、更彻底批判它，从而扫清它的毒害。

“因材施教”是实现全面发展教育的方法之一，“材”是指一切学生已有的个别的能力，而不是指少数学生才具有的“天才”，因材施教是对一切受教育的儿童、青年而言。它要求教师全面地、没有偏爱地考虑每一个学生的能

① 巴甫洛夫. 巴甫洛夫选集［M］. 北京：科学出版社，1955：196.

力、兴趣，一方面固然要发挥他的特殊能力与爱好，另一方面也要帮助他改正缺点与解决困难。换言之，一方面要使他发挥所长，个性明显；另一方面也要使他达到一定程度的要求，使学生的个性与共性获得统一的发展。

我认为与其引用孟子的话“得天下英才而教育之，三乐也”以为证，不如发挥他的老师孔夫子“有教无类”与“因其材而笃焉”的理论。不过我们还应比孔夫子更积极些，我们所指的“有教无类”是对一切儿童而言，我们所指的“因其材而笃焉”不是把“材”看成固定不变的，也不仅是消极地适应个性的“笃”，而是积极地发挥教育的主导作用。

加强劳动教育，培养脑力劳动与体力劳动相结合的建设人才[①]

社会主义学校的教育方针，在于培养有社会主义觉悟的、有文化的、身体健康的劳动者。这个方针是受社会主义的经济与政治的性质所决定的。因为社会主义社会摆脱了剥削关系，不断地提高生产力。它要求学校培养出新的劳动者，即具有社会主义自觉积极性的、具有高度的生产知识与技能、体力劳动与脑力劳动相结合的建设人才。为了贯彻这个方针，学校教育过程必须把劳动教育作为一个重要的组织部分。换言之，必须把劳动教育看成我们的社会主义学校中内在的而不是附加的、经常的而不是突击的教育工作，使之成为一种与知识教学并重的制度。

劳动教育的主要目的，在于培养学生具有正确的劳动观点与劳动态度，培养热爱劳动与热爱劳动人民的思想感情，以及养成劳动习惯与掌握一定的劳动技能。而这些要求，都是只有当学生亲身参加劳动实践时才能达到的。过去我们在理论上虽然反复地说过“劳动创造世界”“劳动是人类生活的基础”，以及“劳动是伟大、光荣的”“必须热爱劳动人民”等，但是，对于出身非工农劳动者家庭的大学生来说，始终是认识不明确、体会不深刻的。由于我们过早过分地强调社会主义的优越生活条件，对于艰苦努力、克服困难这方面重视不够，因此形成学生长期地在学府的小天地中从事理论学习，过着不应有的“养尊处优”的生活，因此，思想实际上却存在着一些相反的看法：“知识创造一切”

① 原载《新厦大》，1957 年 10 月 7 日。

“科学研究才是社会发展的动力”，以及“万般皆下品，唯有读书高”“学而优则仕”等剥削阶级的思想。又由于没有在劳动实践中和工农劳动者生活在一起，所谓热爱劳动与劳动人民的思想感情也无从谈起，有的就是轻视体力劳动与轻视劳动人民的思想感情。所以，我们必须使学生在劳动实践中并在工农劳动者集体中来接受劳动教育，才切实有效。列宁曾经这样指示：“必须使共产主义青年团在自觉的、有纪律的劳动中教育所有的青年。”①

劳动实践，也是锻炼青年意志性格的主要手段。在劳动中，青年人必须与各种工作上的困难与生活上的困难作斗争，这是与学校中的学习和生活不同的另一种工作和生活了。在大学中，学习有困难，可以找教师辅导；学习负担重了一些，行政、教师、团组织与学生会马上当作一项重大事件来解决；厨房里煮好饭菜准时开膳，吃完饭之后把菜盘一摊，敲着饭碗睡午觉去。而在劳动实践中，无数的工作上的困难与问题必须由我们创造性地去解决，生活上的艰苦要求我们去适应它。此外，在劳动实践中，也可以掌握一些简单的劳动技能。诸如掘地、挑担等，而这些简单的技能是每个青年人所应具备的，今天的大学生不应当再是那种“肩不能挑、手不能提”的文弱书生了。

劳动教育，也是我国老解放区的优良教育经验。远在第二次国内革命战争时期，中央苏区的各级学校，就把教育与劳动结合在一起来培养干部。诸如红军大学的学生，到校后的第一课就是砍树架屋，建筑自己的校舍、礼堂与运动场，他们管这一课叫“土木工程”；各级学校的师生，在农忙季节，春耕、秋收和夏季防汛中，都是和群众一起劳动。列宁小学的教师，虽然家里田地可由变工队代耕，而很多教师却仍于假日下地生产。抗日战争时期，解放区的劳动教育更明确地订在教育方针之中，并成为一种教育制度。当时解放区处于日寇的“三光”政策和国民党的封锁政策重重包围之下，财政困难万分。毛主席号召大家展开大生产运动，指示“一切机关学校部队，必须于战争条件下厉行种菜、养猪、打柴、烧炭、发展手工业和部分种粮”②。当时陕甘宁边区政府就提出“生产和教育结合”的方针。晋察冀边区推行学校

① 列宁．列宁文选：第二卷［M］．莫斯科：外国文书籍出版局，1947：816.

② 毛泽东．毛泽东选集：第三卷［M］．北京：人民出版社，1991：934.

“生产自给”和“以生产养学校”的办法。当时要所有中学、师范、大学或训练班，都把指导战争和生产的知识列入课程。许多学校根据生产季节和群众的需要，改变了学期和休假制度。各级学校，就是一边学习，一边组织集体的学生劳动或指导儿童帮助家庭的生产劳动。由于采取了种种生产劳动教育的办法，许多学校做到自给自足，儿童进学校也不致妨碍家庭生产，因而教育能够发展起来。

也许有人认为那是抗日战争时期采取的迫不得已的措施。今天应当让学生们安逸地、“专心地”在学校里系统学习，不必再去从事生产劳动了。那么，让我们来看看今天国民经济远比我国充裕的苏联学生是怎样从事劳动的。根据《人民日报》记者李何的报道，体力劳动被公认为是最好的锻炼和自我教育。莫斯科大学生们，每年秋天农忙时，莫斯科近郊的集体农民总要邀请他们去帮忙。大学生们帮助集体农民挖了一两个星期的马铃薯，有时还要延长个把星期。平素没有体力劳动习惯的大学生们，起初腰酸背痛，但回校时却个个精神饱满。这不只是因为替社会效了一点劳，也因为嗅到了土地的气息，和群众亲热了一些。在卢日尼基建成的中央体育场，就曾经有约35万名青年男女在星期天轮流到那里做工。化学工业机械学院有一批大学生，从2月中旬起，参加住宅建筑。为了不妨碍学习，工作分成上、下午两班。大学生们打扫垃圾，搬运砖块，挖掘壕沟，修理锅炉。在这个学院成立了大学生劳动的参谋部，它筹划如何合理地使用大学生的工作时间，和建筑管理机关取得联系。每个大学生都有一本登记工作数量和质量的本子。他们这样不懈地一直工作到4月17日考期到来之前。今年莫斯科要盖180万平方米的住宅，团市委决定派遣一万名高等学校的学生去支援，他们将在市内建筑工地做一个月工。去年秋天，大批莫斯科大学生曾到新地去帮助收割。苏联国营农场部部长说：“他们做了很多工。但最主要的是：他们知道了什么是劳动。”[①] 著名的雷福舍茨的《一年级大学生》这本书，就是描述工科学院的一批大学生如何创造性地在集体农庄中建水电站，一方面实验自己的水电机械的设计，另一方面从事辛苦而愉快的体力劳动。

教育改革以来，我们既没有很好地总结老解放区劳动教育的经验，对于苏

---

① 李何．莫斯科学生热爱劳动［N］．人民日报，1957－05－19．

联大学的劳动教育的经验又未予以足够的重视。只让学生们终年来往于课室、膳厅与宿舍之间。这样，对于贯彻全面发展教育方针，培养脑力劳动与体力劳动相结合的建设人才来说，是带有极大的片面性的。我们学校为了响应中央关于加强学生劳动教育的号召，决定发动学生和教师、行政人员等参加体力劳动。根据我校的具体情况，学生参加体力劳动可以通过下列四种方式进行：（1）生产实习中的体力劳动；（2）下厂下乡参加工农业生产劳动；（3）参加义务劳动日的工作；（4）自我服务。全校并组织劳动工作组来计划、调配、监督这一措施的进行。这是值得全校师生重视的教育上的重大变革。

把体力劳动作为教育过程的一个组成部分来看待，对于老解放区或苏联的大学，是很自然的事。但对于我们现在的师生来说，还是一件新的事情，势必会发生许多思想障碍。诸如有的学生认为，我来大学是为了学习专业知识，如果要挑土、种地，何必进大学；有人认为学习就是一种劳动，学生的唯一的劳动就是努力学习，在艰苦的学习劳动中也可以培养学生正确的劳动态度；还有人认为体力劳动会影响学习，特别是学期中间停课下乡下厂，势必中断系统学习。应当指出，这些看法是片面的。进社会主义大学学习，首先是要把自己培养成为一个工人阶级的知识分子，其次才是专业知识的深度与广度的问题。轻视体力劳动与劳动人民的知识分子，即使脑子里面装了许多知识，并不是社会主义社会所要培养的那种人才。至于学习虽然也是一种劳动，但只是脑力劳动，而我们所要求于新的劳动者却是脑力劳动与体力劳动相结合的劳动者，是热爱劳动的新青年。因此，体力劳动必须与学习这种脑力劳动相辅并行。而“体力劳动和脑力劳动是青年人正常而健康的生活活动的必要条件。从脑力劳动转换去做体力劳动，这可以使人的智力和体力获得和谐的发展”。[①] 按照苏联新的规定，中学毕业之后，必须经过一个时期参加工农业生产劳动之后，才具有投考大学的资格，就是根据这个原则的。

当体力劳动实施时，思想上的障碍还会不断出现。因此，必须做好宣传说服的工作，使大学生们自觉地踊跃参加体力劳动，来完成国家交给我们的培养新的劳动者的任务。

① 凯洛夫．教育学［M］．沈颖，等译．北京：人民教育出版社，1953.

合理安排暑假生活
保证休息好　娱乐好　读书好[①]

今年暑期，必须保证有大约一个月的假期生活。假期生活，不只是消极地休息一下，它具有重大的提高教学质量的积极意义。一方面，紧张的脑力劳动之后，比较轻松的休息，可以恢复和储备充沛的精力，踏着矫健的步伐，来迎接新的教学与学习任务；另一方面，教师可以在休息之余，比较全面地考虑新学年的教学工作，可以比较广泛地阅读一些文艺、科学书籍。这些书籍虽然与备课并非直接关系，但对于加宽加厚基础知识、提高文化修养大有作用，而在平时紧张的备课与教学活动中却很难兼顾的；学生也可以在休息之余，温习功课，巩固加深已学得的知识，读读课外书籍。这些，都是有利于新学年的教学与学习的。因此，可以这样说，假期生活是学校的教学过程中一个特殊的但却是不可缺少的组成部分。

因为它是特殊的，所以必须坚持休息和自愿的原则。除了工科某些专业因特殊原因必须进行短期的补课和某些学生必须参加短期的劳动之外，其他一切的备课、学习以及体育、劳动、文娱等活动，都应当让教师、同学自由安排。各教研组可以采取各种形式适当组织备课和业务学习，发挥新老教师的互助作用，交流经验，取长补短，这是有利于提高教学质量的步骤。但是也要根据自愿原则，并且集体活动的时间不能超过一周。有些系和某些单位，想抓暑期的时间，布置一些工作或训练等等，虽然每个单位所布置的都不多，

① 原载《新厦大》，1959 年 7 月 31 日。

但是，来自四面八方的布置，你抓一把，我抓一把，休假就可能成为“忙假”，达不到恢复与储备精力的要求。有些教师和同学，计划在假期中读很多书，学很多知识，主观愿望是好的，但对于休息的积极意义认识不足，就应当劝他们把要求适当放低些，以免暑期过去了，计划既完不成，又拖着疲劳的身心踏着沉重的脚步进入新学年。

让我们预祝师生们，愉快地度过一个轻松而有意义的暑期，为新学年进一步提高教学质量准备好条件！

关于应否给学生有所怕的几点意见[①]

编者按：儿童教育问题的讨论开展以来，得到各方的重视和支持，特别是小学教师，写了不少稿件，使讨论得以逐步深入开展。学校的党委和行政也很重视，特地安排时间让教师们座谈。广大小学教师在讨论中各抒己见、畅所欲言。这对于交流经验，交换意见，取长补短，共同提高，有很大好处。在讨论中，争论最热烈、牵涉面最大、意见分歧最多的，要算是“应不应该给孩子有所怕”的问题，与此相关的还有“严格要求”等问题。

厦门大学教育学教研组的同志对这个讨论也十分关心，认真地阅读每篇文章，剪辑资料，并且也进行过讨论，在讨论的基础上又进一步写成了文章。现在先发表关于应不应该给孩子有所怕的一篇，还有关于严格要求等的一两篇文章，今后拟陆续发表。这些文章是针对讨论中分歧意见的各个方面做比较系统的论述，但不是定论，目的在于供教师们研究时参考。希望儿童教育工作者能进一步探讨。

三个月来，本市小教界热烈地展开关于怎样教育儿童的讨论，谈到了教师与家长的关系、树立教师威信，以及在儿童中开展集体批评好不好等问题，而对于是否应该给学生有所怕的问题发言尤为热烈，报上谈、会上谈、会外谈。这个问题的讨论，的确也很有意义，因为它涉及对于教育目的、秩序纪律、严格要求等问题的认识和说服、惩罚等教育方法的运用。教师们所提供

① 原载《厦门日报》，1961 年 12 月 10 日。以厦门大学教育学教研组的名义发表。

的许多经验（包括成功的、失败的以及具有成功的假象而实际上是失败的）都很宝贵，大多数的意见也是正确的或部分正确的，但也有一些意见我们认为是值得商榷的，所以先就这个问题发表一些不成熟的意见，请大家讨论指正。

一

我们认为讨论这一问题，首先应当把作为讨论的对象的概念明确下来，即是把论题确定下来。有人说，给学生有所怕，就是对学生严格要求；有人说，给学生有所怕，就是用惩罚的方法；有人说，给学生有所怕，就是用恐吓、呵斥、压服等手段，甚至于用体罚或变相体罚。众所周知，对学生的严格要求如果是合理的，那是正确与必要的，惩罚的方法在一定情况下是可用的，恐吓、呵斥、压服却是大多数教师所反对的，体罚或变相体罚必须严厉禁止。如果各言其是，讨论就不能针锋相对，尤其不能揭露问题的实质。

我们认为，怕，是一种情绪体验——恐惧。一般来说，这种情绪体验是消极的、不愉快的。

合理的严格要求，不能与使学生有所怕混淆起来。它是根据教育、教学的需要和儿童的能力提出，只要儿童稍加努力就能够做到的。当提出要求时，应当把目的说清楚，告诉儿童怎样做，而且在儿童执行中发生困难时及时予以帮助解决，这就不会引起儿童有所怕。如果要求不合理，即超乎儿童能力所能胜任，又没有指明目的、提供方法、解决困难，只是以不能完成任务则将受罚来威胁学生，就必定会引起学生怕的情绪，而这种不合理的要求不能够叫作严格要求。再者，如果我们把对学生的要求建立在怕的基础上，而不是建立在明确的目的、有效的方法、责任感、兴趣等基础上，学生是因为怕受罚而不得不守纪律，不得不完成作业，处于烦恼、恐惧的情绪之中。这种要求的效果是值得怀疑的。

有时，我们谈话用“怕”这个词，但所表达的并不是作为消极的情绪体验的“恐惧”的概念。如当接受一项新任务时，说“我怕完成不了”。这时所表达的也许是虚心、也许是犹豫、也许是慎重……但并非“恐惧”。这说明讨论一个问题，不能把同词异义的概念混淆起来。如果我们把严格、尊重、尊敬……都说成“怕”，足以为抱着应该使学生有所怕的不正确的教育态度找借口。

二

教育方法是受制于教育目的的，因此在讨论教育方法的时候，必须时刻不要忘记社会主义的教育目的。我们的目的，是培养有社会主义觉悟的有文化的劳动者。因而，自觉性的培养就是我们社会主义教育的极其重要的因素，也是我们社会主义教育和过去统治阶级作为剥削人民工具的教育的根本区别之一。衡量教育方法之是否得当，也就必须以是否有利于培养儿童的自觉性为基本标准之一。必须严肃地考虑一种教育方法的运用其长远的影响如何，不能只满足于一时的“假象”。

就以对学生进行纪律教育来说，不仅要告诉学生“应该怎样做”，还必须告诉他们“为什么应该这样做”的道理，不但要告诉他们道理，还要让他们讨论，并采取各种方式进行反复练习。当学生确实知道自己的行为对于集体的关系时，他们之遵守秩序纪律就能够自觉，成为一种义务感、责任感，而不是为了被动地怕受处罚。唯有这样，才能把我们的教育工作提到较高的水平，符合于社会主义的教育目的。如果把秩序纪律仅仅看成是学生安安静静、规规矩矩，把纪律教育仅仅看成是使学生有所怕而俯首听命，机械地执行指示，那么，这样的秩序纪律是不巩固的，是不符合教育目的的。正如许多老师所说，一个教师上课时纪律很好，因为他使学生有所怕；另一个教师上课时纪律很坏，因为他没有使学生有所怕。这正是缺乏自觉性的表现。如果我们的纪律教育仅仅在校内有效，而在校外无效；甚至于只在某一位教师面前有效，而在另一些教师面前就无效，则这种秩序纪律的教育效果也是值得商榷的。

学生自觉性的培养，必须建立在对学生人格的尊重上。要信任学生有自觉能力，相信学生能够被教育好。在这个认识的基础上，一切教育方法才能发挥积极的效果，而认为应该让学生有所怕，才能禁止学生不敢做什么或不得不做什么，这种认识的根源是对于学生自觉能力的不信任，对于儿童人格的不尊重。从它们思想实质上看，是与社会主义的教育目的不相容的。有的教师把让学生有所怕，说成是对儿童人格的尊重，如果教师存心要给儿童有所怕，这是很难理解的。

有的教师把学生有所怕说成是权宜之计，即先给儿童有所怕（下马威），然后关心他、帮助他、爱护他，也即给学生有所爱。据说，以后学生对于这位教师就“又怕又爱”（正确的说法是“又敬又爱”）。这种例子我们不怀疑其真实性，但它恰恰是说明不应该给学生有所怕。学生之所以敬爱教师，恰恰是因为教师后来做了许多给学生有所爱的工作，把原来的怕消除了。但是这种由怕到爱的转变，也许力量要花得更多些，时间要拉得更长些。何况这种做法是很危险的。更多的例子说明，学生对于这种教师一直就是害怕甚至于厌恨。同时，问题还在于教师既然以为这种给学生有所怕的做法是正确的、有效的，就会经常应用它来解决一些一时比较难以解决的问题，或对付一些被认为难以教育的儿童，而不积极设法去寻找更好的方法。起初是权宜，后来就习以为常了。

三

教育学生的过程，是一个长期细致、曲折复杂的过程。既要有正确的思想指导，又要有真正的耐心，还要善于运用各种各样的教育方法。对于任何儿童（包括被认为“好”的儿童）的教育工作，都要有这样的思想准备：一个问题解决之后，还会有新问题出现，一次教育有了成效，过些时候还会有所反复。这正是事物的矛盾发展的规律在教育过程上的表现。因此，企图孤立地用一种方法而竟全功，或通过一次强烈的刺激之后就可高枕无忧，这种想法是把问题简单化了。有的教师，好像除了说服之外，就只有给学生有所怕之一途。于是说服无效，就得出非给学生有所怕不可的结论。其实，教育的方法很多，说服虽然很重要，但只是其中的一种，而且各种方法，必须相互配合，综合运用。孤立地、简单地用一种谈话说服的方法，是很难生效的。必须研究说服之所以无效的原因何在。积极寻找、运用其他的方法来配合。不能便推之于“朽木不可雕”，乞怜于使学生有所怕的消极态度。

教育效果必须从比较长远的影响来考虑，在总结教育经验时，不能夸大一时的“效果”，而要严肃地考虑其深远的“后果”，要考虑某些经验是否带有一时性与片面性。教师们用许多个别的例子来证明给学生有所怕的“效果”。对于这些个别经验的真实性我们也不怀疑，而且很重视这些经验。但是，我们发现有些经验是以运用正确的方法（如合理的严格要求）所获得的效果来证明不正确的教育态度（给学生有所怕）。论据虽正确，但非论题的充足理由，因此道理“推不出来”，有的效果则是一时的假象，后果如何，很值得研究。我们知道，把孩子痛骂一顿或打一顿，的确也能生一时之“效”。但是，难道我们能由此总结一套体罚学生的经验吗？还有的经验，的确不是应该使学生有所怕的理由，却也作为证明论题的论据，这就很难令人信服。诸如把有些新教师上课秩序乱，说成就是由于新教师没有使学生有所怕，而不去分析像教学质量不高，教学方法不好，没有掌握儿童的心理，缺乏应付临时事件的机敏性等原因。

还有的教师，认为给学生有所怕，是根据儿童的年龄特征。因为孩子年龄小，智力未发达，接受能力差，自制力弱等。我们不同意这种意见。根据儿童的特点来教育儿童，无疑是必要的。但是，不能根据一些表面现象来得出可以不正确地对待教育工作的结论。这个问题谈起来较长，打算另文阐述。

四

最后，讨论这个问题，我们认为必须把教育态度与教育方法区别开来。给学生有所怕，是一种消极的教育态度，不是一个单纯的教育方法问题。如果一位教师，认为必须让学生有所怕，才能对学生严格要求、建立秩序纪律、树立教师威信等，换句话说，才能教好学生。这就潜伏着一个消极的因素，使他在运用教育方法如说服、练习、集体舆论以及惩罚等的时候，会有意无意地从消极压服学生方面着想。除了体罚或变相体罚之外，大多数的教育方法，如以正确的态度来运用它，可起积极作用；而以不正确的态度来运用它，却起消极作用。以惩罚为例，一般来说，惩罚是一种会使儿童产生不愉快的情绪体验的教育方法，但是，它不是用来威吓、压服学生的方法，而是在于使儿童感到给集体带来了烦恼、损失，因而引起一种自责的心理。所以，当不得已而用惩罚时，应当是公正的、理由充足明确的，并和其他方法如说服（解释其何以必须受罚）、集体舆论（全班认为这种行为是不对的）以至于鼓励（鼓励其改正）等结合起来使用。这样，就不是从使学生有所“怕”出发，而是从促使学生有所“悟”出发了。

再如，学生作业做得不好，让他重做，这是教师们所常用的一种方法。但是，当学生重做作业时，可能是不愉快的、无可奈何的，甚至觉得不公道的，也可能是心悦诚服的、积极的。这就与教师的态度从而与其指导学生重做作业所用的方式大有关系了。

由此可见，我们反对给学生有所怕，不是反对某一种方法，而是反对这种消极的教育态度。在讨论的发言中，主张给学生有所怕的，其所举的方法、例子未必都错，主张不应给学生有所怕的，其所举的方法、例子也未必都对。所以我们认为对于这个讨论，既要明确什么是正确或不正确的教育态度，也要尊重与吸收各种有益的经验。不能因为泼掉脏水，把小孩子也倒掉。

正确掌握儿童年龄特征[①]

在“应否给学生有所怕”的讨论中，有些教师认为应当给学生有所怕。其根据的理由之一是学生年纪小，智力未发达，接受能力差，自制力弱等。因而认为使学生有所怕，乃是符合于学生的年龄特征，这个意思是值得商榷的。

（一）小学生年纪小，知识浅，经验不足

他们的感觉知觉不够发达，抽象思维能力与分析批判能力都较差，对事物的认识不善于自己分析、推理得出正确的结论，他们对应完成的任务的认识往往不够深刻，对道德概念的理解不够全面，在道德行为上常常不能分辨是非。许多儿童道德行为上的问题就是由于他们的无知而不是故意。例如有的儿童以为破坏课堂秩序是“勇敢”的行为，在教师与同学面前逞“能”充“英雄”等。我们认为，正因为儿童有了这个特点，更需要对他们讲清道理，需要教师用儿童所能接受的方式方法使他认识道德要求，逐步提高道德认识。经验告诉我们，儿童年纪越小，他们对道德观念的理解越少，他们在行为上所需要的提示就越多。以后，随着儿童认识能力与经验的发展，随着儿童对道德认识的提高，这种提示的作用便逐渐为儿童的自觉性所代替。例如对小学低年级学生必须不厌其烦地把遵守课堂规则的意义告诉他们，并通过实践加以巩固。而这些规则，对大部分高年级的学生来说，他们已经有所理解了。教师只在必要时稍加提醒，或针对关键问题深入分析，进一步提高他们对规

① 原载《福建教育》，1961 年 12 月 17 日。

则的认识，不必做过多简单的重复。由此可见，学生年纪小，不懂事，更需要耐心教育，多次的反复提示说服。

（二）儿童身心发展未成熟

大脑皮层对行为的调节作用不够完善，条件反射形成的速度一般较慢。在条件反射形成的过程中，需要条件刺激与无条件刺激的多次结合，多次重复，不断强化，由此建立儿童好的学习生活习惯。形成儿童优良的道德行为，不但要让儿童明白方向，理解和掌握道德观念，更重要的，还要反复练习、积极实践，才能形成牢固的反射系统，才能把道德观念变为儿童直接的道德行为习惯；反之，道德行为习惯就难以形成。或者形成之后又很快消失，这也就是依靠一时的刺激所形成的“怕”的暂时神经联系不能长期生效的原因。

另一方面，还要认识到儿童大脑皮层的系统性机能。儿童在教育影响下，大脑皮层形成了比较固定的反射系统，这个系统本身具有相对稳定性，它保证了儿童在一定情况下活动容易发生。但是，当客观情况有了改变时，儿童的行为就要发生困难。根据这个特点，如果教师有意地给学生有所怕，儿童的神经系统习惯了感受严厉的刺激，那么，其他的教育方法（如教师示范、说服、集体舆论等）就很难再对儿童起作用了。我们常看到有些家长对孩子总是采取打骂等方法，孩子一旦适应了这种方法，就要造成学校教育工作上的许多困难。

（三）小学生处于长身体长知识的时期

在这个时期，儿童各个生理器官都在发育，特别是神经系统的发育，这就使得儿童的各种心理特点由幼稚到成熟，与此相适应，儿童的行为也由不自觉发展到自觉。在儿童的整个发展过程中，不但要看到那些由前一阶段遗留下来的幼稚性与不自觉性，还要重视他们正在逐步地发展为比较成熟与比较自觉。认识了前者，才能更好地帮助他们克服认识上与行为上的缺点，重视了后者，才能引导他们加快这个发展过程，促使儿童身心更好地成长。对于教师来说，如果只看到小学生是幼稚的、不自觉的，就会对需要耐心细致的教育工作失掉信心，如果把小学生看成已经成熟了，完全能自觉理解道德观念了，就会产生急躁情绪，不能深刻认识教育工作的长期性与艰巨性，对学生行为上的错误感到不可理解，甚至采取粗暴简单的办法。这些都是对学生的年龄特征认识不够全面。

由上可见，根据儿童身心的发展对儿童进行教育，必须遵循道德教育的各种原则，采取各种积极有效的教育方法，而给学生有所怕，对成长中的新生一代的身心发展，只能起消极作用，只能使他们产生执拗、抗拒心理，打击他们的自尊心与积极性，形成胆怯、虚伪、盲从等消极的性格，甚至使儿童对客观刺激的感受与反应变迟钝。《人民日报》今年6月1日的社论告诉我们，要根据儿童的特点教育儿童，指出在儿童教育工作中，既要掌握一般儿童的发展规律，又要了解每一个儿童的特点，要我们从儿童的特点出发，来选择教育内容与教育方法。这个观点应当作为我们的儿童教育工作的重要原则。事实证明，教师在工作上的优良成绩，是和他正确掌握学生的年龄特征分不开的。

可以按孩子的类型规定一些教育方法吗？[①]

编者按： 林平同志提出的两个问题，第一个问题见复于 15 日本报二版，今续由厦门大学教育学教研组答复第二个问题。

林平同志：

这封信想谈谈关于方法的问题。

有了正确的认识，还必须运用适当的方法。因此，教师们要求一些方法上的指导，这是合理的。我们应当以怎样的态度来对待方法呢？一种态度是，一方面学习一些关于方法的原则，一方面吸取优秀教师的成功经验，结合实际，灵活运用，在实践中不断地创造与积累自己的经验。另一种态度是，伸手要一套现成的办法，然后按这套办法去做。前者是比较困难的，而是走得通的途径，后者是比较简单的，事实上却是行不通的。为什么前者困难而又走得通呢？因为前人已经根据许多成功的实践经验总结出教育原则，书刊上和经验交流会上也介绍了许多成功的教育经验，只要我们虚心地认真学习，是能够学得来的。但是，原则不是现成的方法，人家的经验总还不是自己的体会，都不能现成地照搬来解决你所要解决的问题，还必须通过自己辛勤的创造性的劳动。为什么后者是简单的却是行不通的？因为用一套现成的方法，去面向多种多样的儿童，企图一劳永逸地去解决复杂多样的教育问题是不可能的。教育的对象是活生生的在发展中的儿童，每个儿童的个性特点不同，

① 原载《厦门日报》，1962 年 11 月 18 日。此篇由潘懋元先生执笔，以厦门大学教育学教研组的名义发表。

其所受的环境影响不同，而且过去所受的教育和今天正在接受的教育都是多方面的，有学校的、家庭的和社会其他方面的。只就学校教育来说，也是在许多教师共同教育之下，而且接受班级集体、个别朋友的影响的。因而，影响儿童发展的因素是多方面的，儿童成长的过程是变化多端的，所以，不但企图用一个“有效”的方法去教育所有的儿童是不可能的，而且企图用一个“有效”的方法去教育一个儿童也是不可能的。人们时常说：对儿童进行教育必须耐心说明，无疑这是正确的方法，但是，怎样说服？说些什么？说服的内容深浅如何？在什么时机去说服？……都大可讲究。只就说服的时机来说，同一个儿童，当他心平气静时，耐心说服比较容易生效；当他情绪激动，大哭大闹时，耐心说服就不见得有效。这时候首先应采用的是安定情绪的方法。有一位教师，当儿童打架吵闹的时候，他只是用低沉的声调和不容置辩的口吻简单平静地说：“请你们把眼泪擦干，衣服整理好，洗洗手！”孩子们照做了，激动的情绪就比较平静些。然后他才提出这样的问题：“请你们想一想刚才为什么打架，告诉我。”这时候儿童又激动起来，语无伦次地急于申诉。他又制止他们说：“想一想再说。”把孩子们安顿在旁边坐下来，自己管做自己的事情。过了相当时候，才让他们一个一个地说清楚。这时孩子们的情绪已经很平静了，老师才用商量的口吻和孩子们共同分析是非，进行必要的而又是孩子们所能顿悟的劝说。但是，有的教师不是这样处理，不看学生情绪如何，不问是非曲直，而是急于进行说服：“你们这样打架多不好，这不是好孩子的行为！”如此等等。当然，这种说服是无效的。如果就此怀疑说服的有效性，这样公道吗？

又如，人们常说，对儿童应该多用表扬的方法，鼓励学生的积极性。无疑这也是正确的。但如生搬硬套地滥用，只要学生完成规定的作业、完成值日生的工作，就给他们表扬，久而久之，不但失去教育作用，而且会带来副作用。完成规定的作业或值日生工作，这是学生的责任，不必予以表扬（除非对于平时学习较困难的或当值日生不负责的学生，当他做得较好时，可以给予适当的肯定，但也不是过分的表扬，否则其他儿童也不会服气）。如果滥于表扬，就会使儿童对表扬习以为常，不感到光荣，或者使儿童把学习和服务的动机放在追求“表扬”上，如有些学生喜欢在教师面前表现自己积极努力，做一点点小事情就要告诉老师希望得到表扬，没有表扬就不高兴或不干，这显然是很不好的。

用一个现成的方法来教育所有的儿童，是行不通的。那么，能否把儿童分成几种类型，对每种类型规定一些“相对固定”的方法呢？对于一般儿童，进行一般教育。教师掌握其不同类型的特点，如低年级与高年级，安静的与好动的，倔强的与懦弱的，学业成绩好的与学业成绩差的，等等。然后研究有哪些方法比较适用，或由有经验的教师提供一些参考性的意见，只要不把类型当作固定不变的，不把方法看成简单机械的，仅供处理问题时的参考，这是可以的。但是，企图把所有的儿童，固定地划分为几种类型，这种排队的做法，既行不通，流弊也很大。如果再依类型固定方法，也不能适应每个儿童复杂变化的情况，对于特殊儿童和特殊情况，就更难适应。总之，不论是要求规定一套或几套固定的方法，都是一种简单化与僵化的做法。马克思主义的方法论，有一条原则叫作“具体问题具体分析”，对待各种社会现象应如此，对待儿童教育问题更应如此。简单化与僵化的做法，都只能限制教师的积极性与创造性。

为什么有些教师一再要求规定一些具体的教育儿童的方法呢？可能是由于自己缺乏经验，心中无数，急于把儿童教好，因此想走捷径。这个思想的出发点是好的，但正如上面所说，这种捷径是行不通的。任何详细周到的规定，都不能适应复杂变化的教育对象与具体情况；任何良好的经验，都必须教师自己再经历。只有认真努力学习理论原则，吸取别人优良经验，灵活地运用这些理论原则与经验来创造与积累自己的经验，才能成为成功的教师。也可能还有个别的教师，以为学校规定了的办法，我可照做，失败了，自己没有责任。显然，这种态度是不正确的。

摆在教师面前的，是一群可爱的、可塑的儿童，他们渴求知识与爱护，渴求培养与引导；摆在教师面前的，又是一连串困难与问题。在教育儿童的过程中，可能有许多工作是成功的，也会有许多工作是失败的。任何成功的教师，他的一生过程中，不可能没有许多失败与教训。就像马卡伦柯那样成功的教师，如果你读读他的《教育诗篇》及其他文章，你就知道他的一生经过多少困难与问题，经过多少失败与教训啊！要紧的是认识与信心，不因成功而自满，不为困难所压服，不因失败而气馁。教师的任务是光荣的，也是艰巨的。我们希望社会上对教师这种光荣而艰巨的任务有所认识，更希望教师们自己对这种光荣而艰巨的任务有深刻的认识，共同培养革命的接班人。

我们的见解如有不妥，仍希来信指教。

致

敬礼！

在理解的基础上记忆[①]

——也谈“死”与“活”

编者按：关于怎样对待背诵古文问题，我们收到好几篇文章，有的已选登。有的同志主张“只怕不死读，不怕读不活”，认为年轻时记忆力强，多背诵些名文佳句，当时即使不能理解，随着年龄的增长，经验的增加，有朝一日，“死的知识”会复活。另外有些同志不同意这种看法，认为不理解的东西不能死背，死背了也不能运用。背诵必须建立在理解的基础上。今天发表的隽同志的文章，他不否认“死的知识有时会复活”，但是他主张作为一名语文教师应该努力改进教学，做到使学生领会文章然后要求背诵，不应该不管学生理解不理解，叫他们背得越多越好，等待将来“知识复活”。这些看法，提供语文教师们研究参考。

浅见同志在他写的《“死”的知识会“复活”》（见 6 月 25 日报）一文中说，他赞同“只怕不死读，不怕读不活”这种看法。这种认识其中有值得商榷的地方。

浅见同志的经验，某些“死”知识会在某种情况下一下子恍然大悟“复活”过来，这肯定是事实（鸿子同志说“死”的知识不能企望其“活”起来用，可能是忽视这种经验）。我个人也有这种经验，少时辛苦地死背了《幼学琼林》《唐诗三百首》《古文观止》等等，当时生吞活剥，不求甚解或完全不

① 原载《厦门日报》，1963 年 10 月 13 日。

解，到了今天，偶尔重逢，也有恍然大悟、“死尸还魂”的喜悦。但是喜悦之后，却有无限感叹：如果当年教师让我好好理解，岂不是早些能掌握，早些能运用吗？

但是，问题不在乎经验本身，而在乎这种经验究竟能否证明“只怕不死读，不怕读不活”的道理。是不是所有死知识全部或大部分能够自发地“复活”？什么时候才能“复活”？在没有“复活”之前或不能“复活”的情况下有什么害处？这些问题，在教学过程中是不能不考虑的。我的经验是：能“复活”只是偶然的、少数的，现在我重读旧书，似曾相识，但大多数还得重新看注、查辞书（重新理解）。至于“复活”的时间，则要看机会，一般多在重新研读之时。也就是说，如果学生们“死背硬记”之后，不再继续研读古文，“复活”机会就更少。在没有“复活”之前或不能“复活”的情况下，正如浅见同志自己所经历过的，“小小脑袋给它弄得乌烟瘴气”，或“自作聪明”把它歪解了。这些问题，如不考虑，而以偶然的经验推出必然的道理，在论证上以偏概全，以特殊作一般，是不能令人信服的。显然，教学任务之完成，不能只靠偶然性的机会，教师的责任不能诿之于学生将来自发地理解。

过于艰深的文章，不宜选作教材。可以选作教材的，首先就得是学生在一定程度上所能理解的东西。从教学过程来说，对于学生理解深度固然只能提适当的要求，但是，对于基本知识（诸如字的形、音、义、词义，句法以及篇章结构、段落大意等）却不能不让学生有个清楚明白的理解。

背诵，是中国古代传统的教学方法，这种教学方法有其合理的因素。针对前一阶段教语文而不重视学生熟记课文，以致学生所掌握的知识不牢固、运用起来发生困难的情况，从这种传统的教学方法中吸取其合理的因素，要求学生对某些课文不但要理解，而且要熟记、熟诵，这完全是必要的。但若以为传统的背诵方法就是完美无瑕的方法，不持批判地继承的态度而在全盘地接受，提倡“死读书”，背得越多越好，不管理解不理解，甚至于不管学生的学习负担如何，那就不对了。要知道，古人读书，固然有十年寒窗而通达的，但还有千千万万在私塾中背诵了几年“子曰诗云”而始终不通的。更何况我们今天的中小学生所要学的知识，何止古人的若干倍，不能不讲究教学过程的学习效率。即使对于少数人来说，某些知识将来有恍然大悟的机会，但教学应该更重视的是千千万万中小学生毕业后能够用得上的知识。

背诵，在语文教学上是必要的、合理的，但却不是“死背”，而应当是“活背”，在理解的基础上记忆。数量上应当有所限制，内容上应当有所选择。

关于当前农业中学性质问题的探讨[①]

农业中学是我国农村中教育与生产劳动高度结合，为三大革命运动服务的新型中等学校。它自1958年创办以来，对于提高我国农村文化，发展农业生产，巩固和发展集体经济，已经发挥了显著的作用。农业中学这种新型学校，正像一切新生事物一样，在短短的几年中，克服了种种困难，在和资产阶级教育思想和旧传统习惯势力的斗争中日益茁壮成长。但是，怎样进一步办好这种学校，经验还不够，还有许多问题要在不断总结经验的基础上才能逐步解决。关于当前农业中学应当办成什么样的学校，是普通性的还是技术性的，都是有待探讨的重要问题之一。

当前各地的农业中学（指初中阶段，下同），它们的性质可分为三类：第一类，技术性比较明显，它们或设置专业，或虽没有设置专业，但从课程门类、教材内容和劳动项目来看，着重学习各种农业技术。这类学校，大多为培养当地生产所需要的某种技术力量举办的。第二类，课程门类和教材内容，基本上按照全日制普通初中的教学计划和教学大纲，采用普通初中课本进行教学，只是做了若干合并（如史地合并，外国语改为选修）和增删（如数字增加珠算、会计，语文减少古典文，增加应用文），劳动内容也只是一般性的农活，这显然是普通性的。这类学校，大多是全日制普通中学改办的。第三类农业中学数量最多。它们开设政治、语文、数学、农业知识四门课，或加开理化课。文化课教材内容增删较大。农业知识课教材，少数采用经过增删的初中农业常识课本，

① 原载《人民日报》，1965年11月5日。作者：潘懋元，邹光威。

多数按照地区生产特点，另行编写。劳动内容除一般性的农活之外，还有一些技术性的操作实习。这类学校，有的比较接近于技术性，有的比较接近于普通性，需要进行具体分析。从办学的指导思想来说，并没有确定它是技术性的或普通性的学校。

农业中学在当前究竟应该办成什么样的学校，大家的看法很不一致。有人主张办成初等技术学校，有人主张办成普通初中，还有人认为应当办成介乎二者之间的中等学校。这个问题，关系到农业中学的培养目标、学习年限、课程设置、教材编选，也关系到它的发展方向与巩固，很值得研究。

一、确定农业中学性质的根据

应当根据什么来确定当前农业中学的性质呢？

毛主席经常教导我们要从实际出发，实事求是，群众需要解决什么问题，就解决什么问题。他说："有一个问题必须再一次引起大家注意的，就是我们的思想要适合于目前我们所处的环境。" 又说："一切为群众的工作都要从群众的需要出发，而不是从任何良好的个人愿望出发。……这里是两条原则，一条是群众的实际上的需要，而不是我们脑子里头幻想出来的需要；一条是群众的自愿，由群众自己下决心，而不是由我们代替群众下决心。"

毛主席这一指示，对于解决当前应该办什么性质的农业中学这一问题，有重要的意义。农业中学是农村中群众性的教育事业，是在当前的农村环境里办起来的，因此农业中学所做的一切，必须从当前农村的实际情况出发，不应从"城市观点"或脑子里的幻想出发，更不应从资产阶级教育学的框框出发。要按当前农村社会主义革命和社会主义建设的情况，群众的实际需要，来确定这种学校的性质。

我国农村自从建立人民公社后，农业生产水平在原有基础上有了很大的提高，新的农业科学技术的运用日渐增多，集体经济的经营管理也很复杂。新的经济基础对农村教育事业提出了新的要求：必须培养出大批有社会主义觉悟、有文化、掌握一定农业技术的新型农民。要求他们既能够参加农业生产劳动，又能够从事农业技术工作，既能当普通劳动者，又能当技术人员和管理干部。很多地区的调查材料表明，广大农村当前大量需要初级农业技术员、水利技术员、气象员、会计员、商业人员、医务人员、兽医、电工、三机手（拖拉机手、柴油机手、排灌机手），等等。社、队干部和社员普遍对农业中学提出了三点要求：一是贫下中农要求有能文能武的革命接班人，二是生产上要求有不脱产的初级技术员，三是巩固集体经济要求有经营管理人员。而在有些生产水平较高的地区，还需要具有较高水平的各种专门农业技术人才和机械、电机等技术人员，对生产管理、经济核算的要求也较高。同时，占农村人口绝大多数的贫下中农，也希望他们的子女在小学毕业后，能够在不误生产的前提下，再学点文化，学点农业技术，以便更好地参加生产劳动和管理集体经济。而农业中学这种半农半读学校，学生一面读书，一面劳动，不误生产，上学方便，花钱不多，就能很好实现这些要求。

上述的这些情况和要求，就是农业中学的产生和发展的根据。毫无疑问也是它进一步成长的方向和动力。如果我们不看到农村的实际需要，贫下中农的迫切要求，把当前农业中学办成普通中学（情况特殊的例外），在某种程度上说，就要脱离生产、脱离实际、脱离群众。因而就当前来说，农业中学还是办成技术性的比较好。

几年来的经验也证明了这点：过去有的地方，由于对农业中学的性质、任务认识不清，缺少为发展和巩固农村社会主义经济服务的观点和群众观点，对农村的实际情况和贫下中农的愿望也了解不够，又受了旧教育思想影响，所以认为“办农中就得像个样子”，向普通中学看齐。这样做的结果，群众就很不满意，学校也很难办下去。而几年来坚持下来的老农中，多数是在“农”字上面下功夫，办成半农半读的技术性学校，或接近于技术性的学校。由于办学的指导思想和培养目标明确，符合三大革命运动的需要，毕业生回到社、队，立刻可以派上用场，这种学校也就得到群众的积极支持，被认为“这是咱们庄户人的好学校”。而这种农业中学，本身也就得到发展和提高，不断地做出成绩和取得经验，它们不但已成为农村文化的中心，而且已成长为推广先进生产经验和新技术的基地。有的培养良种，供给各生产队；有的种试验田，推广新技术；有的设立气象站、病虫害预测预报站和农业技术问讯处等，当农业生产的顾问；有的搞兽医工作，帮助农村解决畜牧饲养、防疫、治病等问题。它们既是学校，又是小型分散的农业技术推广站，有的地方群众称这种学校为“二技站”。

过去的经验也证明，这种农业中学，不仅能够直接为生产斗争和科学实验服务，而且也是农村里的阶级斗争所需要的。农村里的阶级斗争，往往体现在生产问题上和集体经济的经营管理问题上。贫下中农的接班人，如果缺乏文化技术，在监督生产和监督财务上，就会有许多困难；反之，如果他们掌握了生产技术和经营管理知识，就更有利于管好集体经济，有利于掌牢印把子。所以带技术性质的农业中学，是当前农村进行阶级斗争、生产斗争和科学实验所迫切需要的。

二、按照实际需要确定学制和课程

要体现技术性的农业中学的性质，就必须按照农村三大革命运动的需要来办理，使它在学制、课程、教学方法等方面，既不同于普通中学，也不同于全日制技术学校。它应当具有较大的灵活性和适应性：在学习年限上，长短并举，可以办四年制、三年制，也可以根据需要，办各种短期训练班，不受原来全日制学校一套框框的限制。在课程设置上，根据生产需要来开课，可以急用先学，不一定按照先学文化课、基础课，后学专业课、技术课的顺序。在农业知识课方面，有些农业中学，每一年级专学一种作物栽培，从选种、播种、田间管理、施肥到收获，边劳动边学习，把一种作物栽培从实践到理论知识系统地掌握，作物收获了，一门课程也学完了。农业中学的教学要反映它的技术性这一特点，除去要教好农业知识课以外，还要很好地处理文化课与农业知识课的关系问题。技术性的农业中学，除了短期训练班之外，也不是只学工艺技术。在学习技术的同时，要“突出政治，学好文化”。政治课、文化课和生产课要有一定比例。如江苏、山东等地许多农业中学，政治课约占 10%，生产知识课近 30%，文化课达 60% 以上。农业中学必须使学生打好必要的文化基础和农业知识基础，才能使学生更好地学好专业理论知识，适应不断提高的农业技术水平的要求。

在选择教材上，紧密结合生产，一般以当地主要作物和耕作方法为农业知识课的教材重点。文化课除了为学习专业知识打好基础外，也密切结合生产的实际，删除烦琐内容，力求适应农业生产、农村生活的需要。如语文课着重学习应用文，数学课增加珠算、会计、统计、测量等。理化课着重化肥、农药、机械、电工等有关的基础知识。在教学方法上，也要结合生产实际，灵活运用，如采用现场教学、田头教学等，在生产实践中学习。总之，它的年限、课程、教材、教法，要灵活多样，适应需要，讲求实效。我们应当根据三大革命的需要，从当时当地实际情况出发办农业中学，并不断总结经验，走出自己的道路。

有人怀疑：办农业中学强调目前的实际需要，是不是“实用主义”，这应当从本质上加以区别。实用主义是帝国主义时代为垄断资本主义服务的工具，是主观唯心的东西。实用主义认为“有用”就是真理，所谓“有用”就是符合垄断资产阶级利益的东西。实用主义教育学提倡劳作教育，“从做中学”，不要劳动人民的子女学习理论，只要在活动过程中学些工艺技能，目的无非“就是要为资产阶级训练称心如意的奴仆，既能替主人创造利润，又不会惊扰主人的安宁”①。我们的农业中学，产生于社会主义革命和社会主义建设的伟大运动中，它从实际出发，面向生产，当前着重学习农业知识技术，首先是符合广大贫下中农的利益的，怎么可以因此就牵强附会地指为“实用主义”呢？

当前把农业中学办成技术性学校，不是什么实用主义，这是革命的功利主义。毛主席批驳那些借口“功利主义”来反对工农兵文艺方向的人说：“世界上没有什么超功利主义，在阶级社会里，不是这一阶级的功利主义，就是那一阶级的功利主义。我们是无产阶级的革命的功利主义者，我们是以占全人口百分之九十以上的最广大群众的目前利益和将来利益的统一为出发点的，所以我们是以最广和最远为目标的革命的功利主义者，而不是只看到局部和目前的狭隘的功利主义者。”② 我们根据社会主义革命和建设的需要办农业中学，正是以最广大群众的目前利益和将来利益的统一为出发点的。

---

① 列宁．列宁全集：第三十一卷［M］．北京：人民出版社，1958：252.

② 毛泽东．毛泽东选集：第三卷［M］．北京：人民出版社，1991：866.

三、农业中学的性质随着革命形势的发展而发展

毛主席关于以最广和最远为目标的指示，是我们办农业中学的发展方向。农业中学应当具有最广和最远的目标，以最广大群众的目前利益和将来利益的统一为出发点，它是半工（农）半读教育制度的一种学校。除满足广大群众目前的利益，还要为消灭脑力劳动和体力劳动之间、城乡之间、工人和农民之间的差别的远大利益做准备。半工（农）半读教育制度将在发展过程中逐步构成自己的体系，从而逐渐形成我国教育制度的主体。农业中学是整个半工（农）半读教育体系中的一环，有培养学生继续深造提高，为学生准备升学的任务。随着三大革命运动的发展和逐步实现消灭三大差别的要求，这个任务还将越来越重要。

首先，从三大革命运动发展的形势来看，农业生产力不断提高，农业“四化”逐渐实现，就需要有较高水平的农业技术人员和管理人员。初等技术学校性质的农业中学不能满足培养这种人才的需要，就有必要为高一级农业技术学校准备深造条件。而农业中学已经办了一个时期，初级农业技术人员以及会计、保管等人员基本满足需要之后，也有可能更多地为高一级的农业技术学校输送新生了。那时候，农业中学直接培养初级农业技术人员的任务就会逐渐减少，而为中等农业技术学校准备深造条件的任务就会逐渐增加，从而使初中阶段的农业中学和高中阶段的中等农业技术学校配合起来，培养出更多更好的中等农业技术人员，进一步提高农业生产技术水平和农村文化水平。

现在已有一些地区，农业生产水平较高，对农业生产技术的要求也较高，初等技术性质的农业中学毕业生已经不能完全满足生产上的要求。这些地区的基层干部和群众要求农业中学培养具有较高水平的农业技术人员，或者加强文化科学基础和农业技术基础，为中等农业技术学校准备深造条件。这些地区就可以试办些能升学深造的农业中学，以便取得经验。但是从广大地区看来，这还要有个逐步发展的过程。

其次，从家长和学生的要求来看，将来农村教育普及了，文化水平提高

了，生产技术水平提高了，群众生活进一步改善了，家长和学生就会要求多学一些知识和技术、要求升学深造。这种要求是正当的，半工（农）半读学校就应当逐渐满足这种要求。

最后，从消灭三大差别的长远方向来看，半工（农）半读教育制度，要为消灭三大差别，首先是为消灭体力劳动与脑力劳动的差别创造条件，培养既能从事体力劳动，又能从事脑力劳动的新型劳动者。随着生产力的提高和文化水平的提高，这种能文能武的劳动者至少应达到中等技术学校毕业的水平，才能达到体力劳动和脑力劳动在更高水平上的结合。因此将来初中阶段的农业中学，也要为升入高一级学校做好准备。

总之，农业中学是社会主义社会的新型学校，它的性质反映社会主义社会的政治和经济，随着经济的发展而发展。当前一般着重学习农业知识技术，办成初等农业技术学校性质，解决农村当前迫切需要的农业技术力量，将来逐渐地着重学习基础知识，更多的办成普通性的，以便进一步提高农业技术水平和文化水平。它的最终目的，是为逐步消灭三大差别，实现共产主义创造条件的。客观形势是发展的，对于农业中学的要求也是发展的。农业中学性质发展的规律，是受到社会政治经济发展规律的制约，是符合事物发展规律的。农业中学性质发展的规律，正确地体现了当前需要和长远方向相结合、普及和提高相结合。不论从当前或长远看，从普及或提高看，农业中学都只能是为无产阶级的政治服务，教育与生产劳动相结合的学校；为农村三大革命服务，培养无产阶级革命事业接班人的学校；为消灭三大差别创造条件，实现共产主义的学校。

写在60周年校庆之时[①]

人们半天旅行，可以写出千言游记；一次访问，可以写出万言通讯；但对于几十年所熟悉的生活，却往往无从下笔。曲折的历史、悲欢的往事、深知的师友、万千的感想，当你提起笔来就竞奔脑际，恐后争先。这就是为什么在厦大60周年校庆之时，我几次摊开稿纸而描绘不出忆念的深情。

我在厦大生活了40年，厦大，是我大半生学习、工作的地方。

什么是美？美是客观与主观的统一。我觉得厦大最美。我爱山城长汀校景；虎背山的松涛，北极阁的晨星，嘉庚堂的夜读；我更爱濒临厦港校园，五老峰的岩洞，胡里山的沙滩，勤业楼上俯瞰绿树红瓦，凌峰台前远眺万顷碧波。什么是好？好有客观标准，也难免有主观偏好。我觉得厦大最好：这里有刻苦读书的好传统，有淳朴安定的好校风，培养出多少知名的专家是厦大的光荣，而在各条战线埋头苦干的专门人才更值得我们骄傲。什么是人生的意义？人生的意义就是为人类的事业添砖加瓦。

回忆是愉快的，欢乐的往事令人陶醉，而艰难岁月中的奋斗，在回忆中也披上绛色的轻纱；希望是瑰丽的，四个现代化的蓝图令人振奋。但，最可珍贵的是现在。在我40年的记忆中，在厦大60年的历史中，没有像今天这么多的师生，没有像今天这么丰富的科学知识，没有像今天这么高耸的楼房，没有像今天这么好的学习条件，没有像即将到来的这么规模宏大、群贤毕至的校庆大典。“止于至善”，就是永无止境，我们还应当阔步前进。我愿80年

① 原载《厦大校刊》第71期，1981年4月20日。

代的厦大将逐步发展成为万人大学，我愿教育质量不断地提高，更多的青年成长为建设社会主义的优秀人才，我愿师生员工更加团结奋斗，成为“南方之强”！

谈《南强梦》[①]

我虽然还没有看到《南强梦》原稿，但听了你们的构思。我认为思路是好的，我赞成文章的“弘扬”格调。现在不少人只讲忧患不讲理想。当然，应该有忧患意识。一个人没有忧患意识就不能前进，一个国家没有忧患意识就会停止发展。但是，人更应该有精神支柱。在忧患意识与精神支柱之间，重点应放在精神支柱上。虚无主义使人丧志，精神支柱能使人在灰色中立起来。

我主张大学生既要有理想，又要有行动。《南强梦》的行动色彩是很浓的。理想方面也应该多挖掘点。《南强梦》的可取之处，在于通过振兴厦大，从而来表达振兴中华。振兴不能光喊口号，要有扎扎实实的行动。扎实的行动不等于没有理想，而行动是理想的证实。

我总的感觉是，《南强梦》思考历史多了点，立足现实少了点，展望未来虚了点。你们是青年人，你们想吧，说吧，做吧。但有一个原则，看问题既要用显微镜，又要用望远镜。

我欣赏你们做“南强梦”的行动。对像你们这样的年轻人不要求全责备，否则写不出东西。我就写不出这些，因为我头脑中框框较多。

① 原载《南强梦》，1989 年 3 月。

新形势下大学生的学习方向[①]

当前，世界正面临着新的技术革命。技术革命实际上是生产力的革命，它必然推动社会各个方面的变革。首先，理工科要适应这场革命的需要，管理、经济等社会学科也必然受其影响。技术革命也必然引起生活、意识形态的变化，将会出现许多新情况、新问题。技术革命从某种意义上来讲，是整个科学领域全面深刻的革命。

当今大学生思维活跃、思想解放，脑子里框框少，有许多利于创新的方面，但不等于说这些条件就会自然产生创新精神和创造力。由于传统习惯势力影响以及传授知识的方法，各学科本身存在的一些问题，有许多不利于年轻人创新的因素。青年大学生应该更好地解放思想，大胆、敢想、敢于冲破陈规戒律，而且目标明确集中。创新还必须有本领，如果没有扎实的基础知识，没有很好地发展知识和能力，光有创新精神是远远不够的。

知识和能力是创新的基础，现代化的创新不是空想，若不懂计算机不可能懂现代管理。科学教学改革和技术革命对青年大学生来说，首要问题是知识结构要适应现代化发展的要求。从知识结构来说，对现代大学生要求基础知识扎实，比如学生物的光有生物、化学的基础知识是不够的，还必须学好数学、物理、计算机的基础知识。当前科技突飞猛进，一些最新科技成就，都不是像以前那样单方面的成就，而是涉及面和影响范围很广，因此理科和文科之间的相关知识要尽可能多学一些，这样有助于培养创新意识。

---

① 原载《厦大青年》（创刊号），1985 年 1 月。

从能力结构来说，知识的丰富和运用，不能光靠记忆力的发展。进入大学后记忆性学习已退居次要地位。要创新，首先要发展思维能力，要善于逻辑地思考、辩证地分析，只有具备这种能力，才能运用所学知识，有所创新。同时科研能力、管理能力、文字和口头表达能力的培养也是很重要的，特别要注意努力使自己的能力结构适应新形势的发展。

理想与追求[①]

对于一个高等教育工作者，谈谈在大学读书的生活，是应当谈而且乐意谈的。但要以自传体裁撰文，却使我犯愁了。除了在大学里曾经按照国文老师命题写过一篇自传式短文，入党时写过自传之外，自己谈自己，总觉有点别扭。倒不是怕写得太美，有“涂脂抹粉”之嫌，“狠触灵魂”又有思想检查之苦；而是平凡的一生，无非像庄稼人种地一样，虽因丰歉而有欢愁之情，也曾走过曲折坎坷的道路，但既无惊天动地的壮举，又无感人肺腑的情节，就用自己的素材谈谈自己的经历。

理想·兴趣·困难

青年人谈理想，往往和兴趣联系在一起，很少和困难联系在一起。理想，是要有兴趣作为支柱的，但兴趣所在，却不一定就是理想所在，理想的形成，也不一定从兴趣开始。有意义的理想，往往和困难相始终。年轻时，我的兴趣是文学。中学阶段，写过几十篇小说、散文，以及所谓文学评论在地方报纸上发表，同学们也曾给我一个“文学家”的绰号，但我始终没有出现过当一个作家的念头。15 岁那一年，一个机会让我到小学当了半年兼课教师。备好的课讲不了半个钟头就完了，站在讲台上很不自在，孩子们不听话，在教室里吵得很凶。教学是失败的，但我却一下子确定了，我的理想就是当教师，

① 本社．我的大学生活［M］．天津：天津人民出版社，1985.

当一个好老师。15 岁，不可能对教师的社会意义有深刻的认识，也不懂什么“人类灵魂工程师”所包含的责任；失败的经验也不会给自己带来什么兴趣。那么，这个理想是从什么地方冒出来的呢？后来才弄清楚，是从困难中萌发的，是从克服困难的“牛劲儿”来的。当时的思想就是“我偏要”！说得好听一点就是“明知山有虎，偏向虎山行”。

理想的萌发，也许只是一闪之金光。这金光可能一闪而逝，也可能冉冉而升。理想的形成，要有个深化的过程，艰苦的历程，单靠一时的意念是不行的，还是要有兴趣为支柱。而兴趣是从艰苦的奋斗中培养起来的。为了当教师，我开始找教人怎样当教师的书来读。庄泽宣的《教育通论》是我当时所能借到的第一本启蒙书，这本书抽象、晦涩，十分难啃，使我感到非得进教人怎样当教师的师范学校读书不行。那时我家在汕头市，汕头市只有一所私立海滨中学设有高中师范科，最后一个班级已是二年级下学期了。为进这个班，我到处奔走，最后由我哥哥的一个朋友，转托他的朋友向学校说情，让我插班旁听。这样，我总算有机会系统地学习“教育心理学”“小学教材教法”“小学行政”等几门课程。尤其是有机会到图书馆借阅有关心理学、教育学、教育史的书籍，晓得教书还有那么多道理和方法。在学习过程中，我对教育理论产生了兴趣，增强了当个好教师的信心。结业时，由于我的成绩还好，我的教师王贯山先生（当时知名的教育家）居然为我弄到一张毕业文凭。“毕业后”，我到农村当了两年小学教师，这时我才尝到当教师的甜头，感到精神上的愉快，也初步对“人类灵魂工程师”有所体会。

“学然后知不足，教然后知困。”我决心在教育理论上下功夫。进高等学校，我第一年读的是国文专修科。这是我的兴趣所在，但不是我的理想所在，读了一年我毫不可惜地把它扔了，重新考进了厦门大学的教育系，从一年级读起。在厦大读了四年教育理论，同时当了三年小学和中学教师。在旧社会，学教育、当教师是不吃香的，因为既不能当官，又不能发财。我却认为学了最有意义的知识，找到了最有意义的职业。大学毕业后，我当了几十年的中学教师、小学校长、大学教师，经历了艰难的历程，终于把理想和兴趣结合起来。

但我的理想并不到此为止。

青年时，我曾在一篇散文的开头写了这么两句话："回忆是甜蜜的，希望是绚丽的。"写是写了，但当时只是一种朦胧的诗情，诗情是用不着说道理的。后来，我才明白有一定的道理。回忆之所以是甜蜜的，多半是时间的距离，冲淡了悲苦的情感，留下了童年时代、青春年华某些金色的图画。当然，说回忆是甜蜜的也不尽然，然而希望是绚丽的却颇为可信。希望之所以是绚丽的，就因为有了理想。如果没有理想的"希望"，也就描绘不出绚丽的前景。不论是青年人还是老年人，缺乏理想的人生只能是铅灰色的人生。理想达到了不再往前进的地步，绚丽的色彩也会渐渐消退。有的人所追求的理想达到了，就满足了，陶醉于自己的"成就"；有的人考上大学就满足了，因为他所追求的只是"铁饭碗"；有的人评上工程师就满足了，因为他的理想只是工程师的称号。但是，也有的人并不满足于所达到的理想，当第一个理想达到或基本达到的时候，他又在追求进一步的理想了。不知足，如果所指的不是个人的欲望而是有社会价值的理想，这并不是坏事。这样的人，即使到了老年，仍然长葆精神上的青春。

我的第二个理想也是萌发于失败之中的。

20 世纪 50 年代，我在厦门大学教教育学，又兼了教学行政工作。厦门大学是综合性大学，有培养大学教师的任务，教学计划要开教育学、分科教学法和教育实习课程，当时也提倡干部学点教育学，变外行为内行。这些任务自然落到我们教育学教研室头上。但我们为学生所开的课程，为干部所作的报告，只能是普通教育学那一套，学生不满意，"我将来要当大学教师，为什么只对我讲怎样教中小学生"；干部也有意见，批评我们作报告不联系大学实际。但是，中国当时并没有一本以高等学校教育为研究对象的教育学，外国也没有。苏联、美国等国家是 50 年代后期才开始重视高等教育理论研究的，而高等教育学形成一门新学科，写成系统的教科书，更是 70 年代的事。为了教学的需要，我们教育学教研室几位教师，于 1956 年试编了一本《高等学校教育学讲义》，内容无非是普通教育学理论加高等学校例子。在教学的失败和试编讲义的过程中，我开始形成了一个新的理想：建立一门高等教育学新学科。这个理想的形成，不再是年轻时的任性了，而是有一定的认识为基础。我认为高等教育有许多问题不同于普通教育，应有自己的特点，有特殊的规律，需要我们去探索。这种探索是困难的。第一，在“左”的思想影响下，综合性大学不开教育课程了，大学干部也不要变外行为内行了。第二，这门学科涉及的范围广，内容复杂，不是个人主观努力所能达到的。但我相信，从事高等教育工作的教师和干部是需要高等教育理论的。书没得教，力有所未逮，就搞点力所能及的研究工作吧。这样，在“文化大革命”前就高等学校的教学理论问题，我陆续写了几篇文章。三中全会以后，我所提出的《建立高等教育学新学科的刍议》得到了领导和许多同志的支持与鼓励。尤其值得高兴的是，许多同志对于高等教育理论的研究已经远远走在我的前面。高等教育学作为教育学一个新的分支学科，也被我国学位委员会和大百科全书教育卷编委会所承认而确立了。当然，高等教育理论的研究，高等教育学新学科的发展，还需要一个长期而艰难的过程，有领导重视，有全国教育工作者和教育理论工作者的努力，高等教育理论研究的前景是绚丽的。我愿在这个领域中尽自己一份力量，作出一份贡献。

学校生活

长在“十年浩劫”时期的青年人，常常嗟叹“生不逢辰”，年华虚度。“生不逢辰”，这是事实，“十年浩劫”使千千万万青年人失去学习的大好时机。但是为什么有不少青年在农村插队的环境中，在“读书无用论”的压力下，自学成才；而在高等学府的大学生中，却有那么一些“平生无大志，但求六十分”的青年呢？

辰，就是时机；时机，就是环境条件。我们是唯物论者，不相信主观意志可以超越客观条件，但主观努力可以抓住并利用哪怕是并不十分有利的时机，而不是坐等时机。

我是在旧中国念大学的。“文化大革命”中，造反派怀疑我的家庭出身是地主、资本家。他们的怀疑不无理由。旧社会，不是有钱人很难从小学念到大学。私立大学一个学生的费用每年得三四百块钱，公立大学少说也得 200 块钱。我的父亲是卖发糕的，自做自卖，从摆摊子到租了一片铺面。我兄弟姐妹 10 人，但得了病没钱医，相继死去，最后只剩下 3 人，其中一人还是在姑母家长大的。家庭生活的困难，可想而知。我是8岁才进小学念书的，从三年级读起，这是父亲打的穷算盘，一、二年级，无非是认几个字，学加减乘除，在家里由哥哥教，可以少交两年学费。小学毕业了，上不起中学，帮父亲磨米做发糕。这时来了一个机会，汕头市当时有一所相当于初中程度的国文学校，我的哥哥曾在那里读书，我也是在这所学校的附属小学念书的。毕业时国文考试，校长杨雪立先生亲自命题监考，作文题目是《毕业后的志愿》。我第一个交卷，他当场评阅，大概是一篇尚能达意的简短文言文和强烈的读书愿望给他留下了印象。亏他半年后还记得这个爱读书的小学生，向我哥哥了解到我失学在家，答应给我一个半费生名额。一半的学费，每学期还得交10块光洋，也就是两三百斤大米，这对我父亲来说是个沉重的负担。这位杨校长非常严厉，同学们都怕他，给他取个"老猫"的绰号，他一出现，教室里立刻鸦雀无声，我尤其怕他。有一回我在教室里和同学打闹，让他看见了，他把我叫到办公室，拍着我的肩膀说："你怎么同他们一样呢？他们少学点不要紧，将来照样当老板；你将来是要靠本领赚钱养家的。"以后我再也不敢在学校里玩耍了。旧社会的学校生活，给一个穷少年以多大的精神压力！后来进师范学校，免交学费，但杂费仍很可观。这时我也能靠赚稿费、教夜校来支付学习费用了。师范学校毕业之后，全班同学都不作升学打算，一来师范生家庭经济富裕的较少，二来普遍科学文化知识水平较差，又没有外文课程，升公立大学很难过高考关。偏我不知足，还想再念书。经过三年准备，一度失败，终于跨进了大学校门。那是抗战时期，对于来自战区的学生，有膳食贷金，每月盖个印，记笔账，毕业后还债。贷金吃饭，兼课赚零用钱，就这样我读完了四年大学。大学毕业之后，很想再当研究生，这次做不到了，因为已经有了家庭负担。只有新中国成立之后，才有机会进中国人民大学的教育学研究生班（后并入北京师范大学）进修。在新社会，是拿国家的工资进修的，不但不必为学费、生活费操心，读书还能养家。

我这个穷学生在学校生活中，学会了两面作战、多面作战的工作方法。我在师范学校读书时，就一面读书，一面到夜校教书，还挤出时间写写小说。在大学里，既读书又教书，起初到小学兼课，后来到中学兼课，大学四年级时，还当了长汀县中学的教务主任，每周教6小时课。大学里的社会活动也不少，当过级会主席、教育学会主席和社会服务处主任等。环境逼我学会“弹钢琴”。

“弹钢琴”，不只是个时间安排的问题。合理的时间安排很重要，但还比较好办。例如我在大学四年级时，白天的时间，除了到大学上课之外，就在中学里办公、开会、教书、备课，不误中学的事。学生放学回家，我到社教服务处转一下，处理当天事务。晚上上图书馆自学、写毕业论文。这些都好办。困难的是要能控制自己的脑袋：读书时不想办公室的事，办公时不想功课内容；自学时不想备课，复习这门功课不想另一门功课。脑袋的安排要比时间的安排更重要，也更困难。尤其是中学的行政工作，大学的社会活动，总有许多具体问题萦回脑际，分散读书的注意力。我的办法很简单，用一张小纸片，把该处理而未处理的事一件一件记下来，也就解放了脑袋，交代给小纸片，到该想该做的时间再去想再去做。这个习惯的养成，对后来做工作很有用处。多年来，教书、科研、行政、社会活动，多面作战，就是靠这安排脑袋的习惯和方法的。人的生活是多样的，工作是多方面的，不可能也不应该“单打一”。有的大学生，要考完一门课才能复习另一门，搞点社会工作就影响读书；有的助教、讲师教一门课就不能同时备另一门课，甚至上课就不能备课，要先空出一个学期、一年两年先备好课再去教书。这些都是从小养成“单打一”的工作习惯与方法。应该在学生时代，就学会合理安排时间，安排自己的脑袋。

知识上的缺陷苦恼着我

初中阶段，我进的是国文学校，当时古文背了不少，还能写些可以朗朗上口的骈体文。念师范学校时就碰到困难了。

师范用的是高中的数理化课本，我是从二年级下学期读起的，所以代数、生物都没机会读了，只读了半本平面几何。对于逻辑证题，我很感兴趣，但要用代数解题时，就一筹莫展。读物理，读化学，对于物理、化学现象尚能理解，对于计算题就头痛。所以这一年半的数、理、化，学得似懂非懂。

师范毕业后，准备考大学。那时公立大学的入学考试，要考国文、英文、历史、地理、数学、物理、化学、生物和三民主义等科目。说实在的，我只有国文一科有把握，三民主义临时背几条，胡诌几句就行。其他各科都有问题，尤其是数学和英文，基本上都是空白。当乡村小学教师时，我白天教小学生，晚上一个人关在作为校舍的宗祠里自学。宗祠里阴森森，豆油灯摇曳不定，静极了。历史、地理、生物，我一门一门学下去还顺利，物理、化学就要硬着头皮啃，英文要抱着字典背，数学除平面几何一部分外，其余就啃不动了。第一年大学没考上，第二年再考。我当时的战略是发挥优势，避开劣势。争取文科几门课程考高分，英文、物理、化学、生物过得去，数学不交白卷。当时规定，只要没有一科零分，就可以参加总评，按总评成绩决定录取与否。这一战略居然成功，攻进了厦大。当年的录取比例是 7∶1。但这个一时成功的战略，却给我带来一辈子的苦恼。

闯过大学入学考试这一关，知识的缺陷，还像影子一样地跟着我。英文水平不高，读外文参考书很吃力；数学知识缺乏，教育统计学学不好。一年级时，我差不多用了 2/3 的时间念英文，1/3 的时间念其他四五门课程，这些课程考八九十分，我并不特别高兴，英文刚好考个 60 分，当这一科成绩在教务处门口公布时，我竟狂喜得手舞足蹈。三年级时，我又用了很多时间啃教育统计学，考了个 60 多分，也很满意。

大学毕业了，不必再愁教师考我了。但却不断地愁着工作考我。我是搞教育理论的，似乎与数理化关系不大，其实不然。教育理论研究，不能仅做定性研究，还要做定量分析，数学工具不够，就难以正确地处理调查、实验的数据；要深入到自然科学和社会科学各门学科中，理化知识不够，教学法的研究就无法深入。在大学里我是管理教学、科研的，数理化基础不好，对于科学技术，只能懂得一点常识。听理科教师的课堂教学，讨论自然科学的课程，都深入不下去。外文靠书本学习，不会听说，接待外宾或出国，还得带上翻译；不能自由地进行学术交流。

加里宁说："谁想在将来当个熟练工作人员，那他就应当在苏维埃学校里毕业，学会有系统地读书，并且要系统地磨炼自己。谁要不在学校毕业，那他将来在生活中就会很困难，将来工作的时候也很困难。缺乏有系统的知识和经常工作素养的这种缺点，将来就会经常在各方面表现出来，就会像影子一样，永远跟着你们。"说得多对呀！他又说："这种情形我自己是经历过的，并且至今还在经历着。”是的，我自己也是经历过的，并且至今还在经历着，还在被折磨着。

这是一个痛苦的教训。这个缺乏系统知识的缺陷，对于像我这样在旧社会求学的穷学生，是很难避免的。对于在社会主义制度下的学校学习的学生，希望他们能够吸取我的教训。

我为社会主义的大学生感到高兴，他们能够很好地从中学到大学，按部就班地学习系统的科学文化知识，他们将能够在扎实的基础上建立学问的金字塔，能够成为一个又红又专的熟练工作人员。我也为一些大学生以及大学里的助教担心，他们或者在“十年浩劫”中像我在旧社会那样失去学习系统的知识的时机，或者急于求成而不重打好系统的扎实的基础。如果不及时补救，这种缺陷将会在他们前进的道路上经常在各方面表现出来。最近我们厦门大学对 1977、1978 两届毕业生进行书面普查和重点访问，他们工作时间虽不长，但已由于基础知识不够宽厚或不够系统而遇到许多困难。专业知识学少一点，将来在工作中不难补足，缺乏系统牢固的基础知识和基本技能，缺乏经常工作的素养，将来就会像影子一样永远跟着你。

认真改进工作　努力办出特色[①]

——国内部分专家学者来信摘登

《高等教育研究》从1980年创刊，迄今已近7年了。它是我国最早问世的高等教育理论刊物之一，也是国内公开发行为数不多的高等教育学术刊物之一。现在，全国的高等教育刊物（包括内部发行）已发展到200多种。这份季刊，仍以其学术水平与理论价值居于前列，深受高等教育界的同行欢迎。其特点是：选材广而精，既重视基础理论研究，又紧密结合教改实际，所刊文章大多有较高的学术水平或实用价值。

我国开展高等教育理论研究，为时不过数年。《高等教育研究》这一刊物，前几年已立下披荆斩棘、开拓学科领域之功。现在起着探索高教规律、指导教改实践的作用。作为高等教育理论工作者，我对《高等教育研究》在推动高教理论研究，指导高等学校工作上所作的贡献，表示深厚的谢意！

从这份刊物的成功经验中得到启发，我对于办好一份高教理论刊物，有几点不成熟的意见：

（1）要面向广大高等学校的教师和干部。为此，既要重视宏观政策的阐述，也要重视对教师和干部所关心的教材、教法、思想教育、科研、管理等工作的指导；既要研究基础理论问题，也要刊登符合教育规律、经过实践检验行之有效的经验。

（2）要敢于研究新问题，探索新理论。文章要言之成理，持之有据，合

① 原载《高等教育研究》，1986年第4期。此文为给《高等教育研究》的信。

乎国情，切实可行。“食之不化”“摆花架子”不是好文章。要搞百家争鸣，把不同观点摆出。“一边倒”“一阵风”不是好现象。

（3）文章篇幅，一般以 6 000 字左右为宜。但有学术价值的文章，有理有据的调查报告，不厌其长；有新意的一得之见，不厌其短。

"大而全"与"少而精"[①]

——《教育大辞典》评介

我国历史上第一部巨型的《教育大辞典》开始陆续出版了，这是教育理论界以至整个教育界的一件大事。

新中国成立后的30年间，我国对教育辞书的编纂工作很不重视。1985年才出版了《中国大百科全书·教育卷》。此书虽有较高的学术价值与知识性、可读性，但收词不足千条，难以满足教育界的需要。近年来，各地又出版了多本教育辞典，收词一般在2 500条至3 000条之间（个别达4 000多条）。20世纪30年代商务印书馆用6年时间编纂出版的《教育大辞书》，收词也仅3 376条。而现在这部由中国教育学会组织编纂、上海教育出版社出版的《教育大辞典》，收词总量达3万条，为一般教育辞书的10倍！内容包括教育科学的各门分支学科。除一般教育词典所吸收的教育总编、普通教育、教育心理、教育史、外国教育之外，还分别辑录高等教育、职业技术教育、成人教育、军事教育、民族教育、华侨华文香港澳门教育，以及教育管理学、教育技术学、教育边缘学科等。全书计12卷，分为25分册。集理论、历史、现状之大成，熔古今中外于一炉，洋洋大观，堪称巨著。

但《教育大辞典》的特点，绝不只是"大而全"，还在于它的"少而精"。就已经出版的第一卷而言，包含教育学、课程和各科教学、中小学校三个分册，收词26 000多条，85.7万字，包括中外文词目、释文，平均每条不

① 原载《教育研究》，1990年12月。

过 300 字稍多点。比之商务印书馆的《教育大辞书》每条平均 860 多字，可谓精练。当然，这仅是从数量上说，更重要的在于质量如何。

什么叫“典”，典就是准则、典范，所谓“有典有则”。作为“词典”，顾名思义，必须准确地表述词义，以便人们“引经据典”而无误。如果辞典欠准确，必然会引起某些混乱，甚至使读者误入歧途。因此，准确是辞典质量的第一要求。近年来纷纷出版发行的各色各样教育辞典，各有特色，不乏典范性的释文。但也不可否认，有的辗转传抄，舛错甚多；有的对词义理解不全面，释文带有一定程度的随意性。这部《教育大辞典》的释文，则力求准确。例如，人们往往把教育的社会属性的论争叫作教育本质的论争，从而把教育的本质理解为就是教育的社会属性。有的教育辞典，也据此为“教育本质”这一概念下定义，显然是错误的。社会属性与教育本质有密切关系，但从逻辑上说，它是固有属性而不是教育之所以为教育，区别于其他社会活动的本质属性。《教育大辞典》明确地指出：“教育本质指教育作为一种教育活动区别于其他社会活动的根本特征。教育是培养人的活动……其最本质的特点就是对人的培养，通过培养人来为社会服务。”并指明“1978 年，中国教育界开展了教育本质的讨论，实际上涉及的是教育的社会属性问题”①。这就准确地界定了“教育本质”这一概念，并在释文中阐述了与之有关的教育的社会属性的观点。

作为辞典，其所收辑的条目或条目的释文，一般应该是科学上比较成熟的、有定论的观点或普遍公认的条目和词义。对于有影响的新学说，有争论的新论点，也应适当收辑，使之能及时反映学科的新发展、新成就，但又不宜滥收杜撰的“新”词“新”义。《教育大辞典》处理的原则是“对于学术问题，有定论的，准确地介绍定论；有争议的，如实地介绍多家的论点、论据”，“力求反映其本来面目”。② 例如，在教育的“劳动起源论”词条中，除了介绍定论之外，还带了一笔“20 世纪 80 年代初，中国教育界开始出现一些新看法，如生活需要起源论”③，并另立“生活需要起源论”，介绍这种新看

① 顾明远．教育大辞典：第一卷［M］．上海：上海教育出版社，1990：16－17.
② 顾明远．教育大辞典：前言［M］．上海：上海教育出版社，1990.
③ 顾明远．教育大辞典：第一卷［M］．上海：上海教育出版社，1990：5.

法的论点与依据，使人有所比较。又如，在“教育规律”词条中，除了按一般哲学书分为一般规律与特殊规律外，重视80年代以来教育界所重视的外部关系与内部关系规律，客观地介绍：“也有理论工作者把教育与其他社会现象的必然联系，称为教育的外部规律；把教育与儿童身心发展的必然关系，称为教育的内部规律。”① 而不是武断地把已为普遍公认的外部关系、内部关系的规律说成就是一般规律、特殊规律。这种实事求是的态度是值得赞许的。

《教育大辞典》编纂者所追求的知识性、科学性与实用性，在辞典中已有较好的体现，这里就不一一介绍。当然，随着教育事业的发展，教育科研的深入，词条的不断充实，释文的不断提高与完善，将是今后长期的工作。

① 顾明远. 教育大辞典：第一卷［M］. 上海：上海教育出版社，1990：17.

回忆·感谢·期望[1]

《机械工业高教研究》创刊已经 10 个年头。编辑部嘱我为 10 周年纪念写几句话，勾起我与机械工业高教关系一段往事的回忆。

1980 年夏，原一机部高教局在长沙湖南大学为部属高校领导干部办了个讲习班。以前这类讲习班大都是学习政治的，这个讲习班却要开一门教育理论课程。我应邀去讲当时正开始建构的高等教育学，第一次提出教育两条基本规律——外部关系规律与内部关系规律，征询学员的意见，得到大家赞同。讲稿承湖南大学教务处的同志整理印成一本小册子《高等教育学及教育规律问题》，并被多处翻印，流传颇广。这虽是《机械工业高教研究》创刊之前的事，但当时讲习班负责具体办学工作的谢光远同志，就是后来《机械工业高教研究》的副主编。讲习班的许多学员，成为高教研究热心的倡导者和刊物积极的支持者与撰稿人。刊物的编辑部也一直设在湖南大学内。由于有这么一段人和事的关系，我对《机械工业高教研究》一开始就有一种特殊的亲切感情，从而比较留意它的发展。而 10 年来刊物每期出版之后，也必寄给我一份，使我能经常读到一些熟悉的或不认识的同志的文章。

10 年前创刊号的发刊词宣称“《机械工业高教研究》的创刊，为开展工程教育科学研究开辟了一个新园地”。10 年来，这个园地，由于机械工业部的重视，机械工业高教研究会的领导和一大批热心高教研究事业的同志的努

① 原载《机械工业高教研究》，1994 年第 3 期。此文为祝贺《机械工业高教研究》创刊 10 周年的贺信。

力，成绩斐然。10年来，发表了900多篇论文，共600多万字。既有紧跟高等教育改革与发展形势，对宏观体制改革有影响的论文，也发表了大量微观的课程改革、教学改革、思想政治教育、学校管理工作的经验总结与研究的文章，还重视国外高等工程教育的介绍与研究；既有大量的应用理论研究，也有一定数量的基础理论研究；还发表了不少有价值的调查研究报告。例如1985年第3、第4期的"人才培养业务规格建议书专辑"，发表了机械制造、精密仪器、工业电气自动化、工业管理工程四个专业的人才培养规格建议书和调研报告，对于上述专业制订教学计划与教学大纲就有直接的指导作用，对于其他工科专业也有参考作用。正是由于《机械工业高教研究》在传播高教理论与经验上所起的导向作用，因此，这份刊物，不仅是机械、电子院校的干部、教师所爱读，也受到其他工科院校以及非工科院校的干部、教师所关注。我所在的厦门大学高等教育科学研究所的研究人员和研究生，就经常把它作为重要的参考刊物之一。我也经常从这份刊物中获得许多有益的信息、经验和有价值的见解。借此机会，表示我个人和我的研究生的谢意！

我完全同意《机械工业高教研究会成立十周年纪念会纪要》所说的："90年代是我国高等教育改革和发展的关键时期，学校的改革和发展都面临着许多新情况、新问题，需要我们去研究、去探索、去解决。在这种形势下，高教研究工作的任务不是减轻而是加重了。因此，新时期的高教研究工作只能加强，不能削弱。"我也同意朱佳生同志在《工作报告》中所指出的"会刊是学会工作的窗口"。作为"窗口"，除了"向社会展示自己的学术水平和学术地位"之外，是不是还要起组织、推动高教研究的作用。为此，我拟提出两点补充性的意见供参考：

一、当前高教改革的热门话题是如何适应市场经济，从宏观上进行体制、结构、管理的改革。高教研究刊物，大量发表这方面的讨论文章，当然很有必要。但对于学科建设、课程改革、教学改革、科研工作的文章则相对较少。而一切宏观改革，最终必须落实到微观的教学、科研的改革与完善上，才能收到实效。同时，广大的教师，从其本身岗位出发，也更关心教学与科研工作的研究。希望《机械工业高教研究》一如既往，坚持面向广大教师，多刊登他们所关心的教学、科研的理论与经验。

二、10 年前的发刊词中曾提出："面临新的技术革命，未来的信息社会，我国的工程教育应该充分借鉴国外的经验，结合我国的国情，走自己的道路。这应该是我们开展工程教育研究的指导思想。" 20 世纪 80 年代中期以前，这一指导思想实现得较好。80 年代后期以来，由于市场经济的冲击，对于"新的技术革命未来的信息社会"，似乎是被冲淡了。然而经济很发达的国家，并不因适应市场经济而冷落技术革命。今年初夏，我到美国参加一个校院研究协会所举办的国际研讨会——AIR 第 34 届年会。年会的主题是信息高速公路如何通向高等学校。也就是研究高等学校如何建立电子计算机网络，共享国际、校际的信息资源。大学面向信息社会，已经不是未来的准备而是当前的急务。我想，这类课题对我们的高教研究是有意义的。尤其是作为机械、电子工业的高教研究，密切注视国外如何将高新科技引进大学的教学、科研与管理中，"借鉴国外的经验，结合我国国情"，急起直追，是义不容辞的任务。

总之，《机械工业高教研究》10 年来成绩很大。希望百尺竿头，更进一步，为中国的社会主义高等教育现代化建设作出更多的贡献。

坚持办好一份高水平的高教刊物[①]

中国高等教育作为一个专门的学科领域开发研究，并从而促进高等教育科学的发展，是同《高等教育研究》20 年来的努力分不开的。

20 年前，"文化大革命"之后，人们反思中国高等教育过去由于违反教育规律办学，走了弯路，吃了苦头，悟出一个道理，办学不能单靠经验，要有正确的理论指导。许多大学在探讨高等教育如何改革，向哪个方向发展时，更深切感到制订发展规划，必须有正确的理论依据。正是在这一时代背景下，许多有远见卓识的大学校长，纷纷提倡与支持开展高等教育研究。其中认识最早、感受最深，并亲自介入研究工作的，是原华中工学院院长朱九思教授和他的几位同学。一般认为，工科院校的教学、科研范围，就是自然科学和工程技术，朱老却率先提出要像美国麻省理工学院那样，学科交叉、文理渗透，在工学院中，延聘工科人才，办起哲学、社会科学的专业，尤其是一下子组织编写了两本研究高等教育的专著（《高等教育原理》和《中外高等教育简史》），办起了两份研究高等教育的专刊（《高等教育研究》和《高等工程教育研究》），并和湖南大学、南京航空航天大学三所工科院校联合召开"大学教育思想研讨会"（今年即将召开第八届研讨会），为高等教育学科的建立做了开拓性的工作。

《高等教育研究》创刊之初，主要刊登高等教育管理和教学经验的文章，并介绍国外高等教育的情况。不久，就着重于理论研究，对高等教育学科，

① 原载《高等教育研究》，2000 年第 6 期。

包括高等教育管理学科的创立起了促进作用，也对此后全国涌现的数以百计的高教研究刊物起了带头作用。在理论水平上，居于全国之冠；在高等教育事业的改革与发展上，作出重要的贡献。

1993 年，全国高等教育学研究会成立时，代表们建议办一份会刊，并且希望所办会刊，能够代表中国高等教育研究的理论水平。但研究会并非常设机构，既缺经费，又无编制，只能挂靠于某个单位，与某份刊物合作，首先当然就是《高等教育研究》。华中理工大学高教所和编辑部也欣然同意，从 1994 年起，这份刊物就成为华中理工大学和全国高等教育学研究会合办的会刊，进一步确立了它在全国的学术地位，成为全国唯一的高等教育权威刊物。

为什么《高等教育研究》能取得如此辉煌的成绩呢？我认为：

（一）它不但起步早，而且起点高。一开始，它就突破一校、一地的界限，面向全国组稿。而且选稿严格，保证质量，当有些刊物，为了创收而收版面费，往往不得不降低质量要求时（国外有些一流刊物也收版面费，但情况不同），而《高等教育研究》不收版面费，坚持质量第一，稿源充实，有利精选，形成良性循环。

（二）紧密结合中国高等教育改革中带有根本性的重大问题，有计划地组织稿件，开展自由讨论，为国家决策提供理论依据，为大学教育改革实践提供指导意见。在服务过程中，不断提高自己的权威性。

（三）在高等教育学和高等教育管理等学科的建设中，发挥重要作用。《高等教育研究》不仅围绕热点问题组稿，而且重视基本理论研究。一份高质量的刊物，不能只刊登“应景”文章。有计划组稿与非计划接受学术稿件、发表应用性研究成果与基础理论研究成果，应当兼顾。如果只重视“票房价值”而忽视学术价值，质量难以提高。

社会科学研究的组织工作，一份刊物，一所出版社所起的作用，不亚于科研领导部门所制订的科研规划。因为社科研究成果，一般是论文与专著，论文要发表，专著要出版。发表与出版的机会，对作者是一种动力。《高等教育研究》正是以其高品位，组织团结了一批高水平的作者，扶持和培养了一批有发展潜力的年轻作者。

这些成果的取得，更为重要的原因是前后刊物编辑工作的同志，办刊的目的明确，事业心责任感都很强。编辑工作是“为他人作嫁衣裳”的，没有奉献精神，是很难办好，更难坚持的。如果坚持了 20 年，我相信，在总结 20 年来的成就和经验的基础上，带进 21 世纪的《高等教育研究》在迎接知识经济的挑战上，在中国高等教育建设上，在高等教育科学的发展与提高上，必能做出更为辉煌的成绩。

海外教育学院历史杂忆[①]

1955 年 5 月，我随当时厦大副校长、党委书记陆维特到北京参加高教部召开的全国高教工作会议。会议期间，陆副校长向高教部副部长黄松龄汇报厦大发展方向问题：根据厦大的历史背景和地理条件，拟以面向东南亚华侨、面向海洋作为长期的努力方向。黄副部长表示十分赞同，并嘱拟出具体方案，报请批准。陆副校长回校后，经过一番酝酿，并请示福建省委、省政府、中侨委和陈嘉庚先生，得到各方的同意和支持，正式提出申请。当年底，高教部就批复，颁发了《关于厦门大学发展方向的决定》，确定："厦门大学应以面向东南亚华侨、面向海洋为今后发展方向。"并提出具体指示：除要求在物理、化学、生物和经济、外语、历史等系分别设置有关这两个方向的专业或专门化和逐年增加侨生招生比例外，还提出要筹建有关的科研与教学机构。次年，就创办了"南洋研究所"、"华侨函授部"和与中科院合作创办"海洋研究所"（即第三海洋研究所的前身）。

南洋研究所和华侨函授部，都是在 1956 年 10 月 1 日正式成立的。两个机构的成立大会联合举行，就在建南大会堂的三楼会议厅举行。说是成立大会，并没有那么多繁文缛节，出席的领导、来宾、各系代表、两个机构的教师共 100 多人。陆副校长主持，王亚南校长讲了话。10 月 1 日，正是秋高气爽的好日子，天气晴朗。我至今还清晰地记得当时大家在大会堂三楼上，眺望大海，水天一色，开阔的视野，象征着无限的前程。

① 原载《海外华文教育》，2006 年第 4 期（总第 41 期）。

在南洋研究所大楼尚未建成之前，两个单位就在建南大会堂的三楼工作，其后才迁到南洋研究所大楼，函授部只占用大楼的第三层。华侨函授部最初只设数、理、化三个专修科，还曾一度增设生物专修科。聘请数学系主任方德植兼任部主任。其后设置了中文专修科，又由于函授部当时是培养侨校的中学教师，增聘教育学教研室的陈汝惠副教授任部副主任。培养中学教师必须开教育课程，但国内的社会主义教育学不宜作为海外教材，由我主编、张曼因执笔，编写了一本《教育概论》。

华侨函授部后来改称“海外函授部”，意在扩大生源，非华侨的华人和港澳同胞都可作为招生对象。设科也有所变动，数、理、化、生的华校教师数量不多，也不一定非在国内培养不可，因而陆续停办。华文、华语教师需要量较多，而且华文报纸、华人作家以至商务部门，都需要华文、华语人才，因而华文专修科一枝独秀。不久，又应华侨的要求，增设中医科，包括针灸班。中医教育不能只靠函授，还必须面授和临床实习，就和厦大医院合作在厦大医院设置面授和实习基地，聘请医院的中医师兼职。中文和中医的函授教育，对弘扬祖国文化起了重大作用，对厦门大学的海外声誉也起了很大的作用。许多东南亚华侨华人，是先知道海外函授部然后才知道祖国东南还有厦门大学这一最高学府的。

“文化大革命”中，南洋研究所和海外函授部都被迫停办。“文化大革命”后，南洋研究所先恢复，海外华侨华人和校友，纷纷来信来电盼望复校，经过一番呼吁与努力，才获批准复办招生，并任命蒋林为复办后的海外函授部主任，黄选卿与蔡铁民为副主任。

1980 年，适应新形势的需要，函授部升格为海外函授学院，同时新建学院大楼，指定我兼任院长，实际工作主要是由副院长蒋林、蔡铁民、李燕棠、刘孔藤等和总支书记白蓝承担的。我除了特殊情况外，每周只到学院办公半天，讨论一些重要问题。说我是首任院长，其实是很不称职的。海外函授学院及其后的海外教育学院，都是我的后任者和教师、职工们所作的贡献。

值此 50 周年庆典之际，谨祝海外教育学院在弘扬祖国优秀传统文化，在厦门大学国际化的发展上作出更为出色的贡献。

在“中央教育科学研究所建所 50 周年纪念会”上的致辞[①]

作为中央教育科学研究所原研究人员和历史见证人，能够参加央所成立 50 周年的纪念会，我感到非常激动。

我是 1964 年到中央教科所工作的，40 年前的老同志现在在世的已经不多了。大批年轻的教育科学工作者的成长，使中央教育科学研究所从一个规模很小、力量有限的研究所，发展成为今天肩负中国教育科学发展及组织、支持、创新工作责任的超级研究机构——虽然现在的名称仍然是教育科学研究所。

中央教育科学研究所的发展并不是一帆风顺的。中央教科所在 20 世纪 60 年代到 70 年代，不但规模小，任务也简单。一般来说，就是作为教育部的一支机动部队。教育部要开个什么会议，就让我们组织队伍，搞调查，收集资料，提供素材，整理记录。我就曾随所长戴伯韬同志在天津调查半工半读，随副所长康英同志到遵化调查半农半读，到山西调查中学教育改革。

“文化大革命”中，教育部的全体干部下放到安徽凤阳办“五七”干校，全体干部分成九个连队，中央教育科学研究所组成了最小的连队——第九连。“五七”干校解散后，中央教科所也就停办了。

“文化大革命”结束后，中央教育科学研究所重建后不久，承担了一项任务，即拟定全国教育科学研究规划。在 1979 年 3 月至 4 月召开的首届全国教

① 约写于 2007 年。

育科学规划会议上，我提出重建后的中央教育科学研究所，应该负起两项任务：一项是依据自身的科研力量，从事宏观教育问题的研究，为教育部决策提供参考；另一项是组织、支持全国教育科研工作。在一定时期内，后一任务比前一任务更为重要。虽然当时中央教科所科研人员不多，力量有限，但它在教育部的直接领导下，不论从名义上、从地位上，其组织作用、支持作用，是一个省市、一所师范大学的教育科研机构所替代不了的。

我的建议，虽然当时有的同志不以为然，认为每个省市、每所师范院校，都各有自己的研究任务与自己的研究力量，中央教科所只是其中之一，应该“自己烙饼自己吃”。后来事实上是中央教科所两大任务都承担了，而且都干得很好，做出了出色的业绩。关于前一个任务，已在朱小蔓所长的汇报中体现出来。而后一个任务设在中央教科所中的全国教育科学规划领导小组办公室，起到了组织、协调与实施全国教育科学重大研究项目的作用。中央教科所所编辑出版的《教育研究》成为全国核心刊物之一，发挥了引领全国教育学术的作用。这次大会，又将同时举办第六届教育科学研究所（院）长工作联席会议，说明中央教科所已认真承担起组织、引领全国教育科研的任务。

中国教育发展的成就是世界所瞩目的，而教育改革的任务是艰巨的，艰巨的教育改革与发展需要教育理论与教育实践的研究。希望中央教育科学研究所做出更多的研究成果，更希望中央教育科学研究所能够更好地组织、帮助、指导、引领全国的教育科学研究工作，做出更为辉煌的成绩。

谢谢！

·其　　他·

关于文字改革[①]

原来"五四"运动的动人标志就是提倡语体文，打倒死的文言文，它的目的，就是为了达到文艺成为群众性的活动。当时所提出的目的并没有我们现在这样明确，可是这个目的后来是失败了。文言文固然被打倒，语体文却依然和人民群众隔得很远。以文字为工具的文艺，却又受文字的累被送进象牙塔去。这个目的的失败固然有其客观形势的基本原因，但是文字本身的缺点也不可忽视，方块字限于四四方方，一个一个的形式和音节，学起来固然难，写起来更无法表达群众丰富的词汇和情感，自然不能与群众的口语配合。运用这一无能的工具来发展群众性文艺，自然越发展越格格不入。这种苦恼对于今日创作方言文学、阅读文言文学的人，是同样存在着的。

汲取"五四"提倡语体文的改革运动之失败教训，我们今天要开展群众性文艺活动，就应该把眼光放远一点，不应只在方块字中兜圈子，要深切地体会毛主席的话："文字应该在一定的条件下加以改革。"唯有通过新的、能与群众口语配合的文字，文艺才能实实在在成为广大群众所能享受、所能喜爱的东西。所以，文字的改革是开展群众性文艺创作活动最重要的关键。

当然，文字改革不是一朝一夕的事，文艺向群众开展也不能待文字改革

① 原载《新文字月刊》。1950年，潘懋元与黄典诚、洪笃仁等组织新文字研究会，出版《新文字月刊》。

之后再来做。但是，有些文艺工作者只顾目前，看不到远景，对于文字改革的重要性不去理解，只凭自己的主观成见或庸俗的常识，加以非难，甚至于阻碍其发展，这也是不对的。

不可否认，目前的群众性文艺活动，应该暂时以方块字的方言文学为主，因为它牵涉的范围较小，因而局部的收效较易，但也应该同时照顾到文字改革的研究实验工作，以创作优良的工具，迎接即将到来的文化高潮，为完成更大的更彻底的任务做准备。

新文字与标声问题[①]

在方言方面，这种麻烦也很多。惠安话、漳州话、泉州话，在声上和厦门话各有不同，拼写起来，必又影响字形不同。究竟是定出标准的字形呢？抑或各自按照自己的字形呢？难怪钱玄同先生只好摇头叹气为“茫无标准”“说不明白”了。而且规则变化那么多，偶一不小心，更容易写错。比较拉丁化新文字不标声，简单明白，写比读还要容易，真不可同日而语了。

文字改革的主要目的，在于求其容易，越容易的价值越高。根据上面的比较，显然不标声是比较标声有利得多。再进一步说，语言是活的，发展的，由于读书上的四声已与今日国语通行的四声不同，由于各地方的四声五声七声八声九声……分歧错杂互相冲破；可见四声在语言上没有非保留不可的必要。由于自然界的声音是没有四声的，由于现代的语言中轻声和复音词的增加，由于世界各国的语言都没有四声之分……可见中国语言的发展，是向没有四声的境地发展。如果文字革命要摆脱汉字的束缚，却不敢摆脱四声的束缚，叫死的拖住活的，这是不应该的。Francis Corta 说过：从中国拼音文字的历史上看，任何一种标注四声或五声的罗马字拼音方案，都很难促成重要的拼音文字运动。赵元任博士和周辨明博士的学识是了不起的，但是他们的拼音文字方案也无济于事。国语罗马字是已经失败了，其他的标注声调的方案为一般人，也都是难学的。旁观者清，旁观者也已明白地告诉我们新的方案要撇开四声，方能避免罗马字失败的覆辙！

① 原载《新文字月刊》，1950 年。

最后我同意一位开明的罗马字文字改革者的意见。他认为主张罗马字标四声的人，是一种过于周密的估计，假定了不标四声便混淆不清。但是不标四声的简单易学已是事实，为应今日识字运动的需要，应尽先推行不标四声的文字。假如在应用上有困难，再用标四声的原则去个别地解决它。这个意见是很宝贵的。

知识分子怎样学习新文字[①]

有许多实例证明新文字非常容易学会。一个文盲，天天学一个钟头，大体一个月便能看能写；两个月便看得快写得流畅。他们学习的过程，至少有 1/3 的时间是花在学习 abc 字体上，1/3 的时间是花在学拼法上。知识分子学新文字，这两项工作大体已在初中的英文课上学过了，一部分字母的发音和文法也是熟念的，所以学起来理当更容易。不错，有人花一个星期，三个钟头，甚至于一个钟头便学会了。可是，那是很不可靠的事。事实上，知识分子学习新文字，比较文盲要难得多，成功的比例要少得多。这是我教新文字的经验。

为什么知识分子学习新文字比文盲困难呢？有以下几个重要的原因。

一、所谓知识分子，在今天就是方块字的特权阶级，他们或多或少已能役使若干个汉字为他们服务，除非肯向后回顾当年学汉字的艰辛历史和展望前面汉字对工作发展（如文学工作、教育工作）的限制，他们大多数是满足于——甚至骄傲于目前这种特权了。起初也许因为好奇学新文字，几个钟头之后，发觉他本身并没有很大的近功，便懒得持续下去。或者因为自己是方块字的特权者，尽管口里人云亦云地咒骂方块字，但亲熟久了，岂能忘情，有意无意地要为方块字袒护。在学用新文字时，因为不纯熟，可能有某些技术上的困难，便趁此夸大其困难，以便重拾旧欢。

二、知识分子最重挑三拣四，卖弄个人的聪明；学不到两小时的新文字，可能便有许多高见。这些高见，似是而非，在 20 年来新文字运动中，人家已

① 原载《新文字月刊》，1950 年 6 月 1 日。

经拿理论和事实答复得清清楚楚了（如四声问题、统一与分歧问题）。他们却不愿去进一步寻求理论的学习，固执自己的见解，由此而怀疑灰心搁笔，回到方块字的怀抱去。

三、知识分子的工作差不多不能与文字离开，今日通行的文字当然还是方块字，所以学了新文字之后，还是接触方块字的机会多，接触新文字的机会少，与文盲的学会新文字便只能应用新文字不同，因此，不免略通之后，又复弃置荒废了。

困难固然困难，但是通过困难，达到成功的知识分子也不在少数。要不然，为什么现在全国各地，从事新文字运动的同志一天比一天多。他们如何通过困难，不外乎下面几个要点。

（1）建立起为人民服务的决心，不是为自己的兴趣时髦来学新文字，而是为了解决广大文盲大众的痛苦来学新文字。当然，新文字的目的不只是在普及，也在提高，文字的提高对知识分子本身也会有好处。但是，目前的任务是先放在普及上，对自己本身的好处要放在后面。这就是“搞通语文革命的思想”的意义。

（2）学习新文字的理论。首先是政治理论，在人民大众的立场上，去认清当前的文化建设的本质，因而决定新文字运动在当前的任务、重要性、步骤，才不致灰心，也不致性急（有人以为一两年内新文字便可普及是性急了）。灰心和性急都是有害的。其次是语文理论，通过语文理论的学习才能站稳脚步，说服非难者。

（3）要在实践中加强信心。最好的实践就是教文盲学习新文字，当你用一个月的工夫教会一个卖油条的小孩子能写一封信给你时，你才真正地体验到新文字的伟大，你对它的信心再也不会动摇了。在没有实践之前，对于新文字的信心是抽象的；在实践之后，是具体的、坚定的了。

（4）目前应用新文字的机会虽少，但是你要主动去创造应用的条件。如果说是读物少，你就更要负起编写读物的责任（即使是一条标语、一张街头简报）。此外，写日记，做笔记，写给认得新文字的朋友的信，随处都有你练习的机会。

这一切，中心关键在“搞通语文革命的思想”，而方法在勇于继续不懈的“学习”。

元旦美展观后[①]

文联主办的庆祝解放，元旦的美术展览会，集合了全厦门市的美术工作者和学校的美术品 1 000 多幅，经过选择后，展出 400 多幅，其中包括木刻、漫画、西洋画（素描、粉画、油画、图案画）、国画、建功画、摄影等。这是新中国成立后第一次大规模的美术作品展览。

木刻在展览品中占最重要的位置，因为它是向敌人斗争和服务人民的最方便而有效的形式。吴忠翰的作品，构图伟大，线条精细明晰，这里展出的作品要算《大动脉在复原中》最成功，是描写蒋区破坏后的车站，在新中国成立后，工人们动员起来抢修的情形，这幅画抓住今日最重要的主题——“画一切可能极大力量，从事人民经济事业的恢复和发展”，这是正确的。另有几幅套色木刻，是木刻向前一步发展的成绩。在苏联套色木刻已经普遍发达了，在我国抗战时才提倡的。他的《牧马》《秋骑》等几幅，是参加各地木刻展览的作品，另一幅《蒋牢一角》和许霏的《荣归》，都在《厦门日报》刊发过，展览会里看到的更逼真有力。

漫画方面，要算崇山文工团的几套连环漫画最精彩，有简青的着色漫画，具有浓厚的民间形式的风味，这是一种农民最容易接受的形式，因为它像民间的神画、捉鬼画等，而比那些有更高的艺术手法；李果的几张用中国画法来作的漫画也很好，但他素描基础不好，影响了画面；蔡高嵩的《逃命》等画面生动，也是很好的讽刺画。

① 原载《江声报》，1951 年。

从利用旧形式方面来说，杨柳溪和许霏的几幅改良国画，是值得注意的。国画的末流，是与现实脱离，成为没有生气的画。就国画的形式，有其历史传统而为中国人所习见的，所以要改变内容。配合时代，来迎合广大人民的需求。

展览品中有多幅油画，叶近勇的《军民一家》画面清楚，农夫、农妇和解放军三个人亲切温和的态度，好像活的一样，但这幅画的背景破坏了画面的真实。

粉画和水彩画方面，叶永年的《军民合作》，李其铮的《人民解放战争依靠人民》，构图很好。是绘在一间破屋中，拿望远镜的老农夫协助解放军作战，紧张合作的表情活现，整个画面在昏暗中露出一片青色的明亮，很动人。

其次要谈到摄影方面，除了《平津战役》《淮海战役》《厦门战役》几套战地照片较为吸引观众外，就要推黄一凡的许多摄影作品了。由此可见，摄影艺术只有走上战地和广大人民，才有它的发展。

最后特别要提出的是崇山文工团参展的油印作品，其中要算油彩列宁像最精彩，从这里可见油印艺术是从艰苦中奋斗出来的成绩。

这次美术展览好处很多，但缺点也有。一般上说，选画的标准，太斤斤于艺术的技巧，如果说这是一种示范性的展览，不能说不对；要是对民众宣传，则还应记住“应该在普及的基础上提高”这句话，技巧很高的，不见得就是民众所喜闻乐见的。其次，大部分的画，免不了仍是从想象中描写，欠缺生活的体验。尽管主题很正确，描绘很伟大的画面，内容却很空虚、呆板、公式化。

在人民的时代中，艺术应该为人民服务，如何为人民服务呢？就是在内容上能够反映人民群众的生活，并应用人民“喜闻乐见”的形式。应该利用旧形式，但只要是为人民所欢迎的，新形式也应该创造出来应用。创作时要色彩分明、光暗强烈。至于具体的运用如何，全靠和人民站在一起把自己变成人民的分子，用人民的角度去实际体验。

最后我希望厦门美术工作者们，经过这一次大展出后，能够更深入地描写，表现现实，到工农兵群众中去实际体验，创作出更充实、更完整的作品来。

准备识字运动几个条件[1]

中央人民政府第一次全国教育工作者会议，教育部副部长钱瑞俊作总结报告，指出 1950 年上半年全国教育工作计划，“应该着手准备识字教育的教材和组织群众中的师资，争取从 1951 年开始，进行全国规模的识字运动”。这个指示是完全正确的。根据客观的情势，全国的文化高潮不久必将到来，而识字运动又必是这个文化高潮的一个重要部分。在高潮尚未达到的今天，准备必要的条件以迎接它，使它顺利地并加速地发展是绝对必要的。

识字运动，在中国提出这口号，起码是 20 多年前的事，但是到今天，文盲仍是那么多，过去的运动几乎是完全失败了。失败的基本原因，是政治的。在反动派的统治之下，怕群众教育普及，不好统治，虽然有许多天真的教育工作者颇费了些劲，可是斗不过政治的逆流，以及缺少群众基础，终于得不到什么效果。今后随着解放战争的胜利，人民政权的确立，识字运动的展开，现在基本上是可能了。但是识字的工具，还值得考虑。仍旧是汉字吗？20 余年的经验，告诉我们一句话：“太困难了。”如果不寻求文字的改革，仍旧用这老工具，恐怕费力多而效率不会很高。改革的办法如何？只有用拼音文字，尤其是拉丁化新文字，因为拉丁化新文字的易学、易懂、易写、易记忆，正与汉字的难学、难懂，难写、难记忆成明显的对比。

一、易学——拉丁化新文字基本上只有 28 个字母，其中有几个是为接受外来语，平时用不着的。所以一般上只有二十四五个（视各地方言略有不

① 原载《江声报》，1951 年。

同），学会了这二十四五个字母，就可以拼任何要说的话，而且文法也非常简单，除了词儿连写，大写几个原则之外，它的文法就是口语的语法。汉字的单字，却多至几千以至几万个。最低限度也要认得1 000个基本字，才勉强可以应用。20多个和1 000个，它的比例是40：1。更何况1 000个字还不够用呢！所以学新文字，大概最多一个月便能够读一切的书（当然是指内容程度适合的），但学汉字的初中学生，还有许多人看不懂报纸哩。

二、易懂——汉字的词句和文法，不论文言文或白话文，都跟口语差得很远。方言文学虽然较接近些，但是受汉字本身的缺点所限制，接近的程度也很有限。要读懂一篇文章（文章内容程度不论），一定要懂得文言文或白话文那套法则。那套法则，白话文较容易些，文言文较难些，最容易的白话文，也总要四五年才能略通。难些的呢？读20年书还搞不通的多着呢（通常批评人文章不通，十之八九便是根据那套法则的批评）。拉丁化新文字，完全与口语合一，读别人的文章，正如听别人说话一样明白清楚；写文章给人看，也如说话给人听一样，不必经过一番文法上的“改造”，不致受“不通”之冤。

三、易写——学汉字的，大概先会看，然后会写，写比看难得多。许多人会看了，却不一定会写。例如初中的学生，大体上浅近的白话文可以看得懂了，但是一封通顺的信却就写不出。新文字则写与看是一致的，能看的必能写，甚至写比看还要先学会。我曾教过小学生（四至六年级）每周一小时，半个学期他们就会写信。读与他们课本同样程度的新文字书本，则要一个学期才成。为什么写这么容易呢？因为“你想怎样说，你就怎样写”得了。

四、易记忆——学过英文的人有一种经验，当你的生字簿只有几十个字时，你可能每个字都记得清清楚楚。但若是增至几百或一两千时，便一定会遗忘很多。遗忘的百分比，跟着生字的增加而越来越大。汉字最少要学1 000个字以上才够用，这1 000个字不是一下子可以装进脑袋的，必定要经过两三年，这两三年中间，因事因病因生活变动，可能时学时辍，但是时间这么长，又时常中辍，已经装在脑里的字，虽然有 两百个或七八百个，但因为还无法应用，所以记得不耐烦便偷偷地溜走了。于是一面学，一面溜，不成为轮回文盲，至少也要加倍的年限。识字班所以年年招生，老是那几副熟面孔；而文盲们年年上学，仍旧要从头学起，便是这个缘故。拉丁化新文字因为不必死记住字形，字形只在读写的过程中逐渐地被记住。如果忘记了，也可以根据字母很容易地讲出来。所以学会了，就溜不掉。

关于新文字在识字上的效用，厦门人应该特别清楚，因为全国拼音文字最先流行而且收效最大的就是厦门。1852 年，厦门便有第一部用厦门话罗马字翻译的圣经。教会中的传教士，用罗马字（又称白话字）教男女文盲读圣经，只要几个星期就成功。所以直到现在，上了年纪的人能够用白话字写信读圣经的很多。这些有目共睹的事实，正可以加强我们推行新文字的信心。

为了迎接即将到来的文化高潮，准备识字运动的有利条件，我们今天就应该展开拉丁化新文字运动。

文艺与政治[①]

——文学讲座

一、政治是文艺的基本要素

1. 有没有无政治性的文艺

今天大概不会再有人认为文艺与政治无关。但是这个问题仍时常困惑我们:"文艺在一般上虽然与政治有关,但,是不是可以有些特殊的例外呢?"诸如风花雪月的文章,身边琐事的记述,不是常被人认为与政治风马牛不相及吗?那么,我们现在来分析这些被认为无政治性的文艺看看:

第一类被认为无政治性的文艺是传达个人情感的作品,也就是上面所举的风花雪月这类作品。一个人秋夜望月,又亮又圆,煞是好看,就写了一首秋夜咏月的诗,以表达他内心的欣赏情感。这种情感,表面看起来,正如一位文人所说,是"一阵春风吹过池面的波纹,是无所谓目的"的。吟咏一下月亮,难道也与政治有关吗?但是假如我们问:这位诗人是不是一个生活在矿坑里的工人?他何以把月亮比成"玉盘"而不比成"饭碗"?他何以眼睛望着天上的月亮而不看看地面讨饭的乞丐?他何以有闲赏月而不愁衣食?他是不是也希望别人同享他欣赏自然美的愉快而忘却人世间的痛苦?这样问一问,"无目的""不关政治"的谎言就不打自破了。中国过去有所谓隐士的是

① 原载《江声报》,1951 年。厦门市文学工作者协会主编,第六、第七期。

一些“躲避”政治的人。他们的诗，只谈田园山林，只谈酒，似乎不带政治性，只传达个人的情感了。但正如鲁迅先生所说：“即使是从前的人，那诗文完全超于政治的所谓‘田园诗人’‘山林诗人’，是没有的。完全超出于人间的，也是没有的。既然是超出于世，则当然连诗文也没有。诗文也是人事，既有诗，就可以知道于世事未能忘情（魏晋风度及文章与东晋酒之关系）。”托尔斯泰也曾主张艺术的首要意义是情感的传达，但米丁的历史辩证法中重述列宁的意思说：“它们（指托氏作品）当中表达着一定的哲学和政治的见解，同时也表现着对社会生活缺乏独特的认识。虽然托尔斯泰认为艺术的首要意义是情感的传达，但是他自己的创作却驳倒了他的公式，因为他的作品不只是情感的传达，或者说得确切些，只是在它成为特殊的认识形式，在它表达一定的政治和哲学的见解之限度内情感地传达着。”这里显然告诉我们，传达情感固然是文艺的一种作用，但是它仍是属次的，不能是唯一的。它只在一定的社会的政治的背景上有它的作用：隐士们的情感，源于政治上郁郁未遇；托尔斯泰的情感，则是“俄国资产阶级革命发生之际千百万俄国农民的思想和感情”。屈原发幽愤的文章，是希望把情感传达给楚王；托尔斯泰作品则是企图传达他的托尔斯泰精神——向统治者祈求改良农民的生活。这样的情感，你能够说它没有政治性吗？

第二类被认为无政治性的文艺是只“忠实地”记事的作品。自由主义者是喜欢说自己站在公正的立场、不偏不倚的立场——或竟说没有立场以写作品，也就以为可以不加任何主观的见解，只作忠实地记述，这样的作品似乎是无政治作用了。但正如真空中的物理运动在事实上是没有的事一样，没有主观见解的叙述，在事实上也不会有。这说简单得像写一个慈善家把钞票布施给路旁的乞丐吧：或许你以人道主义的观点来感激他，或许你看出他的虚伪而鄙视他；或许你觉得这是他的好心而无济于事，以社会科学的观点来分析这件事；因为有这种种不同的见解，你必定在描写他们布施的衣饰、态度、动作上有不同的笔法，必定从某一个角度去描写他们。甚至于加几句按语。要“忠实地”描写是绝不可能的。即或退一万步说，这种“忠实地”描写是可能的，但却已经不是一篇文学作品，而是一幅几何图形或一个化学反应式了。

19世纪末期，欧洲流行着一种“自然主义”的文艺，认为作品只是工具，不必求善。指道德的描写，力求避免成见。最好是把客观事实“如实地”反映出来。这种作品结果是弄得枯燥无味。而且事实上也仍脱不了主观的成见。如V. 亚斯默德对自然主义的批评：“艺术家的描写也要服从描写的主要目的，因此，他必须有所选择。”这就可见得他们的描写不可能是完全客观的。自然主义者左拉、袭降尔等人，哪一部的作品有浓厚的政治性呢？而且，这种自然主义是当时机械唯物主义的产物，而机械唯物主义之出现又有其一定的时代背景。这种层层揭露下去，“忠实地”的真相就不难显露了。

第三类被认为无政治性的文艺是娱乐消闲的文艺。诸如一本低级趣味的黄色小说，一出胡闹的美国大腿电影。它们的目的只在使读者或观众开心，发出哄笑，消散消散工作的疲劳。这种黄色小说或美国电影的内容有无联系政治，暂置勿论。只就它们的产生及推销的目的来说，就大有问题。当年日寇占据厦门之后，就鼓励厦门各报的副刊刊登各种淫荡肉麻的小说；在帝国主义和反动派的护翼下，上海大世界的淫戏和南京路的淫书淫画门庭若市；美国的大腿电影对于中国青年发生了什么样的影响，这些都是不可否认的事实。在娱乐消闲的后面是潜伏着一副麻醉国民和宣扬帝国主义“文明”的用心的。

上面三类“无政治性”的文艺，已经从事实上揭露了它们的真相。除了这三类之外，可能还有人能够进一步从理论上去求根本的全盘的解答。

2. 为什么没落的阶级要说文艺脱离政治呢

我们既已确定了一切文艺都有政治性。但是我们要回头来研究：在资本主义社会中，为什么过去有为“艺术而艺术”的口号，今日也有文艺超政治、文艺自由等叫嚣，显然是企图把文艺与政治分开。其实，资产阶级本来不是一开始就说文艺脱离政治的，当他们摧毁封建制度时，文艺就曾经成为他们的政治竞争武器。首先是文艺复兴，为资本主义文化的启蒙运动，其后浪漫主义、自然主义、现实主义等，都曾在特定的时期为推进资本主义社会尽过一番力量。但问题是当时的资本主义社会是在向前发展的时期，今日则是临近没落了。在临近没落的资本主义社会中，真实的情况只有腐败、无耻、残酷等罪恶。这些反动事实，当然不是资产阶级愿意暴露的。因此，他们就必须高唱为艺术而艺术、象征主义、未来主义、神秘主义等幌子来达到遮掩现实的企图。唯有遮掩现实，才能遮掩他们一切的罪恶。这样看来，文艺是与政治脱离关系吗？恰恰相反，这种企图的本身就是一种政治的阴谋。那些故意或盲从为艺术而艺术的文人，实际上也就是替没落的资本主义政治服务。至于新兴的无产阶级方面，情形刚刚相反，他们要把现实揭露出来，要告诉大家真理之所在。要警告文人不为没落的资产阶级统治者所役用，警告人民大众不要受反动文人的欺骗，要求文艺正视现实，结合政治，为真理奋斗。这就是为什么没落的资产阶级企图骗人说文艺与政治无关，而无产阶级要正告大家政治是文艺最基本的要素和关键。明了了这一关键，我们便应该提高警惕性，不要再受没落的资产阶级的文人所欺骗，不要中了他们的政治阴谋。假如我们中了他们的政治阴谋，不但解除了我们自己的斗争武器，而且在客观上将成为他们的帮凶。反之，我们应把握文艺这一政治武器来刺破反动统治的假面具，更应该把握这一武器来协助新社会的政治经济建设。这就是为什么我们要明了政治是文艺的要素的意义。

二、文艺必须服从政治

1．文艺对政治的作用

现在我们要进一步来讨论政治与文艺间的关系。即是文艺如何服务于政治和政治如何需要文艺。在讨论之前，先要解决的是文艺怎样表现政治这一要素，即如何表现政治概念？文艺用以表现政治概念的方式是通过形象来表现的，如何通过形象来表现呢？例如我们的政治概念是“必须消灭封建剥削制度，农民才能翻身”。我们的文艺就用各种各样的故事和方式来暴露地主恶霸如何凶残地剥削农民，农民在地主剥削下的生活如何痛苦，农民如何在共产党的领导下组织起来对恶霸斗争，把恶霸斗掉之后，农民的生活如何逐渐得到改善，农民的生产情绪如何热烈高涨，如《白毛女》《赤叶河》等歌剧一样。这些故事是用现实生活来表现的，所以有血有肉，能够引起读者或观众感情上的共鸣以至痛哭流泪。政治概念是抽象的，虽然也可由抽象的思考引起认识，但必须很努力地去学习，而且往往不深刻，或容易流于教条的死记，与生活不能配合。对于文化水平较低的群众，进行抽象的政治概念的教育尤其困难。文艺则除了同样可使人正确地去认识政治概念之外，还可以使人发生热烈的爱恨感情，把认识和感情融合起来，这认识就深刻而且有力得多。高尔基说："文学比哲学更广泛地被阅读着，而且由于自己的生动性，它较哲学更具说服性，因此文学是阶级宣传最普遍、方便、简单和制胜的手段。"（《俄国文学史序》）所以，文艺是政治斗争的一个战斗单位，而且是极重要的一个单位。毛主席在延安文艺座谈会上的讲话："如果连最广义最普遍的文学艺术也没有，那革命艺术也没有，那革命就不能进行，就不能胜利，不认识这一点是不对的。"

历来的剥削阶级统治者，对于这一点是晓得的，所以无不尽力利用这一武器来巩固他们的统治。如中国的旧小说戏剧，总是表扬"忠臣烈士"，贬责"奸臣流寇"，所谓"忠臣烈士"就是为统治者效忠的人，而"奸臣流寇"则是反抗统治的人。又如鼓励读书人"上京考试"，描写求得功名的光荣以遂行他们牢笼读书人的政策，歌颂统治者的神圣威武，以加强被奴役者的自卑感等。资本主义社会的统治者，虽然表面上不论政治与文学有关，但也同样丝毫不放松这一武器。一方面是加强文艺的统治，一方面是制造与收买种种足以巩固他们的统治的文艺与文人。西蒙诺夫所写的《俄罗斯问题》，就是告诉我们美国的资本家们如何要收买一个名记者写一本污蔑苏联的书以作宣传资料，这个有良心的记者不甘受收买，把实情写出来。当然书是不能销售了，他自己也连爱人都失掉。在统治者临近没落的时候，这种统治与利用在事实上也就更加严厉了。但是，随着资本主义社会统治者的没落，新兴的无产阶级力量的茁壮，以及由无产阶级所领导的民主阵线的扩大与加强，文艺这一政治武器，握在无产阶级手中，更有效地被运用以摧毁反动残余和建立新的政治。苏联的学校工厂中，都有种种文艺小组，用文艺形式来进行政治教育成为一种正规的经常的工作。去年 9 月，沈阳市青年团团工委宣传部，发出通知，号召全市团员学习库里申科大队长一文，现在厦门市放映苏联影片或中国新影片时，鼓励各界去看，也都是要用文艺以进行政治教育的缘故。

2. 这种作用的限制

上面已经说过文艺对政治是很重要的，它不但是政治所需要的武器，而且是政治必要的武器。可是在这里就常发生一种错误的看法：即是不正确地夸大了文艺的作用。尤其是我们文艺工作者，更容易犯这种错误。把文艺的重要性从相对的重要地位抬高到绝对的重要地位。把不是文艺所能担负得了的任务也加到文艺头上。诺如波格达诺夫就认为艺术能够创造生活、组织生活。这种看法就是唯心论调了。因为他以为根据作家的意识就可以单独去创造与组织人们的生活。他忘记了文艺所能够发生的作用，只在一定的政治范围之内和一定的政治指导之下。而且，大体来说，总是政治先行，文艺跟后；政治指挥，文艺服从（这里的政治不是指统治的政治制度，而是指某个时代中统治与反抗两方面的政治意义）。它们之间，不是平行的关系，不能够各自孤立，更不可本末颠倒。毛主席《在延安文艺座谈会上的讲话》“为艺术的艺术”，超阶级的艺术，和政治并行或互相独立的艺术，实际上是不存在的。在阶级的社会里，艺术既然服从阶级、服从党，当然服从阶级与党的政治要求，服从一定革命时期的革命任务，离开了这个，就离开了群众的根本需要。“文艺对政治固然有影响的，不健康的政治概念，通过文艺表现出来，使人民受它的影响，因而阻碍了革命的进行”，如托尔斯泰的作品阻碍了农民趋向暴力的革命的成功。正确的政治概念，通过文艺表现出来，教育了千千万万人民，他们接受了这种正确的政治意识，就能发出强大的力量，为这种政治意识的加速实现而斗争，因而助成了革命的进行。但这种作用乃是在政治范围内的作用，而不是在政治范围外来施行引导作用的。不强调这一点，必然会产生很大的错误，以为文艺万能，以为不必通过政治革命，就可以通过文艺去改良社会，结果必将削弱了革命的力量。总之，我们必须着重指出：文艺必须服从政治。

3．文艺的政治价值和艺术价值哪种重要

文艺究竟不是政治，文艺自有其特殊性，这特殊性就是文艺的艺术性。即是文艺的政治性与艺术性。那么，在写作过程中，我们应该重视政治价值呢，还是艺术价值？在评价文艺作品时，我们应该严于政治标准呢，还是艺术标准？往往我们会有这样一个念头：一篇文学作品之所以被称为好的，必定它的艺术价值很高。不错，那些称为世界名著的，它们的艺术价值都很高。但是，在阶级社会中，我们更应该重视的是政治价值，应该以政治标准为第一去评定作品的价值，政治标准不合的，即使艺术价值很高，如像《出水芙蓉》那样的电影片，这种作品仍是应该排斥的。因为它的艺术越高，对我们的毒害也就越深。看《出水芙蓉》的，正是这样很容易为资本主义国家的荣华所迷惑而羡慕他们，想学他们。我们要接受的是文艺不是毒药呀！反之，如果一篇政治标准合适，而技巧方面尚粗糙的作品，有如我们今天所看到许多写工人生产、农民翻身的作品，它们的价值，却比陈铨的《野玫瑰》要高出万倍。因为，文艺的目的就是政治的目的。

这样说来，有的政治价值高而艺术价值低，有的艺术价值高而政治价值低的，好像这两者之间是毫无关系的。其实不然，这两者之间的关系是互相矛盾又互相统一的。站在没落的阶级方面，它的政治价值与艺术价值必然矛盾。因为没落阶级的文艺为了要服从于它反动的政治，就只好作盲目的歌颂，歪曲现实；或谈谈风月，以掩盖现实；在形式上便注重辞藻，注重技巧。这样的艺术价值可能是高的，但政治价值也低了。虽有美丽的形式，而内容空虚，归根结底，仍是无价值的。反之，在革命阶级，它的政治方向正与历史方向一致，与艺术的发展方向一致。这样的政治价值是能够容纳高度的艺术价值的，高度的政治价值与艺术价值的统一是完全可能的，即使目前的文艺作品，在艺术标准上还不免粗糙，那只是我们当前的文艺，尚未能着重于提高的任务。我们就不应斤斤于苛求艺术的价值。车尔尼雪夫斯基说：“一个艺术作品，由于他提出一个新的先进的概念，即使暂时在艺术上尚来不及做到完美的程度，往往也能产生巨大的力量。”就是这个意思。

三、如何加强文艺中政治艺术的结合

在革命的政治下，文艺与政治的结合是完全可能的，文艺价值与政治价值统一的发展也完全是可能的，但这种可能并不就是现实。如何争取这种可能性的实现，则尚有待于文艺创作与批评者的努力。作者要有缜密的头脑来考虑这种结合，批评者也应有锐利的眼光来批评估价作品在结合上的收获。下面几点政治的基本修养是作者与批评者都应当做到的。

1. *必须站在时代思想的水平上*

今天的时代思想水平，就是马列主义与毛泽东思想。必须具有这样的思想水平，“才能够获得独立观察、分析与综合各种生活现象的能力。也就是艺术的概括能力。只有如此，才能将多方面地、深刻地反映生活与明确地坚持地宣传政策，两者统一起来，不至于为了宣传某一具体政策而歪曲了生活中的根本事实，或者为了生活的局部的细节的真实，而模糊了基本政策思想”。（周扬《新的人民文艺》）列宁说：“作家是灵魂的工程师。”作为一个工程师，他必须熟悉工程上的原理。作为一个作家，当然更要把握政治的原理。就是作为一个批评家或一个进步的读者，这种思想水平的要求也是必要的。

2. 坚持立场

在新旧交替的今天，反动阶级在政治上虽然已经基本上垮了台，但反动阶级的残余思想还浓厚地存在。尤其是非工农阶级的知识分子，与这种意识有深长的历史关系，一下子不能摆脱干净，都很容易为它们所包围，失掉应有的人民大众的立场。在题材的处理时，更容易陷于此种错误。

最近《文艺报》曾经批判了一篇《金锁》的小说，写一个农民如何从安分守己变为乡村无赖，又如何从乡村无赖改造过来，主题“二流子可改造的”是对的。但在题材的处理上，却有多处表现了反动的地主阶级对农民阶级轻蔑的残余态度多处，也就是没有站稳立场。同样的主题在赵树理的《福贵》中，却就通篇都站稳了福贵所属的农民阶级的立场。

使我们不易站稳立场的另一个原因是误信了“人类的爱”的谎言，以为人类有一种普遍的“博爱”或恻隐之心。而没有警惕到在阶级社会里，这种空洞的、普遍的爱是不存在的。在地主与农民尖锐的冲突中，你爱地主，袒护地主的利益，便是憎农民，妨碍农民的利益；即是削弱阶级斗争的力量。有人看到地主的土地、农具、牲畜、粮食被没收，或者是恶霸被斗争，因而起了无立场的“同情心”，这是错误的，这种错误表现于处理典型性的题材时，它的影响就更甚了。

3. 把握政策

政策是政治的具体方向。把握政策，才能够使作品与政治密切结合，也才能够真正地做到文艺服从政治的指挥。在新旧斗争这样剧烈的时候，实际的斗争场面是那样复杂，敌人随时有可能混入我们的阵营中进行造谣破坏。为了进行对敌人的斗争，文艺工作者必须像一切行政工作者一样去学习每一项重要的政策，细心地研究，彻底地了解。如《文学周刊》第二期刊登的小说《税》，作者库伦同志在执笔以前，学习了政府的税收政策，并访问了若干从事财政工作的同志和商人，然后动笔，这种谨慎负责的态度是值得我们学习的。

4. *体验生活*

文艺工作者必须体验生活，这是下一讲“生活是文艺的源泉”所要讲的。这里要谈的是为了结合政治，体验生活也是必要的。因为文艺不是单纯把政治概念形象化就行，它必须直接描写生活，政治概念只能在生活事实中表现出来，假如一个文艺工作者，没有参加实际的生活斗争，就不能够体验到政治在生活上的作用与生活对政治所有的反映，不能研究、发现政治上的问题，从而就不能把这一切生动地表现在作品中。在这种情形下，即使作者主观上要结合政治，也必然是空洞无力，不切实际的。所以周扬说：“不把自己的创作活动与群众的实际斗争密切联系起来，使之服从这个斗争的需要，是不可能有艺术与政治之真正的结合的。”

如何去体验生活以结合政治呢？有人认为要到农村、工厂中去过生活，与农民、工人打成一片，这仍然是不够的。在生活中，还必须以一定的立场和方法去观察体验生活现象，才能够吸取生活现象中的有用部分，发现生活上的问题，以充实作品的政治价值。无原则地体验生活显然是不够的。

5. *应该避免以政治概念代替艺术形象的偏向*

文艺应该服从政治及文艺中的政治价值比艺术价值更重要，这种认识本来不是今天才有的。苏联在大革命之后，中国在五四运动之后，进步的作家大体都有这样的认识。但是同时却也就产生了一种偏向，即忽略了文艺的特殊性，把政治概念硬搬到文艺作品中；或者是紧抓住政治教条，食古不化。这样的作品，就成为标语、口号等宣传品或千篇一律的制高点八股、党八股了。各种错误，苏联会经常发生，即所谓唯物辩证法的创作方法，中国五四运动以后的写实主义者也会犯过，有过以口号代替诗歌的幼稚时期；以后虽不致如此幼稚，但是在作品中搬教条，套政治公式，性急地去表现政治概念，却是至今流行。毛主席在延安文艺座谈会上的讲话为此特别提出，马列主义只能包括而不能代替文艺创作中的现实主义，正如它只能包括而不能代替物理科学的原子论、电子论一样。我们并非是说可以轻视艺术标准，相反地，高度的政治价值必须有高度的艺术价值方能表现出来。文艺服从政治，只是一个总的原则，在实际运用上，却必须以自己特殊的姿态去服从政治。时时照顾到它的特殊性，特殊的形象手段，特殊的语言布局等等，假如不能这样做，高度的政治价值是无法发挥的。上面所说的目前一些粗糙的作品，它们是能发挥某种政治作用的，但却不能成为伟大的作品。为什么能够发挥某种政治作用呢？因为它们有正确的政治观点，又有相当的艺术价值。为什么不能成为伟大的作品呢？因为它的艺术价值不高。在反动统治社会中，政治价值与艺术价值是矛盾的，强调了艺术价值往往会相对地削弱了政治价值。在新民主主义的社会中，政治价值与艺术价值明确了，宣传品（指标语、口号、宣言等）和文艺在表现上是有区别的。宣传品是直接表现政治概念，而文艺必须把政治概念通过形象来表现。在评价上，宣传所根据的完全是政治标准，文艺虽然也以政治标准为第一，但并不是说基本上是统一的了，唯有不断地提高艺术价值，才能日益高度地体现政治价值。今天我们虽然不应该要求有高度艺术价值的作品出现，因为我们的工作是先普及然后提高，但是我们却决不可忽视艺术价值，随意写成浅薄的、机械的、教条式的作品，以致相对地降低了政治的作用。同时，在政治范围内，我们的批评家和读者也必须允许文艺工作者有相当的自由。列宁指出："文艺事业最不能作机械的平均、划化，少数服从多数……绝对必须保证个人创造性和个人爱好的广阔天地，有思想和幻想、形式与内容的广阔天地。"（《论无产阶级的文化》）所以，以一个公式去写一切的作品或批评一切的作品，以浅薄的功利主义的眼光去评价文艺，都是必须避免的偏向。

我对于五四新文化运动领导思想的认识①

新中国成立后半年，在一次中国近代教育史的小组讨论会上，有同学提出五四新文化运动的领导思想问题。我当时的解答是“该是资产阶级的革命思想通过小资产阶级的知识分子所起的作用吧”。后来我读到几篇讨论五四新文化运动领导思想的文章，再细细地研究毛主席的新民主主义论，才了解我当时的错误。这错误就成为我时刻不安的负担。趁今天五四我把现时对这一问题的认识写下来，希望尚未毕业的同学不要把我以前的错误带出学校去。

我现时对五四新文化运动的认识是：它是在无产阶级思想领导下，通过无产阶级的、革命的小资产阶级的与资产阶级的知识分子的统一战线，反帝反封建的新民主主义的文化运动。

但是，当时我为什么竟会认为它是资产阶级思想所领导的呢？原因有三：

一、从当时的时代背景上说，中国的资产阶级正在发展，对于封建主义的反动和自五四新文化运动开始到 1923 年帝国主义经济侵略，是不能容忍的。所以反封建的进步文化和反帝的民族文化正是他们的要求。

二、从五四新文化运动的内容上说，新文化运动的两个基本口号——民主与科学，正是资产阶级革命所喊的口号，新文化运动表现着对封建文化猛烈的打击，更是资产阶级文化运动的基本任务。

三、从五四新文化运动者及其作品的数量上说，我还认为当时胡适之总是一名健将，其他如吴虞、丁文江、吴稚晖，文学方面的郭沫若、成仿吾、

① 原载《新厦大》，1951 年 5 月 1 日。

郑振铎、沈雁冰以至当初的鲁迅，哪一个可以算是无产阶级思想知识分子呢？尤其是在教育思想的领域中，除了杜威的学说之外，就是国家主义的教育思潮，似乎更与无产阶级思想无缘。

现在我觉得这些理由都是错误的。因为：

一、当时中国的资产阶级固然在发展中，但是由于它的软弱性与妥协性，它在强大的封建主义与帝国主义面前，是不能领导一个彻底的文化革命的（因为它已不是 17 世纪以前的欧洲资产阶级了）。同时更不容许忽略两件事：其一，中国的无产阶级在五四时期也发展起来了，而且“较之中国资产阶级的年龄和资格更老些，所以他的社会力量和社会基础也更广大些”①。并且资产阶级所受帝国主义经济的压迫可以部分以多种方式转嫁到无产阶级身上，无产阶级所受的痛苦就更深。其二，苏联十月革命已经成功，世界已经出现了社会主义国家，中国也已经有赞成俄国革命的具有初步共产主义思想的知识分子，五四新文化运动便是在这种思想的直接领导之下产生的。这两件事表示无产阶级思想能够领导一个彻底的文化革命。

二、反帝反封建的口号，固然也是中国资产阶级性一定限度内迫切的要求，但问题在于彻底与不彻底。正因为资产阶级在一定限度内也要求反帝反封建，所以资产阶级的文化，也能够作为当时新文化运动构成的一个部分。但正由于资产阶级反帝反封建的不彻底，所以这个部分只能是软弱的一环，更谈不到起领导作用。事实也证明如此。当李大钊一喊起“布尔什维主义的胜利”②，胡适之就惊慌失措地摆手要求“多研究些问题，少谈些主义”③。以后更急转直下，向封建主义和帝国主义打白旗，投靠到买办阶级脚下。这样的思想，怎能领导着中国文化的进步！至于无产阶级的新文化运动思想，在完成资产阶级民主革命的历史过程上，当然也是民主与科学的，所以不能根据民主与科学两个口号来判断它是资产阶级思想所领导。而应从要求这两个口号的彻底性实现来判断它是无产阶级思想所领导。

三、从表面上看，资产阶级和小资产阶级的知识分子及其作品在数量上

① 引自毛泽东的《中国革命与中国共产党》一文。

② 发表于《新青年》，1918 年 10 月。

③ 发表于《每周评论》，1919 年 7 月。

是很多的。然而，他们做些什么事情呢？他们曾经不择方法地向封建文化开炮，给予封建文化一些皮毛的破坏，但是却不能找出封建文化的根源，从根源去摧毁它，以致封建文化很快地就在他们中间复活。他们更不能建立一点点有进步意义的新文化。胡适之搬运美国的实验主义哲学、杜威的实用主义学说，这些学说是集没落的资产阶级反动理论之大成。张君劢、丁文江等介绍了一大批柏格森哲学，新康德主义、新黑格尔主义、马赫主义等神秘主义的唯心论。这些反动的理论曾经阻碍了中国新文化运动的发展，使许多知识分子徘徊在玄学的和褊狭的方法、观点中。功乎？过乎？在运动的初期，具有共产主义思想的知识分子虽然不多，但是如李大钊等人所起的领导作用是伟大的。李大钊的《青春》和《今》首先提出辩证唯物主义的方法论，《庶民的胜利》《布尔什维主义的胜利》提出无产阶级的革命观，而以《唯物史观在现代史学上的影响》《由经济上解释中国近代思想变动的原因》提出科学的历史观。这些，才是真正对于五四及以后的新文化运动起着领导作用的。同时，如李何林先生所说："李大钊先生固不必说，其他如鲁迅、陈独秀、沈雁冰、郑振铎、郭沫若，甚至于初期的钱玄同、周作人等，他们在五四时代，假使所接受的仅仅是在世界范围内日趋没落反动的资产阶级思想的影响，而没有在无形之中被无产阶级思想所感染、所引导，那么，他们就不可能在五四前后所发表的文章里面，那样激烈地向封建文化思想和文学进行斗争。"①所以，单纯追逐表面的数量是错误的。

当时，产生上面所述的错误理由的根源何在呢？我分析有下列几个原因。

一、受资产阶级文化思想的影响太深。看问题不能站稳无产阶级的观点、立场，因此也就很容易被一些似是而非的理由所模糊了。在毛主席的《新民主主义论》中，明明有这么一段指示："在五四以后，这个阶级（资产阶级）的文化思想，却比较它的政治上的东西还要落后，就绝无领导作用，至多在革命时期在一定程度上充当一个盟员，至于盟长资格，就不得不落在无产阶级文化思想的肩上。这是铁一般的事实，谁也否认不了的。"但却被我模模糊

① 李何林．五四以来中国新文学的性质和领导思想问题［J］．新华月报，1950（1－6）．

糊地弄错了。

二、没有用发展观点看问题。当时只死抱住五四的初期来看新文化运动场上的活动，这个刹那间的活动，资产阶级的代表者尚未显露其原形，摇旗呐喊，也很起劲。然而随着大资产阶级的投降封建主义和帝国主义，他们很快地也就反叛了新文化运动。反叛虽在后来才大白于世，但当时却就已预伏其机（如前述胡适之的提倡“少谈些主义”）。鲁迅、沈雁冰等虽然当时尚路线不明，但不久之后，成为左翼作家的台柱，为全国进步青年所崇拜，当时也就有趋向无产阶级思想的趋势（鲁迅的《狂人日记》发表于 1918 年），李大钊、恽代英、毛泽东、瞿秋白等的思想更发展为其后的思想主流。若从发展观点上去看，来踪去迹，了如指掌。

三、混事物的量为事物的质。即使退一步承认在新文化运动初期资产阶级和小资产阶级知识分子及其作品中较多的数量，也并不就等于是他们所领导。斯大林说：“在辩证法看来，最重要的不是现时似乎坚固，但已经开始衰亡的东西，而是正在产生、正在发展的东西，才是不可战胜的”，“不要指靠社会里已经不再发展的阶层，哪怕这些阶层在现时还是占优势的力量，而是要指靠社会里正在发展，具有远大前途的阶层，哪怕这些阶层在现时还不是占优势的力量。”①

这样说，哪一种思想才能够起领导作用，更可以明白了。

四、受李何林、何干之诸先生的影响。李何林的《近二十年中国文艺思潮论》，何干之的《中国启蒙运动史》都持着资产阶级思想在五四新文化运动中占优势的看法。这两本书对我的影响颇深。但李、何两先生的错误，他们已做过自我批判，我却仍因循其错误，的确是粗枝大叶。

这样的认识，还有些什么错误，我等待指正。

---

① 引自斯大林的《辩证唯物主义与历史唯物主义》一文。

关于概念内涵的若干问题[①]

——逻辑学质疑之一

形式逻辑问题的讨论，是近年来学术界争鸣最热烈的问题之一。前一时期所讨论的，多数是关于形式逻辑的客观基础、研究对象、认识作用，推理的真实性与正确性，以及形式逻辑和辩证逻辑的关系等问题。这些问题的讨论与解决，无疑是很重要的。但对于形式逻辑的运用与教学来说，直接关系却较少。这种讨论，如不结合形式逻辑内容本身的具体研究，也不易深入。最近一个时期，对于形式逻辑内容本身的研究逐渐增加，如形式逻辑的结构，归纳推理、演绎推理的规则、概念推理与一般命题、类比推理以及逻辑与语法的关系等问题。这些和形式逻辑的运用与教学关系就比较直接，对于我们搞教学工作的，帮助也较大。但是，我们在教学中所发现而亟待解决的若干问题，还有许多没有或很少被论及。为了求教于逻辑科学研究者，特就我们在教学中所遇到的若干亟待解决的问题提出疑问。关于概念的内涵是若干质疑问题之一，其他问题也将陆续整理提出。

名为“质疑”，顾名思义，就只是提出问题，等待指教，而不是解决问题。当然，提问题往往也掺入一些提问者的主观见解，但这是次要的、附带的。其次，所谓问题，可能是逻辑科学上确实尚未解决或尚未明确的问题，也可能是在逻辑科学上已经解决而为质疑者所未认识的问题；可能是比较重大甚至带有根本性的问题，也可能是无关宏旨的小问题；提问是见一个提一

① 原载《厦门大学学报》（社会科学版），1962 年第 4 期。作者：潘懋元，林去病。

个，并没有严格的次序。这些，都是应先申明的。

一

什么是概念的内涵？不论哪一本逻辑学教本，都必为之下一个定义并做一些解释。但是，细绎这些定义与解释，颇有所疑。下面先引两本现时通行的逻辑学教本所下的定义及其解释：

“概念的内涵即指这一概念所包括的一切本质属性之总和，如‘人’的内涵，即指一切人所具有本质属性，如‘能创造生产工具和抽象思维的能力’等。‘资本主义’的内涵，即指‘社会性的生产，和私人性的占有’等。所以一个概念的内涵即是与此概念相对应的那些对象的本质属性的总和。”①

“概念的内涵是概念所反映的对象的共同属性的总和。概念的内涵也就是概念的含义。‘人’这个概念的内涵，就是一切人所具有的共同属性的总和……”②

以上只是引两本公开出版的教本而已，其他非公开出版的讲义，也有类似的定义，外国的逻辑学教本所下的定义也大抵如此。

根据上述的定义及其解释，在教学中，我们碰到两个难以解决的问题：

（1）概念是客观对象在人们脑子里的影像，它是主观意识对客观事物的反映而不是客观存在的本身。然而，概念的内涵却被说成为“对象的属性的总和”，也即是客观对象本身的东西，而不是主观认识上的东西③。那么，概念的主观意识性如不是体现在其内涵上，将借什么东西来体现呢？把概念说成主观认识的东西而把内涵说成客观存在的东西，显然是自相矛盾的。

（2）概念的内涵所反映的客观对象的属性，是指客观对象的本质属性抑共同属性？在各本逻辑学中，对于“本质属性”这一概念的含义，大家所理

---

① 温公颐. 逻辑学［M］. 北京：高等教育出版社，1958：68. 着重号是引者所加的，下同。

② 中国人民大学哲学系逻辑教研室. 形式逻辑［M］. 北京：中国人民大学出版社，1958：29.

③ 上面所引的后一个定义，单就定义本身，虽然可以勉强解释为主观反映客观对象的属性，但就其所解释的例子来看，仍然是指客观对象的属性本身，至少可以说，这个定义及其解释是比较模糊的。

解广狭很不一致。如果说本质属性就是共同属性（普遍性、必然性、一般性），则是否尚有非本质的共同属性呢？如果说本质属性仅指某类事物之所以为该类事物而区别于其他类事物的起决定性作用的属性，则将如何解释内涵与外延的反比关系？

总之，第一个问题是概念的内涵是客观对象属性在意识上的反映抑客观对象的属性本身？第二个问题是概念的内涵是本质属性抑共同属性？为解决第二个问题，还必须先探讨什么是本质属性这个问题。下面是我们对这些问题所提出的疑难和初步的看法。

二

概念是客观存在的反映。它的客观基础是现实的、物质的。人们在实践中对于某种对象的感觉和印象反复了许多次，于是在脑子里就产生了概念。所以，它“是人脑（物质的最高产物）的最高产物”[①]。它是主观和客观的矛盾统一物，是人们主观认识上的东西，而不是客观对象的本身。

概念反映客观对象，体现在概念的内涵与外延上，而其主观意识性，也必然体现在概念的内涵与外延上。因为离开了概念的内涵与外延，概念就只有一个没有意义的“词”（严格说，只是一个没有词义的“词音”），因而概念也就不复存在了。

体现概念的内涵与外延，是内在于概念的自身中，而不是离开概念独立地存在于客观对象之中。因此，概念的内涵与外延，也必然与概念完全一样地，既是客观存在的反映，又是主观认识上的东西。不能说概念是主观认识上的东西，而内涵与外延却是客观对象本身的东西。

由此可见，把概念的内涵的定义说成“概念所包括的对象的属性的总和”是不正确的。正确的说法似应为：概念的内涵是概念所反映的客观对象的属性在意识上的总和。或是：概念的内涵是特定的客观对象属性的总和的反映。这样，才能和概念本身的定义相一致。

① 中共中央马克思、恩格斯、列宁、斯大林著作编译局. 列宁　黑格尔“逻辑学”一书摘要［M］. 北京：人民出版社，1965：151.

概念的内涵既然只是客观对象的属性的反映而不是客观对象属性的本身。因此，概念的内涵和客观对象属性的本身，既是统一的，又是矛盾的。两者之间的矛盾统一，正体现了人们的主观认识与客观存在的矛盾统一，也体现了概念的发展过程。

概念的发展变化，众所周知，其原因有两个：（1）由于客观对象本身的发展变化，因而，反映事物的概念也随之而发展变化，如“商品”的概念，从前资本主义社会、资本主义到社会主义的发展变化。一般来说，在社会科学中，由于这种原因而引起概念发展变化的较多，在自然科学中，由于这种原因而引起概念发展变化的很少；但总的来说，由于这种原因所形成的概念的发展比起下述的原因要少得多。（2）由于实践和科学的发展变化，人类的认识不断深入，标志人类认识深度的概念也就随着不断发展变化，如“原子”的概念，从古代、近代到现代的发展变化。引起概念的发展变化的这种原因远比前一原因多得多，特别是在自然科学中，这种发展就更明显。因为自然规律的变化一般说来是比较缓慢的，而人们对自然规律的认识的发展变化却是很迅速的。作为自然界的“原子”，可以说是亘古如斯的；而现代科学家对“原子”的认识，和古希腊哲学家对“原子”的认识比较，变化很大，也就是说，古希腊哲学家的“原子”概念和现代科学家的“原子”概念，相去很远。甚至可以说是两个迥然不同的概念。

概念的发展变化，主要体现在概念的内涵的发展变化上，当然，也在一定程度上体现在概念的外延的变化上，离开了概念内涵与外延的发展变化，就没有所谓概念的发展变化了。

如果说，概念的内涵就是客观对象的属性本身，则概念内涵的发展变化，只能由于第一种原因而不存在第二种原因，因而概念发展变化也只能由于第一种原因。那么，我们就只好说：“原子”这个概念，自古至今是没有发展变化的。显然这是不符合人类认识的发展史的。

有人虽也认为概念的内涵与外延是主观意识反映客观存在的东西，而不是客观对象的属性本身，但却又认为在概念的内涵和外延中，不只包括人们已认识、已知的客体及其属性，还应当包括未认识到的、未知的客体及其属性。诸如“金属”这一概念，由于 1807—1808 年发现了钾和钠两种碱性金属和镁、钙、锶、钡四种碱土金属，因而也发现了金属的某些新特性。但是，“金属”这个概念的外延与内涵并没有发展变化，因为这些新对象和新特性，本来就存在于“金属”的外延与内涵之中。因此，判明概念的内涵与外延，完全不依赖于人们在每个特定时间能否把多少对象及其属性归到这些概念中。

我们认为不能同意这种论点。因为既然概念的内涵与外延已经包括人们未认识到的、未知的客体及其属性，则概念的内涵与外延便不复是人们意识上的东西而是独立存在于人们意识之外的客观存在了。因而，“金属”这一概念的发展变化也就不可理解了。概念的发展变化，正是依赖于人在特定时期能否把多少对象及其属性归到这些概念中。客观对象虽然早已具有某种属性；当人类的科学认识（不是指个人的认识）还未知道的时候，它还不能成为内涵的组成部分。只有当人类的科学认识已掌握了某种属性，这个属性才能反映在人们的意识上而成为内涵的组成部分。①

我们还可以用零类概念（虚构概念）来证明概念的内涵与外延是意识上的东西而不是客观对象及其属性的本身。

所谓零类概念，是这样的概念：它存在于人们的主观意识中，但客观世界中并没有与之相适应的对象。如上帝、神仙、美人鱼、永动机、等边直角三角形，等等。在客观世界中，没有这些东西，而在人们的意识上，却的确有这些概念。如果概念的内涵与外延就是客观对象及其属性本身，那么，零类概念从何发生呢?

每一个概念，都有内涵与外延，因而作为零类的概念，也必有其内涵与外延。这是一般逻辑学教本所肯定的。问题在于零类概念的内涵与外延从何产生；这类概念，它的内涵，是人们在主观意识上把不同的客观对象不同的属性主观地糅合在一起，所以称为虚构概念；它的外延，因为客观对象中并没有与之相适应的对象，所以称为零类概念（或空类概念）。这也证明概念的内涵与外延和客观对象及其属性本身不是一回事。

把概念的内涵与外延和客观对象及其属性本身等同起来，在解释零类概

① 如果从这个角度来理解，客观对象的属性虽未被人们所认识，但潜存于人们已有的认识之中，因而人们才有可能由已知到未知来发现这种新的属性，则是另外一件事，因为它总不是人们认识上现有的东西。

念的内涵与外延的产生上便不能令人满意。有人认为这类概念的内涵，是分别存在于不同对象自身之中的属性。但是，分别存在于对象自身中的属性并不等于客观对象属性的总和。它所反映的个别属性诚然是客观存在的，而作为“属性的总和”却是主观虚构的而不是客观存在的。至于为什么没有与之相适应的客观对象而有外延呢？多数逻辑学教本只是用简单的直言三段论来推出。即任何概念有内涵便有外延，零类概念有内涵，所以零类概念有外延。至于它的外延是指什么东西，却没有说明。另一种说法是“零这个数的确定性并不亚于任何其他的数”。所以，“纵使是零外延，也仍是外延”。这就有点近于牵强附会了。还有的逻辑学教本感到不好解释，因而简单地把零类概念否定了，认为上帝、魔鬼、妖精等只是虚幻的观念，不是概念。理由是在这些“概念”中找不到什么本质的、必然的属性。

我们认为零类概念是概念，因为它确实存在于人们的主观意识之中，它具有概念的两个逻辑特征——内涵与外延。它的内涵，有客观基础。只不过它的内涵所反映的属性不是存在于一类事物之中，而是把不同对象的不同属性错误地糅合在一起。它的错误不在于其他所反映的个别属性是否真实（严格地说，客观世界中任何事物都没有的属性，主要意识上也不可能凭空产生），而在于其所反映的属性总和是主观糅合的，因而才是虚构的。根据这种内涵的虚构，又在主观意识上形成客观世界中所没有的虚构的对象为其外延。这种外延有时还是很明确的。如上帝就是万物主宰者，不是被支配的芸芸众生；永动机就是永远能启动的机器，不是需要动力的机器。总之，这类概念的内涵只是主观认识上的属性总和，而不是某类客观对象本身的属性总和，其外延就是在主观认识上以为具有其内涵的对象范围，而在客观世界中却是空的。

其实，除了零类概念之外，一般概念的错误，实质上也就是概念的内涵以至于外延不正确或不完全反映客观对象及其属性。即主观认识歪曲或片面地反映客观对象及其属性。诸如，人们曾经以为“鲸”是鱼类，这是对“鲸”这个对象的错误认识。其所以是错误的，就由于片面地反映鲸的外形各种属性，而没反映鲸作为哺乳动物的本质方面的属性。如果说概念的内涵与外延就是客观对象及其属性的本身，那么，这种错误就不会产生，也就是说，概念就不会有什么错误了。

为什么有人把概念的内涵与外延说成客观对象及其属性本身呢？这是由于把概念的内涵与外延和它们的客观基础混为一谈。米·尼·阿历克赛也夫正确地指出了这一点：“外延和内涵乃是概念的特征；当然，由于它们有客观基础所以它们才能存在。但实质上，概念只存在于它本身的外延与内涵中。至于说概念的外延与内涵的客观基础，那么它们存在于概念以外，不依赖于概念。外延与内涵的客观基础并不包在概念本身中，它们都存在于概念之外；它们对于外延和内涵的关系是第一性的（而且它们根本不依赖于概念是否存在）。”①

三

概念的内涵，如上所说，是概念所反映的客观对象的属性在认识上的总和，或特定的客观对象的属性的总和的反映。这里所指的属性的总和，究竟包括哪些属性，是我们要解决的第二个问题。

先谈谈客观对象有哪些属性。

任何一类客观对象，有着如下三组属性：

（1）普遍的共同属性（或称普遍属性）——本类之上的“种”的一般的、必然的属性也为“种”下各并列的类所共有的属性。在概念上就是上位概念所反映的一般的、必然的属性，也为同位的并列概念所反映的共有的属性。如乳腺、脊椎骨、能自由活动……是“人”的上位概念，哺乳动物所反映的一般的必然的属性，也为同位的并列概念如猫、狗、牛、羊等以及人本身所反映的共有的属性（这些属性的普遍性也有所不同，如脊椎骨的普遍性比乳腺广，凡脊椎动物都有脊椎骨。但不论乳腺、脊椎骨以至自由活动都是各类哺乳动物所共同具有的，所以此处不再区分）。

（2）特殊的共同属性（或称特殊属性）——本类对象所特有的一般的、必然的属性，也为本类之下各属所共有的属性。在概念上就是本位概念所反映的一般的、必然的属性，也为下位概念所反映的共有的属性，如劳动、说话、思维，是“人”的概念所反映的一般的、必然的属性，也为下位概念如

① 阿历克赛也夫. 思维形式辩证法［M］. 马兵译. 上海：上海人民出版社，1961：29.

男人、女人，或黄种人、白种人、黑种人等所反映的共有的属性。

（3）单一属性（或称偶然属性）——并非本类对象一般的、必然的属性，只是本类的某些“属”或某些“个体”所有的属性。在概念上，就是下位概念或单独概念所反映的属性。如生孩子只是女人才有，黄皮肤只是黄种人才有，以至于某人的身高是一米几，某人的性格如何等，对于“人”这个概念来说，并非一般的、必然的属性。

客观事物这三组属性，就是客观事物的普遍性、特殊性和单一性。这三组属性的关系是相对的，但任何一类客观对象，都具有这三组属性。作为辩证逻辑的具体概念，就是这三组属性及其相互关系在意识上的反映。但是，作为形式逻辑的抽象概念，只是抽象的一般，抽象的同一，它只是不全面地反映一类客观事物的抽象的同一性，而不能全面地反映该类事物内在的个别与一般的矛盾关系，所以它只体现一般的、共同的属性，不可能体现单一的、偶然的属性。因此，形式逻辑的抽象概念内涵只能是也必须是反映第一组和第二组属性而不可能反映第三组属性。也就是说，抽象概念的内涵，只能是也必须是包含本位概念所反映的一切共同属性。如果像某些人所说，形式逻辑的抽象概念，也应反映客观事物的单一性，即应当反映第三组属性，那么，势必以辩证逻辑代替形式逻辑。因为只有辩证逻辑的具体概念，才能全面地反映一类客观事物内在的个别与一般的矛盾关系；也才能全面地反映客观事物的单一性、特殊性、普遍性对立统一及相互转化等关系。正如罗森塔尔在其《辩证逻辑原理》一书中所提出：“形式逻辑着重研究概念的‘量的’方面以及概念的相互关系：……即形式逻辑主要是注重概念含有的属性的数量，概念外延的大小，从概念所包含的属性的数量着眼探讨种概念和属概念有怎样的相互关系等问题。”①

从概念内涵与外延的反比关系，可以证明概念的内涵只能是也必须是反映第一组属性和第二组属性的总和。因为所谓内涵与外延的反比关系，实质上就是第一组属性和第二组属性之间的增减关系。当下位概念而为上位概念，

① 罗森塔尔．辩证逻辑原理［M］．马兵，等译．北京：生活·读书·新知三联书店，1962：200－201．

第二组属性就被排斥于上位概念的内涵之外，仅存下第一组属性，概念的外延却扩大了；当上位概念限制而为下位概念，第二组属性就被纳入于下位概念之中，概念的外延却缩小了。

如果认为概念的内涵应反映第三组属性，或者只反映第二组属性而不反映第一组属性。那么，内涵与外延的反比关系就不复存在。为什么呢？因为第一，如果上位概念已包含了下位概念所特有的内涵，那么，从下位概念概括为上位概念，外延扩大了，内涵并不减少；从上位概念制限为下位概念，外延缩小了，内涵也并不增加。第二，如果下位概念的内涵不包含上位概念的普遍的内涵（即不包括第一组属性，只反映第二组属性），那么，从上位概念制限为下位概念，只是从第一组属性转移为第二组属性；从下位概念概括为上位概念，只是从第二组属性转移为第一组属性。这样，也就不存在内涵与外延的反比关系了。反比关系既不存在，概念的概括与限制等逻辑方法也就不可能了。有人因此企图否定了概念内涵与外延反比关系这一形式逻辑的规律，并根据科学的发展史来证明概念外延的扩大，内涵也随之增加，因为发现了一类事物的新对象，往往也增加了内涵所反映的新属性。因而提出了另一条规律：内涵与外延的正比关系。这是不恰当的。因为正比关系和反比关系所指的是两回事：正比关系是指在不同的时间条件下，由于客观事物的发展变化或主观认识的增广加深，因而外延扩大了，内涵可能也有所增加。反比关系指的是在相对稳定阶段中，事物的种和属之间现成的关系。既然形式逻辑的抽象概念，只能反映事物的相对稳定状态，而不能体现事物的发展变化过程或认识的增广加深过程。因此，形式逻辑所研究的概念的内涵与外延的关系，也就只有反比关系这一规律。至于正比关系的问题，那是辩证逻辑所应研究的问题。罗森塔尔指出："概念的内涵和外延间的这个反比关系定律在形式逻辑中是完全适得其所，且与它的任务相一致。这一定律是建立在把概念看作是属性的总和的观点上的，是以形式逻辑中的特殊的概括原则为基础的。……但在概括是指向越来越深入地反映现象，反映现象的本质时，这一规律就用不上了。因为最一般的概念反映大量现象的本质，所以它们在内涵上也是最丰富的。在这里，概念的内涵和外延的相互关系同传统逻辑中的这种关系直接相反。”① 这是正确的，因为反比关系这一定律仅仅在形式逻辑中起作用，不能把它任意夸大。又有人为避免内涵增加或减少这种提法，改称为内涵加深或浅化，实质上却还是增加或减少。何况，加深或浅化的提法是有缺点的，因为上位概念的内涵并不比下位概念的内涵较浅，越是抽象的一般，往往是越深刻地反映了事物的普遍的本质。由此可见，企图“修改”或绕过形式逻辑这一规律是不可能也不必要的。

再从概念下定义的逻辑方法来看，也可以证明概念的内涵只能是也必须是反映第一组属性和第二组属性的总和。下定义的逻辑方法是最邻近的种和属差。“种”反映了第一组属性，而“属差”反映了第二组属性的本质的属性。所以这种下定义方法能够把概念所反映的普遍和特殊的共同属性基本上都包括进去。②

如果认为概念的内涵必须反映第三组属性，那么“属差”就不只反映第二组属性而且应当也反映第三组属性，这样的下定义方法将造成定义过窄的逻辑错误；其次，如果概念的内涵不反映第一组属性，则只有“属差”的内涵而没有“种”的内涵，“属差”也就无所依据。诸如，有的逻辑学教本说“概念是反映关于某一对象同其他一切对象区别开来的共同属性的思想”③，这是不妥当的。概念所反映的属性不仅是同一切对象区别开来的特殊的共同属性，而且也反映同有关对象统一起来的普遍的共同属性。因此，下定义不仅要与其他概念区别，而且要与有关概念联系。

总之，作为形式逻辑的抽象概念的内涵，它是根据同一律对一类客观事物抽取其一般的、必然的共同属性而撇开其偶然属性。因此，它必然包括普遍的共同属性与特殊的共同属性。也就是说，它既不能排斥普遍的共同属性，也不能包括单一属性。屠孝实所下的概念内涵的定义：“内涵者，示其所包表

① 罗森塔尔．辩证逻辑原理［M］．马兵，等译．北京：生活·读书·新知三联书店，1962：216－217.

② 因为定义只是简单的压缩的形式，所以它对于第二组属性，只能揭示具有决定意义的特殊的本质属性而不能把一切丰富的属性都包括无遗。但无论如何，它总是体现了两组属性。

③ 中国人民大学哲学系逻辑学教研室．形式逻辑［M］．北京：中国人民大学出版社，1958：27.

象中必具之常德者也”[①]，在这个意义上，我们认为倒是比较正确的。

解决了上述内涵所反映的客观对象的属性范围之后，我们就可进一步探讨所谓“概念的内涵是反映客观对象的本质属性”的含义是否正确。

四

什么是概念所反映的客观对象的本质属性？

“本质”这一哲学范畴，在辩证唯物主义论著中，有其确定的意义。至于本质属性这一概念的发生、发展与变化，则是辩证逻辑所研究的问题，这里只是为了解决形式逻辑的抽象概念的内涵问题而谈及本质属性，所以既不全面考察“本质”这一哲学范畴的意义，也不考察本质属性的发生、发展与变化，只是研究在相对稳定的状态下，抽象同一性的概念的内涵是否只反映本质属性，抑或既反映本质属性，也反映非本质属性。

许多逻辑学教本虽然多认为“概念反映客观对象的本质属性”或“概念的内涵是概念所反映客观对象的本质属性的总和”，等等，但从其对本质属性所下的定义，或对本质属性的说明、解释与举例中[②]，可以见到他们所理解的本质属性含义广狭，却很不一致。下面试引几个例子：

“一类事物的本质属性，就是该类事物必然具有的属性，一类事物的非本质属性，就是该类事物不是必然具有的属性。”[③]

“为一类事物所共有而不可或缺者为本质属性，其他则为非本质属性。”[④]

“本质属性就是决定这一事物之所以成为这一事物，而不成为其他事物的属性。这一事物如果失掉了这一属性，那么它就不再是这一事物了。”

“如果我们想将‘树’和‘草’区别开来，那么，我们就不能单指出树是有叶子的植物，因为草也是有叶子的，也不能仅指出它的根是埋在土壤中

① 屠孝实．名学纲要［M］．北京：商务印书馆，1935：42．

② 本质属性的意义，不是形式逻辑所研究的主要问题，所以，一般形式逻辑教本，往往不直接为之下定义，但从其说明、解释与举例中，也可见到其所采取的含义广狭不同。

③ 北京大学哲学系逻辑学教研室．逻辑学讲授提纲［M］．北京：高等教育出版社，1956：11．

④ 辞海：第二册［M］．北京：中华书局，1961：120．

的，因为草也具有这种属性。因此，这种属性就不是树的本质属性，或者不是十分完全的本质属性。”①

“在对象的许多属性中，其为每类对象所必然具有的，且可提供我们作为认识它们的标志的，就叫做本质属性。本质属性能推出其他的特有属性，但它自身却不能从任何其他属性推出或派生出来。如三角形的本质属性为三直线构成的平面图形。从三角形的这一本质属性可以推出它的内角之和等于 180 度的另一特有属性。又如人的本质属性有‘是脊椎动物’，‘能制造劳动工具’，‘是社会动物’，‘能说话’，‘能思维’”，等等。

“本质属性之外，就是一些非本质属性。非本质的属性中，其由本质属性派生或推出为每类对象都具有的，称为固有的属性。如三角形的内角之和等于二直角的属性就是三角形的固有的属性。而人的具有眼睛又是人的固有属性。其非由本质属性派生或推出而又不是全类对象都具有的属性称为偶有属性。如三角形的边的长短、等边或不等边就是三角形的偶有属性。人的眼睛的黑色或蓝色等，就是人的偶有属性。”②

“科学家们在研究水的时候，发现它具有许许多多的性质：无色，无味，在常温下为液体，在 0 ℃以下时变为固体，在 100 ℃时沸腾，是多种物质的溶剂，能使铁生锈，是由两个氢原子和一个氧原子化合而组成的物质，纯水不能导电，等等。科学家在认识了水的多种多样的性质以后，还要区分出在这许许多多的性质中，究竟哪一种属性是水的最根本的性质，是起着决定作用的。在上面所列举的水的各种各样的性质中，水的组成是水的最根本的性质，科学家就指出水的本质属性来概括他们对于水所获得的种种认识，提出水的科学概念：‘水是由二个氢原子和一个氧原子组成的化合物’。……根据概念的这种作用，可以作出如下定义，概念是反映对象本质属性的思想，它为我们提供关于事物本质的知识，它包含着对于事物的全体和内部联系的认识。”③

“一般属性，就是一类对象所普遍具有的属性，也就是一类对象的共性。本

① 杜岫石. 逻辑学讲话［M］. 长春：吉林人民出版社，1958：12.

② 温公颐. 逻辑学［M］. 北京：高等教育出版社，1958：53.

③ 中国人民大学哲学系逻辑教研室. 形式逻辑［M］. 北京：中国人民大学出版社，1958：27－28.

质属性是对现实对象的性质起决定作用的属性，也就是现实对象本身必然具有的属性。一个对象具有这一属性就成为这个对象，如果不具有这一属性就不成为这一对象，如‘能制造工具、能思维和说话’，这是‘人’的本质属性，离开了这些就不成为‘人’。‘三边相等’，这是‘等边三角形’的本质属性，没有这一点，就不成其为‘等边三角形’。事物的本质属性总是对象的一般属性，但对象的一般属性并不都是事物的本质属性。”①

“所谓本质属性，就是构成这一具体事物的根本特征，这一事物所以区别于那一事物的根本标志。这是事物本身所必然具有的。也就是说，这一事物如果没有这种本质属性，就不能构成这一事物。非本质属性，是区别于本质属性的，虽然也为该事物所具有，或在一定条件下为该事物所具有，但并不是该事物的根本特征，不能凭它来辨别该事物与其他事物的根本不同。比方，人的一般本质属性是‘能制造生产工具，能劳动生产，有语言和思想’。这是人所以是人的根本原因，是与其他所有动物区别开来的根本标志和根本特征。可是人除了这种根本标志之外，还有其他的许多非本质属性，如耳、目、腿、嘴等等，这些，虽然也为人所具有，但又不能算是人的本质属性，因为其他动物也是具有的。”②

上面不厌其烦地引了许多逻辑书中关于本质属性所下的定义或对其说明、解释与举例，为了说明大家对于本质属性这个概念的理解多么不一致，甚至在一本书中，前后解释也有不一致的。撇开别的方面——如本质属性的相对性和本质属性由浅到深的发展（因为这是辩证逻辑所研究的问题）——不谈，只就其含义的广狭方面来说，除了本质属性不是偶然属性这一点意见是相同的之外，细绎各书的说法，有如下几种意见：

（1）一切共同属性（包括普遍的共同属性与特殊的共同属性，即包括第一组属性与第二组属性）都是本质属性。

（2）特殊的共同属性（即第二组属性）为某类事物所以具有而为其他事物所不具有的属性就是本质属性。

（3）一切共同属性中的能推出或派生其他属性的、起决定作用的属性，

① 华东师范大学政治教育系．形式逻辑［M］．上海：华东师范大学出版社，1960：65.

② 一兵．逻辑学基础知识［M］．济南：山东人民出版社，1958：66.

才是本质属性，如人的本质属性既有“脊椎动物”又有“能创造生产工具”。

（4）特殊的共同属性中根本特征、根本标志，起决定作用的才是本质属性。如人的本质属性只是“能制造生产工具、能劳动生产、有语言和思想”等。

如果以图示意，其含义广狭，如右图所示：

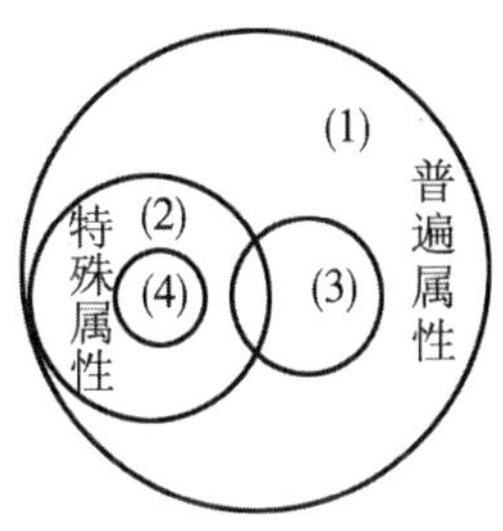

那么究竟哪种是正确呢？如果这个问题不解决，则所谓概念的内涵究竟是否反映本质属性，便很难讨论。而要判断上述这四种含义哪种是正确的，又必须解决如下两个问题：（1）共同属性（包括普遍共同属性与特殊共同属性），就是本质属性抑或只有决定性的属性才是本质属性？（2）只有特殊共同属性才是本质属性抑或普遍共同属性也是本质属性？

现在，我们先从哲学史上来考察这两个问题。

亚里士多德把事物的属性分为四种：本质属性（定义）、固有非本质属性、种和偶然属性。本质属性和固有非本质属性都是一类事物的特殊属性。所不同者，“所谓本质属性，是一事物之所以区分于其他一切事物的一种属性”[①]。所谓固有非本质属性，也是为一事物所特有的，但它是由本质所派生的。他举例如对于等边三角形来说，等边是它的本质属性，等角是它的固有非本质属性，因为等角是从等边派生出来的；三个内角之和等于 180 度则是它的“种”即三角形的固有非本质属性，因为三内角之和等于 180 度是一切三角形所具有的。又举例如能获得真知是人的本质属性，而能学习语法则是人的固有非本质属性。同时，亚里士多德还进一步论述了事物的本质就是事物存在变化的原因。由此可见，亚里士多德所谓本质属性是特殊的共同属性中的决定性的属性。

黑格尔在批判形式逻辑与建立辩证逻辑中论述了本质属性。他认为本质属性是事物的普遍性，但是不是任何普遍性都是事物的本质属性。诸如耳珠是人所共有的东西，但耳珠不是人的本质方面的东西。必须是那种作为事物

① 亚里士多德. 辩证常识篇［M］. 128.

的根据和基础，根本和本质的普遍性，具有决定性的普遍性才是本质属性。①

由此可见，不论是亚里士多德或黑格尔都认为本质属性不是一般的共同性或普遍性的属性，而是具有决定性的那种属性。在这一点上，他们的论点是基本相同的，而且也是和辩证唯物主义关于本质的观点基本上符合的。辩证唯物主义认为本质和现象是对立统一的基本范畴，是客观发展过程的两个不同方面。“事物的本质是事物的性质及此一事物和其他事物的内部联系。本质由事物的内在矛盾构成，是事物的比较深刻、比较稳定的方面。”② 本质和规律，如列宁所指出，是“同等程度的概念”。它决定了事物的非本质方面，并通过现象的曲折的、复杂的形式表现出来。由此可见，只是内在矛盾才构成本质，只有比较深刻、比较稳定、起决定作用的属性，才是本质属性。认为一切共同属性都是本质属性是不正确的。其实，就常识来看，也是很显然的。人之耳、目、口、鼻，为人之共同属性，耳珠、能学习语法，也是人的共同属性，但都不是本质属性。本质属性的含义应当是比共同属性的含义要狭些深些。当然，从辩证逻辑看来：（1）本质属性是相对的，但是，在同一关系下，对于同一对象的认识，本质属性与非本质属性总有一定的界限；（2）事物有不甚深刻的本质属性和更深刻的本质属性，或第一级本质属性、第二级本质属性……但是，这些并不改变本质属性的含义。不论是哪一级的本质属性，它总是比共同属性要窄些深些。不能认为所有的共同属性都是本质属性。

那么，只有特殊的共同属性中的决定性属性才是本质属性，抑或普遍的共同属性中的决定性属性也是本质属性呢？事物的本质，既然是事物的根据、原因、规律，由事物内在矛盾所构成，那么，我们就不能如亚里士多德那样认为区分于其他一切事物的属性才是本质属性。举例来说：三条直线构成的平面图形是等边三角形的本质属性，也是非等边三角形的本质属性。教育的历史性、阶级性是教育的本质属性，而历史性、阶级性也是其他社会科学的本质属性；伟大的文学家、思想家、革命家是鲁迅的本质属性，也是其他节

① 黑格尔. 小逻辑［M］. 贺麟译. 北京：生活·读书·新知三联书店，1954：355.

② 艾思奇. 辩证唯物主义历史唯物主义［M］. 北京：人民出版社，1961：134.

命中的伟大的文学家、思想家、革命家的本质属性。我们倒是同意温公颐在其《逻辑学》中所举的例子，即脊椎动物、制造劳动工具、社会动物等都是人的本质属性。显然，人首先是脊椎动物，然后才是社会动物。脊椎动物这一属性固然不能派生社会动物这一属性，但社会动物这一属性也同样不能派生脊椎动物这一属性。两者可以归属于不同级的本质属性，但都是本质属性而不是非本质属性。至于“构成这一具体事物的根本特征，这一事物所以区别于那一事物的根本标志”，那是特殊的本质属性，是由特殊的矛盾所构成的。“这种特殊的矛盾，就构成一事物区别于他事物的特殊的本质。”①

所以，本质属性的含义，应当是指概念所反映的客观对象的共同属性（包括普遍共同属性与特殊共同属性）中的决定性的属性。

五

那么，概念是否反映本质属性？概念的内涵是否为本质属性在认识上的总和呢？我们的看法：（1）概念反映本质属性，概念的内涵是本质属性在认识上的总和。（2）作为人类思维形式的概念，不只是反映本质属性，也反映非本质的共同属性；抽象概念的内涵，不只是本质属性在意识上的总和，而且是一切共同属性在意识上的总和。（3）概念主要是反映本质属性，概念的内涵主要是本质属性在意识上的总和。

第一点理由不必说明·概念当然能够而且必然反映木质属性。

第二点理由：如果概念不反映非本质的共同属性，则非本质的共同属性将通过什么东西反映在人们的意识上。难道“人”这个概念只能反映“能制造生产工具、从事劳动、能思维、能说话”这些属性而不能反映耳、目、口、鼻这些属性吗？难道“三角形”这个概念只能反映“三直线构成的平面图形”属性，而不能反映“三内角之和等于 180 度”属性？难道“等边三角形”这个概念只能反映“等边”属性而不能反映“等角”属性吗？在一定情况下，“三内角之和等于 180 度”，“等角”这些属性具有更重人的认识与实践的意义。

① 毛泽东．矛盾论［M］．北京：人民出版社，1952．

从人类认识的发展史或个体认识的发展过程也可以证明此点：当人类还不能把握某类对象的内在本质时，人类仍然能形成这类对象的概念；当儿童还不能认识某类对象的本质属性时，他也仍然能形成这类对象的概念。不过，这些概念是肤浅的，因为他们没有掌握本质属性而只晓得一些非本质的共同属性。

第三点理由：本质属性是根据、原因、规律，是决定性的属性，本质派生非本质属性。所以，认识主要是应当抓住本质属性。因而，作为人类思维形式的概念主要是反映本质属性。

打一个譬喻：事物发展中有主流和非主流，工作中有主要工作和非主要工作。所以看事物主要的应当看主流，抓工作主要的应当抓主要工作。但是不能忽略非主流的问题，不能完全不管非主要的工作。同理，概念主要是反映本质属性，但不能排斥非本质属性。抽象概念的内涵是本质属性和非本质属性的共同属性反映在意识上的总和，主要是反映本质属性。

列宁说："概念来自本质。"[①] 这是正确的。因为本质是决定性的东西，本质属性能派生其他属性，但经典作家没有说过"概念只反映本质"。

毛主席说："概念……抓着了事物的本质，事物的全体，事物的内部联系了。"[②] 这是正确的，因为相对于感觉来说，概念不是事物的现象而是抓着了本质。而本质决定了事物的全体，体现了事物的内部联系。也不能解释为"概念只反映本质"。

应当指出：从辩证唯物主义的观点来看，本质属性和非本质属性是密切联系的，是统一的整体。因此，对于辩证逻辑的具体概念来说，"概念反映本质"，就足够概括非本质的属性，因为辩证逻辑的具体概念本身体现了具体的同一性，体现了概念内涵的本质属性与非本质属性的矛盾统一关系。因此，概念是否反映非本质属性的共同属性，不是重要问题，甚至可以说是不成问题的问题。但是，形式逻辑的抽象概念，它只能体现抽象同一性，它只能反映事物相对静止、孤立的情况；它着重于概念所含的属性的数量与范围，把

---

① 中共中央马克思、恩格斯、列宁、斯大林著作编译局. 列宁　黑格尔"逻辑学"一书摘要［M］. 北京：人民出版社，1965：161.

② 毛泽东. 实践论［M］. 北京：人民出版社，1951.

概念的内涵看作属性的总和的反映。因此，概念是否既反映本质属性也反映非本质的共同属性，概念的内涵是否也包括非本质的共同属性在意识上的反映，就是重要的问题。如不解决，则如上所述：概念内涵与外延的反比关系，概念的概括和制限等逻辑方法等将不存在。因此，不能笼统地说“概念反映本质”或“概念的内涵是本质属性在意识上的总和”，而应当说“概念的内涵是概念所反映的客观对象的共同属性（包括普遍共同属性与特殊共同性，本质属性与非本质共同属性）的在意识上的总和”。

关于判断的若干问题[①]

——逻辑学质疑之二

逻辑学质疑之一《关于概念内涵的若干问题》提出之后，引起许多逻辑学工作者的兴趣，特别是搞逻辑教学工作的同志，给予我们热情的支持。因为所提的问题，虽非高深之谈，也无高明之见，但确实是在逻辑教学实践中所发现而亟待解决的问题。这些兴趣和支持，鼓励着我们继续对其他方面的问题提出疑问。但在继续提出疑问之前，有必要重申在《关于概念内涵的若干问题》中所提出的申明："名为'质疑'，顾名思义，就只是提出问题，等待指教，而不是解决问题。当然，提问题往往也掺入一些提问者的主观见解，但这是次要的、附带的。其次，所谓问题，可能是逻辑科学上确实尚未解决或尚未明确的问题，也可能是在逻辑科学上已经解决而为质疑者所未认识的问题；可能是比较重大甚至带有根本性的问题，也可能是无关宏旨的小问题；提问是见一个提一个，并没有严格的次序。"

本篇质疑是《关于判断的若干问题》。判断是逻辑思维形式之一，它是概念的展开与发展，是推理的起点和终结，又是思维过程的关键环节。因此，判断恰当与否，对于逻辑思维是最重要的问题。而恰当的判断，既决定于对判断的对象具有正确的认识，也有赖于对判断这一思想形式善于掌握。但在教学中，我们发现从判断的定义到它的结构、表达形式，存在许多不明确的甚至相矛盾之处，下面只就若干亟待解决的问题提出疑问。

① 原载《厦门大学学报》（社会科学版），1962 年第 4 期。作者：潘懋元，林去病。

一、关于判断、肯定判断与否定判断的定义问题

如何为判断这一思维形式下一个正确的定义，这是在教学中首先碰到的难题。因为许多逻辑学教本对它所下的定义，颇有出入，使人难以适从。下面先抄引几个定义：

判断是对某种对象肯定或否定什么的一种思想。①

判断是反映事物有或没有某种属性的思维形式。②

判断是反映客观事物现象具有或不具有某种属性（或关系）的思维形式。③

判断是对于客观对象有所肯定或否定的思想。④

判断是反映客观事物及其性质的关系的思维形式。换句话说，对于事物及其性质作肯定或否定的断言的思维形式，称为判断。⑤

判断是对于客观事物情况有所断定的思维形式，它因断定是否符合客观而或真或假。⑥

细绎这些定义，我们发现如下歧义：

（1）判断的对象是什么？

（2）判断肯定或否定什么？

（3）判断是一种思想还是一种思维形式，换言之，“判断”这一概念它的最邻近的上位概念是“思想”还是“思维形式”？

如此等等。

---

① 中国人民大学哲学系逻辑教研室. 形式逻辑［M］. 北京：中国人民大学出版社，1958：60.

② 李世繁. 形式逻辑讲话［M］. 北京：中国青年出版社，1957：61.

③ 华东师范大学政治教育系. 形式逻辑［M］. 上海：华东师范大学出版社，1960：113.

④ 金岳霖，等. 逻辑通俗读本［M］. 北京：中国青年出版社，1963：34.

⑤ 李匡武. 形式逻辑［M］. 广州：广东人民出版社，1962：74.

⑥ 石村. 判断理论中的若干基本问题［J］. 宁波师范学院学报（人文科学版），1962（2）.

众所周知，判断的对象，可以是物质客体和现象，也可以是主观的精神现象。如“他的观点是错误的”，这里的“观点”，就是主观的精神现象。这样，如果把判断的对象定为“客观对象”或“客观事物现象”，就容易引起含混。当然，以“客观对象”“客观事物现象”等来界定判断的对象并没有错，因为它并“不排斥在特定场合下以思维现象或语词为对象，只要它们确实客观地存在于下判断者的主观以外，并为下判断者思维活动所指向的”①。但是，既然存在引起含混的可能，就应当以概括性较大的“事物”“对象”“思维对象”等作为判断所指的对象。因为凡反映于判断中的一切物质现象以及精神现象，都可称为事物、或对象、或思维对象。

那么，判断对其思维对象肯定或否定些什么呢？也即它反映着对象的什么东西呢？众所周知，判断可以反映某一对象的存在或不存在、具有或不具有某种属性以及两个或两个以上对象间具有或不具有某种关系。因此，判断可以区分为存在判断、属性判断和关系判断。显然，把判断所肯定或否定的东西仅仅说成是“性质”或“情况”，都是不够恰当的，如果仅指“性质”，则显然不能概括关系判断，把“甲多于乙”解释成肯定甲具有比乙多的性质，未免牵强；如果仅指“情况”，则失之笼统，把“鲁迅是《阿Q正传》的作者”，解释为肯定鲁迅具有作《阿Q正传》的情况；把“我是学生”，解释为肯定我具有学生的情况，虽然勉强说得通，但却很别扭。如果所指的是“属性”，则是比较恰当的。因为“属性”是一个概括性很广的概念，事物之间的相同和相异之点都可称为事物的属性。它可以是指对象的存在或不存在，如“在社会主义社会中存在阶级和阶级斗争”；也可以是指对象具有或不具有某种性质，如“敌我矛盾是对抗性矛盾”；也可以是指对象具有或不具有某种状态，如“鸟在飞”“他在跑路”；还可以指两个或两个以上对象间具有或不具有某种关系，如“甲大于乙”所指的正是甲、乙两个对象在对比关系上所显示的特点。而且属性可以是本质属性、固有属性，也可以是偶然属性；可以指事物本质的或固有的相同相异之点，也可以指偶然的相同相异之点。因此，

① 石村. 判断理论中的若干基本问题［J］. 宁波师范学院学报（人文科学版），1962（2）.

“属性”能够概括判断所肯定或否定的一切东西。①

不仅如此，我们知道判断是由概念所构成的，是概念的展开。而概念的内涵就是概念所反映的对象的属性。概念反映属性是隐含的，而判断则把概念所隐含的属性揭示出来，若是其所揭示的是概念内涵所反映的本质属性就是下定义，若是其所揭示的不是本质属性则是一般的判断。如果判断不是揭示对象的属性，那么它就不可能以概念为其构成要素，也不可能对概念有所展开。由此可见，认为判断就是断定对象具有或不具有某种属性是与概念的内涵一样的。

有的逻辑学教本，不断对判断所肯定或否定的东西给予确切的概括，因而采取回避的方式来为判断下定义，如所谓“对某种对象肯定或否定着什么……”“对客观对象有所肯定或否定……”等等。这样的定义虽不至于发生什么错误，但却是含糊不明的。有的则在属性的后面加上括号注明“（或关系）”，其所以如此谨慎，无非是怕把属性判断和关系判断混淆起来，怕仅仅指明“属性”会把关系判断排斥在外。其实这种顾虑也是不必要的。在一定情况之下，人们把属性判断作为性质判断看，属性判断和关系判断是相互区别的，和存在判断也是相互区别的；在运用“S—P”或“a R b”公式时也是相互区别的。但就“属性”的广泛意义即指事物之间的相同和相异之点，则事物之间的关系也是事物之间的相同和相异之点，属性判断和关系判断，是既有区别又有联系的。

在各种各样的判断定义之中，有的认为判断是一种“思想”，有的则确定其为一种“思维形式”。“思想”和“思维”是两个密切联系而又有所区别的概念，这是不必要详析的；即使把“思想”和“思维”等同起来，“思想”和“思维形式”也是有区别的：“思想”这个概念，显然要比“思维形式”这个概念广泛得多，显然它不是“判断”这个概念的最邻近的上位概念（种概念）；“判断”这个概念的最邻近的上位概念只能是“思维形式”而不能是其他。逻辑学家下定义，应该严格遵守下定义的逻辑公式即“A = Bc”，否则

① 哲学上所指的属性（attribute）一般都是指本质属性，即事物不可缺少的性质。而逻辑学上所指的属性（note）则包括一切本质的与非本质的属性（或称表征）；关于属性的分类，参见拙作《关于概念内涵的若干问题——逻辑学质疑之一》一文。

不够确切甚或会引起混乱。[①]

根据上述的分析，我们认为对判断下这样的一个定义是比较确切的：判断是对于思维对象断定其具有或不具有某种属性的思维形式。

附带证明：石村同志在《判断理论中的若干基本问题》一文中，认为判断的定义如果只反映了判断的第一个逻辑特征——有所断定，没有反映判断的第二个逻辑特征——有真有假，是不完全并且不够鲜明的。他举出许多理由来说明第二个逻辑特征的重要性，批评唯心主义逻辑学家往往对这个逻辑特征加以抹杀或歪曲，而唯物主义逻辑学家则应坚持这个逻辑特征。因此他认为必须把第二个逻辑特征也在判断的定义中反映出来，从而提出了上面已引述过的那个定义："判断是对于客观事物情况有所断定的思维形式，它因断定是否符合客观而或真或假。"他认为这个定义的优点在于："它充分反映了判断这一思维形式的两个特征（最本质的属性），而更重要的是，它鲜明地贯彻了马克思主义反映论的原理，从而同形形色色的唯心主义与形而上学唯物主义的判断定义划清了界限。"[②] 国外某些逻辑学家，也有此见解，不过没有像石村同志这样详述理由而已。

判断第二个逻辑特征——有真有假的重要性是不容置疑的，而真假的标准在于是否符合客观实际，也是唯物主义的逻辑学家所应坚持的。问题在于重要的东西是否一定非引进定义中不可。在定义中，只能简略地指明最普通的而同时也最富于特征的属性，它不可能也不必要概括各个重要的特点。判断的两个逻辑特征，虽然都很重要，但却不是并列的。其中第一个特征——有所断定，是主要的，起决定作用的；而第二个特征——有真有假，则是由第一个特征必然地引申出来的，有所断定，才能有真假；有所断定，也必然有真假。这一点，即使唯心主义的逻辑学家，多数也不否认。至于真假的标

① 在某种条件限制下（指属差是唯一的属差），下定义的种概念，可以不必限于被下定义的概念的最邻近的种概念，仍不至引起定义过宽的逻辑错误，如"人是能制造生产工具从事生产劳动的动物"，"动物"虽非"人"的最邻近的种概念，但这个定义仍是正确的。但是，这种条件限制，并不适于把"思想"代替"思维形式"。

② 石村. 判断理论中的若干基本问题［J］. 宁波师范学院学报（人文科学版），1962（2）.

准是什么，那是整个逻辑学关于思维对存在、认识和实践的关系所应解决的问题，不可能也不必要在一个简短的定义中解决，因为简短的定义“始终不能把现象的全部发展上的一切复杂联系概括起来”①。

上面对于判断的定义提出了疑问，下面我们还要对肯定判断与否定判断的定义提出疑问。

由于判断是对某种对象具有或不具有某种属性作出肯定或否定的断定。人们很容易“顺理成章”地得出肯定判断就是肯定对象具有某种属性，否定判断就是否定对象具有某种属性的结论。诸如有一本逻辑学教本就是这样为肯定判断与否定判断下定义的：“肯定判断是肯定对象具有某种属性的判断”，“否定判断是否定对象具有某种属性的判断”。② 但是，这两个“顺理成章”的定义却是错误的。其所以错误就在于把“肯定或否定”和“具有或不具有”混为一谈。“肯定或否定”是指有所断定的逻辑特征，“具有或不具有”是指对象与属性之间的关系。它们之间，是既有联系又有区别的两回事。不能混为一谈。

现在先让我们举几个例子看看：

例一　这朵花是红的。

例二　这朵花是非红的。

这是两个肯定判断。第一个判断，肯定这朵花具有红的属性；但是第二个判断，肯定这朵花具有什么属性呢？“非红”，是一个否定概念，正如上述这本逻辑学教本在另一处所说：“矛盾概念中的否定概念，除了对另一概念的内涵加以否定而外，它本身并不肯定具有什么属性。”③ 显然，“这朵花是非红的”，从“断定”来说，它是肯定的；从对象与属性的关系来看，它并不肯定对象具有某种属性。

例三　这朵花不是红的。

---

① 引自列宁的《帝国主义是资本主义的垄断阶段》一文。

② 中国人民大学哲学系逻辑教研室．形式逻辑［M］．北京：中国人民大学出版社，1958：65.

③ 中国人民大学哲学系逻辑教研室．形式逻辑［M］．北京：中国人民大学出版社，1958：42.

例四　这朵花不是非红的。

这是两个否定判断。第三个判断，否定这朵花具有红的属性；但是第四个判断，否定这朵花具有什么属性呢？它既不否定红的属性，也不否定“颜色”这一属性。它只是否定了“非红”，而“非红”并没有确定什么属性，仅仅是对“红”予以否定。那么，这个判断只是否定了否定“红”的属性。显然，“这朵花不是非红的”，从“断定”来看，它是否定的；从对象与属性的关系来看，它恰恰是肯定对象具有红的属性。

从上述四个例子我们可以得出：

肯定判断：（1）肯定对象具有某种属性（S 是 P）

（2）肯定对象不具有某种属性（S 是非 P）

否定判断：（3）否定对象具有某种属性（S 不是 P）

（4）否定对象不具有某种属性（S 不是非 P）

其中：（1）、（4）都是表示对象具有某种属性，是等值的；（2）、（3）都是表示对象不具有某种属性，也是等值的。正因为肯定判断与否定判断可以等值，所以，换质法才是可能的；如果肯定判断一定肯定对象具有某种属性，否定判断一定否定对象具有某种属性，则换质法就不能存在了。[①]

肯定判断与否定判断，是根据判断的第一个逻辑特征——有所肯定或否定——来划分的。亚里士多德根据主谓式判断的逻辑结构，把它们界定为“将宾词与主词联系就是肯定；将宾词与主词分开……就是否定”，可见，并不在于“具有或不具有某种属性”。而主宾词的联系，在逻辑结构上是通过联系词“是”或“不是”来标示的。肯定判断及其联系词“是”既可表示对象具有某种属性，也可表示对象不具有某种属性；否定判断及其联系词“不是”也然。一般逻辑教本，依照自康德以来的提法，称之为按“质”分。所谓“质”，从逻辑形式结构来说，可以说是命题中的联系词的“性质”，如另一本逻辑学教本所说：“所谓‘质’是指判断中联系词之为肯定或否定，如判断中的联系词肯定主词和宾词间的关系（即联系词为‘是’‘可能是’‘必须

① 有的逻辑学教本，把 S 是非 P 作为否定判断，因此在这本教本中就把换质法取消了。但是，这是与传统逻辑不合的。

是’等），则该判断为肯定判断。如判断中的联系词否定主词或宾词间的关系（即联系词为‘不是’‘可能不是’‘一定不是’等），则该判断为否定判断。”① 这种说法，未可全非。因为从命题形式上鉴别肯定判断和否定判断，确实是根据联系词的。但是联系词仅是命题的表达形式，所谓“质”并不是联系词的性质，而是更为根本的、判断的逻辑特征——“断定”的性质（肯定的或否定的），这是需要补充说明的。

二、关于一般命题和特称命题的分类问题

判断按量划分，传统逻辑分为单称、特称和全称。这个分法已为所有的逻辑学教本所普遍采用。因为它既符合于形式逻辑划分概念的规则，也符合于人类认识客观事物的辩证发展过程。没有人怀疑这种分法的正确性与科学性。但在教学实践上（也在其他场合的实际应用上），对于特称判断，却存在麻烦的问题和不能令人满意之处。麻烦的问题是一般上特称判断（非区别的、不确定特称判断）的命题的量词“有些”，和语法上的习惯用法不一致。习惯上“有些”是指“只有这些”，肯定命题暗含着否定命题，否定命题暗含着肯定命题，即只有这些“是”（或“不是”），暗含着另有一些“不是”（或“是”），而一般特称判断（非区别的，不确定的特称判断）的命题的“是”（或“不是”），却只肯定或否定这一些“是”（或“不是”），对于另一些既不肯定，也不否定；另一些可能“是”也可能“不是”。命题中量词“有些”的含义与语法上习惯用的词义不一致，初学者颇不易接受。这个问题，只要是以语言文字表达，就难以解决，不论中文或外文都一样，除非是用符号来表达。量词“有些”有此麻烦，其他量词如“一般”“多数”“少数”等，也有此麻烦。甚至有些逻辑工作者，一不小心，就会纠缠不清（详后），因为人们究竟是运用语言来进行思维而不是单靠符号来思维的。不能令人满意之处是特称判断在量的规定上过于笼统，“有些”这个量的含义是：至少有一个、可以多至只差一个甚至于全部（如果把它作为存在量词看）。诸如，某系同学

① 李匡武. 形式逻辑［M］. 广州：广东人民出版社，1962：116.

一百名，“有些同学是共青团员”，可以只有一名共青团员，也可以有几名，几十名，九十九名，甚至于一百名。从逻辑上来说，这个命题都不错。因为只要它能肯定“有”就成，而不问其能确定多少。在实际应用时，这样一个笼统命题，在认识客观事物，掌握客观情况，以便做出恰当判断来说，作用就不大。诸如“某公社有些田地今年（是）丰收”，究竟是大多数田地丰收抑或只有少数田地丰收，笼笼统统，判断虽在逻辑上不错，而在反映客观情况上却极不明确。

由于不能借此做出恰当的判断，从而也不能借此做出合乎逻辑的推理。诸如，传统逻辑的简单直言三段论规则之一是：两个特称判断的前提，不能推出必然结论，但在许多情况之下，恰恰可以得出必然结论。诸如：

某公社大多数（有些）田地今年（是）丰收；

某公社大多数（有些）田地今年（是）受严重的旱灾；

所以，某公社有些受严重旱灾的田地今年（是）丰收。

两个特称判断的前提所推出的这一结论，没有人能够怀疑它的必然性。甚至，不可以推出数量相当明确的结论。诸如：

某公社百分之九十以上的（有些）田地今年（是）丰收；

某公社百分之九十以上的（某些）田地今年（是）受严重旱灾；

所以，某公社大多数（有些）受严重旱灾的田地今年（是）丰收。

这一结论不只是必然的，而且是明确的。[①]

正因如此，所以人们要求对特称命题进一步进行划分，借以使特称命题能够反映比较确定的量，从而有利于进行恰当的判断和合乎逻辑的推理。这是完全必要的。

应当如何划分？首先必须具体分析人们在实际生活中所常用的命题。更具体地说，必须具体分析各种命题中所常用的特称量词。

除了“有些”之外，各种特称判断的命题还常用下列这些特称量词：

---

① 诸葛殷同在其《特称量项、周延性及其他》一文（《光明日报》1963 年 8 月 10 日）中，认为“多数”不等于“有的”，因此，“多数 M 是 P，多数 S 是 M，所以有些 S 是 P”这个论式不是直言三段论式，也就不能作为两个特称判断的前提能够得出结论的证明，这个意见是不正确的，理由详见后文。

（1）一般、多数、大多数、绝大多数、几乎全部；

（2）个别、少数、极少数；

（3）几分之几；

（4）除……外……

如此等等。

历来逻辑学家对于这些特称量词的意义和作用已经有所注意，但是就我们所知，很少专门研究，有的只在概念推理中作为特殊命题涉及。由于社会的发展，人们对于思维的准确性要求日见提高，促使逻辑学家们开始进行了一些研究。如王宪钧在其《判断及其种类》① 一文中介绍了“个别的是”与“一般的是”，康宏逵在其《一般命题和近似归纳法》② 一文中把上述量词中的若干种所组成的命题概括为“一般命题”，并企图探索其形成的来源。这是可喜的努力。他们的成就是主要的，对于我们在教学上或其他场合的应用上都有重大的意义。但是，也还有些问题值得商榷。本节想通过对于“一般命题”的分析来引申到特称命题的分类。

康宏逵等认为“一般命题就是一般命题”，不是特称命题。把一般命题和特称命题之间的从属关系割裂了，这是很难令人同意的。如果一般命题不是特称命题，但一般命题的特点就在于“量”的区别，判断按“量”划分为单称、特称、全称，那么一般命题应放置在什么位置上呢？这是很难说得通的。同时，其所举的理由也不充分。我们认为一般命题就是特称判断的一种命题形式，是特称命题的下位命题。它比特称命题具有较丰富的内涵而狭窄的外延。同时，特称命题也不只是可以划出一般命题，而且可以划出其他命题作为其下位命题。

下面就这两个问题谈谈我们的看法：

（1）一般命题就是特称命题，而且是不确定的特称命题。

（2）特称命题可以划分为若干下位命题。

问题还是从康宏逵的“一般命题就是一般命题”，不是特称命题这一论点

① 王宪钧．判断及其种类［J］．哲学研究，1961（4）．

② 康宏逵．一般命题和近似归纳法［J］．新建设，1962（6）．

谈起。

康宏逵认为："特称命题对某类中的一些对象有所肯定时，对其他对象并未否定，对某类中的一些对象有所否定时，对其他对象也未肯定。一般命题恰好相反，是'全面的'。任何一般命题都意味着肯定一些对象而否定另一些对象。说得更确切地，每个一般命题都蕴含两个主谓词和它相同的特称命题：

'一般 x 是 y' 蕴含 '有些 x 是 y 并且有些 x 不是 y'；

'一般 x 不是 y' 蕴含 '有些 x 不是 y 并且有些 x 是 y'。"①

我们知道，特称判断有不确定的特称判断和确定的特称判断两类。不确定的特称判断或称简单的特称判断，就是康文所指的"对某类中的一些对象有所肯定时，对其他对象并未否定，对某类中的一些对象有所否定时，对其他对象也未肯定"的那一类判断。但是，除了不确定的特称判断之外，还有确定的特称判断。确定的特称判断，恰恰就是"肯定着一些对象而否定另一些对象"，"蕴含着两个主谓词和它相同的特称命题"的那一类判断；也就是康文在紧接下去所误称为"特称区别命题"的那一类判断。②

请看看确定的特称判断的公式与例子：

"只是有些 x 是 y" 蕴含 "有些 x 是 y 并且有些 x 不是 y"。例如"只是有些学生是共青团员"，蕴含"有些学生是共青团并且有些学生不是共青团员"。

"只是有些 x 不是 y" 蕴含 "有些 x 不是 y 并且有些 x 是 y"，例如"只是有些学生不是共青团员"，蕴含"有些学生不是共青团员并且有些学生是共青团员"。

这不正是"肯定一些对象而否定一些对象"吗？

由此可见，把"肯定一些对象而否定一些对象"作为一般命题的特点，从而得出这样的结论：一般命题不是特称命题。这是不正确的。

---

① 康宏逵．一般命题和近似归纳法［J］．新建设，1962（6）．

② 康宏逵的原文如下："所谓'特称区别命题'包括肯定和否定的，其形式分别为'只有一些 x 是 y'和'只有一些 x 不是 y'，如果主谓词相同，这两特称区别命题彼此等值，它们都等于'有些 x 是 y 并且有些 x 不是 y'。"(《新建设》1962 年第 6 期)。这不是特称区别命题，而是确定的个别特称命题。特称区别命题的公式是："有些 x 是 y 并且只有 x 是 y"，其不同在于区别命题的实词所指的属性只是属于或不属于这一判断的对象，确定的特称命题是非区别的命题，无此限制。

问题还不仅如此。退一步说，即使康宏逵所指的特称命题，仅仅是指不确定的特称判断的命题，不包括确定的特称判断的命题（这样来理解特称命题是不全面的），那也是不对的。我们的看法：一般命题就是不确定的特称命题之一种。其所不同者，只是量词“一般”比量词“有些”在指量上比较狭窄，但仍然是“不确定”的，而不是“确定”的。

为了说明一般命题是一个不确定的判断，我们先看看不确定的特称判断何以是不确定的，然后再看看一般命题是否也存在相同的情形。

当我们调查了某公社的一些生产队今年的生产情况，知道这些生产队都比去年增产，但是还有些生产队没有调查过，不能确切断定。因此，我们既不能下全称肯定判断：“某公社所有的生产队都是比去年增产”；也不能下确定的特称肯定判断：“某公社只有一些生产队是比去年增产”。只能下不确定的特称肯定判断：“某公社有些生产队是比去年增产”。这个判断的意思就是：“至少有一些生产队是比去年增产，但是另一些还不能确定，也许另一些并不比去年增产，也许全部生产队都比去年增产”。这个不确定的特称判断不会错，但是太笼统，在实际应用上意义不大。因此，人们要求做出比较明确的结论。这时候，如果具有下列两种情况之一，我们就可以得出一般命题：（1）所调查过的生产队是绝大多数，这些生产队都是增产，但有少数生产队未经调查。（2）采用抽样调查方式，对于各类具有代表性的生产队进行了调查，这些生产队都增产；但是所调查过的只是少数生产队，还有大多数生产队未经调查。只要有上述两种情况之一，我们就可以得出一般命题：“某公社生产队一般是比去年增产。”它的意思就是：“某公社绝大多数生产队是比去年增产，但还有另一些未能确定，也许那一些并不比去年增产，不过总是少数而已，也许全部都是比去年增产。”这个判断和上述“某公社有些生产队是比去年增产”，同样是完全可靠的，但同样是不确定的，因为它同样没有确定另一些究竟是增产抑或没有增产。

当我们对一类客观事物，只做了不完全的调查，没有一个一个进行调查（在许多情况下要对一类客观事物一个一个进行调查是不可能的），又没有掌握其内在必然规律。在这种情形下，既不能做出确定的特称判断的结论，又不能做出全称判断的结论，往往就以一般命题来表达我们所获得的结论。就以康宏逵所举的例子来说："一般人耳的长度接近鼻的总长度。"对于这个一般命题不需要人类学家，谁都深信不疑。人们之所以深信不疑，并不是掌握了耳的长度和鼻的总长度的内在必然联系，也不会发现特别长或特别短于鼻的总长度的耳朵。但是，根据平时的观察，人耳的长度总是和鼻的总长度差不离。难道在这种情况下，人们一定要把这句话理解为"一般人耳的长度接近鼻的总长度，并且有一些人两耳垂肩"吗？"两耳垂肩"，是古书上形容奇才福相，不可全信也不可全不信。总之，对于是否有个别人耳朵特别长或特别短，人们尽可不必予以肯定或否定而深信这是一般命题是可靠的。

诚然，"一般"这个特称量词，在日常习惯上往往是指"一般 x 是 y，只有一些 x 不是 y"，这也正是逻辑上的量词和语法上的词义不一致之处。正如"有些"这个特称量词，在日常习惯上往往也是指"有些 x 是 y 并且有些 x 不是 y"。不应当在一种场合辨别了量词与语法上的词义的歧义，而在另一种场合下却把两者混淆起来。

为什么康宏逵认为"任何一般命题都意味着肯定一些对象而否定另一些对象"呢？为什么一般命题不是像不确定的特称命题那样只是肯定一些对象而对另一些对象既不肯定也不否定呢？文章中并未直接说明，可能是由于把一般命题的来源归之于"近似归纳法"之故。关于"近似归纳法"，是推理的问题，我们不打算在此提出疑问，姑且依康文的解释来分析。

近似归纳法"是在审查正确情况和反面情况的基础上作出近似概括的推理"，"近似归纳法必定经历如下三个步骤：首先要通过比较，辨别正面情况和反面情况；其次还要精确计算或者粗略估计正面情况和反面情况的比重，确定在审查范围内正面情况占大多数；最后才能上升到一般命题"①。不错，如果经过了这样的过程，是可以得出一个严格的一般命题，甚至可以得出一个完全确定的"几分之几""除……外……"的命题。但是，如上所举的例子，不论是"某公社一般生产队是比去年增产"，或"一般人耳的长度接近鼻的总长度"，都可以不必经过计算正面情况和反面情况的比重，甚至对反面情况未经调查，同样可以得出可靠的一般命题：（1）用简单枚举归纳推理，可

① 康宏逵. 一般命题和近似归纳法［J］. 新建设，1962（6）.

以得出一般命题“世界上的天鹅都是白的”这个全称判断，众所周知，已被推翻。但“世界上一般的天鹅是白的”这个一般命题，过去真，现在真，今后还一定是真的。为了不使简单枚举归结推理所得的结论陷于被动，人们完全可以把全称判断的命题改为一般命题；事实上我们在写总结时不是往往这样写吗？（2）通过抽样调查，人们也可以得出一般命题，特别在商品检验中，人们既无法把成千累万的商品一一检验，也不可能研究其内在必然联系，因而不能得出绝对的全称判断的结论，但可得出一个可靠的一般命题：“这批商品一般合乎规格。”难道商品检验员一定要找出几件不合规格的商品才能得出这个命题吗？总之，没有经过正面情况和反面情况的计算，不能得出确定的特称判断的结论；没有通过完全归纳推理或科学归纳推理，不能得出必然性的全称判断的结论；但却都可以以一般命题来表达其结论。因为一般命题就是不确定的特称判断的一种命题形式。

或许有人还会这样怀疑：一般命题，固然有些是通过简单枚举归纳推理、抽样调查等方法获得的，因此，它只肯定了大部分而对于另一小部分不能予以肯定或否定；然而，更多的一般命题确实是通过近似归纳法以及全面调查、全面统计等方法获得的，下判断者完全能够掌握“一般 x 是 y，并且另一些 x 不是 y”，诸如全面调查了某公社的所有生产队，确知一般生产队是比去年增产，但另一些生产队并不比去年增产。这样，一般命题是否应当区分为两类，即有些一般命题是“确定的”，有些一般命题是“不确定的”。

我们认为不应当把完全相同的命题形式分属于两类特称判断。诸如“某公社一般生产队是比去年增产”，由于下判断者是全面掌握了，这个命题就是“确定的”特称判断；由于下判断者只掌握了大多数，还有一些未确知，这个命题就是“不确定的”。我们认为不论下判断者全面掌握了或者只是掌握了大多数，从命题形式上看，它们都是不确定的特称判断的命题。

理由还必须从“有些”量词说起：以“有些”为量词的特称判断的命题，事实上，同样是具有上述两种情况的。尽管下判断者可能已经全面调查、全面统计了某公社所有生产队的生产情况，确知有些生产队是比去年增产，但有些生产队并不比去年增产。即使在这种情况下，“某公社有些生产队是比去年增产”这个命题仍然是“不确定”的。因为，在命题形式上，“有些”

并没有表示“确定”，除非以“只是有些”为量词，才能表示“确定”。既然不能表示“确定”，所以，它只能归之于“不确定”。特称判断之分为“不明确”与“确定”，不可能根据一个一个的具体的判断来鉴定，其所根据的逻辑标志，在命题形式上“不能确定”，就是“不确定”的特称判断。同理，一般命题，就具体的命题来说，可能有些是很确定的，有些是不确定的，但就命题形式来看：既然存在两种可能，也就是“不能确定”，也就只能是像“这些”归属于不确定的特称判断之列。除非把命题的量词改为“只是一般”，或把整个命题改为“一般 x 是 y，但有一些 x 不是 y”。

解决了上述问题，我们就可以进而来探讨特称判断应当划分为哪些命题形式的问题。

以往逻辑学家，已经把特称命题划分为不确定的特称命题和确定的特称命题。“有些”是不确定的特称命题的量词，“一般”以及与一般同类的量词，如上所述，也是不确定的特称命题的量词，不过其指量有较广较狭而已。“只是有些”是确定的特称命题量词，此外，还有“几分之几”“除……外……”也是确定的特称命题量词。因为“几分之几”，一定是计算了正反两面的情况才获得的结论，所以肯定了几分之几，就必定否定了另外的几分之几，即“几分之几的 x 是 y”，必定暗含着“几分之几的 x 不是 y”；“除……外……”也是如此，“除了 Z_1，Z_2，…，Z_n 外，所有 x 是 y”，已经明摆着肯定了 Z_1，Z_2，…，Z_n 之外的那些 x 是 y，也否定了 Z_1，Z_2，…，Z_n 这些 x 是 y。

现在，根据人们常用的量词为命题的逻辑标志，试列下面这张特称命题分类表：

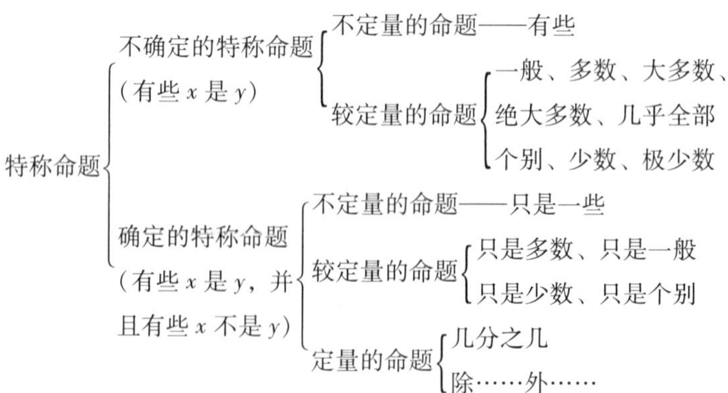

对上面这张特殊命题分类表，还有两点说明：

（1）为什么不确定的特称命题中没有定量的命题呢？因为定量的命题，既然把特称量确定了，就已经成为确定的特称命题了。

（2）为什么以“个别”为量词的命题是不确定的特称命题呢？理由和一般命题相同。当我们只观察了个别客观事物，而这种个别事物并不是代表性的事物，则所得结论是不确定的特称命题。如果考察了正反面情况，得出确定的特称命题的结论，则其量词应为“只是个别”，习惯上“个别”的词义和“只是个别”差不多，这是逻辑含义与语法词义的不一致。

这张分类表极不成熟，只是作为引玉之砖而已。

三、关于所谓“必要条件假言判断”的问题

在传统逻辑中，关于假言判断，有一个令人费解而又很有趣味的问题。

传统逻辑把假言判断划分为非区别假言判断和区别假言判断两类。

非区别假言判断是这样一种假言判断：其中前件是后件的充分条件但不是必要条件；后件是前件的必要条件但不是充分条件。

区别假言判断是这样一种假言判断：其中前件是后件的既充分又必要的条件；后件也是前件的既充分又必要的条件。

那么，为什么没有这样一种假言判断：其中前件是后件的必要条件但不是充分条件；后件是前件的充分条件但不是必要条件呢？

在逻辑教学中，只要学生动动脑筋，就会很自然地提出这个问题，因为依理类推是很自然的。看来，不只是学生会产生这个疑问，有些逻辑学家也对此搞不通。因此，有的认为是传统逻辑的“遗漏”，有的竟把它“补充”进去。我们的看法：传统逻辑既没有“遗漏”，“补充”进去却是多余以至于错误的。

为了说明我们的看法，先引述认为“遗漏”、主张“补充”者的意见。

杨芾孙、林铭钧在其《略论形式逻辑与实践》一文中，认为非区别假言判断所构成的假言三段论中，由于大前提的假言判断前件是后件的充分条件，后件是前件的必要条件，从而得出两条规则：（1）肯定前件便能肯定后件，

否定后件便能否定前件；（2）否定前件不能否定后件，肯定后件不能肯定前件，对于“许多思维实际是不适用的”。这篇文章还举出下面两个例子来证明其不适用：

（一）如果敢于胜利就能胜利，公式是：如果A是B，则C是D。

某人现在敢于胜利	A是B
所以某人现在就能胜利	∴　C是D

（二）如果敢于胜利就能胜利，公式是：如果A是B，则C是D。

某人没有取得胜利	C不是D
所以某人是不敢于胜利	∴　A不是B

为什么不适用呢？因为“上述两例的前提是真实的，并且论式正确，符合规则，可是结论并没有保证真实”，从而得出这样的结论：“这是因为非区别的假言判断还没有概括现实存在的、它的前件是后件的必要条件而不是充分条件，后件是前件的充分条件而不是必要条件的思维形式”[①]。

如果说杨芾孙、林铭钧的文章只是提出疑问，认为“遗漏”，则王宪钧在其《判断及其种类》一文中就正式把这种假言判断“补充”进去了，原文不长，照抄如下：

> 思维里也有一些判断反映必要条件，其表达方式是“只有……才……”，“除非……不……”等等。例如：
>
> 除非经常锻炼，不能身体健康。
>
> 只有采取讨论的方法，批评的方法，说理的方法，才能真正发展正确的意见，克服错误的意见。

这类判断在逻辑学里没有专门的名称，可是这种判断我们现在遇到的很多，它也是一种条件判断，我们可以把这种判断叫作必要条件假言判断。

必要条件也可以用一般的假言判断来表达，只需要把前件和后件转换为它们的否定，例如：

如果不经常锻炼，那么，身体就不能健康。

这个判断断定“不经常锻炼”是“身体不健康”的充分条件，也就等于

① 杨芾孙，林钧铭．略论形式逻辑与实践［J］．中山大学学报（社会科学版），1961（3）．

说“经常锻炼”是“身体健康”的必要条件。“如果不甲，那么不乙”和“只有甲才乙”是等值的。①

其实这也并非新的主张，金岳霖在其早期著作《逻辑》（1937 年）一书中，已经把“表示必要条件的假言命题”，作为“假言推论之二”，“加入传统逻辑”了。并认为“这种假言命题可以说是把一部分的‘如果……则……’的命题翻转过来的命题。例如‘如果 x 是红的，则 x 是有颜色的’，可以变成‘除非 x 是有颜色，x 不能是红的’”②。

究竟存在不存在这种前件是后件的必要条件但不是充分条件、后件是前件的充分条件但不是必要条件的所谓“必要条件假言判断”呢？要解决这个问题，必须从假言判断所反映的对象间的条件联系谈起。

假言判断是反映两个对象之间的条件联系的判断。两个对象之间的条件联系反映着事物之间的原因和结果、理由和推断、条件和结果等之间的联系。为了说明的方便，我们把原因、理由、条件通称之为“条件”，把结果、推断通称之为“结果”，并以 P 代替条件，q 代替结果。事物之间的“条件”与“结果”的条件联系，基本上有如下三种情况：

（一）几个条件中的每个条件都能单独地产生某一个结果。例如：

下雨⊃地湿　　$P_1 \supset q$

泼水⊃地湿　　$P_2 \supset q$

凝露⊃地湿　　$P_3 \supset q$

下雨、泼水、凝露，每一个条件出现，都能产生地湿这一结果。

（二）几个条件结合起来，才能产生某一结果，缺少任何一个条件都不可能产生某一个结果。例如：

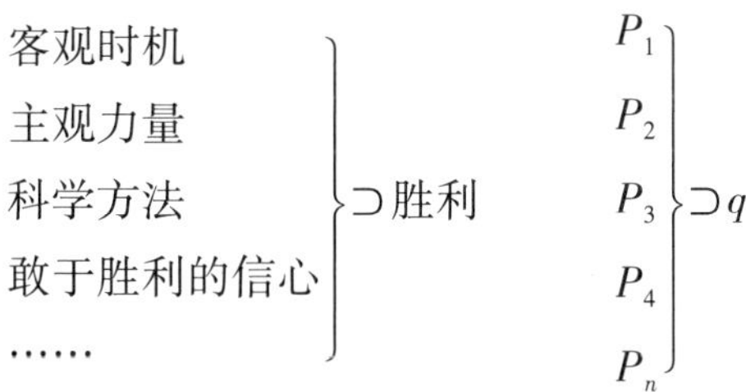

① 王宪钧. 判断及其种类［J］. 哲学研究，1961（4）.

② 金岳霖. 逻辑［M］. 4 版. 上海：商务印书馆，1949：65.

客观时机、主观力量、科学方法、敢于胜利的信心……条件必须全部具备，才能取得胜利，缺某一项，就不能取得胜利。

（三）唯一的条件产生唯一的结果。例如：

室内温度上升⊃寒暑表水银柱上升　　$P \supset q$

室内温度上升，必使寒暑表水银柱上升；寒暑表水银柱上升，必是由于室内温度上升所引起。这种条件联系，作为证明时的理由和推断的关系，可以把前后件倒反过来：

寒暑表水银柱上升⊃室内温度上升　　$q \supset P$

换言之　　$P \supset q$　并且　$q \supset P$

以前件所反映的条件来说：第一种情况下的任何一个条件，它必有某一结果；无它未必没有某一种结果。如果天雨则地湿；如果天下雨地未必不湿。这种条件称为充分条件，但非必要条件。第二种情况下的任何一个条件，无它必无某一结果；有它未必就有某一结果。如果没有敢于胜利的信心，即使客观时机成熟、主观力量足够、方法对头，还是不能取得胜利；但只凭着一股敢于胜利的信心，客观时机不成熟、主观力量不够，方法不对头，也同样不能取得胜利。敢于胜利的信心，以及其他条件，都只是必要条件而非充分条件。第三种情况下的条件是唯一的条件，有它必有某一结果，无它必无某一结果；反之有某一结果必由于有它，无某一结果必由于无它；所以人们才能根据寒暑表水银柱之高低来断言室内温度的高低。这种条件称为既充分又必要的条件。根据第一种情况，可以做出非区别假言判断；根据第三种情况，可以做出区别假言判断；根据第二种情况，人们不能做出具体有必然性后件的假言判断。如果勉强做出这样的假言判断，则它是一个不正确的假言判断，因为除非是把前后件都转为它们的否定，或把其他有关条件都先确定下来，否则只能得出具有或然性的结论。

现在我们试就上述例子进行分析：

“如果敢于胜利就能胜利”，前件是必要条件，但这不是一个真实的假言判断。

除非更换为：“如果不敢于胜利就不能胜利。”（1）但这样更换之后，前件已经变为充分条件而不是必要条件了。

或者更换为：“已经具备了成熟的客观时机、足够的主观力量以及科学方法等条件（即：其他条件都已成熟了），那么，如果敢于胜利就能胜利。”（2）但是这样更换之后，前件已经变为既充分又必要的条件。

或者更换为：“如果敢于胜利就可能胜利。”（3）但是这样更换之后，前件也已经变为充分条件而不是必要条件了。①

总之，更换之后的假言判断（1）、（2）、（3）都是正确的。但其前件，都是充分条件（包括既充分又必要条件），而不是只靠必要条件来得出后件。

为什么“如果敢于胜利就能胜利”这个假言判断，不是正确的假言判断呢？因为它不符合假言判断的本质特点。

那么，什么是假言判断的本质特点呢？假言判断的本质特点就是：前件对于后件有必然性的蕴含关系，即：前件必然蕴含后件，也即：有前件必然有后件。什么样的前件才能必然蕴含后件呢？只有充分条件（包括既充分又必要的条件）的前件才能必然蕴含后件，因为只有充分条件是有它必有某一结果的条件。如果前件仅仅是一个必要条件，那么前件就不能必然蕴含后件，因为必要条件是有它未必有其结果的条件。“敢于胜利”，对于“能胜利”来说，仅仅是必要条件，所以“敢于胜利”不能必然蕴含“能胜利”。

上面杨芾孙、林铭钧在《略论形式逻辑与实践》一文中，所举例子是错误的。因为他们把“如果敢于胜利就能胜利”，当作一个真实的假言推理的前提，从而断言：“前提是真实的，并且论式正确，符合规则，可是结论并没有保证真实”，其实，结论之没有保证真实，正由于前提没有保证真实。实际

① 更换后的假言判断（1），是把“不敢于胜利”作为一个完整的条件来看，有这个“不敢于胜利”条件，就必定会产生“不能胜利”的结果；但如没有这个条件，未必会产生“不能胜利”的结果。“不能胜利”，可能是由于缺乏其他必要条件所致。所以“不敢于胜利”对“不能胜利”是充分条件。假言判断（2），指在其他条件都已具备的情况下，“敢于胜利”成为“能胜利”的唯一条件，这样“敢于胜利”对“能胜利”就成为既充分又必要的条件。平时我们说“如果敢于胜利就能胜利”往往就是在这种情况之下说的，不过把前提省略没有表达出来而已。假言判断（3），就后件所表达的结论来说，是或然性的，但就前件与后件的联系来说，都是必然性的。即有了“敢于胜利”的信心，就必然会产生“可能胜利”（不是“一定能胜利”，而是有胜利的可靠性）的结果，所以前件对后件来说仍然是充分条件而非必要条件。

上，那个假言推理应当是这样的："如果敢于胜利就可能胜利；某人现在敢于胜利，所以某人现在就可能胜利。"至于是不是能取得胜利，还要看其他必要条件是否具备。[①]

那么，王宪钧在其《判断及其种类》和金岳霖在其早著作《逻辑》中，认为"除非……不……"是反映必要条件的假言推理的表达方式，又应当怎样解释呢？日常习惯上，确有"除非经常锻炼，不能身体健康""除非 x 是有颜色，x 不是红的"以及"除非天晴，我不打球"等命题，这些命题都是真的假言判断。而经常锻炼对身体健康、颜色对红、天晴对打球等，又确是必要条件而非充分条件。是不是必要条件可以作为假言判断的前件呢？

问题出在语法上而不是出在逻辑上。什么是"除非……不……"呢？张涤华编的《现代汉语》有如下一段解释："近几十年来，有人照字面解释，把'除非'当做'倘若……不……'来用。""把'除非'当做'倘若……不……'来用，可能是受外国语影响，因为'除非'大约与英语的 *unless* 相当。"[②] 那么，我们把"倘若……不……"代替"除非"，"除非……，不……"就成为"倘若……不……，不……"了。

倘若不经常锻炼，不能身体健康。

倘若 x 不是有颜色的，x 不是红的。

倘若天不晴，我不打球。

上述假言判断，前件"不经常锻炼"，"不是有颜色的"，"天不晴"；后件"不能身体健康"，"x 不是红的"，"我不打球"。前件对后件，正如"不敢于胜利"对"不能胜利"一样，已经由必要条件变为充分条件了。

王宪钧还举了这样的例子："……只有采取讨论的方法，批评的方法，说理的方法，才能真正发展正确的意见，克服错误的意见……"这里表达方式是"只有……才……"，而前件是必要条件，又当如何解释呢？我们知道，毛主席这段话，指的是"在我们国家里，马克思主义已经被大多数人承认为指

① 如果在其他条件都已具备的情况下做出"如果敢于胜利就能胜利"的判断，则是真的假言判断。用这个判断进行推理，其结论也能保证真实。但如前注所指出：在这种情况下，这个判断的前件已经变成既充分又必要的唯一条件了。

② 张涤华．现代汉语：上册［M］．北京：高等教育出版社，1956：275.

导思想”，指的是“对待人民内部的思想问题，对待精神世界的问题”，等等。也就是说，其他的必要条件已经具备了。在这种特定情况下，在方法问题上，讨论、批评、说理的方法，是唯一正确的方法，这种方法对于发展正确的意见，克服错误的意见，真正解决问题来说，就已经不只是必要条件，而且是充分条件，即前件是后件的既充分又必要的条件了。其实“只有……才……”这个表达方式，就已经标明它是既充分又必要的条件了。

如果要举例的话，还可以举上许多。问题不在于举例，重要的是在于掌握假言判断的本质特点。由于假言判断是前件必然蕴含后件，因此决定了前件只能够是充分条件（包括既充分又必要条件），不能够仅仅是必要条件。所谓“必要条件的假言判断”是虚假的。

“尊师”有感[①]

元旦前夕，某大学一个学生组织的干部们，举行了一次颇具规模，很有气派的联欢晚会。干部们当了一年公仆，千辛万苦，独乐一下，似也无可非议。何况还请了大批来宾，以搞好“公关”，也是为了群众。事实中还夹杂着三五名教师，以示尊师。我亦在被邀之列，投桃报李，踏黑赴会，以示爱生。

主持人致祝酒词，念了很长的热烈欢迎与衷心感谢的名单，从校领导起（这是中国“官本位”的传统美德），有人事处长（管分配的）、财务处长（管钱的）、行政科长（管物的）、膳食科长（管吃的）、宿舍科长（管住的）、动力科长（管张灯结彩的），等等。就是缺了图书馆馆长（可能未被邀请）。本人因挂个“长”字，荣列名单上，但因这个“长”只会教书，理应靠后站，而无“长”衔的寥寥几名教师，对不起，靠边！

在廉政期间，联欢会可谓丰盛，有啤酒、可乐、香蕉、橘子、蜜饯、软糖、瓜子共七色，摆满桌面。据说都是“长”们慷公款以资助的。不难想象，廉政过后，搞他个十桌八桌，不在话下，这个“公关”值得。

特权和商品经济结合，形成一股腐蚀人们思想的歪风，大学生们实难幸免。评曰：“长”们引导有方，教师教育无能；学生情有可原，教师责无旁贷；鞭子抽在青年身上，痛楚落在教师心中。

① 发表于1980年初。

我的启蒙老师①

杨贤江是我的马克思主义教育理论的启蒙教师，但我无缘做他的及门弟子。我对杨贤江的认识，经历了一个从抽象到具体、从理智到感情的过程。

这个过程是这样的：

新中国成立前，我有机会读到一些阐述马克思主义的书，甚至能接触到个别马克思主义的经典著作，因而对历史唯物主义有了一些粗浅的常识。但是，我学生时代所学的教育理论却都是资产阶级的，没有机会读到像新中国成立后出版的那些马克思恩格斯论教育的书，更不可能运用历史唯物主义的原理来概括教育的基本理论。资产阶级的教育理论同历史唯物主义知识在我头脑中经常发生矛盾。教育的社会本质是什么？职能是什么？教育同革命的关系又是什么？中国教育的出路在哪里？这些问题得不到解决。直到我当助教，可以进入图书馆书库的时候，在积满灰尘的书库角落里翻到了一本李浩吾的《新教育大纲》。翻开书的第一页，我就被吸引住了，在光线微弱的书库里一口气看完了第一节，顿时感到长期不得解决的基本问题豁然开朗了。当时这是一本卡片上查不到的禁书，只有得到图书管理员的默许才能借出来。这本书第一次使我懂得马克思主义教育基本原理，懂得资本主义社会和半封建、半殖民地旧中国教育的实质，懂得教育和革命的关系，也认清了形形色色的资产阶级教育理论的错误所在。所以，《新教育大纲》是我的马克思主义教育理论的启蒙课本。但当时我只知道作者名叫李浩吾，他还有一本著作

① 发表于 1981 年。

《教育史 ABC》，根据这个线索，又在图书馆的书库角落里找到了该书。这两本书完全解决了我思想上的矛盾，当然，只是自己解决思想上的矛盾。新中国成立之初，看到上海《解放日报》《人民日报》《光明日报》的纪念专刊，才知道李浩吾原名叫杨贤江，是中国共产党党员，编过《学生杂志》。因此，1950 年开中国近现代教育史课程时，我就把杨贤江作为现代教育思想家之一编进稿中，材料是根据纪念文章中所知道的简略生平和两本著作的简介。1953 年，又在厦门大学学报上发表了一篇《杨贤江教育思想》的论文。当时对杨贤江教育思想的理解是很肤浅的，对杨贤江生平的了解也是有限的。一句话，对这位教师的认识是抽象的，还不够具体；是理性的，还缺乏及门弟子的师生感情。

值得庆幸的是，学校图书馆居然藏着基本完整的 20 世纪 20 年代的《学生杂志》，让我能一篇篇地读到杨贤江的论文、短评、通信、答问。开始只读署名“贤江”和“江”的文章，后来根据各种线索，逐步考证，才较多地知道了杨贤江的几个笔名；同时还注意根据线索寻找一些其他杂志的论文。每读一篇文章，就像上一堂课；每读一封通讯或答问，就像听一次辅导；一次又一次地进行感情交融。这些论文和通信、答问涉及面较广，并有杨贤江自传性的文章。这样，我对杨贤江的认识就不只是停留在教育理论上了，一个革命家、青年导师的形象在我脑海中逐渐形成、丰满起来。

大约在 1959 年，人民教育出版社的同志知道我整理过杨贤江的材料，便约我编一部杨贤江教育文选。这使我有机会系统地、细致地重读杨贤江的专著、论文、书信，等等。越钻研进去，越感到杨贤江在革命实践和教育理论方面都是杰出的先驱者。20 世纪 20 年代他就那样正确地、深入浅出地阐述了马克思主义的教育原理，洞察和有力地揭露了资本主义社会和旧中国的教育问题，辩证地处理了教育与革命的关系，科学而明确地论述了教师的社会地位和职责；他引导青年走革命道路，并且自己投身于革命的洪流中，他的革命行动正如他讲革命道理一样，是激动人心的。他对青年进行思想教育的方法，尤其值得我们深思。首先，他对 20 年代的青年（主要是青年学生）进行深刻的分析，从他们的各种具体情况出发，从解决他们的实际问题入手，逐步引导他们认识问题的本质，明白革命的道理，树立革命人生观。在他的指引下，许多青年人走向革命的道路。我是 30 年代的少年，40 年代的青年，但杨贤江对于 20 年代青年的分析，解决 20 年代青年各种问题的意见，引导 20 年代青年走革命道路的指针，对我来说同样是感到那样亲切、切实。我叹息说，如果在更早的时候能够读到杨贤江的这些青年指导的论文，也许在我坎坷的人生道路上可以少走一些弯路。这样，我对杨贤江就不只是抽象的认识，而是感到似乎就在身边的一位意志坚强而又循循善诱的好老师。1961 年，在杨贤江同志逝世 30 周年之际，我抑制不住这种感情，便把对他的认识、敬仰、热爱写成了一篇 4 万字的纪念文章，比较完整地表达了我对杨贤江的思想感情。还应补叙一笔，我对杨贤江的思想感情，不仅直接来自他的论著，也来自他的同志及朋友对他的怀念，来自他的夫人姚韵漪同志这位坚强而慈祥的长者，来自他革命的一家。

其后，由于众所周知的原因，人民教育出版社的约稿不能出版，只是重版了《新教育大纲》，我对杨贤江的研究工作也不可能进行下去了。直到 20 年后，教育部和团中央决定召开纪念杨贤江逝世 50 周年大会，要我参加筹备工作，指定我主编杨贤江的教育文选，我才能继续未竟的工作。但是由于承担其他任务，还有其他研究工作，未能再抽出更多的时间做更深入的研究。我深深感到，我对于杨贤江这样一位先驱者的认识还是很粗浅的，有许多问题还缺乏充分的理解。例如，杨贤江的哲学思想和教育思想是怎样形成的？当然，马克思主义理论是他的教育理论的基础。但他是一位博学的教育理论家，对于中国的、外国的教育理论，尤其是我们一向不够重视的日本教育理论都有所吸收、消化，而形成了他自己独特的见解——马克思主义教育理论同中国教育实际相结合。这种思想源流的探讨，目前已非我的功力所能解决。值得欣慰的是，现在有许多比我年轻的同志正在探索杨贤江思想的各个方面，发掘杨贤江思想中的宝藏。希望有更多的教育理论工作者、青年工作者、教师共同来研究、发掘杨贤江的革命思想和教育思想。这种研究工作不仅有历史意义，而且在解决今天中国的教育问题，尤其是对青年学生的思想教育问题有现实意义。

三位好同志的周年祭[①]

去年底，我出差回来，到车站接我的同志给我带来了不幸的消息：王再生、曾沧江、杨铮三位好同志，在11月间相继逝世了。这个噩耗，使我突然惊呆了，继之是压在心头绵延的沉痛。当时我既不能亲自参加他们的追悼会，就只能在这周年祭的时候，写下我对他们的哀思。

这三位同志，都有很好的思想品质，很好的工作态度，很好的生活作风，作出了很好的贡献。对于每一位同志，你可以加上若干褒词，但褒词兼嫌一般化，不足以具体表明他们是怎样的好，不好用一个朴素的“好”字来概括他们最基本的品质。

王再生同志，生物系副主任、副教授，是一位诚诚恳恳、朴朴素素，做得多、说得少的双肩挑好干部、好教师、好科研工作者。他在生物系分管教学工作，每个学期为分配教学任务、检查教学质量、组织教学活动做了大量的工作；他教学认真，教学效果很好，尤其是带领学生生产实习，搞田间实验，以身作则，吃苦在前，得到同学们的尊敬；他首先做月光花嫁接番薯的实验，收到增产的效果。在这个基础上，进行植物生理研究，提取月光花激素，应用到花生、大豆、麦子、水稻等大田作物，推广到全国南北各地，使各作物都有不同程度的增产。他又对月光花激素进行机理研究，并与化学系合作进行结构研究，以便为人工合成月光花激素做好准备工作。月光花激素的研究及其成果，对于农作物增产具有重大的广泛的意义。他为此坚持了20多年的科学研究。在逝世前

① 原载《厦门大学学报》，1983年11月8日。

四个月，他参加在英国召开的第十一届国际植物生长调节会议，提出了科研成果《月光花激素生理活性研究初探》，受到国际同行专家的重视。

王再生同志的科学研究，总是从农业的实际需要出发，亲自动手，坚持不懈。给我印象最深的是在那个“四人帮”横行的岁月里，他仍然坚持搞月光花激素的大田实验，带了一个小组，在同安凤南农场长期蹲点。有一个周末，我路过凤南农场，小组的同志都回家了，只有他一个人留在农场。他戴着竹笠，赤着双脚，带我到他们的实验田里，兴奋地告诉我实验的成果。他的双眼放着炽热的光彩，在那场有点口吃的谈话中，描绘出一幅“绿色革命”的蓝图。作为一个农业科学工作者，他有一颗同千万农民一起搏动的良心。在科学春天来临的时刻，正在大有作为盛年，不治的癌症却夺去了他的生命。

曾沧江同志，生物系副教授。他所研究的是植物分类学。这是一种需要爬山越岭的科学工作，同他严重的高血压、心脏病存在难以调和的矛盾。面对这个矛盾，他常常是不顾疾病，带着学生爬山采集标本。1976 年，他到德化去为赤脚医生办中草药培训班。戴云山高耸入云，武斗的风云十分险恶，“造反派”说办培训班是冲击革命，声言要把培训班砸烂。我到德化时叮嘱他：不要自己爬山采药，情况不好就及时撤回。但是，他仍然天天带着一批热心学习的学员爬高山，钻密林，一直坚持到培训班按计划结业。回来汇报时，他笑着说：“我是教师，怎能不带学生上山采药；只要他们冲不散，培训班就要办下去。”曾沧江就是这样的一位好同志。

曾沧江的心脏病日益严重，1981 年底，曾经住院半年，出院后医生要他继续休养，生物系也不给他分配工作任务。但是，出于对事业的负责，他在家每天要工作 10 个小时，埋头赶写尚未完成的第二本《中国植物志——冬麦科》。11 月 29 日上午，陕西中药研究所的一位同志带来一批五加科中药标本，请求鉴定。系里考虑到他的身体尚未康复，只同意将标本留下来请其他同志鉴定，必要时再请他指导。但是，当来人登门求教时，曾沧江同志马上搁下钢笔，热情接待，殷切地询问西北五加科的品种和采集的情况，指导来人对标本编号做资料卡片。由于过于兴奋，在同家人谈论中突然旧病复发，心脏骤停，抢救不及，倒在书桌前。稿纸摊在桌上，标本放在脚边，他却永远离开了人间。这是如何扣人心弦的场面啊！他使人想起栾茀、吕世才、李月华这些战斗到生命的最后一分钟的英雄人物。

杨铮同志，教务处学务科副科长。我同杨铮同志认识已有 36 年的时间。当我在厦大附小兼任校长时，杨铮同志就是学校唯一的职员。他什么事情都管，什么事情都管得井井有条。新中国成立后，他在印刷厂当业务员，在总务处搞行政工作，每年高考都被调来参加考场工作。不仅仅因为他已熟悉高考工作，更因为他的工作总是那样周密细致，一丝不苟，从不出差错。有一年厦大分管三个考区，我把他派到龙岩考区独当一面，任务完成得特别好。“文化大革命”后，组织上又把他调到教务处专搞排课和考试工作。大学排课，本来就是一项复杂细致的技术工作，尤其是这几年来，各系大量开设选修课，有许多跨系、跨专业的课程，选修的学生人数多，既要符合学生学习规律，又要避免碰课，难度更大。每学期，他都能及时排出一张最优化的课程表来，并且摸索出一套排课经验，为学校实行学分制解决了一个难题。为了搞好学务管理工作，他经常钻研有关报告，不断总结自己的经验，并到外地向兄弟学校学习，写出了《学务工作办理细则》初稿，协助教务处开办教务人员培训班。11 月 13 日这一天傍晚，当他为培训班作完报告回家，竟罹车祸，脑部受了致命伤，抢救无效，不幸逝世。

杨铮是这样的一位好同志。他脑筋灵活而不粗心，工作有能力而不露锋芒。他同教务处的同志关系都很好，工作态度十分认真。每天，他总是第一个到办公室，打扫卫生，中午不回家，往往在沙发上靠一靠就继续工作。他做事沉着，说话不多，办公时间更不参加那些叽叽喳喳的龙门阵。但他不是不会说话，需要说话时，三言两语就把问题说清楚了。他工作有计划、有条理，学期末就把下个学期的课程表排好，学期初便将厚厚的一本各专业各年级的课程表交给我，我知道他是用实际行动来督促我下系听课。

三位同志，各有不同的工作，各有自己的特点。但都有这么一个共同的好品质：默默地、辛勤地工作，用实际行动来为社会主义教育事业服务。一心为工作，不计较个人利益。在我的记忆中，这三位同志从没有一次为了自己的工资或职称找过领导。他们过早地离开了我们，是学校的损失，是社会主义教育事业的损失。这一损失是无可挽回的，唯一的弥补方法，就是我们要好好地学习他们的好品质。

随军杂忆[1]

1939 年春，我在普宁县墩圩高埕乡校教书，参加普宁二区青抗会的活动。

汕头市沦陷的消息传到这个小村，虽然思想上不是毫无准备，当我向集合在广场上的百多名学生宣布这个消息时，自己还不禁热泪盈眶。当人们纷纷预测敌人会不会继续进犯内地时，我决心上前方去，向校长廖少冬提出提前离校的要求，他劝我看看局势发展再定去向，我心如火燎，匆匆赶回揭阳。我本来是揭青抗会员，回揭后第一件事就是到青抗会要求分配工作。刚好揭青区在组织随军工作队，配合当地驻军保安团做宣传群众、联络军民的工作。当时保安二团有一个营在桑浦山一带设防，我们随军工作队经过几天准备，就开到钱岗、邹堂、南陇一带同二营一起行动。

随军工作队起初只组织 30 名青抗会员，后来陆续有调入调出的，前来参加者 30 多人。分宣传、通讯、谍报三个组。通讯组和谍报组是分散活动的。只是偶尔来队部联系工作。宣传组则经常集中在队部，随营活动，有时也下连排去。队长杨世瑞同志经常同我们在一起，林美南同志也曾到前线对我们作报告。宣传组长是郑志强（郑筠、郑诗章），后为李腾驹，我也曾代理过几天，组员有郑风（郑惠山、荼菲莎）、刘特慎、许剑莹（许虹），两位女会员许蟾德（许清平）和章真，两位南侨学生陈文盛、陈侠等。刘百泉（刘光）、刘丽梅、吴济光、杨兆民、丁玲玉等同志也经常在队部活动。

宣传组的活动，除了经济的贴壁（墙）报、演剧、街头演讲、编写油印

① 原载《潮汕党建史》，1987 年 11 月；《汕头日报》，1987 年 11 月 21 日。

小报和对士兵作时事报告、教唱抗战歌曲之外，还协助军队买物、借房子、找向导等工作。士兵是外地人，不会讲潮州话，我们要经常当翻译。老百姓怕国民党军队，有我们这批会说本地话的本地人做桥梁，说明军队到前方是为了打日本鬼子，也劝阻士兵少做欺凌老百姓的事，对军队的供应和作战都有好处。后来在一些中心的乡镇建立了“军民工作站”（参见我当时所作的战地通讯《这些组织是怎样建立的》），军民之间就建立了经常的合作渠道。

我不善于唱歌、演剧，但肯说会写，所以经常的工作是街头演讲，写壁报和油印刊物稿件，还担任普宁青抗《青报》的随军记者。

事隔多年，当时许多人和事，已不能一一记忆。当时我不是党员，对于随军工作队的内部的和全面的情况也不太了解，只能杂记我所参加的一些活动的片断。

劫后蕉山，夜援栖山

随军不久，工作队的宣传组就随着队伍经钱岗、邹堂、南陇到莲塘、池边一带，攀上桑浦山高处监视敌人的活动，防止敌伪军内窜。一天，经过一宿的夜行军，拂晓到达蕉山乡西面的山上，透过迷蒙的晨雾，监视刚被敌人侵占的蕉山乡。只见黑黝黝的一片房屋树木，却是那样宁静。等到天大亮，仍不见敌人行动。我们从山上下到村里，展现在我们面前的竟是一片劫后的惨景：坍塌的房屋，焦黑的楹梁，碎瓦和断枝堵塞着村中小巷，墙头和石板到处血迹斑斑。我和特慎、蟾德好不容易找到几个老头子和老太太，知道敌人进村前，连连炮轰；进村后，到处点火，杀死几十名逃不出的老人病人，掳去许多女人。傍晚时就匆匆撤回黄坑山去。好在这个乡的壮丁队事前已有准备，把粮食和武器搬到山上，大部分的老百姓也已经疏散。以前我只看过敌机炸后的惨象，这次我亲睹劫后的蕉山。我们捡了一些炮弹片，还有一个黄铜弹头，刻着“昭和十二年”。当时我写了《劫后的蕉山》一篇随军通讯，记下这笔仇恨！

随军工作队不是战斗员，每人只发给一颗柠檬式的手榴弹，作为紧急时防卫之用。但作战时往往也要下到连或排去，作为向导的翻译或临时帮助联系工作。每当需要派人下连排时，大家都争着去，所以也常常有面对敌人的机会。

一天夜里，我所在的那个连，接到命令半夜增援栖山。栖山在蕉山乡和华美乡的西面，增援部队要从深沟里爬上栖头，摸过栖腰，攀上高高耸起的栖尾巴。这就没暴露在对面山上敌人的面前，当我们正在攀登那个裸露的栖头时，就听到东南面山头上“嗒嗒”地射来一排机枪子弹，起初以为被敌人发现了，急忙掩伏下来，机枪沉寂了，我们继续前进，下到一道深沟，是敌人不可能发现的。可是又响起了第二次机枪声。以后，每隔一定时间，总是响一次机枪声，突然而起，戛然而止。我们才恍然这是敌人怕夜袭打枪壮胆，也就放心摸过栖腰。这是一段险峻的窄路。正在这时，一道强烈的电筒光线从我们的右后方直射过来，显然是汉奸的信号。连长指挥队伍急速散开，各自寻找可以掩蔽的地形、树木，冲上栖尾。当敌人的机枪真的扫过栖腰时，我们已经掩蔽在栖尾西侧的凹地里。不久就同据守在栖尾的部队联系上了。

还有一次，我所随的连队同敌人遭遇，当部队散开来卧倒，“啪啪”地开出两枪，敌人却扭头就跑。所以我始终没有捞到一次同敌人面对面交火的机会。听说后来工作队曾参加“枫溪战役”，陈文盛同志一直同敌人打到太阳下山，可惜，我已经离队回揭阳养病了。

特殊任务

在桑浦山巅，我经常眺望东南方灯光闪烁的汕头市，那是我生长的地方，我的父母当时还陷在那儿，不知过着什么样的生活。

一天，杨世瑞和刘百泉同志找我，问我能不能去汕头沦陷区完成一项特殊任务。得到我的肯定答复之后，他们告诉我说，在桑浦山北面同我们并肩作战的汕青抗游击队，要在汕头市发展一名地下工作人员，每天在妈屿或岩石监视敌人的军舰往来、运兵运械情况，随时报告给汕青抗的联络员。他们说，任务很简单，但有危险，问我有无合适人选。我是在汕头念中学的，熟人不少，脑筋迅速转动，探了几个中学同学。他们认为一位姓陈的是比较合适的人选。临行前，世瑞同志一再叮嘱我，情况在不断变化中，过去的同学不一定靠得住。在未充分了解对方的思想之前，切不要暴露自己的身份，人选确定后，迅速返回，以免发生变故。

我换上了一身市民的服装，乔装成一个“走学帮”的。当时这种人不少，来往沦陷地区不太会被人注意。部队当时驻在池边，前行不远，就到了敌我中间地带。从池边到大井，这条路我没有走过，仅凭事前对沿途情况的详细了解。过了前哨，我就把身上所带的符号和证明文件用油纸包好，埋在一棵小树下，顺利地通过中间地带，到达大井。从大井坐小船踏上沦陷了的汕头，直奔中山火园前华鸡路的老家。到达汕头时已是黄昏了。

我的父亲在汕头是自蒸自卖发糕的，开了个小铺面。姐姐嫁在揭阳，我也早已离家，只剩下孤零零的两老。当他们突然见到日夜思念的儿子归来，高兴自不必说，但是惊多于喜。母亲又哭又笑，父亲严肃地责备我不该这么莽撞，要我住一宿天亮速回。我要完成组织交给的任务，一宿是不行的。我对他说，住一宿就走，被人发现，反而犯疑。我走了，你们不便，不如高高兴兴住下来，就说是从内地来买货的，过几天再走。父亲无可奈何地应允了。我知道他们内心是矛盾的。

第二天，我找到姓陈的同学，这是一位勤劳朴实的青年。他的妈妈是洗衣工人，每天要从汕头渡海到岩石洗衣服。岩石有山泉，洗的衣服特别洁净，叫作“岩石洗”，这种洗衣工当时很多，他就帮妈妈洗衣服和接送衣服。母子相依为命，早出晚归。所以杨、刘和我估计过，这是最适合的人选。

找到他之后，我们先是各自谈自己的生活近况，聊一些同学的情况。曲折迂回地了解到他对日伪军的愤恨，对“顺民”生活的悲哀，很希望到内地谋生，但又不能撇开老母不顾。我又逐渐同他谈了一些内地情况，抗战前景。磨了几天，时机成熟了，我才亮出自己的身份，要求他参加一些救国工作，将来国土完复了，也无愧于当一个爱国青年。他诚恳地说：“你看得起我，我一定干！”这样，我把任务告诉他，并约定了联络人同他联络的暗号。

在这期间，我每天在市场上东转西瞧，打听各种货物的行情，并且了解到敌人是如何以刺刀作准备金的“军用手票”来换当时国统区流行的“国币”，用以掠夺内地的物资。同时，我还找另一位做生意的吴姓同学，谈从内地到沦陷区做买卖的门经，摆出一个“走学帮”的样子，万一有人怀疑，也可以找他证明我是为搞买卖而来汕头的。

遵照组织上的批示，我同姓陈的同学谈妥之后，第二天凌晨就离开沦陷区，循原路回来，没想到这次离开老母，竟是永别。三年之后，我是从福建赶回揭阳，伏棺痛哭，并重逢老父。

回到部队，见到杨世瑞、刘百泉同志，他们热烈地把我拥抱起来，祝贺我完成任务，平安归来。除他们两人之外，宣传组的同志不知道我从什么地方回来，问我，我说："特别任务。"谁也不再多问了。大约半个月后，记不清是杨或刘对我说，汕青抗游击队来人说，已和姓陈的联络上了。至此，我的"特别任务"才算完成了。我还就我在沦陷区的所见所闻为普宁《青报》写了一篇通讯——《敌人是怎样掠夺潮汕的国币》。

随军生活

随军工作队中的生活是辛苦的、紧张的而又愉快的。我们每个人只背着一个旅行袋，一条军毯，一个口杯。有的同志还要背几件简单的道具和颜料、画笔。每人虽有一双布耳朵的橡胶底"草鞋"，但更多的是赤脚走路，赤脚走路更舒服些。

部队行军，我们随着行军，部队驻下，我们要帮助借房子，买米买油盐，还要开展群众工作。老百姓对国民党军队，总是存着警惕心，见到部队中有说本地话的本地人，还有"女兵"，先是惊讶，很快就亲近。当时宣传组中的许蟾德同志是最活跃的，每到一处，就被大群妇女围住，嘻嘻哈哈，问长问短，抚衣服摸脑袋。她也真能，不到一两天，就同周围妇女打得火热。国民党军队，总有一些坏习气，有的同老百姓发生冲突，我们就立刻赶去排解。欺凌老百姓的，我们通过营连长或在作时事报告时对他们进行规劝，提出要求。虽然作用不大，但有我们这批人作缓冲，部队和老百姓之间的关系也就较好些。

宣传组虽然不是党小组，但团结友爱的同志关系，又似党的组织。每个星期要过生活会，学时事政治，开展批评与自我批评。学习和批评都是很严肃认真的，但生活又是很轻松愉快的。每天早上集合跑步，唱歌，"讲古"。

当时海阔天空谈天说地的能手是陈文盛同志，他的绰号是“万事通”。他讲古谈今，绘声绘色，最受大家的欢迎。生活的丰富，同志的友爱，使我们这些老同志，回忆起近半个世纪前的情景，仍涌现出深切的感情。

大约在9月底，我同郑惠山同志患恶性疟疾，连续高烧。部队要移防到榜江对岸的关埠去，我们只好留在南陇医病。稍有好转，我们就拄着竹竿追赶部队去。继续随军在关埠、钱岗一带工作了一段时间，恶性疟疾复发，我只好回揭阳疗养。不久，形势变化，随军工作队也解散了。

从“恭喜发财”谈起[①]

春节到了，人们见面，总要抱拳拱贺。贺什么呢？在商品化的浪潮中，据说现代人最重要的素质是“商品意识”。商品意识内涵着逐利思想。“恭喜发财”，既符合商品意识，又带点“港”味，理所当然成为当今新年的时髦贺词。

但是，对“穷得像教授，傻得像博士”的知识分子们，用这贺词，似乎有点不伦不类。更恐怕被贺者误解，以为故意画饼吊胃口，望梅吊口涎，甚至被误为意存讥诮，岂不是有用贺词骂人之嫌？

其实，这也不必多虑，教授在物质财富上，虽是穷人，但在精神财富上，未必不是富翁；博士在庸人的心目中，确是傻瓜，但在科学世界里，却是才子。财与才，在中国传统观念中，是泾渭分明的，但在现代化建设中，却难舍难分。才乃财之源，个人无才而想发财，可能博得；国家轻才而想富强，必不可能。对知识分子，无端恭贺其发精神之财，我恭贺其为国家发物质之财，都是大喜事，尽可以抱拳拱贺，高唱“恭喜发财”！

这种诡辩，似乎有点阿 Q 精神，自我陶醉。那也不必多虑，“子非阿 Q，焉知阿 Q 之乐”。看来，知识分子还得有点阿 Q 精神做支柱，才能在马年奔腾。

① 发表于 1990 年。

《鹭岛风云》序[①]

六年前，在《撒布革命火种——许虹遗作选集》首发式暨“许虹同志逝世31周年纪念会”上，多位当年被许虹同志通过文艺活动引导走上革命道路的青年，认为许虹同志革命活动的阵地，一是学校的讲台与校园，一是发行闽南各地和海外的《星光日报》副刊《星星》，后者的影响更为广泛。许虹主编《星星》期间，团结了大批青年作者，发表了大量革命性、进步性的短论、杂文、散文、诗歌、书介、影评等，进行革命宣传。为全面弘扬许虹生前的革命业绩，更为反映当时震荡鹭岛的革命风云，有必要继《撒布革命火种》之后，再出版一本《星星》在许虹主编期间所发表的作品选编，并建议定名为《鹭岛风云》。这一建议，得到出席首发式与纪念会的许虹生前战友、同事、学生以及当年的作者的热烈响应；许虹的公子许凯扬先生也表示愿意资助出版。

经过六年时间，编委们的辛勤劳动、不懈努力和众多朋友的关心支持，《鹭岛风云》终于出版了。

《鹭岛风云》是从许虹主编《星星》期间（1947.7—1949.4）所发表的数千篇作品精心挑选编成。它在一定程度上反映了新中国成立前夕厦门的社会实况与革命风云。

1947年到1949年是一个什么样的历史时期？当时全国人民刚经历了八年艰苦卓绝的抗日战争，还来不及喘一口气重建家园，又面临蒋介石发动的全

① 约写于1996年。

面内战。国统区的人民陷入国民党政府横征暴敛、经济凋敝、通货膨胀、物价飞涨、无以聊生、饿殍遍地的悲惨境地。当解放战争从东北、华北向南方大踏步挺进的同时，国统区的人民，以学生群众为前锋，掀起了声势浩大的爱国民主运动，与解放战争遥相呼应，形成第二条革命战线。这是一个革命与反动、进步与倒退、光明与黑暗进行最后搏斗的历史时期。许虹主编的《星星》，正是在这个时期，在厦门以及闽南地区，点燃起“星星之火”，播送着正义之声，揭露国民党的腐败黑暗，鼓舞青年走上革命道路，掀起了迎接解放的阵阵浪潮。

那时，我和许虹两家为邻，租住市郊曾厝垵的农民屋舍。有时夜深人静，我备完课，他编完《星星》，趁暇闲谈。他总是兴味盎然地谈他刚编完的《星星》，又将发表一篇尖锐揭露国民党黑暗统治的文章，或将发表一篇报道解放区文艺动态的通讯，哪一篇文章写得辛辣尖刻，哪一篇作品是青年作者的新作，如此等等。当然，《星星》所发表的作品，为了不被检查官“开天窗”（被删掉），有的不得不曲折隐约地表述革命思想，但有的也相当直率。正因如此，许虹早被反动派所注意。1949 年 4 月，国民党反动派在厦门成立警备司令部，继之，杀人魔王毛森到厦门，大批逮捕共产党员和进步人士，他不得不仓促离厦。还留下不少稿件嘱咐他的夫人丘莹心女士代为编发，借以迷惑敌人。

现在呈现在读者面前的《鹭岛风云》，因为受篇幅限制，只能从几千篇作品中挑选有代表性的 400 多篇；从 400 多万字中精选 40 多万字。其中的作者有著名的进步作家、教授、民主人士，更多的是爱国青年、大中学生、中小学教师、记者、职员、店员的作品，体现了许虹当年所团结、引导的青年作者的广泛性。

这就是在新的时期出版这本作品选集的意义。同时，本书的出版，也将为地方党史和地方文艺史留下宝贵的资料。

和许虹在一起的日子里[①]

——怀念一位青抗的老同志

我同许虹是两种不同性格的人，却结成深厚的友谊；也许是心理学上的性格互补原理在起作用，也许更重要的是我们有着共同的爱好和共同的理想。

在我同许虹交往的20年间，可以分为四个时期：抗战初期，在揭阳、普宁青年抗敌同志会一起参加革命活动；抗战中期，在福建的长汀和永安一起读书与工作；解放战争期间，在厦门一起教书和活动；新中国成立前夕，他去香港，以后回潮汕工作，我们仍然经常通信。直到1957年底，信息突然中断，去信未复。1960年他的爱人丘莹心同志来信告诉我，许虹于1959年底含恨辞世。

一

1938年，我和许虹都是地下党领导的揭阳青年抗敌同志会会员。他爱好文艺，我也常常舞文弄墨。在一起时，总有说不完的话。我们除了谈青运工作外，更多的是谈作家、读作品。他对文学虽然缺乏系统的钻研，却有广泛的知识，深刻的感受。尤其是他那热情奔放的性格，对于20世纪30年代文艺战线上的主流与逆流，表达了强烈的爱与憎。1939年春，他到普宁泥沟乡锲金小学当校长，我恰好前一个学期在这所小学教过书。锲金小学是当时普宁二区青抗会的一个据点，工作基础比较好。这所学校，课堂里讲的是革命

① 原载《揭阳党史资料》，1998年第1～2期。

道理，国语课不用国民党审定的教材书，自己编、教抗战文章，还教新文字；课外组织民众讲座，也在“自卫队”中做宣传，讲的是抗战形势和游击战术。许虹当校长时，我已到了墩圩的高埕乡分校教书，两校相距不远，我们又都参加二区的青抗活动，我仍然经常到锲金去。他总是拉着我讲锲金的工作。我觉得他很想把锲金办得更加革命化，但地方豪绅的阻力很大。他感叹说，锲金是泥沟许姓宗族所办的，我也姓许，但两个许字写法不一样。其实，许姓宗族中也有许多进步青年，他们对我们的活动是支持的；高年级小学生，年龄多在十四五岁，他们能够接受革命教育，而对于“自卫队”进行抗日救亡的教育，豪绅们也很难阻止。所以青抗会通过许虹和其他会员教师的工作，能够掌握相当一部分青年和大龄小学生，工作还是很有成绩的。

1939 年 6 月，汕头沦陷，敌人侵占了汕头、潮安、澄海，并向揭阳进逼，我们都坐不住了。这时得知揭阳青抗会正要组织随军工作队，到前线做宣传、通信、联络等工作。我们共同做出决定：不等学期结束，立刻参加随军工作队去。我们先后赶回揭阳青抗会报名，一起随军到桑浦山一带活动。随军工作队分三个组——宣传、通讯和谍报。我们两人都分在宣传组。他负责编写油印的战地小报，还编揭阳《民国日报》的期刊《烽火》。我帮助他编战地小报，并担任普宁《青报》的随军记者，也为《烽火》写稿。宣传组原来是随着部队一起活动的，由于许虹的工作经常要奔走于榕城和前线之间，我们在一起的机会反而不多。这时我们写了大量揭发敌人残酷暴行和反映前线军民抗战热情的战地通讯。可惜这些历史记录多已佚失。但许虹当时每次读到敌人的残暴、国民党的腐败、人民生活的悲惨时，那种悲愤的表情，仍给我留下深刻的印象。

由于形势的变化，随军工作队只存在几个月，到年底就解散了。我们仍然回到乡下教书并继续参加青抗会的活动。

二

1940 年春，我在潮阳县桥柱新寮乡仰尚公学教书，许虹也在普宁县的一所学校工作。端午节学校放农忙假时，许虹约我一道回榕城。在路上我们谈到当时国共关系的形势。他说，形势很不好，朋友们劝我们不要再抛头露面了，能够离开潮汕或到比较偏僻的地方去更好。他所说的朋友们，显然指的是党组织。因为他当时已是党员，虽然只是青抗会员，但作为党的外围组织的一员，长期在地下党的领导下活动，对此心中是有数的。我们都是好动笔杆子的，抛头露面过多，组织上对我们的安危是关心的。一路上我们研究了好久，觉得最好是到外地读书。那时大学设有“战区学生贷学金”，战区来的学生，吃饭可以记账。国立大学又是免交学杂费的，这样就可维持起码的生活，但是到哪儿能上大学呢？重庆路途遥远，没有那么多旅费；中山大学迁到粤北，也太远；只有战时迁在福建省长汀县的厦门大学，是一所最近的国立大学，据说办得还不错。我可以去报考，许虹可以去借读，但也得筹措一笔对我们来说相当可观的路费和入学前的生活费。另一位青抗会员丘金爱得知我们将外出读书，她要求和我们结伴同行，并表示可以帮助我们的路费。我和许虹，都是只身毫无牵挂的，丘金爱家有老母，又是一位女同志，还得费一番周折。经过一段短时的准备工作，我们总算能于 7 月底顺利地结伴同行。

这个三人行的小小队伍，在一个大雨初霽的夏天，怀着对未来不可知的命运的疑虑与憧憬，从榕城出发，在王房坪上借住一宿，跋山涉水到留隍，溯韩江到三河坝，徒步穿过满目疮痍的闽粤交界到达福建的永定。从王房坪上到留隍，尽管人烟稀少，还是绿水青山，我们的心情是轻松愉快的，但从三河坝到永定，却是断垣残壁，田畴荒芜，一片劫后惨象。红军的革命标语，国民党的反动口号，交替出现，提醒行人这里曾经是一个残酷的战场，我们的心情都非常沉重。在永定休整两天，才搭上到龙岩的黄鱼车，再由龙岩乘长途汽车于暮色苍茫中到达古城长汀，前后走了一个多星期。

到长汀后不久，赶上厦门大学入学考试，我和丘金爱同去报考，因为并未充分准备，都落榜了；许虹的借读申请，也碰了壁，说是要报送在重庆的伪教育部，经核实批准才可入学。这个三人行的小小队伍，陷入进退维谷的境地。

在这举目无亲的异地，丘金爱虽是一位坚强泼辣的女同志，毕竟比我们更不方便。从长汀到留隍，可以乘船从汀江顺流下韩江，虽然路遥较远，却是比较安全。刚好有可靠的行商可以结伴同行，只好让她先回家去。我和许虹，无家可归也不愿归，在当地找到一间民房，穷愁相伴半个多月。许虹的社交能力很强，居然得到一位朋友邀他到永安的中央日报社帮忙工作。对于这样一个差事，他是很不愿意的，但迫于生活，也只好作权宜之行，他两个离开长汀。不久，我考进设在永安的福建省师资养成所，是免费并且供给食宿的，也继许虹之后到永安。虽然我们离别不过十来天，在永安重逢时，却像久别老友般，热泪盈眶。

这样，1940年下半年，他在永安城里编报，我在城外吉山读书。每到星期天，我就从吉山跑十里路到城里，同他一起吃一顿饭，谈吐无间。有时谈得太晚，就在他那间6平方米的黑乎乎的小木房里，抵足而眠，第二天清早才赶回吉山去。

他在中央日报社的工作，记得是编国内通讯。有从外地投稿的，也有从其他报刊剪辑的。稿子的时间性不强，因而生活不紧张，也不必像其他编辑那样上夜班。他编选稿件有一个原则，就是不选反共文章，也不选对国民党歌功颂德的通讯。直接骂国民党的文章虽然不能用，但往往巧妙地选择一些反映国民党统治下社会阴暗面的通讯和偶尔刊登一点比较隐晦挖苦讽刺国民党的文章。我曾对他开玩笑："你拿了国民党的薪水，却不替国民党说话。"他说："国民党的钱是剥削人民的，我吃人民的饭，得替人民说话，可惜不能痛快说。"有时我也写点杂文，他却帮我送到《东南日报》的副刊《笔垒》去发表。

当时他的处境是很尴尬的。由于他是中央日报社的编辑，进步人士敬而远之；由于他的编辑原则和不慎续编，招来某些猜疑，在中央日报社难再待下去。到了年底，厦门大学通知他重庆的批文已到，可以办借读手续了。这样，才得以摆脱困境，在1941年春，重到长汀就读。他爱好文学，却缺乏教育理论基础，但仗着他的聪明，念教育系居然每门课程都应付过来，并拿到了学分。

这一年的夏天，我抛开师资养成所一年的学历，第二次报考厦门大学，被录取在教育系。这样，我们又在山城长汀生活在一起。记得当我从永安到厦大报到时，还是掌灯时分，他在车站接我，为我安排好住宿，带我到小饭馆饱餐一顿，破天荒喝了两碗水酒，为这两片浮萍又碰在一起而狂笑。

这次同在厦大教育系又生活了一个年头。他对政治是敏感的，对大学里复杂的政治纠争知道得很多。由于他经常同进步的同学在一起，又好发表激烈的言论，虽然离开潮汕后同组织就失去联系，但却成为特务的嫌疑对象。厦门大学当时的校长萨本栋，对待这类问题有一条原则：在校学生，仅仅是嫌疑而无确凿的“异党”证据，不让特务在校内抓人。但办完离校手续的，学校就不管了。因此，许多进步青年，往往在毕业前不办离退手续，就悄悄离开。许虹没有这个经验，也为了要拿到一纸毕业证书，以当中学教员，1942 年夏天，他的借读期满，应福建南安中学的聘约，离开长汀时，就在长途汽车站碰到了一场麻烦。

长途汽车开车时间预定是上午 11 时，快开车时，来了三四个警察，检查每人的“身份证”，这本是例行公事，但检查到许虹时，却把他的“身份证”扣留了，要他携带自己的行李到警察局谈话。好在同时毕业离汀的大学生不止他一人，送行的更是成群结队。许虹天黑离开送行的队伍，显然吉少凶多。有经验的同学叮嘱许虹：“千万不能去。”大伙同警察吵起来，“身份证”不是你的，几十个同学可以证明；要抓人么，拿不出逮捕证；打开箱子检查吧，他们也不敢动手。这几只笨鸟，只是反复地说：“到警察局只有几步路，到局里向局长说一声就可以走了。”这就暴露了他们是奉命来扣人的，更加激愤了群众。有人喊：“叫你们局长出来，当着大家的面说清楚为什么要扣人！”一个警察跑回局去报告，又满头大汗回来，说局长有公务来不了。在人多势众的形势下，局长显然害怕不敢出面。这样僵持不下，车子开不了，已经是下午 1 时了，车上车下都起哄。送行的同学把几个警察团团围住，把他们搞得晕头转向，我同几个同学一下子把许虹推上车：“不理他们！”司机也是窝着一肚子火，一个猛踩就把汽车开出去。我只来得及说一句：“平安到达就来信。”那几天，我天天惴惴不安，怕在前面被押住。直到许虹从南安来信，才放下心里一块石头。

三

从 1942 年到 1946 年，我们有四个年头没会面，但时常通信，他来信大多谈的是教书生活。起初在南安中学，不久转到内迁在安溪的集美中学。同小学教师丘莹心同志恋爱、结婚，过着他所说的“破帽遮颜过闹市，漏船载酒泛中流”的生活。虽然也有风风雨雨，被国民党作为“异党嫌疑分子”紧盯着。但在战乱之中，生活还算比较安定。抗战胜利后，随集美中学迁回厦门市郊的集美镇来。我同许虹第三次生活在一起，就是从我到集美做客开始的。

1946 年 10 月，我从江西只身回厦大当助教。像当年在永安一样，每逢星期天或节假日，总是到集美去做客。所不同的是他已有了一个家。有一位热情坦率、细心大方的妻子和一个刚开始学步的小女孩——阿敏。在他家里做客，就像在自己家里那样随便自在。我们经常在集美海滩上漫步，丘莹心带阿敏拾贝堆沙，我和许虹谈的多半是时局与文学。这时他正同雷石榆等编《明日文艺》，这份刊物在当时沉寂的厦门文坛是一朵奇葩。

隔年春天，他离开集美中学到厦门《星光日报》当编辑，先是编国际新闻版、地方通讯版，7 月底，接编副刊《星星》，还在侨民师范学校兼课，显得很忙。我也忙于复办厦大附小的工作，但每个星期天仍然到他那安在星光报社楼上的小家庭做客。不久，我的爱人龚延娇携同大女儿凯伦从江西到厦门来，经许虹介绍，也到侨师教书。这样，我们两家就在侨师附近的市郊西边租了两间厢房，在一起生活。这里表面上是平静的村居，却是暴风雨的一个角落。这个时期，学生运动如火如荼，厦大和侨师，是当时学生运动的两个主要据点。许虹一方面利用侨师课堂和课外活动，向学生撒布革命的火种，另一方面通过《星星》，团结一大批认识与不认识的知识青年。许虹开朗坦率的性格和火一样的革命热情，像一块强力的磁铁，吸引着周围的青年，他那间厢房，经常聚集着大群学生，有侨师的，也有厦大的。这就引来了敌人的注意，在我们那两间厢房的后边，就搬进侨师的训育干事，日夜瞪着阴鸷的眼睛，窥伺许虹的活动。许虹经常提醒我要注意，他自己却经常不注意。许虹就是这样的一个人。我想，这也许就是他脱离党组织之后，长期未能恢复组织关系的缘故。直到 1949 年他去香港之后，才在香港重新入党。

许虹从 1947 年 7 月到 1949 年 4 月这段时间，所有精力用在编辑《星星》以及“综合版”“文艺版”等，他接编《星星》之后，刊出的征稿启事就声明：“来稿不限于文化人或‘作家’，尤盼各行业读者来稿，反映各行业生活，发表各人对现实社会的意见。”他利用国民党的内部矛盾和《星光日报》的特殊地位，在该报主笔郭荫棠（大革命时期的党员）的支持下，大量刊登揭发、讽刺国民党政府窳破无能、贪赃枉法的罪行，往往敢于直指“中央要员”和地方当权者；反映人民悲惨痛苦的生活，尤其是知识分子在物价飞涨、货币狂跌下的挣扎；宣传学生反饥饿、反迫害、要民主、要自由的斗争。当时《星星》上的《星星之光》《没有花的野草》《续镜花缘》，“综合版”上的《自由谈》《星期茶话》等连载的杂文、小说，笔调辛辣，锋芒锐利，使敌人如芒在背，老百姓拍手称快。就我们记得的，如明汉、杨萝周、姜牙子、史风等进步青年，经常在《星星》上发表文章；许多知名的作家如洪琛、许傑、靳必、许钦文、路翊、王西彦、李健吾、徐中玉、秦牧、端木蕻良、赵无问等，也为《星星》写文章。

许虹自己也经常写文章，多半是杂文。他不但写了讽刺、揭露、批判的杂文，也大胆发表了介绍解放区文艺活动的文章。同时，还在报刊上组织或报道革命青年的讨论会。为组织“反对美帝扶植日本问题”笔谈会，报道“巩固文艺活动的文艺统一战线”座谈会等。到了1949年，《星星》的战斗锋芒更加尖锐。在国民党统治下的厦门，竟然披露某某战犯逃窜、哀鸣的狼狈相，标明“王精的末日”，“鸟之将死，其鸣也哀”等标题。这里不妨引《星星》1949年所发表的两首诗：

戴季陶之死：老而不死是无聊，哭煞于髯死季陶；一代帝师成战犯，阿弥陀佛答危性。

于斌名到战犯：平生叫人入地狱，自己哪得上天堂，战犯名单闻有份，应知情罪两俱当。

许虹当时的社会活动也很活跃。其中之一就是和黄卫世、陈洪之等同志组织中教联谊会，发动厦门市的中学教师声援学生运动，配合解放战争。中教联谊会在《星光日报》上开“教联”专刊，由许虹编辑。从1948年12月到1949年2月共出版了5期，每期一个中心。为讨论“中学训导问题”，批判国民党的训育制度，纪念教师节，呼吁教师参加革命斗争，声援侨师附小，抗议国民党军队强占校舍等。

除了公开活动等外，许虹还进行了一些秘密工作。他经常掩护地下党员与进步青年。如 1948 年，潮汕地下党领导人陈君霸（新中国成立后历任揭阳县长、饶平县长）被敌人通缉，避来厦门，改名陈达之。许虹让我介绍他到双十中学任历史教师，作为掩护。几个月后，陈通知我们，他可能已被发现，须立即出走，许虹又为他安排秘密离开厦门。谢晖（谢雨旧，新中国成立后任汕头市公安局长），也由潮汕避来厦门。经许虹介绍到同东中学教书和读书，后谢晖被捕，许虹托人极力营救，并全力隐藏在家中。又如，解放区当时急需药品，许虹也参加筹款、购买等活动。

这个时期，许虹编报、教书、写文章、社会活动，秘密工作，工作之忙，任务之重，可以想见。我们虽住在一起，也只能于晚饭后偶尔谈几句，整日里他不是外出活动就是伏案疾书。半夜里他的房间电灯还亮着。尽管忙，忙得连家务也顾不上，他对青年人却从不吝惜时间。除了经常和青年学生分析形势，宣传革命，指导学习之外，对青年投寄《星星》稿件，只要有一点现实意义，他就像语文教师那样为他们专心修改，不能采用的，也往往要写几句话指导他们怎样写稿或鼓励他们继续努力。他的妻子丘莹心不但承担起全部的家务，也是他的工作助手。每天出版的《星星》，总由她逐篇剪下来寄给作者，因为并不是每个穷青年都能买得起一份报纸的。每到月底，她就把当月稿费结算好，列单及时送到经理部，因为他们深知穷青年正在等待着那点微薄的稿酬。正是通过这些“细节”，看出许虹对青年人的一片挚爱之心；也正是通过人人小小辛勤不倦的工作，许虹教育和引导大批青年走向革命。

解放战争时期，国民党经济全面崩溃，物价飞涨，首先受害的是老百姓，尤其是知识分子。我们都得到处兼课，才能维持生活，许虹于 1948 年夏离开侨师，到厦门中学兼课。这时他们第二个女儿海燕出世了。在生活困难、安危不保的情况下，他们夫妇不得不把这个刚断奶的女儿送给丘莹心的嫂嫂抚养。在送去的时候，夫妇两人的酸楚是难以形容的。这个女儿长大之后，据说对她的亲生父母未能抚养她，不肯体谅，竟不认亲，真是一桩憾事。

四

新中国成立前夕，毛森这个刽子手到厦门来，杀害吧大批共产党员和进步青年。许虹无法在厦门待下去，也无法开展工作了。大约在 4 月底的一天，他告诉我必须立即离开。省中的教学由杨萝周代课，《星星》一时无人继编，暂由丘莹心代编几期，要我帮她看稿并照顾她们母女的生活。握别的时候，他充满信心说不久就可重逢，不幸竟是永别。送走许虹之后，丘莹心不久也避到晋江娘家去。

厦门解放不久，丘莹心就从晋江到厦门，告诉我许虹已随游击队回汕头，接收《星华日报》并担任总编辑。她准备只身带孩子到汕头去团聚。当时交通尚未畅通，国民党残兵和土匪的抢劫时有所闻。我劝她暂缓几个月再行，她坚决要走。我理解他们夫妇的感情，只好让她走。直到许虹从汕头来信说她母女安全到达，我才放下这颗心。

新中国成立后，许虹以真挚的热情和高昂的斗志，投入新的工作。先在汕头编报，继而应陈君霸的邀聘，到饶平一中当校长。这期间我们差不多月月都有书信往来。他多次要我回广东工作，先为我报名到韩师，后又要我到广州新办的一所师专工作，因为厦大不答应，都未能成行。1956 年我回揭阳探亲，途经饶平一中所在地的黄冈，很想跳下汽车重到许虹家中做客。但因急于回校上课，下不了决心，以致过门不入，终身遗憾。许虹去世之后，我为丘莹心活动调回厦门，以便靠近她的娘家，便于亲朋好友照顾，但被当地当权者所阻挠未成。所幸丘莹心以顽强的意志克服难以想象的困难，历尽坎坷，把一群儿女牵拉成人。三中全会之后，许虹被错划右派、被迫至死的含冤，已由中共饶平县委给予改正，恢复名誉；中共福建省龙溪地委也作出决定，恢复他的党籍。现在，中华正在振兴，儿女都已成家立业，许虹地下有知，也可以告慰了。

《听雁楼诗文集》序[①]

先兄潘载和临终弥留之际，嘱我两件事：其一是续编《潮音字彙》，我即于未完稿本上，参照《潮汕检音字表》注音并加注潮拉拼音，对在稿注释也有所增益。年余完成部首四画以上诸部，约全书之半。1937 年抗战军兴，奔走于后方前线之间而辍笔。1940 年离家升学，稿件存于揭阳老宅，胜利后回揭阳检视，已佚失不知去向。现在，潮音字典已出版多部，自无必要重新编纂。其二是整理遗稿，刊印留念。数十年来，间关跋涉，先兄遗作，随身携带，虽历经战乱、“文化大革命”，幸尚保存，但由于主客观原因，无法刊印。前年应聘汕头大学兼任教职，得连燊兄的鼓励、指点，可琪侄的精心策划、编校，这本《听雁楼诗文集》得以出版。64 年前的心愿，半个多世纪后才得补偿，疚、喜兼半。

《听雁楼诗文集》的主要内容，是已出版的诗作《夜心集》、已发表的中篇小说《泡影》、未问世的抄稿《听雁楼诗草》，以及《潮汕检音字表》《潮州府志略》的有关资料。遗憾的是 1930—1935 年间，发表于《星华日报》《岭东民国日报》《大公报》等报纸副刊数以百计的小说、诗歌、散文、文艺评论已难搜集。

为使后人得以了解先兄短促一生著述与生活的大概，可琪帮我整理了一份《先兄潘载和年谱》，转刊了孙淑彦先生的《文藻风流获我心》。

连燊兄既是先兄的兄长，又是先兄的好友。他与先兄生前的唱和和对先

① 发表于 1999 年。

兄身后的追思，作为附录；我当时所撰的《百日祭文》（也是连燊兄所抄存的），虽文笔幼稚，为保留当时真挚伤情，不加修改，并附于后。

先兄载和事迹，近年文史资料，多有专录或述及。《听雁楼诗文集》的出版，不仅为我了却了夙愿，为家族留下一份追思先人的谱录，可能对潮汕文史研究，也有史料价值。

抗战期间我所亲历的长汀县中[①]

抗战期间，我在厦门大学就读时，曾在长汀第一中学的前身之——长汀县立中学兼职。先是陈诗启校长聘我担任初二年级一个班的国文教师，后是康誴校长聘我当教务主任兼教一年级的“动物”课程和初三年级的“公民”课程。从 1944 年初至 1945 年 10 月近两年，同我一样集学习、教学和行政工作、社会活动于一身的还有训育主任吴厚沂。繁忙异常，却情趣盎然。长汀县中也就给我的青年时代留下美好的回忆。如今虽已时隔 60 年，而当年一些人和事，仍然栩栩如生，萦回脑际。

当年县中教师，绝大多数是厦大在读学生，县中校舍文庙，就坐落在厦大校园环抱中。通过厦大素心斋（教师宿舍）和笃行斋（女生宿舍）间一条约 30 米的曲折小道，就可到达县中后门，大大方便兼职的大学生来往。听到预备钟声，才从这一所学校到另一所学校，时间绰绰有余。在这两年间，我就这样穿梭于县中的教室、办公室和厦大的教室、图书馆、宿舍间。当然要精打细算，学会周密安排时间和善于“安排脑袋”——在学习时不想工作和活动，在工作和活动时不想学习。

正因当时县中教师大多是厦大学生（校长则是厦大毕业生）；县中校舍同厦大校园连成一片。厦大的校园文化（校风、教风、学风），必然要浸入县中的校园，在相对闭塞的山城吹来阵阵炽热面清新的时代之风，形成抗战时期长汀县中（当然还有省中）不同于周边中学的特色。

① 原载《百年汀中》。

（1）学生来自四面八方，当年大体上闽中南、闽东北、粤赣浙三者各占三分之一，还有少量来自更远的省份。从而在县中任教的大学生也就带来了五湖四海的生活知识和风俗习惯；县中学生中，也有不少“见多识广”的厦大教职员子女。不同的见识、习俗、性格的师生汇集在一起，相互碰撞又融洽相处，形成县中独特的文化氛围，对县中青少年学生的成长，起了拓宽视野、陶冶情操作用。

（2）厦大当时是中国东南最高学府，大学生所学习与研究的是当时最新的科学知识。中学与大学，虽然学术水平层次不同，但科学是可以普及的。大学生往往在教学中将所获得的新观点、新知识，融入所教的教材中。加以当时并无统一教材的限制，也无统一高考的压力。教务处让任课老师自行选订商务、中华、世界、开明等书店所编辑出版的教科书；也不要求教师严格按教科书讲课。一般都会删减一些内容而另发补充讲义，我所教的国文，就时常选一些我认为有意义而适合学生学习的时文代替教科书中部分选文；至于上公民课，更是不按书上说法而另讲一套。当然，由于这些大学生教师急于将所学知识传授给学生，对学生的接受能力估计不足，有时教学内容偏深偏难。但正是这一些偏深偏难的教学内容满足了水平高的学生的求知欲，激发他们追求“高深学问”的兴趣。当时县中学生后来成为专家学者的为数甚多，可能与此有关，我印象较深的肖树铁（清华大学应用数学知名教授）、何大仁（厦门大学海洋生物知名教授），在班级中就已显露特殊的聪明才智。

（3）大学生教师的特点是教学经验不足而脑子灵活、点子特多，因而教学方法灵活多样。有的课堂上时常进行讨论甚至展开争论；有的时常带学生到厦大实验室、实习工地做实验、搞劳作；20 来岁的青年带一群 10 多岁的少年，很难摆出“师道尊严”，我所上的作文课，多次带学生到郊外活动、参观采访，然后回去写作文。作文本中的错别字和病句，不替他们改正，只在旁边画一道杠，在天头上画个方框，让他们自己改正，下一次看作文，检查上一次方框中改正的字或句。改对的打钩（百分之九十以上是改对的）。仍然错的才为之正正。在课堂上欢迎学生提问题，包括对我所讲提出不同的意见，有一个学生叫黄煌猷，学习非常认真，曾当堂提出我所讲内容的疏漏，使我能及时补充。以后我们时常交换意见，成了朋友。他毕业后在一所小学当老师。直到 50 年代，我们还经常书信来往。可惜 60 年代之后失去联系。

（4）长汀当时只有一份单薄的日报，一家经常关着大门的戏院，听不到歌声，看不到电影，谈不上什么文艺生活。厦大迁来后，大学生们就自组歌咏团，自演话剧，自出文艺刊物（油印或墙报），还组织了一个颇具声势的“诗与木刻社”。文艺生活搞热起来，自然也就影响了中学的文艺活动。县中校长陈诗启先生是厦大“铁声歌咏团”的骨干，就在县中组织了“群声歌咏团”；大学生教师中的陈启典、朱一雄，都是渐露头角的画家；朱鸣冈、吴忠翰的木刻，更时常刊登在国内报刊上；还有诗人朱伯石（朱遵柱）、勒公丁（勒公贞），作家姚一苇（姚公伟）、缪雨（王茂毓）；可谓人才济济，汇集山城，教美术的大学生教师，带着一批批中学生来素描、雕木刻、开作品展览会；“诗与木刻社”经常开诗朗诵会，吸引大批中学生参加；我当时曾组织厦大 1945 级同学演出巴金的“家”，就有多位省中、县中学生参加。在各种文艺活动中，培养了不少人才，例如省中学生张笔仁，参加“诗与木刻社”，出版了一本个人诗集。

抗战时期的物质生活是艰苦的。县中的大学生教师是兼职，每两人甚至三人才合领一份工资。纸币不断贬值。物价天天上涨，一份工资，很难维持两个大学生的生活，就只能靠每月一担米的粮食补贴，将米票低价卖给粮店换取现钱零用。艰难的生活和不平凡的岁月，纺织一代青年梦幻般的回忆。在长汀一中 100 周年之际，追述 60 年前这些知者已不多的往事，作为百年校史的资料，可能不只有历史意义。对于今天正在提倡名牌大学与重点中学联系，也有参考价值。

潘懋元

2004 年 12 月于厦门大学教育研究院

殚精竭虑兴教，矢志不渝感人[①]

陈嘉庚先生在中国近现代教育史上，占有一个特殊的地位。这不仅是由于他毕生致力于教育事业，树立捐资兴学的典范；更是由于他形成具有现代中国特色的、对中国教育事业有着深远意义的教育思想。

陈嘉庚的报国思想是既要发展经济，又要发展教育，而发展经济有赖于发展教育。他说："振兴工商业的主要目的在报国，但报国的关键是在提倡教育"，"教育不振则实业不兴，国民之生计日拙"。也就是说，在报国的两大任务中，他对兴教育看得比办实业更加重要。因此，当他的企业经营亏损，经济陷于困难境地，有人劝他减少对厦大和集美学校的资助时，他斩钉截铁地回答："企业可以收盘，学校不能停办！"如此看来，他不但比当年的实业救国论者看得更全面，也比现今在那些只追求产值而忽视教育的人站得更高，看得更远。

陈嘉庚认为，办好学校的"第一问题"是要有合格的师资。在办学过程中，也殚精竭虑，多方请托，遴选聘用优秀教师。他感叹地说："最难者教师，此为第一问题。"严师难求，所以他非常重视师范教育。对于优秀教师，他不惜重金礼聘，给予优厚待遇。但决不把教师当成被雇佣者。陈嘉庚当时所办的学校，对教师之尊重、待遇之优厚，在一般公立学校之上。因此，在私立时期，厦大、集美学校名师荟萃，慕名远道前来的海内外学者甚多，在全国私立学校中声名卓著。

---

① 原载《厦门大学学报》，2004 年 10 月 22 日。

飞腾在没有时空的天堂①

每当看到印巴冲突的报道时，我就会回忆起 50 多年前（1947 年）同老友郑道传的一席时事谈。当时英国刚公布“蒙巴顿方案”，把英属印度分为印巴两个自治领（其后分别宣布成立独立国），郑道传就尖锐地指出，这是老奸巨猾的大英帝国玩弄“分而治之”的技术，后患无穷。历史的演变，不论是 1972 年印巴交战，东巴基斯坦分裂出来成为孟加拉国，或克什米尔无穷无尽的纷争，都证实了他当年分析的精辟。

郑道传的学科领域是经济理论，并非政论专家，但我们当时都或多或少学了马列主义，因而在讨论天下大事时，就有了共同语言。而更为重要的是，我们当年都是爱好文学的青年，文学才使我们两个专业不同的同学建立了长久的友情。

郑道传是 1944 级经济系学生，我虽辅修经济，而主修却是 1945 级教育系，年级尚低，科类不同，能够走在一起，日夕过从，就是以文学为媒介。厦大当时一些爱好文学艺术的青年学生，组织了一个“诗与木刻社”，前后参加活动的约 20 人，经常活动的有写小说的姚公伟（姚一苇）、写诗的勒公贞（勒公丁）、译诗的朱遵柱（朱伯石）、搞木刻的吴忠翰和朱鸣冈、绘画的陈启典和朱一雄，还有姚慈心、范筱兰、王茂毓（缪雨）等等。郑道传和我主要是写文艺理论，他也喜欢写小品文，我则偶尔写小说，还喜欢朗诵诗。文学家施蛰存教授、诗人虞愚教授也偶或参加我们的活动。这个小集体随着成

① 郑启五．热血和坚忍：郑道传纪念文集［M］．北京：当代中国出版社，2006.

员陆续毕业而消失。但其中好几位后来成为知名的文学家、艺术家，郑道传和我则各自专心于自己的专业，文学只能是业余的爱好，所不同者，郑道传的文学爱好后继有人。

郑道传毕业后，留校工作一段时间，到泉州海疆专科学校教书。新中国成立后，又被王亚南校长聘回厦大任教，在经济学、哲学上都有很大造诣。可惜中年之后，视力急剧下降，不能看书只凭听诵默记，从经济系到哲学系，从校内到校外，讲课作报告，就凭记忆侃侃而谈，旁征博引，条理清晰，深受学生欢迎，并以其学术成就从副教授晋升为教授。这不仅得力于他的学术功底与超常智慧，更有赖于他的坚强意志与过人毅力。在他离开人世之前，我曾在病榻前同他一起回忆往事、纵谈时事，作为一个社会科学工作者，他的眼睛已看不见光彩绚烂的世界，但我深知他的心里是亮堂的，心情是爽朗的。正是怀着一颗亮堂爽朗的心，他无怨无悔地离开人间，飞腾在没有时空的天堂。

此情可待成追忆[①]

——悼念谢高明同志逝世十周年

我同谢高明同志的认识是从 1952 年下半年开始的。那时谢高明同志初任厦门师范学校校长，我则刚从北京师范大学进修研究生课程后回厦大。新中国成立之初，中国正在提倡向苏联学习，师范学校的教育学教材基本上是以叶希波与冈察洛夫合编的《教育学》为蓝本所编写的；北京师范大学的教育课程都是请苏联专家讲授的，我就成为当时苏联教育理论在厦门的传播者。谢高明同志请我到师范学校作过几场报告，主要是介绍苏联的教育理论，同时也交换对“学习苏联，进行教改”的意见。这段时间，我们之间可以说是志同道合，一见如故，有讨论不完的话题。这不仅由于他是师范学校的领导，而我是厦大教育系的讲师兼教务处的教学研究科科长和教学改革委员会秘书；他为师范教育的改革正在探求理论的支持，我为教育理论的讲授需要结合实际。更由于他和我有许多偶合的机缘：我们都是 1920 年出生的同龄人（谢高明的出生年月为 1921 年 1 月 16 日，农历则是 1920 年 11 月 26 日）；我们都是抗日战争时期内迁的综合大学教育系大学生（谢高明于 1942 年开始就读于内迁闽北建阳的暨南大学教育系，我于 1941 年开始就读于内迁闽西长汀的厦门大学教育系）；我们都是在旧社会历尽艰辛，对新社会力求认同的知识分子；我们的求学历程，都不平坦，大学生时期都靠半工半读完成学业；新中国成立前我们都曾在中学教过书，教“国文（语文）”，宣传进步思想，教“公

① 原载《诚诚恳恳为人民》，2007 年 7 月 4 日。

民”，把教科书作为批判材料；我们都曾献身革命，他于新中国成立前夕成为中国共产党员，我则只是参加过党的外围组织；新中国成立后，我们都投身于教育事业，他侧重于教育行政管理工作，在工作中不懈地探索教育理论，我侧重于教育理论教学与研究，为使理论联系实际，在他的支持下，我曾带了一批教育系的学生到厦门师范学校学习、调查。

在这段记忆犹新的交往中，我深深地感到谢高明同志是一位原则性很强而又能虚心倾听他人意见的领导干部；一位富有实践经验而又勇于探索的教育工作者。

其后，由于他的工作调动，更由于变幻莫测的环境，我们之间的来往少了。一直到“文化大革命”之后，谢高明同志被委派为集美师范专科学校首任书记兼校长；离休之后，又担任集美校友总会理事长和陈嘉庚研究会会长。我们在高等教育开放改革问题和陈嘉庚教育思想研究上断断续续有所交流。就我所知，这最后十余年间，他的重要贡献有三件事：其一，他为厦门市第一所高等师范院校奠立了基础。在此之前，厦门只有中等师范学校，1979 年创办集美师范专科学校，他作为首任书记兼校长，带领全校师生干部，克服种种困难，披荆斩棘，立下了创业之功。在此期间，省里为了节省教育经费，一度要撤销集美师专，是他上下奔走，据理力争，得到厦门市委的支持，由厦门市财政拨款，坚持办学，使厦门市有了自己的高等师范教育，为厦门市特别是厦门郊区提供充裕的中小学教师资源。其二，为厦门市培养大批优秀的教育干部。谢高明同志办学期间，不仅治校有方，而且廉洁奉公，在师生中享有很高的声誉。他深知自己已届六十，任职时间有限，为使师专持续发展，后继有人，他着意选拔、培养青年教师和后备干部。他所选拔的人才，至今不但成为集美大学的教学骨干，保障和提高集美大学有关学科的教育质量，而且在厦门教育战线以及其他领域秉承谢高明遗志，发挥作用，作出贡献。其三，为弘扬陈嘉庚精神，谢高明同志晚年致力于研究陈嘉庚教育事业和教育思想，写出了多篇有精辟见解的陈嘉庚研究文章，弘扬嘉庚精神；他还协助陈村牧先生创办“陈嘉庚先生事迹陈列馆”，成为青少年爱国主义教育基地。

“爱国兴学，乐育英才”，谢高明同志为安溪蓝溪中学建校 50 周年的题词，正是他自己一生奉献给教育事业的写照。

贺　辞[①]

——对《大学发展》的祝贺与期望

欣悉四川大学与美国亚利桑那州立大学等中外大学建立的中美大学战略规划研究所即将公开出版《大学发展》，作为一个交流学术研究成果的国际平台。这一平台，对于推进高等教育国际化，必将起重要的作用。在致贺的同时，期望《大学发展》的出版，能够承担国际比较教育三个层次的任务。

第一个层次，相互借鉴。首先是发展中国家借鉴发达国家的教育理论和办学经验，在前进中的发展中国家也不是没有可供发达国家思考的创新思想与实践。

第二个层次，增进理解。人与人之间，最可贵的是理解；国际之间，最重要的也是理解。在相互理解中拓宽视野，加强合作，互信互助，相观而善。

第三个层次，探讨规律。各国高等教育既有自己的特点，也有共同的规律与理念。要站在时代的前沿，探讨一些共同办学的规律，形成某些大学理念，为可持续的社会发展和和平事业作出贡献。

谨此祝贺与期盼。

潘懋元
2008 年 12 月 9 日

① 发表于何时何地暂付阙如。

九十感言[①]

中国人的年龄，可以有三种计算方法。以我这个“九十岁”来说，第一种算法是2009年1月26日己丑年春节就达到九十岁；第二种算法是2010年元旦可算九十岁；第三种算法是2010年8月4日或庚寅年6月20日才算九十岁。还有人喜欢多算几年，把阴历的闰月都积累起来充数，那么，提前三年就可以自称为“九十老叟”了。这其实是一种“卖老”的心态。我则宁愿学习我的一位老朋友赵家欣同志。他在5年前九十岁寿辰时，送给我一本记录他的记者、作家笔墨生涯的传记《年方九十》。“行百里者半九十”，九十只是不懈人生中的前半生。中国老年人退而不休叫“发挥余热”，而有的国家则以“迎接第二个春天”鼓励老年人。

我更珍视“从教七十五周年”。我于十五岁时就在家乡一所私立小学当教师。1935年至今，对我来说，不是一条虚线，而是一条教师生活绵延不绝的实线。在读高中师范、大学本科时，我就一边读书，一边教书；新中国成立之初院系调整时，厦门大学教育系调离，我仍然能开教育学、教学法等公共课程；其后连教育学等公共课程也被取消了，我就毛遂自荐到中文系、经济系以及其后的哲学系开逻辑学课程。我在相当长的一段时间里担任教学行政工作，但这种没有直面自己的学生的日子是空虚与寂寞的。六十岁之后，我终于找到可以培养高等教育学研究生的园地。75年来，值得欣慰的是，我当过小学生、中学生、大学生、硕士生、博士生的老师。学生既是我的教育对

① 原载《高教探索》，2010年第6期。

象，也是我的精神支柱与生活源泉。正是在同年轻的学生相处的日子里，才让我不觉“老之已至”。当然，我还应当感谢学校，让我至今仍能够站在教学的第一线当教师。

我相信，在人的一生中，青年时代是思想奔放、想象力活跃的时期，可谓“后生可畏”；但许多成就，往往要靠一辈子的辛勤劳动与不懈探索之后才能取得，可谓“大器晚成”。陆游的《冬夜读书示子聿》一诗，对“后生可畏”和“大器晚成”的关系作了很精辟的解读：“古人学问无遗力，少壮功夫老始成；纸上得来终觉浅，绝知此事要躬行。”我所躬行的体验正是如此：我的一些创新性的设想，大多是在三十多岁时形成的；而有所贡献并被社会认可的，则是在六十岁之后的 30 年。如果当年我六十岁退休，也就没有机会在这 30 年继续为教育事业服务。

2010 年 8 月 23 日于厦门

一位教育与哲学双辉的学者[①]

在纪念陈元晖同志百年冥寿之际，他同我多年的交往，历历在目，重新披阅书架上三厚册的《陈元晖文集》，思绪万千。

陈元晖同志同我的交往，开始于 20 世纪 50 年代的书信往还。那时他刚从东北调到北京不久，进入中央教育科学研究所，从大学教授和领导干部转为研究员，主要研究中国现代教育史，包括老解放区的教育史。我当时也发表过几篇有关老苏区的教育和几位近现代教育家的教育思想研究的文章。他当时已是教育界、学术界知名的革命干部和专家学者，我出自对他的景仰向他请教，因此有了文字之交。

1964 年，中国科学院哲学社会科学部聘请他到哲学研究所工作，他也很想专心从事西方哲学研究，并且正在研究康德的哲学思想。但中央教育科学研究所兼所长戴伯韬同志认为中国教育史和解放区教育研究，必须有人负责，他就推荐我接替。这样，1964 年我在被借调到北京写文章之后便被留在中央教科所工作。虽然由于教育理论组长王铁同志下乡搞“四清”，我被临时安排负责理论组而不是教育组，但由此同陈元晖就从书面之交到会面朋友。“文化大革命”10 年，虽来往不得不中断，但仍偶有信息从不同渠道互通。“文化大革命”之后，我回厦门大学工作，因学术活动或校务工作，经常要到北京出差。每到北京，必到沙滩后街人民教育出版社拜访陈元晖同志。“文化大革

① 于伟，李桢，缴润凯．教育学家之路：纪念陈元晖先生诞辰一百周年集［M］．长春：东北师范大学出版社，2013：3．

命”后，他仍一直住在人教社大院的职工宿舍中，那是他的夫人（人教社编辑）分配到的一个狭窄的小单元。我曾问他为什么不申请迁居到社科院（已从科学院分出来）在建国门新建的研究员宿舍大楼，他说，这里熟人多，好串门，上街购物吃饭也方便。于是，我们总是在他堆满书报的小书房中漫谈，有时他带我到深处僻巷而具有特色的优雅的小饭店用餐。我们谈得最多的是凯洛夫教育理论的是非和杜威实用主义教育思想的批判，当然，也谈当时拨乱反正、改革开放的形势和教育改革发展的问题。

我的印象：他思想深邃、感情丰富而态度却淡定，他对马克思主义的信仰坚定不移，对国家的前途充满信心，对时局的评论一针见血。他把整个身心投入研究事业中而对于生活无所求。70 多岁时，医生就已诊断他身患恶症，但因老年人代谢缓慢，存活可达 20 年。他说：20 年够长了，一笑置之，照样忙于他的研究工作。在他有生的最后几年，还为一位同乡华侨拟在福建投资办一所大学积极筹划，亲自到福州附近的福清选址、设计校园。

陈元晖同志知识广博、理论深厚，说他学贯古今中西，并非一般褒语。他既研究孔子、范缜、王国维以及书院制度（著有《孔子思想研究》《范缜的无神论思想》《论王国维》《中国古代的书院制度》等专书），又研究康德、马赫主义、实用主义以及冯特、皮亚杰（著有《康德的时空论》《马赫主义批判》《资产阶级实用主义》《论冯特》《皮亚杰论儿童的逻辑思维》等专书）。正如他所说，他的文章包括教育学、心理学、哲学三个学科门类。但他认为他的研究领域是教育学科，1964 年从中央教育科学研究所调动至科学院哲学研究所并非“改行”，而是“同行”，是为了把教育与哲学结合起来。“哲学是教育的理论基础，教育如果不同哲学结合，就失去理论基础，缺乏理论基础的学科，就不成其为科学。”（《陈元晖文集》序言，1992）可以说，陈元晖同志主要的学术领域还在教育学。从 20 世纪 50 年代最早的著作《教学法原理》，到以国共两条思想战线的斗争为纲的《中国现代教育史》，而他最后的一部著作《中国教育学七十年》，正是一部从五四运动到改革开放时期七十年以至未来展望的教育哲学发展史。

陈元晖同志以一位革命老干部而专心从事研究工作，在学术界具有崇高的声望和地位。他和贺麟、汝信、王玫兴等哲学名流同为中国第一批西方哲学博士生导师，并参加学位委员的学科设置与学位评审工作。正是由于他对高等教育科研的重视，促成了高等作为门类的二级学科的建制，使高等科在中国能够顺利地发展。如今，陈元晖同志虽然已故去18年了，但仍然活在我和许多后学者心中。

祝贺与祈望[①]

《教育研究》创刊于35 年前“文化大革命”结束不久，拨乱反正之际，改革开放之初，《教育革命通讯》停刊之时。教育界盼望教育理论指导，推进改革发展，作为不同于《人民教育》的学术理论刊物，《教育研究》应运而生。35 年来，《教育研究》成就辉煌，也经历了相当艰难的历程。在党的改革开放政策的指引下和广大作者、读者的支持下，《教育研究》所走的道路是比较正确、稳妥的。我同历任主编都有或多或少的交往。通过对《教育研究》35 年来发展的考察，我认为一份教育理论刊物应当正确处理如下几个关系。

一、教育基本理论与教育实际问题兼顾

作为一份教育学术刊物，应当研究本门下可学科的基本理论，如教育本质教育价值、教育结构与功能、教育发展规律、各种教育学派的观点、课程与教学原理、教育基本制度等。但对于教育改革发展中的现实问题，尤其是全国性、全局性的重大问题，也要及时组织稿件，参加讨论。同时，基本理论研究必须与实际有所联系，有充分的实证事例，而不只是单纯逻辑推导；讨论现实问题，要能运用理论进行分析研究，以提高读者对具体问题的理性认识。

① 原载《教育研究》，2014 年第 4 期。

二、政策前的“建言”与政策后的“解读”并重

现实问题的研究，往往同教育政策密切联系。对于正确的政策，刊物有责任及时解读，起宣传普及的作用；但对于政策的不足之处，或群众有不同反映，应当允许发表不同意见，包括善意的批评。更为重要的是，理论刊物的重要作用，是走在制定政策之前的建言献策，包括对教育发展形势的分析研究，对重大问题的预测、预警，对国内外先进经验的评介，对教育工作者要求的反映，等等。这是一份理论刊物更重要的社会责任。

三、对不同分支学科，要突出重点、兼顾一般

教育科学是一个庞大的学科群，有众多分支学科以及学科方向。一份刊物，版面有限，不可能也不应当面面俱到、杂然并陈。对于教育原理、课程教学等，自当作为重点，而对于同其他学科融合的交叉学科或应用教育理论研究特殊对象的学科，只能兼顾。有些分支学科，已有专门的核心刊物，如“比较教育”“工程教育”等；有些分支学科，至今并无公开发行刊物，如“教育史”，在发文比例上，也要分别对待。

四、推动与组织学术研究活动

一份有影响的学术刊物，其责任不仅在于发表学术研究成果，还要起推动以至组织学术研究活动的作用。这种作用，有时比学术研究领导部门所起的作用更简捷与切实。在公开发行的刊物上发表文章，尤其是在有影响的核心刊物上发表文章，其研究成果的价值，不亚于主持或参加一项课题研究。因而，学术刊物的组稿，起着积极的推动与组织研究的作用。

学术刊物推动学术研究活动，一般也是以相当于研究课题指南的“征稿选题”进行组织的。有许多刊物的“征稿选题”，形同考试题目，限制了作者的研究视野与自由。《教育研究》就设计得较好。以 2014 年第 1 期所发布的

“2014 年征稿选题要点”为例，其所提出的 30 个要点只表明编辑部所希望的选题方向与范围。例如“中国特色社会主义教育发展规律研究”“立德树人的理念与宏观政策研究”“社会主义核心价值观教育研究”……都只指出了研究方向；又如“课程、教材、教法研究”“学校体育、美育工作研究”，“学前教育发展研究”“特殊教育提升研究”“民办教有发展研究”“教师队伍建设研究”等，都只提出了研究范围，留给作者自由思考的空间。即使如此，也只能表明编辑部在有限范围内征求意见之后可能想到的。而有些创新的研究成果，往往出乎人们意料。作为一份站在学术前沿的刊物，还得有宽阔的视野、包容的胸怀，为选题之外的创新研究成果留下发表的空间。

以上数点，既是我对《教育研究》35 周年刊庆的祝贺，也是对 35 周年之后进一步发展的祈望。

新年寄语[①]

中国古代第一所公立大学稷下学宫在山东，近代最早的大学之一齐鲁大学也在山东。五岳独尊，孔孟圣地；东海磅礴，人文荟萃。

山东是人口大省，产业强省。在人才培养上，也应成为高等教育强省。高教强省的建设与发展，需要高教理论的指引。理论来自具有实践理性的专家和热情支持的群众。《山东高等教育》是后起的优秀高等教育研究平台，希望负起这一任务，群策群力，出谋献策，引导和推动高等教育强省的建设与发展。

潘懋元
2015 年 12 月 16 日

① 原载《山东高等教育》，2016 年第 1 期。

邵达成学长和中国高等教育学科的倡建[①]

我与邵达成学长相识于 1951 年，他是我在中国人民大学教育学教研室（1952 年调整至北京师范大学）进修研究生课程时的同学。他于 1950 年从湖北中原大学前往进修，比我早一年。当时，我们都是带薪脱产的大学教师，所不同的是，我是个人进修，在短暂的进修之后就会返回原单位；而邵达成、王道俊、王启康等一批中原大学的干部、教师是集体前往培训，并在东直门内海运仓自建板屋作为集体宿舍。他们集训完毕后回湖北就将中原大学的教育学院并入新组建的华中高等师范学校（后改为华中师范学院）。在“文化大革命”前的这段时间，只有当我经武汉前往华中师范学院探访诸多同学时，偶或会面。

“文化大革命”后，邵达成学长在黄石师范学院当领导，经常发表教育类论文；我虽也在大学担任领导职务，但仍以研究和教学为主。由此，我们有了共同语言。我曾多次受邀到黄石师范学院作报告，曾报告过马克思主义教育家杨贤江的教育思想，其后则是有关高等教育的改革发展问题。当时我正在倡建高等教育学这门新学科，邵达成学长大力支持，并提出许多意见，尤其是关于新建学校的办学特点和教师主导作用的见解。1981 年，我构建了一个《高等教育学大纲》，并以此作为组织几位青年教师合作编写《高等教育学》的提纲。我将这份尚不成熟的《高等教育学大纲》送给他征求意见。我们当时同为中国教育学会的常务理事（那时中国高教学会尚未成立）。他主张

① 胡天佑．邵达成教育文集［M］．武汉：湖北人民出版社，2018：239.

将这份《高等教育学大纲》提交至当年4月份在福州举办的中国教育学会第二次年会上讨论，以便广泛征求意见。一般而言，中国教育学会的年会都是论文报告与讨论，这次年会则增加了一个讨论“大纲”的专场，我作《高等教育学大纲》报告，由他主持讨论。通过讨论，收集了许多意见，也有一些争论。记得争论之一是“课程论涵盖教学论还是教学论涵盖课程论”。这些讨论为日后编写中国第一部《高等教育学》提供了框架和增强了理论深度。高等教育学这一学科在“文化大革命”之后能够顺利地建立起来，快速地成为“显学”，同当年许多大学领导的重视与提倡密切相关，而邵达成学长就是其中最热心的提倡者、最积极的支持者。

邵达成学长同我都生于1920年，惜乎，他在还可以有所作为的岁月便离开人间。可以告慰的是，他所创建的黄石师范学院已发展为湖北师范大学；他所倡建和关注的教育科学研究室已成为五系五所、规模宏大、高水平的教育科学学院。

美育的本质是情感教育[①]

我和卢善庆教授相识于 1962 年，当时，他 20 来岁，是中文系毕业留校的助教，昔日的小青年，如今已是八秩老教授。

20 世纪 50 年代中后期，我除了为中文系、历史系开设普通教育学和教学法课程外，还在教务处任职。当时，作为《厦门大学学报（哲学社会科学版)》（以下简称《学报》）主编的王亚南校长，于 1957 年末开始，长住上海专心从事马克思主义经济理论研究。由于我经常在《学报》上发表论文。因此，王亚南校长让我兼任《学报》副主编职务，主持经常性工作。《学报》聘请了有关学系的教授、副教授组成编委会，主要负责有关论文的审稿。日常的具体工作只有秘书一人负责，就是年轻的卢善庆。他独立承担了从组稿、改稿到出版、发行等具体工作。他的工作，有条不紊。例如，及时将组来的稿件，分别送给各编委审阅；召开编委会后，根据编委意见，或退归作者修改，或帮助作者润饰。后来，我被借调到教育部的中央教育科学研究所工作，《学报》副主编的工作由其他老师负责。其间，我和善庆虽不在一起工作，但他的活动与成就，时有所闻。

自 20 世纪 80 年代以来，我主编过几部《高等教育学》，但都没有为“体育”“美育”设置专门章节。体育尚可在有关章节中论述，美育只能在“校园文化”中涉及。培养全面发展专门人才的高等教育，也要像普通教育一样，重视智育、德育、体育、美育。因而在 1994 年主编《新编高等教育学》时，

① 发表于《善庆八秩（纪念集）》。

我专程邀请黄渭铭、卢善庆两位教授分别撰写“高等学校的体育”和“高等学校的美育”两章。

我从卢善庆教授的“高等学校的美育”中，学到许多重要的美育理论知识。最重要的就是这个命题：“美育的本质是情感教育”。

卢善庆教授认为，美育的本质之所以是情感教育，“是由美感性质和审美活动性质决定的。在审美欣赏中，人们摆脱了实用的、功利的束缚，对审美对象采取了一种审美的态度，精神完全贯注于对美的观照之中。……审美全过程始终伴随着情感的愉悦，这种审美愉悦，既不同于生理感官和欲望得到满足而产生的快感，也不同于由伦理道德和理性追求的实现而产生的精神愉悦。它是超越了任何利害关系，对对象无所欲求的快感，是在感性中积淀着理性的精神愉悦”。

他不但对美育的情感教育本质做了深刻的阐述，而且对高等学校美育的任务、美育的特点、美育的过程，进行了鞭辟入里的剖析，最后提出了四条美育的原则：①思想性与艺术性的统一；②情绪体验和逻辑思维的正确结合；③掌握艺术内容与掌握艺术方法相统一；④内在美与外在美的统一。

“高等学校的美育”这一专门章节，为《新编高等教育学》增辉。借此《善庆八秩（纪念集）》征稿之际，再次向卢善庆教授表达谢忱和贺忱。

2017 年 11 月 1 日

大学校友会的作用与意义[①]

许多大学都设有校友会，那么，大学校友会的作用是什么呢？大学校长和许多大学中的管理者，首先关注的是毕业生当中已成为富豪的校友，因为可以从他们那里获得一些捐赠。因此，校友会在大学校庆前特别忙。忙什么呢？忙着找这些“富豪”校友，请他们参加校庆大会和各种校庆活动。参加的富豪们总得拿出捐款吧。以某大学为例，每年校庆的时候，坐在主席台第二排后面的一大批人大概视情况拿出千万元以上，就会成为座上宾；当然三百万元、四百万元也可能。如果只拿出一两百万元甚至更少，可能主席台就没有你的位置，但是至少主席台下面前排的位置会给你留着。因此，很多校长认为，校友会平时没有什么工作做，忙就忙在校庆前，校友会的工作任务就是募捐。

校友中既有富豪，也有“土豪”。“土豪”比富豪更应被尊重，你要有些什么需要的话，走走土豪校友的关系就解决问题了。所以呢，土豪在大学校庆会场上要坐上更重要的位置，比富豪的位置还要更重要。富豪大概一般上坐在二排以后，但是土豪要把他请到第一排来。因此，对于校友会作用与意义的认识，在这个阶段，我们叫作“利用”。这是对校友会作用认识的最低的阶段，即“利用”阶段。校友会的作用与意义是帮忙学校来利用校友。

后来，有些高校提高了认识，认为校友原来是我们的学生，我们对学生要终身关注。当他们从学生身份转变为校友，你还应该关心他们的成长，关

① 原载《厦门大学学报》，2018 年第 12 期。

注他们的母校情怀，给予继续的教育。这样，对校友会的认识进入第二个阶段，叫“关怀”。厦门大学对校友会的认识已经进入到了关怀的阶段，体现在哪里呢？一个例子就是体现在校友卡上，校友们可以办理厦门大学校友卡，拿着校友卡，校友仍然可以到厦门大学的图书馆借书，继续提高、进修；拿着校友卡，校友也可以到厦门大学食堂用餐。这体现了校友会对校友的“关怀”。厦门大学的校友工作现在进入到第二阶段——对校友的关怀。

还有第三阶段，叫作“反馈”，也就是征求校友对办学的意见，征求校友对老师的教学的意见，反馈信息。这个反馈，是当了校友后的反馈，比学校向在校学生征求意见的反馈更准确、更全面。为什么？校友的信息反馈没有什么顾虑啊。原来当学生时提意见或建议，还得保密，不然的话，怕老师会有意见了。对于这方面，学校教务处和相关教务人员最清楚，他们每年向学生征求意见时，都是要做到对提意见的学生和所征求的意见保密。而校友已经不是学校的在校生了，已经离开学校成为校友身份了。他没有太多顾虑，他可以向学校清楚地反映教学上面和办学上面存在的问题以及应该怎么做。如果我们能够在这个阶段做工作，也就是说，在新校友的欢迎会上，布置一些要求，让他们表达对母校特别是人才培养方面的意见或建议，这样便是进入到一个更高的“反馈”阶段。

大学校友会的作用与意义是不是到此为止？不，还有更高的要求，更高的阶段。我们培养人才需要到社会上去，在校友欢迎会上布置的那些所反映的仅仅是在学校念书时的感觉，还不是到社会工作过后回顾所学的知识、能力跟社会的要求能不能适应。因此，校友会工作还有第四个阶段“研究”。研究在什么时候进行呢？对刚刚毕业的校友进行研究不是最佳时机，因为他还没有进入社会，或者刚进入社会。校友会需要研究进入社会五年以上的校友，对这些校友进行调查了解，汇总他们对于大学教育与社会需求之间变化的意见或建议进行研究，这才能够反映我们培养的人才是不是符合社会的需求。

因此，大学校友会的作用与意义不只是“利用”“关怀”“反馈”，最重要的是研究我们培养的人才是不是符合社会的需求，在社会上能不能起作用。当校友已在社会上工作五年之后进行调研：征求意见也好，调查他们在社会上的工作情况也好，做研究工作，这是我认为的校友会最高的任务，也是校友会最重要的作用与意义。所以，我们做校友会工作的工作者自己要有认识，你不光是利用校友，不光是关怀校友，也不光是反馈校友刚毕业时的意见，而且要研究五年之后我们的校友作为人才培养的成果其各方面的特色和特征，作为提高学校办学水平，提高教学质量的依据，作为立德树人的依据。这就是我的看法，请大家指教。

诗两首[①]

赠旅游所宿“武夷山庄”

山庄藏武夷，九曲汇崇溪。
村姑献野味，仙宜人亦宜。

题厦门奥林匹克馆镇馆巨型长条玉石

此物只应天上有，劈空陨落金沙江。
一字横出到鹭岛，神来之笔[②]现人间。

① 这两首诗写于 2020 年 4 月 15 日。
② “神来之笔”原指文学佳作，此处借用喻实物。

百 岁 感 言

我即将进入百岁高龄，但仍耳聪目明，思维清晰，可以授课、指导研究生、作报告、写文章。许多人问我有什么长寿秘诀。

说是遗传：我的祖父母在我出生之前，均已辞世；我的父亲虽高寿达八十一岁，但我的母亲五十岁就去世了；我有兄弟姐妹共十人，除大姐、四弟和我高寿外，余均夭折；对我影响最大的二兄潘载和，也只活到二十一岁就染肺病去世。

说是健康：我一生身体多病。我的最早记忆（约三岁或四岁），就是在病榻上母亲的擦摩；其后的记忆是少年时经常得感冒和胃病，青年期经常患恶性疟疾（打摆子）。一生还生过几场大病：十七岁时患伤寒；五十二岁时患急性黄疸肝炎；六十四岁时胆结石急性发炎，两次手术，切除了胆囊；如今是肝癌经放疗在养病中。疾病的磨难使我后半生腰弯背驼。

说是运动：身体运动，有利于健康，的确如此。但我只在青年时喜欢翻双杠，其后坚持做掌上压，现在只是每天做十五分钟的简式太极拳而已。

我的理解：身体的运动很重要，大脑的运动更重要。大脑是全身的“司令部”，指挥全身活动。“心之官则思，思则得之，不思则不得也。”人应当保持大脑有足够的运动量。例证：选择做官员，在位时忙于开会、作报告、处理种种复杂问题，精神焕发，身体健康。退休之后，“门庭冷落车马稀”，很快显得老态龙钟；选择做生意人，在谈生意时，跑市场、陪客户，酒酣茶热，满面红光，生意做完，“人一走，茶就凉”，也容易催人衰老；而从事教学与科研工作的人，可以退而不休，继续从事脑力活动。如果说有什么长寿秘诀的话，这就是我所体会的秘诀——大脑的运动比身体的运动更有利于长寿！因此，身体从职位上退下，但大脑不要“退休”。人要退而不休，发挥余热。西方有一种更有意义的说法：“迎接人生的第二个青春！”

潘懋元

2019年10月28日于厦门

编　后　记

传承是根，创新是魂。

编纂整理《潘懋元文集》具有极其重要的理论意义、历史意义和现实意义。在潘先生百岁华诞暨从教85周年来临之际，编纂整理《潘懋元文集》（第二版），其意义更为重要。

世纪老人潘懋元先生是中国高等教育学科的奠基者和创始人，是学术上的“老人与海”。潘先生人生经历丰富，内蕴深刻，富于传奇。他的学术成果丰硕，富有创见。早年作品涵盖诗歌、散文、杂文和小说等，很有文学功力，如果在这条路上走下去，说不定会成为文学大家。然而，潘先生志向不在于成为文学家，而是矢志从教和教育研究，他甚至说：“如果有来生，我还愿意当教师！”他不是一般的教师，而是具有学术创见和学术生命力的教师。作为我国高等教育学的创始人，他创造了一种存在！他的学术生涯开创和见证了我国高等教育研究的发展历程，他的学术成果反映了我国高等教育学科建设和高等教育研究的理论创新。他的学术事业不仅为我国高等教育事业的发展做出了重大贡献，而且对世界高等教育研究做出了创造性贡献。这些贡献体现了中国学者的文化自信、责任担当、精神风貌和卓越成就。

编纂整理《潘懋元文集》（以下简称“文集”）是一项宏大的工程，聚集了不少人的智慧和努力。这里有必要简介文集的构想和编辑过程，同时表达最真诚的谢意。

首先，需要说明的是，《潘懋元文集》（第二版）是在2010年出版的第一版文集的基础上重新整理而成的，主要是加进2010年以后的内容，也有少量2009年以前的内容。

最初提出编纂文集设想的，是广东高等教育出版社原社长张耀荣先生。2008 年 5 月，厦门大学教育研究院在院庆 30 周年之际举办“大学教育质量的理论与实践研究”国际学术研讨会，参加会议的张耀荣先生向潘先生提出，希望出版《潘懋元文集》，以及出版厦门大学教育研究院承担的“国家 985 工程中国特色高等教育体系研究”系列成果。这一想法得到潘先生的同意和厦门大学教育研究院的支持。潘先生便将整理文集的任务交给了我。我想一个重要原因是，在跟随潘先生做博士后期间，我整理过《潘懋元教育口述史》，以及协助潘先生在广东高等教育出版社出版“高等教育大众化研究丛书”（如《现代高等教育思想的演变——从 20 世纪到 21 世纪初期》《中国高等教育大众化的理论与政策》《中国高等教育大众化的结构与体系》等），任务完成得还不错。我深感责任重大，使命光荣，欣然受命。很快，我们组织了一支精干的团队：除我之外，还包括韩延明教授（临沂大学，当时是校长）、李均教授（深圳大学）、向春博士（深圳大学）、刘志文教授（华南师范大学）、李枭鹰教授（广西民族大学，现大连理工大学）等。经过两年多认认真真、踏踏实实的埋头苦干，文集终于在 2010 年庆祝“潘懋元先生九十华诞暨从教七十五周年”研讨会之际首发，受到高度评价。

光阴似箭，一晃又是十年。青山不老，绿水长流，潘先生的学术生命力依旧生机勃勃。潘先生虽已百岁高龄，仍耳聪目明，思维清晰，继续指导研究生、讲课、做报告、写文章，活跃在教学第一线，而且是老当益壮，益见其高远的智慧。

2018 年底，广东高等教育出版社领导提出进一步修订出版《潘懋元文集》。广东高等教育出版社副社长钟凌翊女士与我通电话讲到修订文集事宜，我立即打电话向潘先生汇报此事，潘先生欣然同意。而且，潘先生电话中的反应敏锐让人惊叹不已。听我讲了重新修订文集的事宜后，潘先生接口就说：“好啊，辛苦你出力、出版社出钱，辛苦啦，谢谢哈！”我一听也笑了，老爷子青松不老，太厉害了！跟着潘先生干活，再辛苦也是幸福的，何况我能借此机会再次认真而系统地品读潘先生的作品，从中受益。

广东高等教育出版社的领导真是能干事的人，其出版眼光和务实精神让人很生敬佩。通过电话不久，钟凌翊副社长从广州来到深圳，与我面谈修订文集的具体设想和准备工作，虽然在电话中我一再说这事我一定会重新干起来，不用亲自过来，电话沟通就好。总编辑黄红丽女士更是积极，她当时正在福州组稿，又电话约请钟凌翊副社长立即奔赴厦门，她们一起登门拜访潘先生，商谈再版文集事宜。其诚可鉴！

不久之后，黄红丽总编辑、钟凌翊副社长和我一起去厦门拜访潘先生，讨论文集修订方案。印象深刻的是，黄总编、钟副社长一行先从广州到深圳，在深圳高铁站与我会合，一起去厦门。我一到深圳高铁站，大吃一惊，这么多人！我原以为只是我和黄总编、钟副社长三人行，结果发现她们几乎整个编辑团队都出动了。有些是我认识的，她们原来就参与过文集（第一版）或“高等教育大众化研究丛书”的编辑工作；也有新面孔，她们都是认真干事的人。

在修订文集的方案中，我们确立了“框架不变，分类整理，依照时序，加进新鲜”的原则，以及“人员到位，统筹兼顾，分工合作，各负其责”的原则。接下来，我们立即全身心投入，认认真真干起来。具体分工情况及体系如下：

肖海涛：卷一·高等教育学讲座

肖海涛：卷二·理论研究（上、下）

李　均：卷三·问题研究（上、下）

肖海涛：卷四·历史与比较研究

刘志文：卷五·序文

朱乐平：卷六·讲课录

向　春：卷七·昔年作品及其他

韩延明：卷八·潘懋元教授纪事年表

肖海涛：卷九・潘懋元教育口述史

这里特别要对编辑工作做些说明。

卷一，在保持原貌的基础上，少量地方由于时代发展加进了注释。卷二、卷三、卷四，包括潘先生有关高等教育理论研究、问题研究、历史研究、比较研究等内容，分别由我和李均教授负责。这部分内容繁多，工作量大，搜集资料，按主题进行分类和进一步再分类，是一件很细致的工作。好在我和李均教授是同事，同事合作的好处是非常便利和默契。在文章分类上，我们根据材料，逐一整理，共同协商，分工合作。在这个过程中，包括在平时的工作中，李均教授都给了我很多帮助。

卷五，由华南师范大学的刘志文教授负责整理。当初人手不够，我打电话给刘教授，请他负责序文卷，他毫不犹豫，满口答应，工作认真，高效负责。而每当我给他打电话道谢时，他总说是应该的。

卷六，是潘先生最新版的讲课内容，由厦门大学的博士生、潘先生的学术助手朱乐平负责。我们都知道，潘先生虽已百岁高龄，但仍活跃在教学第一线，而且一讲课就是整个上午。这卷讲课录就是潘先生给2019级博士生讲授“高等教育学专题研究”课程内容的讲课实录。

卷七，包括潘先生早年的学士学位论文、文学作品、人物回忆、杂文、散论等，由向春博士负责整理。这卷新加进了一些有趣的篇章。韩延明教授在整理纪事年表及诸位院友在查阅资料的过程中，一旦发现潘先生早期的作品，就在院友微信群中发布，我们如获至宝，赶紧收录在文集中。潘先生15岁开始从教，实际上他在15岁之前的中学时代就开始了创作和发表，文集收录的最早作品是从他16岁时开始的。这里也特别要感谢刘海峰教授，他在浩如烟海的厦门大学图书馆馆藏中查到了潘先生1945年的本科毕业论文；还要特别感谢刘志文教授，10年前他带领学生去广东省图书馆查阅潘先生1949年以前的作品，搜集到不少珍贵史料，其中不少作品是潘先生自己并没有保存的。

卷八，包括潘先生各个时期个人生活、学术活动等内容的照片和教学、科研及学术活动纪事，由韩延明教授负责。这部分涉及日常生活，时间跨度大，内容细致而繁多，韩延明教授作为校长亲力亲为，真是了不起，他以极大的兴致和求真务实的精神，很早就开始做这些耗时耗力的细致工作。在编纂文集过程中，我们多次通电话，相互讨论，相互鼓励。

卷九，由潘先生口述，我和殷小平博士整理，2007 年北京师范大学出版社出版。在潘先生温馨的家中，听着潘先生口述其丰富的教育人生经历，是我们珍贵而难忘的回忆。这次将《潘懋元教育口述史》补充进文集之中，稍加修改，并加进一些新的照片，生动地反映潘先生的教育人生，有助于加深对潘先生作品的理解，也使得文集更为完整。遗憾的是，潘先生的另一本侧重谈高等教育改革的口述史《实践—理论—应用：潘懋元口述史》（2019 年华中科技大学出版社出版），由于未满合同期，不能收入文集中。

再者，要特别感谢潘先生的家人、厦门大学教育研究院的领导及师生、众多院友对文集的支持。虽然在工作过程中我们一直踏踏实实地埋头苦干，没做刻意宣传，但仍收到不少关心和问候。厦门大学教育研究院院长别敦荣教授、华中科技大学教育科学研究院原院长张应强教授等多次表达关心和问候。还要感谢为文集搜集资料的潘先生的博士生朱乐平、刘明维等，以及为第一版文集搜集资料的葛喜艳博士、冯晓玲博士等。

当然，最需要特别真诚感谢潘先生对我们的信任，将出版文集这一重大事情交予我们，能够参与其中是我们的荣幸。

有时候，对一个人，你越走近他，就越崇敬他。我们对潘先生的感觉就是这样的。在研究潘先生的过程中，我常情不自禁地感叹："我越来越崇拜潘先生了！""高山仰止！"于我而言，能做潘先生的学生是幸福的，能整理潘先生的教育口述史是幸福的，能一再整理潘先生文集更是幸福中的幸福！

潘懋元先生是一个传奇。研究潘先生丰富而传奇的教育人生，可以发现，他的学术人格、生命意蕴和人生哲学有两个鲜明的特征：一曰“诚”，二曰“闯”。

“诚”是中国文化的核心概念，是潘先生立身处世的生命哲学。他赤诚向学，忠诚教育，精诚开拓，如《中庸》所言：“诚之者，择善而固执之者也”，“诚则明矣，明则诚矣”，“唯天下至诚为能化”。

“闯”是潘先生的英雄本色，是他大丈夫立德、立功、立言的本体功夫。他性格乐观坚强，敢闯，善闯，能闯，敢于创新，敢为天下先，闯出了一条建设和发展中国特色高等教育学之路。

两者合起来，潘先生是诚中有闯，闯中有诚；因诚而闯，由闯见诚；二者的和谐统一，成就了他的教育事业，也为国家的教育事业做出了贡献。

概言之，潘先生是一名优秀的教师，他忠诚国家和人民的教育事业，真诚地热爱教师职业；潘先生是爱国的人民教育家，他“板凳敢坐十年冷，文章不写半句空”，“精诚所至，金石为开”，开创出高等教育学这门“中国创造”的新兴学科。

今天，我们无限自豪、满怀欣喜地看到，中国高等教育学学科体系日益成熟，研究队伍日益壮大，科研成就硕果累累，对不同层面的教育政策和实践产生了积极而有效的影响……这一切，潘先生功不可没，真可谓：

由诚而成懋业，

敢闯而创新元。

最后还需要说明的是，文集涉及的研究成果内容丰富，时间跨度大，编辑加工难度大，难免有不当、错漏之处，敬请批评指正。

肖海涛

2019 年 10 月 30 日初稿

2020 年 4 月 23 日修改于深圳半塘斋